JN099130

労働基準法の実務相談

令和6年4月1日現在

令和**6**年度

全国社会保険労務士会連合会【編】

中央経済社

ま え が き

　昨今の労働環境のさらなる充実を図るために，時間外労働の上限規制の見直し，期間雇用者などを含めたすべての労働者への労働条件明示，専門業務型・企画業務型の裁量労働制の改正など，労働基準法が整備されている。また，産業医・産業保健機能の強化のために労働安全衛生法や，雇用形態に関わらない公正な待遇の確保のため，不合理な待遇差を解消するためにパート・有期雇用労働法・労働契約法・労働者派遣法など，労働関係諸法令も整えられている。特に，2024年問題として注目されている時間外労働の上限規制については，本年4月1日以降の労使協定締結から注意を払う必要がある。加えて，労働条件の明示に関して，有期労働契約の締結と契約更新のタイミングごとに，更新上限がある場合にはその内容を明示すること，有期労働契約期間内に無期転換申込権が発生する当該契約締結にあたり無期転換申込みに関する事項や無期転換後の労働条件を明示することなどが必要となったため，トラブル防止の観点から注意を払う必要がある。

　これらの法令は，いわば人事労務管理の基盤となるものであり，その理解・運用を誤ると，法令違反となったり，従業員の権利侵害や企業に対する信頼を損ねたりすることにもなりかねない。適正な人事労務管理の実施には，労働関係諸法令の正確な理解を基礎に，自社の就業実態を正確に把握し，問題点を検討し，改善を図ることが求められる。

　さらに，企業の人事労務管理の実務においては，上記のような労働関係法令の解釈運用は，行政当局の示す解釈（行政解釈）通達や関連するガイドラインがある場合はこれに適合することがますます重要となる。たとえば，多くの事業会社で普及しているテレワークについては，割増賃金の算定における在宅勤務手当の取扱いに関する通達などが公表されており，労働基準法などの解釈運用において，留意する必要がある。

　このため，本書は各問答に関係する行政解釈通達やガイドラインがある場合

は，これを基礎とした回答内容となるよう心掛けているが，行政解釈の示され
ていない問題もとりあげている。そうした問題については，論者によっては別
の考え方もあり得ると思われるが，合理的な労務管理の在り方についての1つ
の考え方ということで提示させていただいているものもあることをご理解願い
たい。また，全体を通じて，法令の概要や行政解釈の紹介にとどまる問題も多
いが，できる限り実務上の留意事項等に触れるよう，今後とも努めたい。

　最後に，今回も本書の刊行にあたりご尽力いただいた中央経済社に対し，こ
の紙面を借りて，心からの謝意を表する次第である。

　令和6年6月

全国社会保険労務士会連合会

凡　例

この本において，法令等を引用するときには次のような略称を用います。

労働基準法 ……………………………………………… 労　基　法

労働基準法施行規則 ……………………………… 労基法施行規則
（又は労基則）

労働基準法第36条第2項の規定に基づき労働基準法
第36条第1項の協定で定める労働時間の延長の限度 …… 時間外労働の限度基準
等に関する基準を定める告示

労働契約法 ……………………………………………… 労　契　法

労働安全衛生法 ………………………………………… 安　衛　法

労働安全衛生規則 ……………………………………… 安　衛　則

短時間労働者及び有期雇用労働者の雇用管理の
改善等に関する法律 …………… パート・有期雇用労働法

短時間労働者及び有期雇用労働者の雇用管理の
改善等に関する法律施行規則 ………… パート・有期雇用労働則

労働施策の総合的な推進並びに労働者の雇用の安定
及び職業生活の充実等に関する法律（旧雇用対策法） …… 労働施策総合推進法

高年齢者等の雇用の安定等に関する法律 ………………… 高年齢者雇用安定法

育児休業，介護休業等育児又は家族介護を行う
労働者の福祉に関する法律 ………………… 育児・介護休業法
（又は育介法）

雇用の分野における男女の均等な機会及び
待遇の確保等に関する法律 ……………… 男女雇用機会均等法
（又は均等法）

労働者派遣事業の適正な運営の確保及び …………………… 労 働 者 派 遣 法
派遣労働者の保護等に関する法律 （又は派遣法）

厚生労働省（旧労働省）が事務次官名で発した
労働基準局関係通達 ………… 発　　　　　基

厚生労働省(旧労働省)が労働基準局長名で発した通達 …… 基　　　　　発

厚生労働省（旧労働省）が労働基準局長名で疑義に
答えて発した通達 …… 基　　　　　収

目　次

③　解雇・退職

④　賃　　金

5　労働時間・休憩・休日

❶　労働時間

6　割増賃金

7　年次有給休暇

12 懲戒・賃金台帳・労働者名簿・記録の保存

13 労働安全衛生法

第2編　労働契約法・パート・有期雇用労働法・高年齢者雇用安定法

① 労働契約法

② パート・有期雇用労働法

②-2　同一労働同一賃金

③　高年齢者雇用安定法

第3編　育児・介護休業法

第4編　男女雇用機会均等法

第7編　労働組合法

第1編

労働基準法・安衛法

1　総　　則

Q1　正社員・嘱託・パートの違いと労働条件格差

　　当社では，正社員とその他の雇用形態の者との間で労働条件に差異がありますが，定年後嘱託として再雇用した者について従来と同じ仕事に従事させている場合，雇用形態が変わったということで賃金をダウンさせることは労基法違反となりますか。

A　　パートタイマーや有期雇用労働者と通常の労働者・無期雇用労働者との間の雇用形態の差異を理由とする処遇条件の差異については，令和2年4月1日から施行されたパート・有期雇用労働法の定める不合理な待遇の禁止や差別的取扱いの禁止のルールとの関係に注意することが必要ですが，ここでは，労基法の均等待遇の規定（第3条）との関係を確認することにします。

　労基法第3条は，労働条件についての差別的取扱いの禁止を定めていますが，その対象となるのは，一定の限定された理由による差別的取扱いに限られます。具体的には，労働者の国籍，信条，社会的身分のいずれかを理由とした差別のみが同条の規制の対象となります。この場合の信条というのは宗教的な信念のみでなく，政治的な信念も含むとされています。

　設問の正社員とか嘱託の区別は，社会的身分に該当するかどうかが問題となります。この社会的身分とは生来的な地位をいうとされており，後発的な理由による地位は含まれないということです。したがって，正社員とか，嘱託，パートタイマーといった雇用形態の区分は，同条にいうところの社会的身分に

は該当しないことになります。仮に，正社員と嘱託が全く同じ業務に従事していたとしても，その間の労働条件の違いについて労基法第３条が問題となることはありません（後述のパート・有期雇用労働法，民法の一般法理等に照らし不合理な差別的処遇条件の格差は否定される可能性もありますが，ここでは，契約条件としての有効性の検討には触れず，専ら労基法の規制との関係を検討します。以下の設問も基本的に同様です）。

　なお，従来と同じ仕事をさせているということでご心配のようですが，労基法第３条に違反するか否かということに限っていえば，前述のような第３条の意味内容に照らすと，やはり違反とはなりません。

　このほか，従来と同じ仕事をしているのに賃金がダウンすることについては，いわゆる同一労働・同一賃金の原則との関係を心配されるかもしれませんが，この考え方は賃金の在り方に関する１つの理念としての考え方であり，労基法では，第４条において男女同一労働・同一賃金の原則を定めているにすぎません（丸子警報器事件　長野地裁上田支部平8.3.15判決は，同一（価値）労働同一賃金の原則が労働関係を規律する一般的な法規範として存在していると認めることはできない，としています）。したがって，ご質問の取扱いの対象者が女性のみであるような場合を除けば，これも違反とはなりません。

　これに対し，定年後嘱託として再雇用する場合に，男女でその取扱いを区別し，男性は従来どおりの処遇を継続するが女性はほかの判断要素において男性と違うところが無いにもかかわらず雇用形態が変わったことを理由に賃金をダウンさせるとか，男性は一律２割の賃金ダウンにとどめるが女性は４割のダウンとするといった取扱いをすれば，これは労基法第４条に違反する男女の性別を理由とする賃金差別に該当することになるでしょう。

　繰返しになりますが，ここで労基法上は違反とはされないということであるとしても，そのことでその格差等がすべての面で正当化されるということではないことについては十分注意してください。

　定年後の継続雇用や再雇用の場合の処遇条件の低下の有効性についての裁判所の判断も一様ではありませんでしたが，平成30年６月１日の長澤運輸事件最高裁第二小法廷判決で一定の判断が示されています（Q217「定年前労働者と定年後継続雇用労働者の処遇格差」参照）。

冒頭で触れたパート・有期雇用労働法や労働者派遣法の改正により求められる，雇用形態・就業形態に関わらない公正な待遇の確保の責任など，雇用形態や就業形態の違いと労働条件の在り方の問題は，労基法だけで語れる状況ではありません。パート・有期雇用労働法，労働者派遣法，これらに関連する行政解釈や裁判例など，多方面からの情報を総合して合理的な対応を考えるべき状況になっているといえます。　　　　　　　〔参照条文　労基法3条，4条〕

Q2　外国人の雇用と均等待遇の原則

就労可能な在留資格を有する外国人を雇用する場合，いずれ本国に帰ることが予想されるので，正社員ではなく嘱託の形で雇用しようと思いますが，労働者の国籍を理由とした差別に該当しますか。

A　就労可能な在留資格を有するか否かにかかわりなく，現実に外国籍の（あるいは日本国籍を有しない）者を労働者として使用するに際して，その者の国籍を理由として労働条件について差別をすることは，労基法第3条に違反することになります。この違反は，外国人を不利に取り扱う場合が一般的でしょうが，外国人を日本人よりも有利に取り扱うことも第3条の均等待遇の原則に違反することになります（日本人から見れば国籍を理由とした不利益な取扱いになります）。

なお，解雇も労基法第3条の規制の対象と考えられていますので，いわゆる雇用調整を実施するに当たり，国籍のみを判断材料にしてまず外国人を先に解雇する，といった扱いをすれば，これも労基法第3条に違反することになります。

就労可能な在留資格を有していなかったり，あるいは認められる就労の範囲を超える違法な就労をした外国人は，出入国管理及び難民認定法により処罰の対象となり，退去強制の対象となります。また，就労可能な在留資格を有しな

いことを知りながら外国人を雇用し就労させた事業主も処罰の対象となりますが，このようないわゆる入管法に違反した就労であるか否かは労基法による差別禁止の規定の適用の有無には影響がありません。不法就労であっても外国人であるということで差別的な取扱いをすれば，それはそれで労基法違反としての処罰の対象となります。

　国籍を理由とした差別的取扱いとは，国籍が差別の唯一の理由である場合に限らず，いろいろな理由があったとしても，その中で国籍が実質的な原因になっている場合はこれに該当します。これに対し，外国人であるということ以外の理由が実質的な処遇条件区別の理由となっている場合は，国籍を理由とする差別的取扱いには該当しません。

　国籍以外に実質的・合理的な処遇体系を区別する理由がないと考えられる場合，たとえば，職務の内容や人材活用の仕組み等同じ処遇が前提とされている同じカテゴリーの職員として，永住資格もあり日本を生活の根拠としている外国人と日本人を同時に雇用した場合のように国籍以外の条件が同じ場合に，他に合理的理由なく日本人と外国人の処遇条件に差異を設けることは，原則として労基法違反となると考えられます。これに対し，国籍・信条・社会的身分以外の理由による処遇条件の差については，それが民事訴訟として裁判で争われた場合に，合理的理由なしとして契約条件としての有効性を否定されることはあり得るとしても，直ちに労基法第3条違反ということにはなりません。

　設問の事例が労基法第3条に違反するかどうかは，いずれ本国に帰るということを理由にしていることの意味が，単に外国人であるということと同義であるのか，それ以外の処遇条件区別の合理的理由を意味しているのかが問題となります。いずれ本国に帰るということが，単に雇用した会社の側の憶測ではなく，在留資格や本人の説明から明らかであり長くても数年という短期的な雇用とならざるを得ないことから，長期継続雇用を前提とした人材活用の在り方等の一般社員の雇用管理体系となじまないため，一定の期間雇用を前提とした雇用形態として予定されている嘱託雇用とし，その中で内外人を区別せずに職務内容，処遇条件を平等に扱うのであれば，そのような取扱いは単に国籍を理由とした差別ということはできず，労基法に違反するものではないと考えられます。ただし，パート・有期雇用労働法第8条は，労働契約に期間の定めがある

ことによる不合理な労働条件の禁止を定めていますから，この観点からの
チェックも必要となる場合があります。

〔参照条文　労基法3条，労働施策総合推進法7条，外国人労働者の雇用管理
　　　　　　の改善等に関して事業主が適切に対処するための指針〕

Q3　使用人兼務役員や執行役員は労働者か

　　当社の管理職のなかには取締役と部長職等の一定のポストを兼
任することがよくありますが，このような使用人兼務役員につい
ても労基法の規制は及ぶのでしょうか。

Ⓐ　　労基法の保護を受ける労働者とは，職業の種類を問わず事業又は事務
所に使用され賃金を支払われる者をいいます。事業（主）と労働者との
間は，労働者が使用者の指揮命令に従い労務を提供することと，使用者がこれ
に対する賃金を支払うことを内容とした労働契約（＝雇用契約）により結ばれ
ているという関係です。これに対し，取締役と会社との関係は，委任契約によ
り結ばれている関係であり，指揮命令を前提とした雇用関係とは異なる契約関
係です。したがって，行政解釈上，「法人，団体，組合等の代表者又は執行機
関たる者のごとく，事業主体との関係において使用従属の関係に立たない者は
労働者ではない」（昭23.1.9基発14，昭63.3.14基発150，平11.3.31基発168）とさ
れています。一方で，「法人の所謂重役で業務執行権又は代表権を持たない者
が，工場長，部長の職にあって賃金を受ける場合は，その限りにおいて法第9
条に規定する労働者である」（昭23.3.17基発461）ともされています。ここでは，
使用従属（指揮命令）の関係が存在するかどうかを判断基準として，業務執行
権を有する者や代表権を有する者は会社との間においてこのような関係に立た
ないことから労働者とはされず，一方，重役といっても代表権のない者につい
ては，現実にその者が担当している職務において労働者としての要件を満たし
ていれば，その者は労働者としての保護を受けるとされているわけです。

　このほか，いわゆる支店長あるいは支配人等，特定の営業所における営業に関するいっさいの裁判上・裁判外の行為をする代理権を有する商業使用人については，前述のような意味での代表権を有する者と同じということはできませんので，単に支店長であるということをもって労働者ではないということにはなりません。改めて，使用人兼務役員の労働者性については以上のような判断基準によって個別に判断することが必要です。

　次に，いわゆる「執行役員」についてですが，これは同じく役員とはいっても会社法上の取締役とは別概念のものです。企業の実例では，取締役と執行役員を兼ねる例もあります（この場合は前述の使用人兼務役員の場合の考え方が参考になります）が，多くの場合は，会社法上の取締役とは別に執行役員を設けています。この会社法上の取締役に該当しない執行役員の場合，その多くは社員の中から登用されているようです。社員から登用される執行役員には，①雇用契約を維持したまま執行役員となる場合と，②いったん退職の形をとって執行役員となる場合があります。このいずれも取締役会によって執行役員として選任され代表取締役等の指揮命令を受けて会社業務を執行するものであるとされており，いわば取締役ではない会社業務の実務責任者という位置付けになります。この場合の執行役員の労働者性については，①の場合の多くは労働者性があると考えられ，②の場合は前述の使用人兼務役員のうちの業務執行権や代表権を有しない者についての考え方に準じて判断することができると思われます。

　また，このいずれの場合も，執行役員としての会社との契約が雇用契約の形をとっている例と委任契約の形をとって例が見られますが，その業務遂行において会社からの指揮命令に服しての労務の提供という実態がある限り，どちらの形式をとっていても労働者性があるものと判断されることになります。

〔参照条文　労基法9条，10条〕

Q4　出向者と労基法の適用関係

　当社でも，関係会社との間で出向者を出したり受け入れたりすることがあり，今後のためにこうした出向者の勤務条件管理のための統一的なルールを設定しておきたいと思います。出向者の勤務に関しては労基法上の使用者責任を負うのは出向元・出向先どちらとされるのでしょうか。

Ⓐ　出向とは，一般に出向元との間の労働契約関係を維持したままその命令により出向先との間に労働契約関係を生じさせ，出向先においてその指揮命令を受けてその業務に継続的に従事する就業形態をいいます（在籍出向）。

　在籍出向の場合は，出向労働者について出向元と出向先のそれぞれとの間に労働契約関係があるので，それぞれ労働契約関係が存する限度で労基法等の適用があるとするのが行政解釈の立場です（昭61.6.6基発333）。具体的には，出向元と出向先及び出向労働者の三者間の取決めによって定められた権限と責任に応じて出向元・出向先いずれか又は双方の使用者が労基法等の使用者責任を負うものとされています。なお，注意しなければならないのは，出向と派遣の区別です。派遣と出向とは，いずれも派遣（出向）先の指揮命令に従って就業するものであり，現象的には非常によく似た就業形態です。その間の違いは，派遣の場合は派遣先と労働者との間には，単に派遣契約に基づく指揮命令関係が生じるのに留まり，派遣労働者と派遣先との間には労働契約関係は存在しないのに対し，出向の場合は出向先との間に指揮命令関係があるだけでなく労働契約関係も成立するということにあります。したがって，出向の場合は，単に出向先の指揮命令に従い勤務するだけの関係ではなく，出向先の勤務時間制度や服務規律等の就業規則の適用を受け，賃金についても直接的には出向元が支払うが，その原資について出向先から出向元に戻入れするといった例が一般的です。出向の場合の労基法の適用については，原則的に次のようなことになるとされています（昭35.11.18基収4901の2，平11.3.31基発168）。

(1)　賃金関係　　控除協定等も含め，現に出向者に対する支払いの責任を
　　　　　　　　　負っている側が責任を負う。

(2)　労働時間・休憩・休日・休暇関係　　三六協定等を含め，出向先が責任
　　　　　　　　　を負う。

(3)　安全衛生　　出向先が責任を負う。

(4)　災害補償　　出向先が責任を負う。労災保険についても，出向先におい
　　　　　　　　　て取り扱う。

(5)　就業規則　　出向元・出向先双方が権限を有する事項について責任を負
　　　　　　　　　う。

(6)　賃金台帳・労働者名簿　　出向元・出向先双方が責任を負う。

　以上のような労基法等の責任関係を参考として，出向労働者についての出向
先企業での労働条件，出向元企業での身分等の取り扱いなどを，出向元企業，
出向先企業および出向労働者の三者間の取り決めによって詳細を定めることが
適当と思われます。

　なお，労働条件は労基法により明示する必要があります（Q18参照）。

　これらの労働条件は，出向に際して出向先企業が労働者に明示することにな
りますが，出向元企業が出向先企業に代わって明示しても問題ありません。

　ところで，出向と派遣が非常によく似た就業形態でありながら，現状では労
働者派遣については特別の法規制が存在し，出向についてはそれがないことか
ら，派遣の実態を有する就業形態でありながら派遣についての法規制を免れる
ために出向の形式をとって就業させる例も見られ，問題となることがあります。
労働関係の法令の適用においては，契約形態よりも就業の実態を重視して法の
適用関係を考える，というのが基本的な理解です。出向については，昨今のコ
ロナ禍における雇用維持を理由とした場合や，グループ会社間の異動，キャリ
ア拡張などといった一定の合理的な理由に基づき行われることが求められてお
り，後述（Q275等参照）の派遣法の規制等との関係にも留意して適切な運用を
心掛ける必要があるといえます。　　　　〔参照条文　労基法10条，15条〕

Q5 兼務出向と労働関係法令の適用

　グループ会社の司令塔となる持株会社に各社から人材を出向さ
せて，事業戦略等の構築や共通の施策の策定を行うことになりま
したが，出向者は持株会社単独の業務のほか，出向元の個社の業
務も併せて担当することになります。全体的に見れば出向先の固
有の業務の比重が大きいといえますが出向元の業務の比重も無視
できません。場合によってはどの企業の業務をやっているのか切
り分けるのも難しい場合があります。こうした場合の労基法上の
使用者責任はどこが負うことになるのでしょうか。

A　　最近では，これまでの典型的な出向（「自己の雇用先の企業に在籍の
　　　まま，他の企業の従業員（ないし役員）となって相当長期間にわたって
当該他企業の業務に従事することをいう」（菅野和夫『労働法』第12版735頁，弘
文堂））とは異なり，同時並行的に出向元と出向先の業務に従事する「兼務出
向」とか「兼職」と称する就労形態が見られます。その就業の実態はいろいろ
です。たとえば，週の半分は出向先の業務に従事し，残りは出向元の業務に従
事するという例もあるかも知れませんし，1日の就業の中でもある時間には出
向元の業務を処理し次の時間には出向先の業務を処理し，ある時間は出向元・
先双方に共通の業務を処理するといったものも見られるようです。

　前者のような事例であれば，労基法の時間規制の適用も従来からの解釈に基
づき整理は可能でしょう。1日単位で見れば時間管理の責任を負うべき事業主
は出向元又は出向先のいずれかであり疑問は生じません。週での労働時間につ
いての規制の順守責任はどうなるかについても，労基法第38条のこれまでの解
釈に従えば，基本的考え方は当該労働者を使用することにより法定労働時間を
超えて労働させることになった（＝法定外労働を発生させた）使用者が責任を
負うことになります。前者のようないわば単純な兼務出向の場合は，出向の企
業間合意でも週での所定労働時間は法定時間内に収まるような勤務とすること
が当然でしょうから，所定時間内の労働については疑問は生じないでしょう。

また，出向元又は出向先が所定時間を超えて労働させる場合は，それにより法定の労働時間を超えることになる労働をさせたほうが時間外労働等についての法律上の責任を負うことになる，というのが現在の基本的考え方です（「副業・兼業の促進に関するガイドライン」Q&A参照）。しかし，更に考えていくと時間外労働の1カ月や1年の限度時間についての管理はどのように行うのか，など難しい問題が生じる可能性があります。

　更に前述の後者の事例のような兼務出向の場合は，1日の中での就業時間を出向元・出向先のいずれの責任とするか区分すること自体困難な状況さえ想定され，労基法等の定める労働条件規制の順守責任の所在が不明確になるおそれがあります。出向と称すれば労働者派遣法の規制は受けないだろうし，労基法の適用関係についても普通の出向の延長線上で考えれば済むだろう，といった考えでこれを行うことは避けるべきです。

　従来からの典型的な出向の形態を前提にした行政解釈はQ4に掲げたものがありますが，ここで検討するような就業の実態についての労基法等の使用者責任の所在を明確に示した行政解釈等はないと思います。このため，行政解釈等の明確なよりどころに基づく回答ではありませんが，回答者として1つの考え方を提案するとすれば，基本は，あくまで就業の実態に基づく判断です。後者のような事例でも実際の日々の労働は出向元あるいは出向先を本拠とし，そこで基本的に終日勤務する中である時間は出向元の業務を処理し，ある時間は出向先の業務を処理するといった兼務の形態の場合で，実際の就業の本拠とする出向元であれば出向元の包括的な指揮監督の下に出向先の業務も併せ行うにすぎず，出向先の業務処理について逐一出向先の具体的な指揮命令が及ぶわけではないというような就業実態であれば，全体を出向元の指揮命令下に行われる労働とみて労基法等の適用を考えるということもあり得るのではないかと思われます。

　次に，労務管理の観点から，いかに現実妥当な管理を行うかという観点からの「べき論」として考えてみることにしましょう。

　その基本は，実際の労働実態を想定して，労働時間や健康管理その他労働条件管理上どのような問題が生じ得るかを想定することから始め，その適正な管理のためには何が必要か，出向元・出向先はそれぞれどのような責任を果たす

のか（単独で果たすことが可能か共同で果たすのか，出向元・出向先いずれか主たる業務の側に就業の情報を集約して管理責任を果たすかなど），法令に明確なよりどころがないとすれば，出向の当事者（出向元・出向先・出向労働者）間で「適正」な労働条件の管理ルールを作り，その履行責任を明確にし，「適正」な労働実態が確保できるような態勢を整えるなど，これを命ずる企業の責任として「適正」な労働条件管理の在り方を考えたうえでこれを実行する必要があるということではないかと思われます。　〔参照条文　労基法10条〕

Q6　慶弔見舞金・住宅補助等の福利厚生的給付と労基法上の賃金

　当社では，従業員の慶弔に際し，一定の見舞金等を支給し，また，従業員の住宅事情に応じてその費用の一部を援助する趣旨の給付（半年ごとに支給）を行っていますが，このたび，労働基準監督署の方から，これらは賃金であるので，住宅補助については毎月支払うとともに，割増賃金の計算基礎に算入する必要があるとの指摘を受けました。当社はこれらは福利厚生制度の一環としての給付であり，労働の対価としての賃金ではないと考えていますが，どうなのでしょうか。

Ⓐ　労基法がその保護の対象とする賃金の範囲はかなり広いものといえます。賃金の定義によると，労基法において賃金とは，名称のいかんを問わず労働の対償として使用者が労働者に支払うすべてのものをいいます。しかし，この定義から直ちに慶弔見舞金等が賃金に該当するかどうかを判断することは困難です。具体的な労働の対償としての支給という性格はないとも思われますし，雇用関係のもとにおいて使用者が労働者に行う給付はすべて広い意味で労働の対価としての性格を持つとも考えられます。この点，行政解釈では次のような一般的な説明を行っています（昭22.9.13発基17）。

(1)　労働者に支給される物又は利益にして，次の各号の一に該当するものは，賃金とみなすこと。

①　所定貨幣賃金の代わりに支給するもの，すなわち，その支給により貨幣賃金の減額を伴うもの

②　労働契約において，予め貨幣賃金の外にその支給が約束されているもの

(2)　上記(1)に掲げるものであっても，次の各号の一に該当するものは，賃金とみなさないこと。

①　代金を徴収するもの。ただし，その代金が甚だしく低額なものはこの限りではない。

②　労働者の厚生福利施設とみなされるもの

(3)　労働協約，就業規則，労働契約等によって予め支給条件が明確である場合の退職手当は労基法第11条の賃金であり，労基法第24条第2項の「臨時の賃金等」に当たる。

(4)　結婚祝金，死亡弔慰金，災害見舞金等の恩恵的給付は原則として賃金とみなさないこと。ただし，結婚手当等であって労働協約，就業規則，労働契約等によって予め支給条件の明確なものはこの限りでないこと。

　以上の考え方を基に，慶弔見舞金については就業規則等に基づき支給されるものは労基法上の賃金として保護することが相当であるとされています（厚生労働省労働基準局編『平成22年版　労働基準法』162頁）。通達にある福利厚生施設というのは，典型的には社宅の供与であるとか食事の供与のような金銭以外の形で行われる利益と考えられます（なお，このようなものについても，一定の条件に該当するときはその利益を金額に評価して賃金として取り扱うことが求められることがあります）。したがって，設問のような現金で支給される住宅補助その他の生活補助の目的で支給されるものはやはり賃金と評価されることになると思われます。

　なお，このほか，労働者の必然的な支出を補うものであるか否かという福利厚生施設か賃金かの判断の基準に照らして，金銭で支給されるものであっても賃金ではなく福利厚生と認められたものとして，保険契約をした労働者に一定額の補助をする生命保険料補助金や財形貯蓄奨励金がありますが，一方，所得

税や社会保険料の本人負担分を使用者が負担するものは賃金とみなされています。　　　　　　　　　　　　　　　　　　　〔参照条文　労基法11条〕

Q7　平均賃金算定の起算日

　解雇予告手当の算定等に用いる平均賃金の計算においては，これを用いる場合ごとに起算日が異なるように聞きますが，具体的にはどのようになっているのでしょうか。

Ⓐ　平均賃金の算定に関しては，起算日のほか，計算から除外すべき期間や賃金，最低保障の適用される場合その他複雑な要素がありますが，質問の起算日の考え方は，次のとおりです。

(1)　算定事由発生の日

　平均賃金は，これを「算定すべき事由の発生した日以前3カ月間にその労働者に対し支払われた賃金の総額を，その期間の総日数で除した金額」とされます（労基法12条）が，まず，この算定事由の発生日をどのように考えるかが問題となります。これについては，平均賃金を算定すべき事由ごとに，次のように解釈されています。

①　解雇予告手当　　解雇（予告）の通告が相手方に到達した日（解雇予告の効果が生じる解雇日ではありません）

②　使用者の責による休業　　休業させた日（2日以上にわたる場合は最初の日）

③　年次有給休暇　　休暇により休んだ日（2日以上にわたる場合は最初の日）

④　災害補償　　事故発生日又は診断により疾病の発生が確定した日

⑤　減給の制裁　　制裁の意思表示が相手方に到達した日

(2)　起　算　日

算定事由発生の日がこのように確定したとして，実際の起算日は「事由発生

日の前日」となります。たとえば，解雇予告手当であれば，前述のように解雇の予告をした日の前日から数えて過去３カ月において，その間の日数と賃金を基礎にして平均賃金を算定することになります。ただし，これは賃金の締切日を定めていない場合に限られます。実際には，ほとんどの企業には賃金の計算のための締切日がありますが，こうした賃金締切日がある場合は，算定事由発生日の直前の賃金締切日から起算（その賃金締切日を含みます）してその前３カ月について計算することになります。

(3)　特殊な場合の取扱い

なお，賃金締切日当日に算定事由が発生した場合は，その日ではなく，その前の賃金締切日から起算してその前３カ月を計算の対象とします。また，雇入れ後３カ月に満たない者の平均賃金の計算においては，その者の雇入れ後の期間を基礎にして，以上のルールを適用することになります。つまり，この場合も賃金締切日があれば，事由発生日の直前の賃金締切日から過去にさかのぼって雇入れの日までを対象に計算することになります。

このほか，雇い入れた当日に算定事由が生じた場合は都道府県労働局長が定めることになります。日雇労働者の場合は，特別の計算方法が労働省告示（昭38告示52号）の形で明らかにされています。　　　　〔参照条文　労基法12条〕

Q8　欠勤・休業期間と平均賃金の算定

　平均賃金を算定する場合，育児休業や介護休業の期間はどのように取り扱うことになりますか。また，通勤災害によって休業する期間そのほかの理由による欠勤の期間は労基法では除外するようには定められていないようですが，どうなるのでしょうか。

Ａ　平均賃金の算定は，労働者の通常の生活賃金を算定することをその基本として，過去一定期間の総収入をその間の総日数で除して計算することが原則ですが，その間にこうした通常の生活賃金を算定するに不適当な欠勤

期間等がある場合は，これを除外することが必要となります。労基法では，この点について，平均賃金の算定において除外すべき期間を，次のように具体的に定めています。

(1) 業務災害による休業期間

(2) 労基法による産前産後の休業期間

(3) 使用者の責めによる休業期間

(4) 育児・介護休業法による育児休業期間，介護休業期間

(5) 試みの使用期間

　これらの期間についても，会社によっては通常の賃金と異ならない賃金が支給されることもありますが，法的にはこれらは一律に除外することになります。逆に，これらの期間以外にも除外したほうが，より実際の賃金の状況を反映することができる場合もあり得るでしょうが，ここに掲げた期間以外の期間については除外されないのが原則です。したがって，私傷病欠勤その他の欠勤についても除外されることはありません。設問の期間のうち，通勤災害による休業期間については行政解釈は示されていませんので断言はできませんが，業務災害による休業ではありませんので除外される期間には該当しませんから，その間も平均賃金の計算期間に含まれることになるものと思われます（ちなみに，労災保険における給付基礎日額の考え方では給付基礎日額の特例として算定期間に通勤災害その他の私傷病休業期間がある場合，労基法第12条に基づいて算定した平均賃金に相当する額が，通勤災害その他の私傷病休業期間及びその間の賃金を平均賃金の算定期間の総日数および賃金の総額から控除して算定した平均賃金相当額に満たない場合は，後者の額を給付基礎日額とするとされています（昭52.3.30基発192））。

　ところで，このように勤務しなかった期間が計算期間に含まれるとその間については賃金が支給されないことも多いため，平均賃金が平均賃金算定の目的からみて不当に低額となることがあります。このような場合は，平均賃金の最低保障の制度が適用されることになります（日給月給制や出来高給制による労働者については労基法第12条第1項のただし書により，月給者については労働省告示（昭24告示5号2条）により計算することになります）。

　なお，ストライキによる休業期間については行政解釈で除外することになっ

ています。　　　　　　　　　〔参照条文　労基法12条〕

Q9　通勤定期券の支給と平均賃金の算定

　　当社は，以前は毎月現金で通勤手当を口座に振り込んでいましたが，従業員からの要望もあったため，会社で6カ月定期券を購入して各人に支給しています。ところで，平均賃金の算定においては，これが6カ月ごとに支給されていることから，算定基礎賃金に含めないことにしていますが，問題でしょうか。

Ⓐ　労使間の協定書で定めた通勤費としての6カ月ごとの通勤定期券の購入・支給について，行政解釈は次のように述べています（昭25.1.18基収130）。

「設問の通勤乗車券は法第11条の賃金であり，従って，これを賃金台帳に記入し又6カ月定期乗車券であっても，これは各月分の賃金の前払いとして認められるから平均賃金の基礎に加えなければならない。」

　ここでは，労使間の協定書で定められた（＝支給義務がある）通勤定期券が労基法上の賃金であること，賃金として賃金台帳への記載義務があること，6カ月分をまとめての支給は各月分の一括前払いと認められること，したがって，平均賃金算定の基礎に加えなければならないことが示されています。この行政解釈で設問に対する答えは与えられていることになりますが，念のため，もう少し補足の検討を加えてみましょう。

　平均賃金の算定に際して，その算定基礎となる賃金から除外してよいものは，Q8で触れた除外期間中の賃金のほかは，次のようなものに限られています。

(1)　臨時の賃金

(2)　3カ月を超える期間ごとに支払われる賃金

(3)　通貨以外のもので支払われた賃金で一定の範囲に属さないもの（労働協約の定めに基づかない現物給付）

　通勤定期券の形で支給される通勤手当は，一般的には，毎月あるいは3カ月ごとや6カ月ごとの前払いの形で支給されており，(1)の臨時の賃金（臨時的・突発的事由に基づき支給されるもの）には該当しないでしょう。3カ月ごとや6カ月ごとの前払いの形で支給されていれば当然に(2)の3カ月を超える期間ごとに支払われる賃金として取り扱われるかといえば，そうではありません。3カ月を超える期間ごとに支払われる賃金というのは，賃金の計算期間が3カ月を超えるかどうか（言い換えれば，3カ月を超える期間での計算がその賃金の計算のために必要かつ合理的であるかどうか）によって定まるものであるとされ，毎月計算・確定可能な賃金を支払事務の簡略化のためとか平均賃金の算定基礎から除外する目的で3カ月を超える期間ごとに支払っているとすれば，それは3カ月を超える期間ごとに支払われる賃金とは認められず，平均賃金の計算に含めるべきものであると評価されると思われます。そうすると，設問の通勤定期券の形で支給される通勤手当はこの除外賃金にも該当しない，ということになるでしょう。

　設問の事例は，もともと毎月現金で支給すべきものを従業員の便宜等を考えて，会社が一括購入して交付しているものと考えられます。そうであれば，労働組合がない場合や，組合があっても労働協約に定めがない場合は，最後の(3)に該当するのかという問題もありますが，これに該当するということになると，労働協約の定めに基づかない現物給付というものがそもそも賃金の通貨払いの原則との関係で認められるのかという問題があるように思われます。

　したがって，平均賃金の計算の問題以外にも検討を要することがあるわけですが，それはひとまず置くこととして，こと，平均賃金の妥当な計算ということで考えれば，設問の事例は，もともと毎月現金で支払っていた通勤手当を，従業員の要望もあり，会社が一括購入して手渡しているものであるとすれば，これまでの通勤手当とその趣旨や効果において何らの違いもないように思われます。そうであれば，平均賃金の算定においては，これを除外賃金と見るのではなく6カ月分の通勤費の前払いとしてこれを6等分した月額をもって毎月支払われている賃金として計算するのが現実妥当ではないかと思われます。

〔参照条文　労基法12条〕

Q10　労基法上の権利の消滅時効の改正

　　民法改正に伴い，労基法の賃金等の時効も変わったそうですが，どんな注意が必要となりますか。

Ⓐ　令和2年4月からの，改正民法の施行により，雇い人の給料等の短期消滅時効のルールが変わり，権利行使が可能であることを知った時から5年（権利行使が可能となった時点から10年）になりましたが，これに伴い，これまで原則2年とされていた労基法上の賃金等の消滅時効も改正となります（ただし，当分の間の取扱いについは後述のとおりで，当面は2年から3年に延長されます）。

　具体的には，次のとおりです。

〔消滅時効の起算点〕

＊労基法の規定による賃金の請求権は，これを行使することができる時から5年間行使しない場合，時効により消滅します。民法とは違い，主観的な「知った時から」何年というルールは採用されず，客観的な権利行使ができることとなった時点が起算点となります。具体的には，就業規則等で定められた賃金支払日が起算点になり従前の取扱いから変更はありません。

〔権利の種類ごとの時効期間〕

＊労基法上の権利には性格の違うものが複数あり，それぞれに時効の期間も異なることになります。

　①　賃金（退職金を含む）については，これを行使することができる時（＝所定の賃金支払日）から5年。退職金については，これまでは一般の賃金の消滅時効が2年とされており，これとは区別され5年とされていましたが，今回の改正で一般の賃金と退職金の消滅時効の期間は同じ5年となります。

　　　消滅時効期間の延長となる賃金は，賃金の支払（24条），時間外・休日労働等の割増賃金（37条）をはじめ，金品の返還（23条の賃金の請求に限る），非常時払（25条），休業手当（26条），出来高払制の保障給（27条），年次有

　　給休暇中の賃金（39条9項），未成年者の賃金請求権（59条）が含まれる。

②　賃金請求権を除く災害補償その他の請求権（年次有給休暇請求権，帰郷旅費請求権，退職時証明，金品の返還（賃金を除く）など）は，これまでと同様ですが，権利を行使することができる時から2年であることが明記されました。年休の権利行使可能期間についても，他の請求権と同様，2年の消滅時効の対象とされます。

　　なお，これに関連して，労基法の記録の保存の義務を定めた第109条も改正され，労働者名簿，賃金台帳・雇入れ，解雇，災害補償，賃金その他労働関係に関する重要な書類（（例）出勤簿，タイムカード等の記録，労使協定の協定書など労働時間の記録に関する書類，退職関係書類，休職・出向関係書類）についての保存義務期間も3年から5年に延長されました。

　　また，割増賃金の不払い等の場合に，裁判所が労働者の請求により支払いを命ずることができる付加金についての請求できる期間も，同様に，違反があった時から2年以内であったものが5年以内に延長されました(114条)。

〔当分の間の扱い〕

　さらにこれらの改正はいずれも，「当分の間」5年ではなく「3年」とすることが第143条で定められていることに注意が必要です。要するに，当面は2年から3年に延長される，ということです（この法改正については，施行後5年を経過した時点での見直しが予定されており，それまでは，3年を維持するということかもしれません）。

　新たな時効のルールが適用されるのは具体的には令和2年4月1日以降に支払日が到来する賃金についてです。たとえば，実際に働いた日が令和2年3月1日から3月31日の間であって，その3月分の賃金支払日が翌月（4月）の10日払いと定められていれば，この3月分の賃金の消滅時効は，4月10日から3年（前述のように，当分の間の扱いとして5年ではなく3年），ということになります。また，3月15日を賃金締切日とし2月16日から3月15日の間の賃金の支払日を令和2年3月31日としていれば，その賃金の消滅時効は従来どおりの2年，ということになります。　〔参照条文　労基法114条，115条，143条〕

② 労 働 契 約

Q11 労基法に違反すると何が問題か

　　労基法には各種労働条件の定めがあるようですが，そもそも労働条件は当事者同士で決めるものですから，当事者が納得していればよいのではないですか。守れもしないような条件を強制されては会社はやっていけません。違反しても是正勧告を受けてから直せばよいのではないですか。

　Ⓐ　こうした質問はなかなか正面から答えにくいものです。労基法に限らず，法律はなぜ守らなければならないのかということについて，建前を強調しても理解は得られないでしょう。ここでは，実利的な観点から，労基法を守らない場合のリスクを考えます。

　まず，労基法は，法律に違反する行為については罰則を設けていますから，最終的には，刑罰を科される，というリスクがあります。労基法はいわゆる強行法規であり，労働契約の当事者の合意でその適用を排除することはできませんから，当事者が納得しているかどうかには関係ありません。この点で，当事者が納得していればよい，という論理は成り立ちません。

　ただ，一般的には，悪質重大違反でない場合は，いきなり処罰される（＝労基法違反として送検される）のではなく，まず労働基準監督機関による是正勧告や指導の対象となります。たとえば，三六協定オーバーの違法な残業をさせれば，即時これを行わないようにという是正勧告になりますし，割増賃金を支

払っていなければ，日限を切って是正するように求められます。いわゆる是正勧告書をもらう，という事態です。法律に違反するとまでは言わないが，法律の趣旨等から見て改善すべき問題がある場合などでは，指導票という形で改善を求められます。これらは，いわゆる行政指導として行われるもので，勧告等に従わないからといってそのことで何か特別の不利益を被ることはありませんし，それを理由として処罰されることはありません（参考裁判例として，札幌労基監督官（共永交通）事件　平2.11.6札幌地判）。違反があっても，勧告に従って改善すれば，それで一件落着となるのが通常のパターンです。

　そうであれば，違反しても是正勧告を受けてから直せばよい，ということになるかといえば，そうはなりません。同じ問題についての繰り返し違反や，重大な違反，死亡災害等の原因になったような違反については，行政機関の対応も厳しいものになります。必ず是正勧告書での勧告がされるという保障はありません。いきなり法律違反についての刑事責任追及がなされる場合や，証拠隠滅や使用者の逃亡を阻止する目的で逮捕する場合もあるのです。また，仮に従業員や退職者が法違反による被害について刑事告訴等をすれば，労働基準監督機関は刑事訴訟法に基づき事件を検察官に送致することになります。

　送検さえされなければ是正勧告を受けても別に困らない，といってよいのかも疑問です。

　是正勧告を受けるということは刑罰を科されるような法律違反を犯している，ということです。法律違反をしても実際に罰則を適用されないなら，是正勧告などの行政指導を受けてもそのまま放置するということは，日常的に法違反を繰り返す企業であると認めているようなものではないでしょうか。そのような社会的評価を受けることのリスクを考えれば，法律順守のための努力をすることは，単にそれが義務だからというだけではなく，その方が得策であるともいえるように思います。厚生労働省は平成28年12月26日に「過労死等ゼロ」緊急対策を公表しています。そこでは，是正指導段階での企業名公表制度の強化（月80時間超の違法残業や過労死等の労災認定が1年に2事業場であった場合，その企業の本社の指導を行い，是正されなければ公表することや，月100時間超の違法残業や過労死等が2事業場であった場合の公表など）を行うこととしています（Q74「『過労死等ゼロ』緊急対策とは」参照）。

　また，平成31年1月には，不適正な裁量労働制の運用を行っている大企業についての指導・公表の対応方針が示されています（平31.1.25基発0125第1号）。

〔参照条文　労基法99条，102条〕

Q12　長期労働契約締結の禁止の原則と例外

　3年を超える雇用期間を設定することができるそうですが，労使の合意があればすべて可能なのでしょうか，それとも一定の場合に限られるのでしょうか。

Ⓐ　ご指摘のとおり，5年以内の有期契約を結ぶことが一定の範囲内の契約について限定的に認められています（有期契約の意味についてはQ13参照）。労基法では，労働契約の期間の定めは，一定の事業の完成に必要な期間を定める場合を除くと，原則として3年を超えてはならないとしていますが，その例外として，次の2種類の労働契約については，その期間が3年ではなく5年とされています（労基法14条）。したがって，次に掲げる雇用を除いては労使当事者が合意したとしても3年を超える有期の雇用契約を締結することは原則としてできません。

(1)　専門的な知識，技術又は経験（以下この(1)において「専門的知識等」という）であって高度のものとして厚生労働大臣が定める基準に該当する専門的知識等を有する労働者（当該高度の専門的知識等を必要とする業務に就く者に限る）との間に締結される労働契約

(2)　満60歳以上の労働者との間に締結される労働契約（上記(1)に掲げる労働契約を除く）

　上記(1)における高度専門知識についての厚生労働大臣の定める基準とは次のいずれかに該当する者が有する専門的な知識，技術又は経験，であるとされています（平15.10.22厚生労働省告示356号）。

①　博士の学位を有する者

②　次に掲げるいずれかの資格を有する者

　　　公認会計士，医師，歯科医師，獣医士，弁護士，一級建築士，税理士，薬剤師，社会保険労務士，不動産鑑定士，技術士，弁理士

③　情報処理技術者試験のうちシステムアナリスト試験に合格した者又はアクチュアリー資格試験に合格した者

④　特許発明の発明者，登録意匠創作者，種苗登録品種育成者

⑤　年俸1,075万円以上の次のいずれかに該当する者

（一定の実務経験等を有する）

　　　科学技術に関する専門的応用能力を必要とする事項の計画・設計・分析・試験もしくは評価の業務に就こうとする者

　　　情報処理システムの分析もしくは設計の業務に就こうとする者

　　　デザイナー

　　　システムコンサルタントの業務

⑥　国等によりその有する知識，技術又は経験が優れた者であると認定されている者

　前記(2)に該当する高齢者の雇用の場合は，高度専門知識等の制約条件はないので，通常一般の業務に従事する者について5年契約を結び，これをそのまま更新することも可能です。

　なお，改正法施行（平成16年1月1日）後3年経過時点で，第14条（契約期間等）の施行状況を勘案検討し，必要な措置が講じられることとされていますが，現在までこの措置は講じられていません。

　1年を超える有期契約を結んだ労働者は，有期雇用契約の上限が5年である高度専門知識労働者等を除き，前述の措置が講じられるまでの間は，民法第628条の規定にかかわらず1年経過時点以降はいつでも退職することができます（労基法137条）。

　長期の雇用期間を設定することの可否についての労基法の規制は上記のとおりですが，なお，実務的には，長期の雇用期間を設定することに伴う，途中解約についての制約のリスクも当然考えなければなりません。長期の雇用期間を設定するということは，会社にとっては有能な人材に長期にわたり働いてもらえるというメリットがあると同時に，そのことは逆にみると定めた雇用期間に

ついての雇用責任（＝途中解約についての制約）が強いというリスクともなり
ます。もちろん理屈としては，雇用する側だけでなく雇用される側にも雇用は
保障されるが途中退職しにくいという，同じことの裏表の関係でのメリット・
デメリット（リスク）があるわけですが，実際問題としては，途中解雇に対す
る制約が有期雇用の場合は，期間の定めのない雇用の場合の解雇権濫用の法理
による制約以上に厳しいものとなる，といわれていることも理解した上で，雇
用期間をどう定めるか（解約の自由を制約することが重要というのであれば文
字通りの有期契約とし，そうでないのであれば期間の終期を定めつつその間の
解約の自由を定めるなど）を考えることが必要と思われます（Q13参照）。

〔参照条文　労基法14条，137条，民法628条〕

Q13　雇用保障期間と長期労働契約締結の禁止の関係

　最近，年俸契約社員などの形で雇用される者の中には，５年の嘱
託期間を設定している者もあるようですが，労基法では３年を超え
る期間を設定することはできないと聞いていますがどうなのでしょ
うか。パートタイマーについても，ある程度長い期間雇用を保障し
てほしいという声があるので，もし可能であれば５年契約で雇用し
たいと思います。

Ａ　Q12での説明のとおり，一定の契約について５年以内の有期契約を結
ぶことができます。しかし，そこで掲げた雇用を除くと，有期の労働契
約を結ぶ場合に，その期間は３年以内でなければなりません（労基法14条）。

〔労基法の規制する有期労働契約〕

　ただし，この意味は，期間を設定する場合は何でも３年以内でなければなら
ないということではありません。この規制は，過去の長期労働契約による人身
拘束の弊害を排除することを目的として定められた規定であり，ここで規制さ
れる期間の定めのある雇用とは，契約期間の途中における解約が制限されている

ものをいいます（なお，労働契約法上，こうした期間雇用の場合は，やむを得ない事情がある場合でないと期間途中の解雇はできないとされています（17条）。民法上は，やむを得ない事情があれば労使いずれからも直ちに解約はできるものの，その事由について過失のあった側は損害賠償の責任を負うこととされています（628条））。

　つまり，民法所定の解約告知の期間（原則2週間）を置けばいつでも退職できるような契約であれば，労基法の第14条には抵触しないと解釈されているのです。通常の定年制についても，定年までの間において労働者の退職の自由は保障されており，定年は，契約の終期を定めたものではあっても労基法第14条の規制する期間雇用ではないと理解されているのも同様の理由によるものです。

　したがって，設問の契約社員についての契約も，このような契約の終期としての定めであって，その間の退職についての制約がないのであれば労基法には違反しないことになります。同様にパートタイマーについての契約に雇用保障期間を設定することも可能です。

　ただし，契約に際しては，その定めが雇用を保障する期間であって退職を制約するものではないことを明確にすることが必要です。また，雇用保障といっても，絶対に解雇しないのか，解雇せざるを得ないやむを得ない事由が発生しない限り解雇しないということに留まるのか，その趣旨について明確にすることが必要となります。絶対的な雇用保障ではない通常の事例を考えれば，たとえば，「契約の期間は5年とする。ただし，乙（従業員）は，この期間中といえどもいつでも退職を申し出ることができる」といった契約であれば，労基法上の問題とはならないと考えられます（この例の場合，使用者側からの解約については就業規則の原則に従うことを前提として，契約の条項には特記していません）。

　　※この他，有期労働契約に対する労働契約法による規制についても参照してください（後掲346頁以下参照）。

〔参照条文　労基法14条，労契法17条，民法628条〕

Q14 期間雇用者の労働条件の明示

期間雇用者の契約更新の判断要素の明示など，雇止めをめぐる紛争防止のために使用者が講じるべき措置についての労働条件の明示についても法規制があるということですが，どのようなことになっているのですか。

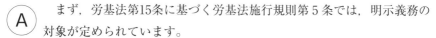

まず，労基法第15条に基づく労基法施行規則第5条では，明示義務の対象が定められています。

この書面の交付により明示しなければならない内容のうち，令和6年4月から以下の項目について新たに明示しなければなりません（令5.3.30基発0330第1号）。

① 通算契約期間又は有期労働契約の更新回数の上限を追加しなければならない。

② その契約期間内に無期転換申込権が発生する有期労働契約の締結の場合においては，無期転換申込みに関する事項及び無期転換後の労働条件を明示しなければならない。

③ その契約期間内に無期転換申込権が発生する有期労働契約の締結の場合においては，無期転換申込みに関する事項並びに無期転換後の労働条件を書面の交付等の方法により明示しなければならない。

具体的に見てみましょう。

①については，有期労働契約の締結と契約更新のタイミングごとに，更新上限（通算契約期間または更新回数の上限）がある場合には，その内容の明示が必要になります。これまで更新上限を設けず，契約期間が5年となる直前で更新終了とするケースがあったことから，更新上限があるのであれば，先にその旨を知らしめておくことを目的としています。「更新上限がある場合には」とあるように，更新上限を設けていない（この先も設ける予定がない）場合は，更新上限の記載がなくても差し支えありません（モデル労働条件通知書では，有期労働契約の更新上限がない場合，書面等で明示することは労働契約関係の

明確化に資するため，その旨を明示する様式としていますが，記載義務はありません）。

　なお，これまで更新上限がなかったところ，これを機に更新上限を設けようとするケースもあるでしょう。その場合は，あらかじめその旨を説明しなければなりません。説明の際は，文書を交付して個々の有期契約労働者ごとに面談等により説明を行う方法が基本ですが，説明の方法は特定の方法に限られるものではなく，説明すべき事項をすべて記載した労働者が容易に理解できる内容の資料を用いる場合は当該資料を交付して行う等の方法でも差し支えありません。また，説明会等で複数の有期契約労働者に同時に行う等の方法によっても差し支えありません。

　また，これまで更新上限を設けていたけれど，そもそも明示義務がなかったので，書面に更新回数や残り更新可能回数などを明らかにしてこなかった場合もあるでしょう。その場合の記載方法については，労働者が使用者の認識が一致するような明示となっていれば差し支えありません。なお，お互いの認識が一致するように，例えば契約の当初から数えた更新回数又は通算契約期間の上限を明示し，その上で，現在が何回目の契約更新であるか等を併せて示すことが考えられるでしょう。

　②のうち，無期転換申込みに関する事項の明示ですが，「無期転換申込権」が発生する契約更新のタイミングごとに，該当する有期労働契約の契約期間の初日から満了する日までの間，無期転換を申し込むことができる旨（無期転換申込機会）を書面により明示することが必要になります。記載内容は，「本契約期間中に無期労働契約締結の申込みをした時は，本契約期間満了の翌日から無期雇用に転換することができる。」といった，労働者に無期転換の権利がある旨が明らかとなる記載が必要です。

　この明示は上述のとおり，「無期転換申込権が発生する契約更新のタイミングごと」なので，1年更新の場合であれば6年目の契約更新の際とそれ以降の契約更新が対象となります。3年契約が契約期間でこれを更新するとすれば，3年目契約が終了した次の契約（4年目以降）の契約更新の際とそれ以降の契約更新が対象となります。

　なお，仮にですが，労働者が無期転換申込権を行使しないと表明していた場

合，本明示は不必要ではないかと思われるでしょう。しかしその場合でも明示しなければならないとされています。

　②及び③の無期転換後の労働条件の明示ですが，まず無期転換した場合，労働条件を変更するのか否かの明示があります。現労働契約内容と変わらない場合は，変更がない旨の明示で事足ります。モデル労働条件通知書では「有無」の記載なので，「無」と書けば良いでしょう。

　反対に労働契約内容を変更する場合は，その内容を明示する必要があります。明示内容は，労働契約締結時と同じ内容です※。

※労働条件の明示事項
（注）　労働条件の明示に関する詳細についてはQ18及びQ19参照。

労働基準法施行規則に定める文書の交付による明示事項
①　労働契約の期間
②　期間の定めのある労働契約を更新する場合の基準
③　就業の場所及び従事すべき業務
④　始業及び終業の時刻，休憩時間，休日等
⑤　賃金
⑥　退職
パート有期労働法に定める文書の交付による明示事項
①　昇給の有無
②　退職手当の有無
③　賞与の有無
④　相談窓口

　この無期転換後の労働条件の明示は，無期転換申込権が生じる契約更新時と，無期転換申込権の行使による無期労働契約の成立時のそれぞれで明示する必要があります。

　ただし，無期転換申込権が生じる契約更新時の段階で，明示すべき労働条件を適切に明示しており，かつ，実際に無期転換権の行使が行われた際に成立する労働契約の明示すべき事項がすべて同じである場合には，その契約時にすべ

ての事項が同じであることを書面の交付等により明示することで対応すること
が可能です。

　契約期間を除く無期転換後の無期労働契約の労働条件は，労働協約，就業規
則，個々の労働契約などについて別段の定めをしない限りは，無期転換前と同
一の労働条件が適用されますので注意が必要です。

　このように今回の改正に伴い，更新上限の明記などが追加されていますが，
仮に契約更新上限を設けたとしても，従前の雇止めをめぐる紛争防止の観点で
設けられた以下の明示内容は変わりません。つまり，契約更新上限が仮に5年
としたとしても，契約の更新を繰り返す場合はその都度以下の観点で判断する
ことになります。

　ⅰ）「更新の有無」については，ⓐ自動的に更新する，ⓑ更新する場合があ
　　　り得る，ⓒ契約の更新はしない。

　ⅱ）「判断の基準」については，ⓐ契約期間満了時の業務量により判断する，
　　　ⓑ労働者の勤務成績，態度により判断する，ⓒ労働者の能力により判断す
　　　る，ⓓ会社の経営状況により判断する，ⓔ従事している業務の進捗状況に
　　　より判断する。

　また，労基法第14条第2項に基づく「有期労働契約の締結，更新及び雇止め
に関する基準」告示において，次のような対応が求められています。

　①　3回以上更新し，又は1年を超えて継続勤務している者（契約を更新し
　　　ないことが明示された者を除く）を更新しないこととする場合は期間満了
　　　の30日前までにその予告をする。

　②　①の場合に労働者が更新しないことの理由（更新しなかった場合は更新
　　　しなかった理由）の証明書を求めた場合は遅滞なくこれを交付する。

　③　契約を1回以上更新し1年以上継続勤務している者の有期契約を更新す
　　　る場合は，契約の実態や労働者の希望に応じて，契約期間をできるだけ長
　　　くするよう努める。

　「更新しない（しなかった）理由」については，行政解釈は次のような期間
満了とは別の理由を示しています（平15.10.22基発1022001，平25.3.28基発0328
第6号）。たとえばⓐ前回の契約更新時に本契約を更新しないことが合意され
ていたため，ⓑ契約締結当初から更新回数の上限を設けており，本契約は当該

上限に係るものであるため，ⓒ担当していた業務が終了・中止したため，ⓓ事業縮小のため，ⓔ業務を遂行する能力が十分ではないと認められるため，ⓕ職務命令に対する違反行為を行ったこと，無断欠勤をしたこと等勤務不良のため。

　前述の告示は，条文形式をとって，「……しなければならない」という表現を用いてはいますが，そこで求められている事項は，労基法の定める罰則等により使用者に強制される義務そのものではなく，こうした基準の内容に反して労働契約の締結や雇止めがなされたとしても，そのこと自体は雇止めの法的効力に影響を与えるものではありませんが，行政官庁は，労基法の定めに基づきその改善を求めるなど必要な助言・指導をすることができることとされています。

　また，対象者は限定されますが，（5年超の）期間雇用（有期雇用）更新による無期雇用への転換権の行使（労契法18条）の例外とされた高度専門職や定年後継続雇用者（特定有期雇用労働者）については，その例外特例の内容（前者であればプロジェクト期間（最長10年）は無期転換権が発生しないことやそのプロジェクト業務の内容，開始・終了日，後者であれば定年後引き続き雇用される間は無期転換権が発生しないことなど）を労働契約締結時の労働条件明示において書面明示しなければならないことになっています（労基則5条特例省令）。

〔参照条文　労基法14条，15条，労基則5条，特定有期雇用労働者に係る労働基準法施行規則第5条の特例を定める省令，有期労働契約の締結，更新及び雇止めに関する基準〕

Q15　期間雇用者に限らない労働条件の明示

　Q14では期間雇用者の雇止めをめぐる紛争防止や，無期転換に関する労働条件の明示が解説されていました。期間雇用者及び期間雇用者以外の者問わず共通して留意すべき明示内容はありますか。

Ⓐ　　　　いうまでもなく，労働条件の明示は全ての労働者に対して必要です。先のＱ14では期間雇用者に対して特に必要な明示事項について解説しましたが，雇用形態問わず等しく明示しなければならない事項のうち，令和６年４月から以下の対応が必要となりました。

　　(注)　明示しなければならない労働条件のうち，文書の交付による明示事項は
　　　　　Ｑ14の「※労働条件の明示事項」を参照してください。

①　就業の場所及び従事すべき業務の変更の範囲の明示
②　就業規則の周知に関する事項

　具体的に見て見ましょう。

　①につきましては，元々明示義務がありました「就業の場所及び従事すべき業務」に，それらの変更の範囲が追加されました。

　「就業の場所及び従事すべき業務」とは，労働者が通常就業することが想定されている就業の場所及び労働者が通常従事することが想定されている業務をいいます。これに追加される「変更の範囲」とは，今後の見込みも含め，当該労働契約の期間中における就業の場所及び従事すべき業務の変更の範囲をいうものです。ここにありますように，当該労働契約の期間中の明示ですので，当該契約期間中に変更がなければ変更がない旨を記せば結構です。ただし，労働者のキャリアパスを明らかにする等の観点から，更新後の契約期間中における変更の範囲について積極的に明示することはあるでしょう。

　明示内容につきまして，法令上の定めはありませんが，予見可能性の向上やトラブル防止のため，できる限り就業場所 業務の変更の範囲を明確にするとともに，労使間でコミュニケーションをとり，認識を共有することが重要です。

　記載例としましては，以下のようなものが考えられます。

（就業の場所に関する変更の範囲の明示例）
• 変更なし
• 会社の定める営業所
• 本社，△△支店，□□営業所
• 国内および海外（アメリカ，オーストラリア）東京都内，神奈川県内 など

このほか，変更の範囲を一覧表として添付することも考えられます。

また，労働者が情報通信技術を利用して行う事業場外勤務（テレワーク）につきましては，労働者がテレワークを行うことが通常想定されている場合には，テレワークを行う場所が就業の場所の変更範囲に含まれますが，労働者がテレワークを行うことが通常想定されていない場合には，一時的にテレワークを行う場所はこれに含まれません。その場合の明示は以下のようになるでしょう。

- 会社の定める場所（テレワークを行う場所を含む）
- 本社，○○支社及び労働者の自宅

（業務に関する変更の範囲の明示例）
- 変更なし
- ○○の業務
- 会社の定める業務
- 就業規則で定める総合職の業務
- 出向規程に従って出向を命じることがあり，その場合は出向先の定める業務
- △△店における店長の業務　など

②につきましては，平成11年3月31日付け基発第169号「労働基準法関係解釈例規の追加について」において，「就業規則等を労働者が必要なときに容易に確認できる状態にあることが「周知させる」ための要件である。」と示しているところです。具体的には，使用者は，就業規則を備え付けている場所等を労働者に示すこと等により，就業規則を労働者が必要なときに容易に確認できる状態にする必要があるものであるとしています。そこで，今回のモデル労働条件通知書では令和5年3月29日付け基発0329第11号「「労働条件通知書等の普及促進について」の一部改正について」により改正し，就業規則を確認できる場所及び方法を設けて，令和6年4月1日から適用することとなりました。

本件につきましては，上述のとおり老規則の改正ではなく，当該通達改正によるものです。　　　　　　　　〔参照条文　労基法14条，15条，労基則5条〕

Q16　採用内定・内々定と労働条件明示義務

　新規学卒者の採用内定の段階やその前の内々定の段階では，実際の雇用が開始する翌年4月以降の労働条件がどうなるか不確定な部分があります。一方で，労働契約の締結に際しては労基法に基づく労働条件の明示義務があるということです。どの時点でどのような労働条件を明示すべきなのでしょうか。

A　使用者は，労働契約の締結に際し，労働者に対して賃金，労働時間その他の労働条件を明示しなければならない，とされています（労基法15条）が，この明示すべき項目には，就業の場所や従事すべき業務に関する事項もあります（明示すべき項目の詳細等はQ17・18参照）。こうした項目は，新規学卒者の場合，内定が出される段階で確定的に決まっている例もあるかもしれませんが，その後の内定から正式採用に至る過程で企業の人員計画の中で決められたり，さらに導入研修を経て正式配属が決まるという例もあると思われます。

　一方で，これまでの内定取消しをめぐる裁判例では，内定の通知により労働契約の成立が認められるケースが多くあります。このようなケースについては，労働条件明示の義務も内定通知の時点で生じると考える説が有力です（ただし，裁判例はあくまで内定取消しの効力が争われたものであり，労働条件の明示時期が争点になっているわけではありません）。労働契約が成立するということは，（退職の自由はあるといっても）就労することを約束するということですから，就労条件が全く示されないでは応募者が不測の不利益を被るおそれがあるといえます。したがって，労働契約の成立の時点が内定の時点である限り，その時点において労働条件の明示義務は果たされるべきであるというわけです。しかし，いわゆる新規学卒者のような場合は，内定があったからといってもすぐに就労するわけではありません。場合によっては，正式採用までに事業場の労働条件が変更される可能性もあるでしょうし，就業場所等については内定段階で不確定な要素が残ることもやむを得ない面があるように思われます。このため，就業場所についてはたとえば採用当初の配属場所として本社人事部付き

として表示することを容認する考え方もあります。その後の将来の就業場所及
び従事する業務の内容につきましては，Q15の変更の範囲の明示に沿って対応
いただくことで，配属後の将来像をイメージすることができるなど，応募者と
の労働条件の行き違いによるトラブル防止に資することでしょう。

　一方，内定の前の段階でのいわゆる内々定の時点では，いまだ労働契約の成
立とは認められないというのが通例であり，この時点では労基法による労働条
件明示の義務はかからないと考えられます。この場合，応募者が次の内定段階
に進むかどうかを判断するために希望するのであれば，変更の可能性があるこ
とを前提にして，前年度の実績としての労働条件の概要等の説明をすることも
考えられます。

　　※労働者の募集の段階での労働条件等の明示については，職業安定法第５条の３
　　　の規定を参照してください。また，従業員の募集段階での「固定残業代」（定
　　　額残業手当）の明示の問題については，Q107参照。

〔参照条文　労基法15条〕

Q17 採用時の労働条件明示義務の対象範囲

　　社員を採用するに際しては労働条件を明示しなければならないと
されているようですが，解説を見ると，労働時間に関する事項や諸
手当なども明示しなければならないように読めます。しかし，勤務
時間制度も賃金制度も複雑に整備されており，社員により，業務に
より適用される制度や手当等が違います。この場合，すべての時間
制度や手当制度を採用時に明示する必要があるのですか。実際のそ
の者に採用の当初において適用が予定される勤務時間制度や賃金項
目だけでよいのではないですか。

　　採用時の労働条件明示の意味について，行政解釈通達は「法第15条第
１項は，労働者が自己の労働条件の具体的内容を承知せずして雇い入れ

られることのないよう使用者に対し労働条件を明示することを義務づけた規定である」としています（昭23.11.27基収3514）。

　長期の雇用においては，一般に，必要に応じ将来的に各種労働条件は変更されることがあり得るという前提で契約が成立しています。そうした将来における労働条件を採用時に明示することは不可能であり，そうした役割は，別途就業規則やこれに準ずるものによって果たされることが想定されているといえます。上記通達の述べる条文の趣旨からしても，採用時の労働条件の明示の義務は，採用の時点において定まっているその者に適用される労働条件を念頭に置いたものと考えてよいものと思われます。したがって，たとえば諸手当等に関する定めをもっている場合，採用者が当面その手当の支給される業務に従事することは予定されていないのであれば，そのような手当についてまで採用時の労働条件明示義務の対象となるということではないと考えられます（別途就業規則の周知は必要です）。

　ただ，実際の明示方法を考えた場合，採用者に対し労働条件明示文書を交付しそこで具体的な勤務時間等を明示する方法による場合と，就業規則等を交付して全体的な労働条件を明示する方法による場合とでは違いがあるでしょう。

　勤務時間制度が通常の勤務形態の他に時差勤務や交替勤務，裁量労働制など複雑になっている場合，労働条件明示文書で採用する者の当初配属先の始業終業時刻を明示するのであればその配属先でその者に適用される具体的な始業終業時刻を明示すれば足り，他の勤務時間制度は仮に将来的には配置換え等によりその者に適用される可能性があるとしても，それは就業規則の適用という形で明示され，異動命令の根拠が定められていればよいと考えられます。

　もっとも，就業場所等の明示が，その明示した場所以外には異動は命じられないという合意であったかどうかが問題になる可能性を考えて，将来適用される可能性のある場所や労働条件も併せて明示しておくことが求められます（Q14参照）。通常は就業規則に異動命令の根拠が定められていますし，労働条件の明示は労基法の求めに応じて行う雇入れ時の労働条件明示であることを考えれば，就業の場所及び業務の変更の範囲はその時点による想定での記載となりますが，採用者が予見できるよう明示することで異動命令の命令の効力とその効力が及ぶ範囲が示されることで将来的なトラブル防止に資することでしょ

う。

　一部抜粋ではなく就業規則全文等を交付して全体的な労働条件を明示する方法によるとすれば，各種勤務時間等の制度がすべて明示されることになり，かえって実際に採用された者に適用される労働条件が不明になることもありますので，実務的にはそのような場合は採用時における実際の条件を定めた条項を特定して明示するか，採用時点で適用する始終業時刻等の具体的な内容を整理の上で書面で明記して示すことになるでしょう（厚生労働省の示すモデル労働条件通知書はかなり細かいものですが，実際の書面を作る際には参考にすることがよいと思われます）。

〔参照条文　労基法15条〕

Q18　労働契約締結時の条件明示の程度

　労働者を雇用する際には労働条件を明示しなければならないということですが，具体的にはどのような形で，どこまでのことを説明する必要があるのでしょうか。

Ⓐ　労働者を雇い入れる際には，労基法により使用者は次の労働条件を明示しなければならないとされています（労基法15条，労基則5条。なお，特定有期雇用労働者の特例についてはQ14参照）。

(1)　労働契約の期間に関する事項

(2)　期間の定めのある労働契約を更新する場合の基準に関する事項

(3)　就業の場所及び従事すべき業務に関する事項

(4)　始業及び終業の時刻，所定労働時間を超える労働の有無，休憩時間，休日，休暇ならびに労働者を2組以上に分けて就業させる場合における就業時転換に関する事項

(5)　賃金（退職手当及び(7)に定める賃金を除く）の決定，計算及び支払いの方法，賃金の締切り及び支払いの時期ならびに昇給に関する事項

(6)　退職に関する事項（解雇の事由を含む）

(7) 退職手当の定めが適用される労働者の範囲，退職手当の決定，計算及び支払いの方法ならびに退職手当の支払いの時期に関する事項

(8) 臨時に支払われる賃金（退職手当を除く），賞与，これらに準ずる賃金（労基則第8条に掲げる賃金）ならびに最低賃金額に関する事項

(9) 労働者に負担させる食費，作業用品その他に関する事項

(10) 安全及び衛生に関する事項

(11) 職業訓練に関する事項

(12) 災害補償及び業務外の傷病扶助に関する事項

(13) 表彰及び制裁に関する事項

(14) 休職に関する事項

　上記のうち，(1)，(3)〜(6)の事項はどの事業でも必ず明示すべき事項であり，(2)は更新する場合がある契約を締結する場合に，(7)〜(14)の事項は，こうした定めを持っている事業に限り明示すべきものです。これらの事項は，大部分が就業規則の記載事項と一致しますので，契約期間や就業場所，従事業務を除けば，通常一般的な内容の就業規則を作成している事業においては就業規則を明示することによって労働条件の明示もできるということになります（詳細な就業規則の内容をすべて逐一説明しなければならないということではなく，その者に適用される前述の明示すべき事項の全体像がわかる程度で足りるものと思われます。もちろん，就業規則を交付することにすれば問題ありません）。

〔明示の方法〕

　明示の方法については，以下に掲げた事項については，これまでは書面の交付に限られていましたが，2020年4月1日からは，労働者が希望した場合は，FAXや電子メール，SNS等でも明示できます。前述の(1)〜(6)を単に提示するだけでは不十分です。

　原則的な明示の具体的な方法ですが，①労働契約の期間に関しては，期間の定めがある場合はその期間や更新の有無，期間の定めがない場合はその旨を明記した書面が必要です。②契約の更新基準に関しては，業務量や経営状況により判断するとか，勤務成績・態度，能力により判断する等の基準を記載します（※Q14参照）。③就業の場所，従事すべき業務に関しては，雇入れ直後の内容と変更の範囲を明記します。④始終業時刻等に関しては，具体的な時刻等を記

載しますが，明示事項が膨大になる場合は，勤務の種類ごとの始業及び終業の時刻，休日等に関する考え方を示した上で適用する就業規則の関係条項名を網羅的に記載することで足ります。ただし，この場合は合わせて該当する就業規則の条項を交付することになります。また，時間外労働の有無については，これがあるかないかを明記します。⑤賃金に関しては，労働契約締結時における具体的賃金額などの賃金の決定・計算及び支払いの方法ならびに賃金の締切り及び支払いの時期に関する事項を明示した書面の交付が必要です。⑥退職・解雇に関しては，退職の事由や手続，解雇事由等を明記します。これについても内容が膨大な場合は就業規則の関係条項名を網羅的に明記することで足ります。ただし，この場合も合わせて該当する就業規則の条項を交付することになります。

　なお，②以下の事項については，そこで明示した事項が契約内容を特定・限定し将来についても変更がないものであれば別ですが，合意その他の方法により将来的に変更があり得るのであれば，いずれも，雇用当初における条件であること又は将来に向けて変更があり得ることも併せて明示しておくことがよいでしょう。この①～⑤以外の事項については，口頭での説明でもよいとされています。

〔雇用契約の更新と条件明示〕

　こうした，労働条件の明示義務は，期間雇用契約の更新の場合にも適用があり，更新後の雇用条件が従前と異ならない場合でも明示が必要です。

　　※パート・有期雇用労働法では，労基法に定められた明示事項に加えて「昇給の有無」，「退職手当の有無」，「賞与の有無」，「相談窓口」の4つの事項を文書の交付等により明示しなければならないとされています。

　　※労働契約法第18条は，通算契約期間が5年超の有期労働契約の無期労働契約への転換のルールを定めていますが，このルールが適用されない特例の対象者である「特定有期雇用労働者」については，その旨等を労働締結時の労働条件明示義務として明示する義務があります（Q14参照。労基則5条特例省令）。

　〔参照条文　労基法15条，労基則5条，特定有期雇用労働者に係る労働基準法施行規則第5条の特例を定める省令，労契法4条，パート・有期雇用労働法6条，パート・有期雇用労働則2条，労働者の募集の段階での労働条件等の明示については，職業安

定法第5条の3を参照〕

Q19 電子メールによる労働契約締結時の労働条件明示

電子メールやファクシミリによる雇入れ時の労働条件の明示が認められることになったということですが，そのための特別な条件はありますか。本人の同意や希望は必要ですか。同意や希望があったことは記録として保存する必要がありますか。

Ⓐ 労基法施行規則第5条が改正され，労働条件の明示方法は，「書面の交付」によることを原則としつつ，当該相手方たる労働者が「希望した場合」は①ファクシミリによる送信，又は②電子メール等の送信，の方法によることができることとされました（電子メール等の「等」には，具体的にはEメールやWebメールサービス，SNSメッセージ機能等があるとされています。SMSについてはファイル添付ができず文字数制限もあるため，望ましくない，とされています。以下同じ）。ただし，電子メール等の送信の場合，相手方労働者がその電子メール等の記録を出力することにより書面を作成することができるものに限る，とされています。

要するに書面交付こそが原則であり，これに代えることができるものとして挙げられるファクシミリも電子メール等も最後は書面の形になる（できる）ものであることが必要とされていること，書面交付でない場合は，相手方労働者が「希望した場合」に限りとれる方法とされています。相手方が希望しない限り，書面交付でなければなりません。

ご質問では同意と希望を同等のものとみておられるようですが，その点については明確な行政解釈がありませんので疑問が残ります。他の例として，労基法第24条の賃金の支払い方法について，いわゆる口座払いの条件をみてみると，「使用者は，労働者の同意を得た場合には……次の方法によることができる」と規定しており（労基法施行規則7条の2），規定の仕方が異なります。

　希望をするのも同意をするのも結果としては本人の意向に反するものではないことに違いはありませんが，前者は後者よりもより積極的な本人意向の表明がなされているとみることもできます。したがって，こうした違いを認識し，規則に忠実に「本人が希望した場合はファクシミリまたは電子メール等の送信（本人がその電子メール等の記録を出力することにより書面を作成できるものに限る）の方法によるものとする」といった対応が適切と考えられます。

　希望があったことの記録の保存については特段の規定はありませんが，行政解釈通達では，様式は自由であるが明示しなければならない事項に加え，明示を行った日付や，労働条件を明示した主体である事業場や法人等の名称，使用者の氏名等を記入することが望ましい，としています（平成30.12.28基発1228第15号第4のその他の留意事項参照）。これと併せて，本人からの希望があったことについても明示の文面の中に盛り込んで，全体を記録として保存しておくことなどが考えられます。　　　　〔参照条文　労基法15条，労基則5条4項〕

Q20 損害賠償の誓約書と賠償予定の禁止，秘密保持義務・競業避止義務

　従業員を採用した場合，誓約書をとっていますが，その中で，従業員が故意又は過失により会社に損害を及ぼした場合は，本人と保証人が連帯してその損害を賠償する旨を定めています。これについて，損害賠償を予め予定することは労基法の禁止に触れるのではないかとの疑問が出ましたが，どうなのでしょうか。

A　労基法第16条は，労働契約の不履行について違約金を定め，又は損害賠償額を予定する契約をすることを禁止しています。これは，労働者本人のみならず，保証人との間においても同様です。ところでこの条文は，予め一定額の違約金または賠償金額を定めておき，違約が生じた場合に実際の損害額にかかわらず前もって定めた額を取り立てることを禁止しているものです。

労働者の行為によって実際に生じた損害額について賠償を請求することについては規制されません。

　したがって，誓約書の内容が，具体的な損害額に関係なく一定の金額を違約金あるいは損害賠償額として支払うということであれば労基法に抵触することになりますが，そうでなく，実際に損害を与えた場合はその賠償の責任があるということを確認しているものであれば，労基法には抵触しないということになります。

　労基法が規制するのは，以上の賠償（額）予定の禁止に止まり秘密保持義務や競業避止義務については，当事者間の合意に委ねられているのが現状です。最近では，営業秘密や個人情報の保護の観点から在職中と退職後を問わず，個々の従業員との間に守秘義務の契約を結ぶ例が増えています。そうした場合，契約の有効性をどう担保するかといった問題や義務違反についての損害賠償の問題も生じ得ることになります。

　在職中の行為については，就業規則の服務規律や懲戒，解雇条項による守秘義務違反者への制裁等の手段が予定されることが一般的ですが，退職後については，単に就業規則の守秘義務条項で「退職後においても同様とする」と記載することでは，不十分な場合が考えられます。このため，退職後の守秘義務については，秘密保持義務の内容・期間を書面で合意したり，すでに負っている義務内容の確認のための書面を改めて取り交わすなど，退職時における適切な対応が図られる必要があります。なお，損害賠償請求が可能な場合であってもその範囲は損害の公平な負担などの観点から信義則上相当と認められる範囲に限られます。

　退職後の競業避止義務の契約については，これを課すことについての必要性と，労働者側の不利益との均衡を図るため，規制の対象とする業種・職種・業務内容や期間，地域の限定や代償措置を考える必要があるとされます。

〔参照条文　労基法16条〕

③ 解雇・退職

Q21　採用内定者（内々定者）と労基法の適用

　新規学卒者について，採用に先立ち内定を出したところ，その後会社の従業員としては不適当であるという判断になりました。このため内定の取消しを行うことになりますが，内定の取消しは解雇と評価され，労基法による解雇予告の制度が適用されるのでしょうか。

Ⓐ　労働契約は，労務の提供とこれに対する対価の支払いについての合意がなされることにより有効に成立するもので，現実の労務の提供がなされていなくても契約は成立しているということがあり得ます。採用内定もその一例です。採用内定者と会社との関係に労基法が適用されるかどうかは，採用内定の法的な性格をどう見るかということと関係します。採用内定については，「その実態が多様であるため，その法的性質について一義的に論断することは困難であり，具体的な事案につき当該企業の当該年度における採用内定の事実関係に即してこれを検討する必要がある」というのが最高裁の見解です（大日本印刷事件　最高裁第二小法廷昭54.7.20判決）。

　過去の例が，直ちに質問の事案に適するかどうかはさらに検討を要しますが，これまでの判例では，採用内定により労働契約の成立が認められる傾向にあります。採用内定により労働契約が成立したと見られる場合は，その取消しは労働契約の解約すなわち解雇ということになります。ただし，契約が成立してい

るといっても，どのような労働契約が成立しているかについては各種の考え方が見られます。最高裁の判断にも，就労の始期付きの労働契約が成立したとする考え方や労働契約の効力の始期付きの契約が成立したとする考え方が見られます。

　前者であれば，労働の提供（及びこれに対する対価の支払い等の就労に係る権利義務）については4月1日等の正式入社の日までは効力を生じないが，その他の労働契約における義務は内定により生じているということになります。

　後者であれば，契約は成立しているが，その契約に基づく具体的な権利義務関係は内定段階ではまだ生じていないということになるでしょう。

　これに対し，行政解釈では，新規学卒者の採用内定について，「遅くも，企業が採用内定通知を発し，学生から入社誓約書又はこれに類するものを受領した時点において，……一般には，当該企業の例年の入社時期を就労の始期とし，一定の事由による解約権を留保した労働契約が成立したと見られる場合が多い」として，いわゆる自宅待機をさせる場合はその間について労基法第26条の休業手当の支給義務があると判断しています（昭63.3.14基発150）。

〔内定取消と解雇予告〕

　それでは，採用内定の取消しについて労基法の解雇予告制度の適用があるかというと，見解が分かれるのが現状です。行政解釈では，採用通知後における採用の取消しについて，次のように判断しています。「会社の採用通知が労働契約締結についての労働者の申込みに対して労働契約を完成せしめる使用者の承諾の意思表示としてなされたものであれば，会社の採用通知によって労働契約は有効に成立し事後における会社の採用取消通知は有効に成立した労働契約解除の通知であると解されるので，この場合は労働基準法第20条が適用される（昭27.5.27基監発15）。」

　この通達は，直接的には「採用通知」についての判断を示したものですが，採用内定通知が労働契約締結の承諾の意思表示と見られる場合はその取消しについては，労基法の解雇予告制度の適用があるとするのが行政の見解です。学説では，試用期間中の者でも14日経過後に初めて解雇予告制度の適用があることとの均衡上，採用内定の取消しについては解雇予告制度の適用はないとする考えが有力です（菅野和夫『労働法』第12版236頁，弘文堂）が，前記行政解釈を

考えると，実務的には採用内定の取消しについても解雇予告制度の適用があるという前提で対応することが必要と思われます。

〔内々定取消と解雇予告〕

　次に，近年問題となる例が見られるいわゆる採用の内々定の取消しについての考え方を見てみましょう。

　一般に10月1日をもって行われる採用内定の前の段階で，採用の内々定が行われる例があります。この採用内々定段階での当事者の関係に労基法の適用があるか，内々定の取消しについて解雇予告制度の適用があるかについての行政解釈は，まだ示されていません。裁判例では，平成20年5月に内々定の通知を受け入社承諾書提出後，同年9月に内々定取消しの通知を受けた事例について，内々定は正式な内定とは明らかに性格を異にするものであるとして始期付き解約権留保付き労働契約の成立という原告の主張を退ける一方で，内定通知書交付の数日前の段階で労働契約が確実に締結されるであろうという原告の期待は法的保護に値するとしたうえで，内々定の取消しは労働契約締結過程における信義則に反し原告の期待利益を侵害するものであり不法行為になるとされ，損害賠償が認められた例があります（コーセーアールイー事件　福岡高裁平23.3.10判決）。

　こうしたことから考えると，内定とは明確に異なるようなものであれば，内々定の段階での取消しについては労基法の解雇予告制度の適用はないと思われますが，その場合であっても態様いかんによっては，こうした裁判例のように責任を生じる可能性もあると思われますので慎重な対応が必要です。

〔参照条文　労基法20条，21条，26条〕

Q22　定年制と解雇制限

当社従業員Aは，業務上の負傷のため，現在休業・療養中ですが，近くこの者は当社の定年である満60歳になります。この場合，定年に到達した時点で従業員の身分を失うことになると理解してよいのでしょうか。それとも治癒するまでは会社として雇用を継続しなければならないのでしょうか。

A　ご質問の点については，貴社における「定年」の制度が，規定上及び実際の取扱い上において，いわゆる自動退職事由となっているか，それとも解雇事由となっているのかが判断のポイントとなります。ご存知のとおり，業務上の傷病により療養のために休業している者については，労基法により解雇が制限されます。労基法第19条は，業務上の傷病による療養のために休業している期間とその後の30日間，それに労基法による産前産後の休業期間とその後の30日間について解雇を禁止しています。これに対する例外は，療養後3年を経過し，労災保険による傷病補償年金の支給を受けることとなった場合もしくは労基法第81条の打切補償を行った場合（これらはいずれも産休の場合は関係ありません）と，天災事変その他やむを得ない事由により事業の継続が不可能となった場合であって所轄労基署長の認定を受けた場合です。解雇である場合はこうした規制の適用を受けます。

これに対し，定年による退職が解雇に該当しないのであれば，もちろんこうした規制も適用がありません。定年制が自動退職事由を定めたものか，解雇事由として定められたものであるかは，規定の表現及びその運用の実態から判断されます。規定の表現については，定年に達した者は解雇すると定めているか，当然に退職となると定めてあるかの違いですから，判断は簡単です。ほとんどの定年制は規定上は退職事由として定められていますが，この場合は，そうした原則に対する例外がどうなっているかが問題です。いっさいの例外がなく，定年に達した者は自動的に退職となっているのであればこれは解雇ではなく，解雇制限の適用もありません。

　次に，定年制にただし書として，業務上必要と認めた場合は引き続き雇用することがあるといった例外規定がある場合や，過去の運用においてこうした特例的な取扱いが少なからずなされている場合は，定年に到達してもこれにより当然に契約が終了するかどうかが不確定であり，労働者が定年後も引き続き雇用されることを期待するのも理由があるということにもなります。

　このような定年制を有する事業の場合，その運用の実態いかんによっては，その定年年齢に達した場合は解雇されることがあるというにすぎず，契約を終了させるためには改めて解雇の意思表示が必要である場合もあると考えられます。そのような場合は定年解雇制と同様，解雇に関する規制の適用を受ける可能性があり，業務上の傷病による療養のための休業期間中及びその後30日間は，療養開始後３年を経過し，労災保険による傷病補償年金を受けることとなった場合等でなければ解雇（この場合は定年到達を理由とした退職取扱い）はできないということになる可能性があります。

　このほか，高年齢者雇用安定法により，65歳未満の定年制を定める事業場については，定年の引上げや定年後の継続雇用制度の導入，あるいは定年制の廃止により，60歳以降の雇用確保措置を講じなければなりません。このうち定年後の継続雇用制度を導入している企業では，希望者全員の継続雇用が必要となります。しかし，一方で年金給付年齢との関係での一定の経過措置も認められています。定年に達したからといって一概に自動的に退職となったり継続雇用となるとはいえませんので，継続雇用制度の内容に照らし合わせて判断する必要があります（Q217〜223参照）。

　　〔参照条文　労基法19条，81条，労働者災害補償保険法19条，高年齢者雇用安定法９条〕

Q23 休職期間満了による退職・解雇と解雇予告

　　当社の休職制度においては，休職期間満了の時点で復職できない者はこれを解雇する旨を定めていますが，他社の規定を見ると休職期間満了により自動的に退職となることとしている例が多いようです。しかし，休職事由には種々のものがあり，自動退職事由と定めればすべて解雇に関する規制を免れるということになると，問題があるようにも思われますが，この点について法的な規制はないのでしょうか。

Ⓐ　休職事由としてどのような事項を定めるか，またそれぞれの休職期間も企業によりまちまちであり，休職期間満了の際の取扱いにも違いが見られます。休職に該当する事由としては，一般に，傷病による休職，傷病以外のやむを得ない従業員側の事情によるところのいわゆる事故欠勤を理由とする休職，起訴休職，出向休職，組合専従休職などが見られます。休職期間の長さについては，傷病休職の場合は勤続年数等による差異が設けられる例も少なくなく，数カ月から数年にわたっています。事故欠勤に続く休職の場合は比較的期間も短く，たとえば３カ月とか６カ月といった例が見られます。起訴休職や出向休職の場合は事由消滅までの間休職とする例が多いようです。また，休職期間が満了してなお復職できない場合の取扱いについても，これを解雇事由とする例と，自動的に退職となる事由とする例が見られますが，後者の例が多いようです。こうした休職制度の内容について労基法上の特別の規制はありません。

　もっとも，明らかに労基法の規制する解雇制限を免れることを目的として定められたような制度内容であったり，ごく短期間の欠勤休職制度であって解雇予告制度その他の解雇に関する規制を免れることを目的としたような制度内容についてはその効力を否定されることも考えられます。たとえば，業務上の傷病について休業期間，欠勤期間を設け，その期間満了により当然退職とするような制度は労基法第19条の規定（業務上傷病等の場合の解雇制限）に抵触する

限りにおいて認められません。また，私傷病に関する休業制度，欠勤期間制で
あっても，その期間が30日未満であるようなものは労基法第20条（解雇予告制
度）に抵触するとされています（厚生労働省労働基準局編『平成22年版　労働基
準法』274頁）。このような場合を除けば，その内容については，これを解雇事
由とするか自動退職事由とするかを含めて基本的に労働契約の当事者の合意に
委ねられているものと考えられます。したがって，こうした問題のない自動退
職事由を定めた休職制度であれば，その休職期間が満了してなお復職できない
場合には，雇用契約は当然に終了することになり，これは解雇ではないという
ことになりますから，労基法の定める解雇予告制度の適用もないということに
なります。

　なお，自動退職事由の表現をとる就業規則の規定例のなかには，「特別の事
情がある場合は休職期間を延長することがある」という趣旨の規定を置くもの
があります。このような場合，何をもって特別の事情とするのかの基準が明確
でなければ，休職期間満了が自動的な退職を意味するのか休職期間は延長され
るのかが不明確となる可能性があり，自動退職の定めと認められない場合もあ
り得ます。そのような事例においては，休職期間の満了をもって退職とするに
ついては解雇の予告等の規制がかかると考えるべきでしょう（Q23参照）。

　これに対し，休職制度が一定の解雇事由を定めたものであれば，改めて休職
期間満了の時点で解雇の意思表示が必要となり，その時点において解雇として
の是非を判断されることになります。　　　　　〔参照条文　労基法19条，20条〕

Q24 | 試用期間中のパワハラと欠勤休職制度の適用，解雇問題

　　新入社員が研修中のパワハラが原因で体調不良となったとして
欠勤に入っています。この場合，まだ業務災害の認定は受けてい
ませんが，私傷病扱いで就業に耐えられないことなどを理由に解
雇できますか。仮に，傷病欠勤・休職制度を適用するとした場合，
その期間，試用期間の延長はできますか。

設問について労基法が規制するのは試用期間中の解雇予告制度の適用という問題ですが，その他の問題も含めて留意事項等を考えてみましょう。

　まず，労基法が試用期間中の解雇について定めているのは，解雇予告制度についての特例です（21条）。これによれば，試みの使用期間中の者については，原則として解雇予告制度を適用しないが，例外として14日を超えて引き続き使用されるに至った場合は適用する，ということになっています。この場合の，14日とは，所定勤務日だけではなくその間に所定休日等がある場合も，使用開始から通算して暦日で14日を超えれば解雇予告制度の適用がある，ということです。

　試用期間を定める場合，3ないし6カ月と定める例が多いとされますが，そうした自社の試用期間の長さにかかわりなく，試用期間が15日になれば，通常の労働者と同様の解雇予告のルールに従う必要があります（懲戒解雇に値するような問題が原因の解雇であれば，通常の労働者の場合と同様，解雇予告除外認定を受けて予告制度の適用の除外を受けることもできるというのが原則です）。

　問題は，体調不良の休業の原因が会社のパワハラであるとした場合，業務災害に該当するとすれば労基法19条の解雇制限の規制が及ぶということです。形式的には，まだ業務災害としての認定を受けていないという段階での解雇は，19条に抵触するとは言えないでしょうが，仮に私傷病と判断して解雇したとしても，後日業務災害と認められればその解雇はいずれにしても無効となると考えられますので，すでに業務上外の評価をめぐって争いが生じているとすれば，会社側にそれが業務災害とは認められないとする判断の合理的な根拠が示せる場合を除くと，その後のトラブルを避けるためにも慎重な扱いをすることが望ましいと思われます。

　この点，パワハラの事実も業務災害に該当する可能性についても会社としては全くあり得ない，ということであれば，私傷病を前提にした自社制度の適用をすることになるでしょうが，その可能性も否定できないものの確たる判断は困難ということであれば，現実的対応策としては，労災の給付請求申請を行うことを求め，その判断を尊重することとし，判断がでるまでの間，試用期間を

延長し解雇を留保するという合意をすることや，いったん試用期間満了の段階で解雇（あるいは合意解約・自主退職）とするが，後日業務災害と認定された場合は改めて雇用することで合意するという選択肢も考えられます（後者の合意は，解雇はなかったものとして遡及して社員身分を復活させることが考えられます）。

　解雇を留保するとした場合，会社の就業規則に定められている私傷病欠勤・休職制度を適用するのか，別の扱いとするのかも問題ですが，ここも，当事者間に誤解や争いが生じることを避ける，ということが基本となりますから，どのような取扱いとするのかについて会社の考え方を整理し，相手方に説明し納得してもらうことが重要です（納得が得られない場合は，会社として適切と考える対応，例えば私傷病を前提にした措置の選択をせざるを得ないでしょうから，そうした事情も説明して同意してもらうことが望ましいと思います）。

　例えば，試用期間の延長について就業規則に規定がなかったり，限度が設けられているとしても，当事者間で社員にとって有利な例外取扱いを合意することは可能ですから，そのような趣旨での合意であることについて当事者間で確認し合意することで対応することが考えられます。

〔参照条文　労基法19条，21条〕

Q25　休職期間の延長拒否は解雇となるか

　当社では，私傷病その他一定の事由により就業できない場合，一定の期間休職を認め，休職期間が満了してなお正常な勤務に就けない場合は自動的に退職となる旨を定めていますが，明らかに近々復職可能な場合は休職期間の延長も認めています。この場合，期間延長を認めないのは解雇と評価されるのでしょうか。

　一定の事由が生じた場合に，一定期間労働契約を維持したまま就労の義務を免除する休職の制度は，広く一般に見られます。こうした休職制

度においては，休職期間が満了してもなお復職できない場合，これを解雇する
ことができるとする例と，これを自動的な退職事由としている例とがあり，後
者の例が一般的なようです。いずれも，その制度内容に特に公序良俗に反する
ような不合理なものがなければ，こうした制度も有効と考えられています（業
務災害による療養のための休業期間等については，労基法第19条の解雇制限が
あることから，この制限が解除される状態にならない限りこれを自動退職事由
とすることは認められません）。

　設問の場合，問題は，休職期間の延長の制度があることをどう評価するかに
あります。なぜならば，自動退職の事由と認められるのは，その事由の発生に
ついて基本的に争いが生じないものに限られるからです。この点，休職期間が
延長される事由やその手続等の条件が明確に特定されており，原則として定め
られた期間の満了により退職となるのか当然に延長されるのかが明確であるな
らば，そうした延長の規定があっても延長の対象とならない事例については原
則期間の満了により自動退職となる効果が認められるでしょう。しかし，延長
するか否かがその都度の使用者の判断によってのみ決まるような事例について
は，原則期間が満了しても当然に退職となるかどうかわかりません。この場合，
現実の制度運用の実態にもよりますが，そうした例外が現実にある程度ある場
合は労働者はそうした延長の対象となることを期待することにも合理的理由が
あると認められる場合が考えられます。そのような場合には，休職期間を延長
しないことが実質上解雇と同じ効果を生じることになりますので，少なくとも
30日以上前に期間の延長は行わない旨を明示する等，解雇もしくは解雇に準じ
た取扱いをすることが適当と思われます。　　〔参照条文　労基法19条，20条〕

Q26 有期契約の更新拒否と解雇

　当社ではパートタイマーや嘱託の雇用に際し，１年の期間雇用の形をとっています。近く２回目の更新時期を迎えるパートタイマーがいますが，この人は最近欠勤も多くなり，あまり勤務状況がよくなく，周りの者からも苦情が出ています。このため，今回は契約の更新をしないようにしたいのですが，労基法の解雇予告は必要でしょうか。

Ⓐ　期間の定めのある労働契約については，その期間満了により契約が終了するのが建前ですから，解雇の問題は生じないのが原則ですが，契約が反復更新されているような場合にはそうした建前どおりの評価ができない場合があります。行政解釈は，臨時工について１カ月ごとの期限付き契約を書面又は口頭で更新していた事例について，「形式的には雇用期間を定めた契約が反復更新されても実質においては期間の定めのない労働契約と認められる場合は法第20条の解雇の予告を必要とする」としています（昭27.2.2基収503）。裁判例においては，有名な東芝柳町工場事件で最高裁は，２カ月の契約期間で入社した臨時工について５ないし23回にわたる更新の後，雇止めがされた事件について，会社に長期継続雇用を期待させるような言動があったこと，労働者も継続雇用されるものと信じて契約していたこと，契約更新の手続は期間満了の都度直ちに行われていたわけでもないことといった高裁の事実認定を支持した上で，実質において，期間は一応２カ月と定められてはいるが，いずれかから格別の意思表示がなければ当然更新されるべき労働契約を締結する意思であったものと解するのが相当であり，期間満了ごとに当然更新を重ね，あたかも期間の定めのない契約と実質的に異ならない状態で存在していたものと判断し，雇止めは実質において解雇の意思表示に当たること，したがってその効力については解雇に関する法理を類推すべきである，とした高裁の判断を支持しています（最高裁第一小法廷昭49.7.22判決）。

　前述の行政解釈は，期間の定めのない労働契約と認められる場合に労基法の

解雇予告制度の適用があることを述べていますが，判例は，期間の定めのある契約について，これが反復更新されたということから直ちに期間の定めのない契約に転化するという考え方ではなく，実質において期間の定めのない契約と異ならない以上，その雇止めの効力についても解雇の場合に準じて判断するという考え方を採用しているわけです。最近の裁判例では，前記最高裁の考え方（実質は無期雇用契約のタイプ）の他，いわゆる期待権を保護するタイプ（反復更新の事実によるものや，契約の継続についての特約の存在を認めるもの）などがあるとされています。問題は，どのような実態があれば，どの時点から解雇に準じて考えることになるかですが，これについては一律の判断基準がありません。実態に応じて個別に判断することになります。

　こうした期間雇用者の雇用契約期間満了時の更新等をめぐるトラブルの未然防止のため，労基法第14条第2項が改正され，有期労働契約の締結，更新及び雇止めに関する基準が定められています（Q14「期間雇用者の労働条件の明示」参照）。これによれば，あらかじめ契約を更新しないことが明示されているものを除き，3回以上更新し，又は1年を超えて継続勤務している労働者の有期労働契約を更新しないこととしようとする場合には，少なくとも期間満了日の30日前までに，その旨を予告しなければならない，としています。これは，実質上期間の定めのない労働契約と認められるような実態にない場合であっても，契約が突然終了することによりトラブルが生じることを予防することを意図したものと思われます。

　このようなことから考えると，実務上は解雇予告であるかどうかはさておき，少なくとも30日以上前に今回の契約期間満了をもって契約は終了し，更新は行わない旨を明示することが適当でしょう（そのような通告が解雇の意思表示と異ならないものとされ，その効力について解雇に準じた評価がなされるか否かは，また別の問題ですが，少なくとも労基法の解雇予告制度との関係については，こうした処理をされておくことが適当と思われます）。

　　※期間雇用・有期契約についての労基法等の規制に関し疑問が生じることとして，いわゆる期間雇用の実態として，厳密な意味での有期契約（期間途中の解約についての制約がある）とはいえない，期限（終期）の定めとしての期間の設定であり契約期間途中の退職解雇について特別の制約を設けていない契約のほう

が多いのではないか，ということがあります。特に，パートタイム雇用のような場合は，期間途中の退職について制約があるとは考えていないのではないでしょうか。期間を設定したからといって，期間途中の退職を制限しなければならないという理由はありませんから，こうした契約も有効であり，こうした期間雇用契約はいわゆる有期契約ではなく無期契約であると考えられるように思われます（三宅正男『新版注釈民法⑯』59頁，有斐閣）。しかし，有期労働契約の締結，更新及び雇止めに関する基準告示や，有期労働契約の規制に関する労働契約法の改正の議論は，これらいずれをも含んだ期間雇用を念頭に置いているようです。実務的には，一般に行われている期間雇用も基準告示による規制の対象とされる可能性があると考えておいたほうがよいかもしれません（なお，労基法第14条本文による契約期間の規制は，期間途中の退職の自由が保障されているような期間雇用には適用がないとされています。厚生労働省労働基準局編『平成22年版　労働基準法』212頁では，定年制についてこのことを述べています）。

〔参照条文　労基法14条 2 項，有期労働契約の締結，更新及び雇止めに関する基準 1 条〕

Q27 退職願い・退職届の撤回（取消し）

　先日一身上の都合を理由に退職を申し出た者がその後になって，退職願いを撤回（取消し）すると一方的に通知してきました。会社としては，退職の申出があった時点で慰留に努めたのですが，退職の意思が固く，やむなくこれを承認した経緯もあり，安易な撤回は認めたくありません。退職願いの撤回というのは，どのような場合に認めなければならないのでしょうか（また，撤回を認めないということは解雇と評価されることになるのでしょうか）。

Ａ　設問の点については，まず問題の退職願いがどのような意味内容の意思表示であるのかが問題となります。退職願いという用語は一般によく用いられますが，その中には理論的には相手方たる使用者の承諾・合意を前提

としている合意解約の申入れである場合と，これを前提としない一方的な解約の告知である場合とが考えられます（この点，前者を退職願いとし，後者を退職届として区別する例もありますが，一般には厳格な区別がなされていないようです）。観念的には，こうした退職願いの法的な性格の違いに応じて，その撤回についての条件も異なる（一方的な解約の意思表示であれば，解雇の意思表示と同様単独行為としてその意思表示を撤回することは，原則として許されないということになります）のですが，実際にはこの間の区別がつきにくい場合が多く，裁判例においてはむしろこの点について，退職願いは一般に合意解約の申入れであるという前提で判断する例が多いようです。そして，合意解約の申入れに対する承諾の意思表示がなされるまでの間においては，その撤回が信義則に反する等の特別の事情がない限り退職願いの撤回も可能とすることについては異論がありませんが，どの時点で承諾があったか（すなわち，どの時点から撤回が認められないか）については判断に違いが見られます。

　これを大隈鉄工所事件の最高裁判決で見ると，高裁は会社が退職の辞令書を交付するなどの明示的な解約承諾の意思表示をしなかったこと，採用については副社長等の幹部の意思を総合して決定することに比較すると，人事部長が退職願いを受理しただけでは会社としての解約承諾の意思決定がなされたとはいえないとして，退職願い提出の翌日の撤回の申入れを有効と判断したのに対し，最高裁はこれを否定し，合意解約の申入れに対する承諾の意思表示は就業規則等に特段の定めがないかぎり辞令書の交付等一定の方式によらなければならないというものではなく，新規採用の決定と退職の承認とを区別し後者について人事部長に単独で決定する権限を与えても不合理ではないとして，職務権限規程上も人事部長の決裁が最終のものとされていることからも，人事部長の退職願いの受理によって会社としての解約申入れに対する承諾が行われたものと解すべきであると判断しています（最高裁第三小法廷昭62.9.18判決）。

　このようなことから考えますと，会社として退職の申入れに対し，これを認める旨の正式の意思表示（どのレベルでの承認が会社としての承認ということになるかは上記判例によれば，会社内部における権限分配の問題ということになります）がすでに発せられているのであれば，その後における退職願いの撤回に応じる法的な必要性はないということになるでしょう。またそうであれば，

退職願いの撤回を認めないということをもって解雇の意思表示とみなされることもありません。逆にいえば，こうした段階に至っていない間については，他に信義則違反等の特別の事情がなければ，撤回も可能ということになります。

Q28　解雇予告の必要な場合・不要な場合

　労基法では，労働者を解雇する場合に予告又は予告に代わる手当の支給が義務付けられているということですが，どのような場合に必要なのでしょうか。たとえば，懲戒解雇のような場合にまで手当を支払わなければならないのでしょうか。

A　労基法第20条は，解雇予告について，原則として解雇の30日前までに予告をするか，予告をしない場合は30日分の平均賃金を支払うことを使用者に義務付けています（なお，予告日数は，予告手当を支払った分短縮できることになっています。たとえば10日分の予告手当を支払うなら20日前に予告すればよい）。

　これに対する例外としては，まずどのような従業員についても共通な例外として，①天災事変その他のやむを得ない事由により事業の継続が不可能になった場合，②労働者の責めに帰すべき事由により解雇する場合とがあります。ただし，いずれの場合も，所轄労基署長の解雇予告除外認定を受けなければなりません。

　次に，一定の労働者についてのみの特例として，労基法第21条の規定があります。これには，①日々雇用者（1カ月を超えて継続雇用された場合を除く），②2カ月以内の期間雇用者（所定期間を超えて継続雇用された者を除く），③季節的業務に従事する4カ月以内の期間雇用者（所定期間を超えて継続雇用された者を除く），④試用期間中の者（14日を超えて継続雇用された者を除く）があります。ただし，これらの労基法第21条に定められた適用除外者については，それぞれのカッコに記載されているように，一定の期間継続雇用されれば，

原則に戻って解雇予告が必要であるということに注意が必要です。

　設問との関係で注意が必要なのは，懲戒解雇の場合についてもこの解雇予告制度の適用があるということです。つまり，たとえ従業員が懲戒解雇に該当するような行為により解雇される場合であっても，使用者は解雇予告除外認定を受けない限り，解雇の予告をするか，予告をせずに即時解雇するのであれば予告に代わる手当（解雇予告手当）を支払わなければ労基法違反としての責任を生じることになるのです（違反について罰則も規定されています）。なお，労基署長の認定は，解雇予告制度の適用を除外するに足る事実があったか否かを確認する行為であり，その事実があれば仮に除外認定を受けなくとも即時解雇の効力には影響がないと説明されていますが，解雇の効力の問題と労基法が定めている義務に違反した責任の問題は別問題であり，そのような場合でも，労基法違反としての責任（罰則の適用）を免れることにはならないということですから，必ず懲戒解雇の場合も除外認定を受けるか，これをしないのであれば，予告又は予告手当を支給しなければなりません。

〔参照条文　労基法20条，21条〕

Q29　解雇予告除外認定

　当社社員Aは，従来から出勤状況が芳しくなかったのですが，最近その乱れがひどくなり始め，無断欠勤を繰り返すようになってきました。この状況では，いずれ懲戒解雇も考えなければなりませんが，どのような場合に解雇予告の除外認定が得られるか，教えてください。

A　解雇予告制度の除外の認定については，行政解釈が示されています。認定の対象となる事由は，Q28でも説明したように，大きく①天災事変その他やむを得ない事由と，②労働者の責めに帰すべき事由，とに区別されます。前者の事例は稀であり，現実にはほとんどが後者の事例です。前者につ

いて簡単に触れた上で，後者についてどのような場合が該当するとされている
かを通達に従って見てみましょう。

　まず，天災事変等の場合ですが，これについては，天災等のやむを得ない事
由の存在と，そのために事業（個々の事業場と考えてよい）の継続が不可能と
なるという両方の要件を満たす必要があります。やむを得ない事由とは，天災
事変に準ずる程度に不可抗力に基づき，かつ突発的な事由という意味であり，
社会通念上採るべき必要な措置を講じても通常いかんともし難いような状況を
いいます。たとえば，事業場が火災により焼失したような場合（事業主の故意
または重大過失による場合を除きます）や，震災に伴う工場等の倒壊，類焼等
により事業の継続が不可能となった場合がこれに該当するとされています。ま
た，事業の継続が不可能となるというのは，事業の全部又は大部分の継続が不
可能となった場合をいい，事業がなお主たる部分を保持して継続し得るような
場合や，一時的に操業停止を要するものの，近く再開復旧の見込が明らかであ
るような場合は含まれないとされています（昭63.3.14基発150）。

　次に，労働者の責めに帰すべき事由については，次のように通達されています。

　労働者の責めに帰すべき事由とは，まず原則として労働者の故意，過失又は
これと同視すべき事由であり，その者の地位や職責等を考慮の上総合的に判断
して法第20条の保護を与える必要のない程度に悪質であって，予告をさせるこ
とがその事由と比較して均衡を失するようなものに限り認定するものとされま
す。具体的に認定すべき事由として例示されているものは，次のとおりです。

(1)　原則としてきわめて軽微なものを除き，事業場内における盗取，横領，
　　傷害等刑法犯に該当する行為のあった場合。なお，一般にきわめて軽微と
　　見られるような場合でも，使用者があらかじめ不祥事件の防止について諸
　　種の手段を講じていたことが客観的に認められるところで労働者が継続的
　　又は断続的にこれらの行為を行った場合，あるいは事業場外におけるこれ
　　らの行為であってもそれが著しく事業場の名誉・信用を傷つけたり，取引
　　関係に悪影響を与えたり，労使間の信頼関係を喪失させるようなものであ
　　る場合もこれに該当します。

(2)　賭博，風紀紊乱等により職場規律を乱し，他の労働者に悪影響を及ぼす
　　場合。これら行為が事業場外で行われた場合でも，それが著しく事業場の

名誉・信用を失墜させる場合，取引関係に悪影響を及ぼす場合，労使間の信頼関係を喪失させるような場合もこれに該当します。

(3)　雇入れの際の採用条件の要素となるような経歴を詐称した場合や不採用の原因となるような経歴を詐称した場合

(4)　他の事業へ転職した場合

(5)　2週間以上正当な理由なく無断欠勤し，出勤の督促に応じない場合

(6)　出勤不良又は出欠常ならず，数回にわたり注意を受けても改めない場合

なお，この通達では，就業規則等に記載された懲戒解雇事由についても，これに拘束されるものではないとしています（昭23.11.11基発1637，昭31.3.1基発111）。

このような行政通達に照らして設問の事由について考えると，労働者の責めに帰すべき事由の(5)と(6)に掲げられた事例に該当する可能性があります。したがって，今後の状況として，出勤の督促を行っても，なお無断欠勤が継続して2週間以上に及ぶ場合であればこれを理由として，解雇予告除外認定を申請することができるでしょう。また，出勤の督促の結果出勤してきた場合，その後において必要な注意を行ってもなお出勤不良の状況が改まらないのであれば，その時点で認定申請することができます。ただし，いずれの場合も使用者として必要な注意・指導がなされていることが必要ですので，いつどのような問題を起こしたか，それについて使用者としてどのような指導等をしたか，それに対して本人はどのように反応し状況が改善されたかなどを記録し，説明できるようにしておくことが重要です。勤務状況不良を放置したままでいたのでは認定は受けられないことに注意してください。

なお，実務上は，一連の内容が充足していたとしても，労働基準監督署では懲戒解雇対象となる本人に聞き取り調査を行い，その結果，使用者側の申請内容と本人の主張が異なる場合は，事実確認ができないとして認定されない場合もあり，どれだけ証拠や資料を取り揃えたとしても一方的な手続のみで完了するものではないことにも注意してください。　　　　〔参照条文　労基法20条〕

Q30 解雇予告と解雇予告手当

　当社の社員が私傷病により就業不能となったため，5月25日を解雇期日として，解雇通告書で4月20日に通告しました。この場合，解雇予告手当の支払いは不要と思いますが，どうでしょうか。

　　労働者を解雇する場合には，労基法第20条で，次のいずれかの方法によらなければならないという義務が課せられています。

(1)　少なくとも30日前までに解雇の予告をする。

(2)　予告をせず即時解雇する場合には，30日分以上の平均賃金を支払う。

(3)　予告と平均賃金の支払いの併用により，30日分以上を確保する。

　以上によれば，労基法による解雇予告手当は解雇予告の日数が30日に足りない場合には，その不足する日数分の平均賃金を支払わなければならないということです。設問の場合，5月25日を解雇期日としていますが，当日の終了をもって解雇になるというのであれば4月25日には予告をする必要があります。5月24日の24時（＝5月25日の午前0時）で終了という意味であれば，4月24日に予告していなければなりません。これは，民法の期間計算の一般原則からくるもので，それによれば通常，解雇予告の通知をした日は日数に算入されず，その翌日から起算されるためです（郵送の場合は相手方に到達した日がこの通知をした日ということになりますから注意が必要です）。つまり，予告の日と解雇の効力の発生する日（その日の午前0時以降雇用関係が存在しなくなる日）との間に，中30日を置く必要があるのです。設問の場合，30日以上前に予告がなされていますので，解雇予告手当は不要です。

　なお，予告日数が不足する場合は，不足分を解雇予告手当でカバーすることができます。たとえば予告が10日前となった場合は20日分以上の平均賃金を併せて支払えば，労基法上の解雇予告の義務は果たしたことになります。もちろん，この場合も10日前というのは予告をした日と解雇の効力発生日との間に中10日間あるということですので，日数の計算に誤りの生じないよう，十分注意してください。また，解雇予告手当は解雇の申し渡し時点で支払う必要があり

（昭和23.3.17基発464号），現実に労働者が受け取り得る状態に置かれていれば
よく，仮に労働者が解雇予告手当の受取りを拒んだ場合は法務局に供託するな
どの方法があります（昭和63.3.14基発150号）。

　次に，この30日というのは，いわゆる暦日によって計算するものですから，
暦で計算すればよいのです。会社の所定休日とか，日曜，国民の休日等が期間
の途中に入っていても，その日数分予告日数が延長されることにはなりません。
休日等も含め，30日以上の期間が中におかれていればよいのです。

〔参照条文　労基法20条，12条，民法140条，141条〕

Q31　条件を付して解雇する，という通知の意味・有効性

　例えば業績低迷による雇用の維持が厳しく，将来的に人員整理
による解雇が想定される場合や，試用期間において本採用の条件
を満たすかどうか，期間満了までの働き次第で判断をする場合な
ど，条件次第で解雇をする場合があります。このため，事前に解
雇の可能性を告げておきたいのですが，「状況が改善されない場
合は〇月末で解雇の予定です」と通知しておくことで問題ないで
すか。

Ａ　一般に，条件付きの解雇（予告）は社員の立場を著しく不利な状況に
置くことになりますので，適法な解雇予告とは認められないと考えられ
ています。経営状況が改善するかどうかは不確定であり，通知を受けた社員は
解雇されることを前提に次の就職先を見つけるべきか判断に迷いますし，仮に
見つけたところで会社の判断で状況が改善したことを理由に解雇はなかったこ
とにされ引き続き就業を要求されることになるとすると，それに応じるには
せっかく見つけた次の就職を断らなければなりませんし，あえて退職するとな
れば，自己都合退職扱いされかねません（民法540条第2項では，解雇通知のよ
うな解除権の行使の意思表示は撤回することができない，とされています）。

　設問の事例も，○月末日付で解雇の効果を生じる通知とは認められない可能性があるでしょう（別段こうした通知が労基法に違反する，ということではありません。ただ，解雇の意思表示としての効力は認められないということです）。

　会社の側としては，このような通知には解雇予告としての効力は認められない，ということを理解し，実際に解雇せざるを得ないとの判断に至った時は，条件の付かない形での正式な解雇通知を行う必要がある，ということです。状況は改善されなかったのだから，改めて解雇を通告しなくても先に通知したとおり○月末日で解雇になる，とは言えません。

　例えば試用期間の満了時に本採用の見極めの結果，本採用を見送る（解雇する）場合は，上述のような条件を付けたとしても解雇するという明確な予告ができない以上，解雇予告をしたことになりません。この場合はやはり試用期間満了時に30日分以上の解雇予告手当を支払うか，試用期間満了時に判断することなく，その30日前までに解雇通知する必要があります。

　仮に条件を付した通知をしようという趣旨が，解雇の可能性もあることを事前にお知らせしておき，なるべくトラブルなく円満に退職してもらいたい，ということにあるとすれば，あくまで解雇の可能性についての説明であり，ここで解雇を通告しているものではない，解雇の必要が現実のものとなった場合は，改めて正式な通知を行うということを明確にして誤解を生じさせないようにすることであれば，解雇予告と切り離して当該取扱いは適当なものとなるでしょう。

〔参照条文　労基法20条〕

Q32　解雇予告と同時に休業を命じた場合の賃金

　解雇予告をした者について，職場秩序維持等のため休業を命じ，その間は休業手当としての賃金の6割を支払うこととしたところ，本人は30日分の賃金を受け取ってすぐに退職して，次の職場をさがしたいといっていますが，希望どおりにしなければならないのですか。

（A）　従業員を解雇する場合，解雇予告の方法をとるか解雇予告手当の支払いの方法をとるかは，もっぱら使用者がこれを決めるもので，解雇される側の従業員が選択できるものではありません。もっとも，就業規則等において解雇の手続について定めている場合には，これに従わなければならないでしょう。

　解雇予告期間中も労働契約関係は有効に存続していますので，労働者は労務提供の義務を，使用者は賃金支払いの義務を，それぞれ負担しています。使用者が職場秩序維持等のために一方的に休業を命じる場合は，原則として労基法第26条の使用者の責めに帰すべき休業に該当するものとして，平均賃金の6割に相当する休業手当の支払いの義務が生じます。

　なお，従業員は民法の規定により債権者（使用者）の責めに帰すべき事由により債務の履行（労務の提供）ができなかった場合は，反対給付（賃金全額）を受ける権利を失わないことになっています（536条2項）が，これを受けるためには裁判手続によらなければなりません。労基法上の義務という観点からは，30日前までに解雇の予告をし，予告期間中休業手当を支払う限り違法とはいえません。

　希望に応じるかどうかは前述のように使用者の判断に委ねられますが，あえて言えば，6割の休業手当を払って身分を残して休業させておくことと，希望通り30日分の賃金を払ってでもすぐにやめてもらうのと，どちらが適当と考えるかも判断材料になるでしょう。仮に本来であれば懲戒解雇にしたいような重大な規律違反等が理由の解雇であるがリスクを避けて普通解雇にするというような事情であれば，一定期間とはいえ雇用関係を残したままにするよりは，希望に応じることで解雇をめぐるトラブルリスクの軽減できる可能性もあり，そうであれば支払金額は増えても雇用関係をなるべく早く解消したほうがよいという判断もあり得るでしょう。

〔参照条文　労基法20条，26条，12条，民法536条〕

Q33 諭旨退職・諭旨解雇と解雇予告

　懲戒解雇に値するような行為のあった従業員について，情状を酌量の上諭旨退職とすることとしました。この場合，本人の意思で退職願いを出させるわけですから，解雇予告は不要と考えますがどうでしょうか。また，諭旨退職と諭旨解雇の違いも教えてください。

Ⓐ　各企業の定める懲戒の種類の中には，設問のように懲戒解雇とは別に諭旨解雇，諭旨退職というものが見られます。この諭旨解雇と諭旨退職の違いですが，制度実例の中にはこれを混同するものもありますが，一般には本人に退職願いの提出の機会を与え，自主的に退職する場合は懲戒解雇よりも軽い措置としての諭旨退職として退職金の減額も懲戒解雇の場合よりも本人に有利な取扱いとするのが諭旨退職，そうした退職の形をとらせず，あくまで解雇として位置付けるものの，退職金等の取扱いにおいては懲戒解雇の場合よりも緩やかな措置とするのが諭旨解雇ということになります。

　なお，諭旨退職の場合，本人が退職願いを提出しないときは諭旨解雇（あるいは懲戒解雇）する旨を定める例も多く見られます。

　このように，諭旨退職も諭旨解雇もいずれも懲戒として会社をやめさせることでは効果は同じですが，本人の選択により自発的に退職の形を認める（解雇されたのではなく退職したという形になります）か否かの違いがあるわけです。労基法の解雇予告制度の適用の有無については，本人の自由意思による選択ということが実質的にも認められる限り，諭旨退職については通常の退職と同様解雇予告制度の適用はなく，諭旨解雇については当然解雇予告制度が適用されるということになるようにも思われるのですが，一方で，諭旨退職は依願退職のような形式をとるが，（真に自由な退職とは異なり）実際上は厳然たる懲戒処分の一種であるので，その法的効果は懲戒解雇同様に争い得ると解される，とする有力学説（菅野和夫『労働法』第12版706頁，弘文堂）があります。

　退職といっても，実際は会社が雇用の解約を求めているものであり，本人にあるのは解雇か退職かの形態の違いの選択しかありません。実質はまさに会社

判断による雇用の解消であるとも考えられ，明確な行政解釈もないことを考えると，実務的には解雇予告除外認定を受けるか解雇予告（手当支給）をすることが無難なように思われます（なお，当然のことですが，解雇予告除外認定を受けることができれば，解雇予告等の必要はなくなります）。

〔参照条文　労基法20条〕

Q34　3カ月前の退職申出を義務付けられるか

　退職する者の中には退職の直前に申し出る者があり，後任の手配や仕事の引継ぎ等で迷惑を被ることがあります。この際，退職する場合は3カ月前の申出を義務付けたいと考えますが，問題はないでしょうか。

A　使用者からの解雇については，30日前までの予告が労基法第20条で義務付けられていますが，従業員側からの退職については労基法は何も定めていません。そこで，民法の一般原則に戻ってみると，期間の定めのない雇用契約はいつでも解約の申出ができますが，その場合雇用は，解約の申入れの日から2週間を経過することによって終了する，というのが基本です（民法627条1項）。この部分については従来と変わりがありませんが，2020年4月1日からは，解約の申入れの時期等についての同条第2項，第3項のルールは使用者からの解約＝解雇の場合についてのみ適用されるルールに変更になりました。つまり，民法上も，従業員側からの退職についてのルールは基本的に2週間前までの申入れが必要という制約のみになります。

　ちなみに，使用者からの解雇については，（期間によって報酬を定めた場合は）解約の申入れは当期の前半にすることで次期以降についてすることとなります（民法627条2項）。また6カ月以上の期間で報酬を定めた場合は，解約申入れは3カ月前にしなければなりません（同条3項）。従業員からの退職の申入れについてはこのルールはどちらも適用されません。

　これを前提に，本題について考えますと，民法の規定には，任意規定（契約当事者の合意によってその定めと違う契約をすることが許されるルール）と強行規定（契約当事者の合意によってその定めと違う契約をすることが許されないルール）とがあるとされています。基本的に契約に関するルールは任意規定と解釈されることが多いとされますが，労働契約の解約に関するルールについてはどちらに当たるか議論のあるところで，労働者にとって不利な合意は認められないという意味での強行規定と考える説が有力ともいわれています。労基法が解雇についてのみ特別な予告のルールを強行規定として定めていること，労契法も解雇についてのみそのルールを定めていることなどもその理由と思われます。この考えに従う限り，設問のように3カ月前までの退職申出を義務付けることは難しい，ということになります。

　どうしても2週間では心配であるということであれば，厳格な義務として定めるのではなく，そのように努めることを求める形で定めることは考えられます。たとえば，「①社員は退職する場合は，少なくとも2週間前までにその旨を申し出なければなりません。②業務の円滑な引継ぎ等のため，社員は退職しようとする場合は①の期間の前できる限り早い時期にその旨を申し出るようにするようにしてください。」といった趣旨の定めをすることも考えられるでしょう。

〔参照条文　労基法20条，民法627条〕

Q35 退職金の支払時期

　退職金については，労基法第23条の金品の返還の規定は適用されないのですか。

Ⓐ　退職金については，通常の賃金とはやや異なる取扱いになります。すなわち，「退職手当は，通常の賃金の場合と異なり，あらかじめ就業規則等で定められた支払時期に支払えば足りるものである」（昭26.12.27基収5483，昭63.3.14基発150）とされています。これは，退職金もその支給条件が就業規

則等で明確にされている限り労基法上の賃金に該当しますので，同法第23条の退職後請求から7日以内の賃金支払いの規定に形式的には該当するのですが，通常の毎月支払われるべき賃金を前提にしたと考えられる同条の規定をそのまま適用するのは退職金の実情に適さないと考えられるからです。すなわち，退職金の場合は通常の賃金とは異なり，一時金で全額一度に支払う例もあれば，年金方式をとる例もあり，どのような方法をとるかは企業の制度に委ねられています。年金制の場合は請求があれば7日以内に支払うということは想定されていないでしょうし，一時金であっても月例給に比べて多額なものを短時日で措置できるかという問題があります。おそらく，上記の行政解釈もこうした退職金の特別な性格を勘案した結果と思われます。ただし，退職金の支払時期については明確な定めがなされていない場合には，一般原則としての労基法第23条により請求から7日以内の支払いが必要とされることになる可能性があります（なお，退職金の支払いに関する事項の明確化のため，就業規則上，退職金制度の適用される労働者の範囲，退職金の決定，計算及び支払いの方法，支払いの時期に関する事項を定めなければならないことになっています）。

〔参照条文　労基法23条，24条，89条3号の2〕

Q36　退職後に懲戒解雇事由が明らかになった場合

退職後に，在職中の行為で懲戒解雇に該当する事実が明らかになったので，改めて懲戒解雇にし退職金を返還させたいと考えますが可能でしょうか。

(A)　設問の事例については，懲戒解雇とすることができるかという問題と退職金の返還の問題とに分けて考えることが適当です。まず，懲戒解雇の可能性ですが，懲戒解雇事由に該当しているという前提で考えれば，すでに退職すなわち労働契約が終了してしまっているのか，退職の申出はあったがまだ退職の期日が到来していないかによって異なります。すでに労働契約関係が

終了してしまっていれば，懲戒解雇に限らず「解雇」はすべてその前提を欠くことにより論理的に不可能です。退職の申出があったという段階であれば，一方的な退職の意思表示であれ合意解約の申入れであれ，その効果が生じるまでの間は労働契約は存続していますから，その間において懲戒解雇をすることは可能です。

　次に，退職金の問題ですが，上の後者の場合，すなわち退職の申入れはあったが，まだその効力を生じていないのであれば，懲戒解雇も可能であり，懲戒解雇の場合は退職金は支給しないことになっていれば，支給の義務も生じません。設問の場合，返還させたいということですので，すでに退職手続も完了し労働契約が消滅し，退職金も支払われているものと考えられます。この場合に，在職中に懲戒解雇該当事由があったことを理由として退職金の返還を求めることができるか否かは，退職金の支給条件等を定めた退職金制度の内容によって決まります。設問の事例の場合，こうした事案についての明確な定めがないということであろうと思われます。一般に，よく見られる規定と同様，たとえば「懲戒解雇された者については，退職金は支給しない」といった趣旨の規定があるのでしょう。この場合，会社側の意図としては懲戒解雇に該当する者はすべて退職金の支給を受けられないということかもしれません。

　しかし，制度上は懲戒解雇された者を適用除外者としている以上，懲戒解雇以外の形式で退職し又は解雇された者について不支給とすることは難しいものと考えます。なぜならば，正式に懲戒解雇するとなればそれだけ慎重な判断がなされるでしょうが，そうでない場合は懲戒解雇に該当する事実の有無の判断にしても恣意的に行われる危険もあり，退職金の支給の有無という重要な労働条件についてこうした制度上明確な根拠のない要件を認めることは適当でないからです。したがって，仮にその者の行為により会社が損害を被った等の事情があるのであれば，退職金の支給とは別個に，その損害の賠償を求める以外にないと思われます。

　こうした迂遠な方法が適当でないとするならば，退職金支給の条件の中で，不支給の事由として，懲戒解雇された者のほかに，「懲戒解雇以外の形式により退職した者について在職中懲戒解雇に該当する事実があった場合」といった項目を加え，さらに念のため，すでに支給されている場合の返還義務について

も退職金制度の中で明定しておくことが，トラブル予防の観点からは適当で
しょう。

　ちなみに，傍論としてですが，懲戒解雇された場合の退職金支給制限規定が
置かれている場合，自己都合退職後に在職中懲戒解雇事由が存在していたこと
が判明した場合その事由が長年の勤続の功労を抹殺してしまうほどの重大な背
信行為である場合は退職金の請求は権利濫用となり許されない，との解釈を示
す裁判例もあります（東京ゼネラル事件　東京地裁平8.4.26判決。ただしこの事件
の結論としては，それほどの背信行為とは認められないとして退職金請求が認めら
れています）。

〔参照条文　労基法89条〕

Q37　無断で欠勤し，出社しなくなった者の取扱い

　ある従業員が今月に入ってから連絡なく欠勤しています。電話
しても通じず，住所に行ってみても不在で会社の方から連絡が取
れません。これまでよく働いてくれた人ですので，ここで懲戒解
雇というのも酷なように思いますが，退職として取り扱うことで
問題ないでしょうか。

Ⓐ　多くの就業規則で，懲戒解雇の事由として「無断欠勤14日以上に及ん
だ場合」が定められていますが，無断欠勤が14日以上であれば当然に懲
戒解雇ができるということが何かの法令に定められている訳ではありません。
ただ，民法上，期間の定めのない雇用契約を解約する場合の告知期間が原則2
週間とされていること，労基法の解雇予告除外認定の制度において認定され得
る事由の一例として「2週間以上正当な理由なく欠勤し，出勤の督促に応じな
い場合」があげられていることなどによるものと思われます。

　設問の事例の場合も，正当な理由があるか否か状況が明確でありませんが，
仮に特別の事情はないとしますと，会社の方から連絡を試みても連絡がつかな
いということですから，出勤の督促に応じない，という労基法の解雇予告除外

認定の基準には合致するものと思われます。

　ただ，解雇とするか退職扱いとするかを判断する際には，何か少しでも判断の手掛かりとなる事情があれば，より妥当な判断が可能となります。家族があれば一緒にいなくなったのか家族は残っているのか，独身であれば家財道具はそのまま残っているのか，連絡が取れなくなるまえにカードローンの返済で苦労していたといった状況があったとか，旅行や登山に行ったまま帰ってこないのか，こうした事情が少しでもわかれば，事件や事故に巻き込まれたおそれがあるかどうかについて一応の判断ができるかもしれません。事件，事故に巻き込まれたことが考えにくいのであれば，本人の責任で無断欠勤しているという前提で対応を決めても問題とはいえないでしょう。懲戒解雇もあり得ると思われます。

　仮に事件，事故に巻き込まれている可能性があるとなると，慎重な判断が必要です。確かに形式的には無断欠勤2週間以上ということであれば解雇予告除外認定を受けることもできるかもしれませんから，これを受けた上で即時解雇することに労基法上の問題はないかもしれません。しかし，実際問題としては事故や犯罪の被害者を懲戒解雇していたとなればやはり措置の妥当性について批判が生じかねません。こうした可能性がある場合は会社側の対応もより慎重にするのが適当であり，1カ月程度様子を見た上で，退職扱いとしたり，休職制度を適用するということも考えられるでしょう。事件，事故の可能性が低ければ通常解雇の扱いも考えられます。退職や解雇とする場合は，後日特別の事情が判明した場合はその措置を見直すことがあることを付言しておくことも考えられます。

　次に，どちらとも判断がつきかねるし，本人のためを思って退職として処理する場合の問題ですが，こうした無断欠勤が続いた場合を退職事由と定めている就業規則はあまり見られません。このため，一般には退職という本人の意思にかかわる措置を会社が一方的に取れるという根拠はないと思われます。ただ，懲戒解雇も可能なところを本人の利益になるということでの退職扱いですから，現実問題として後日トラブルとなる可能性はほとんどないでしょうから，その意味では可能であろうと思われます。なお，この場合後日仮に本人から退職扱いについての異議が出された場合は，状況に応じて，本人に責任がないのであ

れば復職を認めるなり，本人に責任がある場合であれば改めて懲戒解雇や通常解雇とするなどの対応も考えられますが，実際には後日そのようなことでトラブルが生じるということはまずないようです。

　最後に従業員が所在不明の場合の解雇の通知の問題に触れておくと，解雇の意思表示は相手方に到達させなければなりませんから，相手方が行方不明となると厳密には簡易裁判所を通じて公示送達という手続をとらなければなりません。中にはこうした厳格な手続をとる例もあるようですが，法的には疑問があることは承知の上で従来の住所や家族の住所に宛てて普通郵便で解雇の通知をしておくという例もあり，それでも後日問題とはなっていないようです。もともとの解雇通知の原因となった無断欠勤について正当なあるいはやむを得ない事情がない限り，本人の責任を追及することは可能ですから，そうした正当な理由なく無断欠勤した者が解雇通知の手続上の問題を理由にして会社の措置を後日争うということ自体考えにくいことです。ただ，いずれにしても，解雇とするか退職とするか，またどの時点でこれをするかの見極めには慎重な判断が必要なことには変わりがありません。退職扱いとするのだからといって簡単に考えることはできませんのでご注意ください。地方公務員の所在不明者に対する懲戒免職処分に関し，妻に人事発令通知書を渡すとともに，県広報に通知内容を登載する方法によった事案につき，本人の不在者財産管理人が，その効力を争った例があります（兵庫県土木事務所事件　神戸地裁平7.12.12判決，大阪高裁平8.11.26判決，最高裁第一小法廷平11.7.15判決）。地裁はこの方法を有効と認めたのに対し，高裁は民法の規定による公示等の原則によるべきであるとして県広報による意思表示の効力を認めませんでしたが，最高裁は従前から県職員の懲戒免職処分手続については県広報に掲載する方法で行ってきたのであり職員はそのことを十分知り得たのであるから処分は有効，と判断しました。なお，一般の企業の場合はこのような県広報に掲載することをもって公示の原則に替えることができるという根拠はありませんから，高裁の判断によることが適当と思われます。この事件の場合家族が退職願を提出していたのですが，県側が本人作成のものでないとして受理を拒否したという経緯があります。このように残された家族との間でトラブルが予想される場合は，法的にも慎重を期すことが必要と思われます。　　　　　　　〔参照条文　労基法20条，89条，民法627条〕

4 賃　　金

Q38　賃金の直接払いの原則と本人以外の者への賃金の支払い

　　当社では，賃金を本人名義の口座への振込みの方法により支払っていますが，ある従業員から消費者金融と思わしき口座に振り込んでくれるよう，依頼がありました。しかし，賃金の直接払いの原則からすると，こうした依頼に応じることは違法ではないかとも思うのですが，可能でしょうか。

Ⓐ　賃金の支払いに関しては，お考えのように直接払いの原則から口座振込みの場合の振込先は本人名義の預貯金口座でなければならないという原則があります。この直接払いの原則から，労働者の親権者その他の法定代理人への支払いや労働者の任意代理人への支払い等が労基法違反とされているわけです。さらに，直接払いの原則については法律上その例外は認められておらず，わずかに使者に対する支払いや差押えを受けた場合が解釈上その例外とされているにすぎません。しかしながら，賃金の一部控除の協定に基づき控除されるものについては，事実上本人への直接払いの原則が適用される余地がありません。ただし，現実的にはこの賃金の一部控除に関する協定の対象となし得るものは社内預金，組合費等，事理明白なものについてのみ認める趣旨であるとされています（昭27.9.20基発675，平11.3.31基発168）。

　この点，設問の事例のようなものは従業員に対する不特定の一般債権者への

債務の弁済を前提にした控除であり，労基法の認める控除協定の対象とすることはできないものと考えられます。おそらく設問の事例でも控除協定があるとしても，そこではこのような費目の控除は認めていないでしょう（仮に定めがあっても前記の行政解釈からすると認められない可能性があります）。したがって，設問の依頼については賃金の一部を控除してこれに応ずることはできません。あくまで労働者本人が行うべきものと考えます。

〔参照条文　労基法24条〕

Q39　旅行積立金・会社立替金の賃金・退職金からの控除

当社では賃金の一部控除協定があり，毎月の賃金，賞与から，旅行積立金や会社の立替金等協定で定められたものを控除しています。中途退職者については，退職に際しての清算のため退職金からの控除もしていますが，控除協定では退職金からの控除については明記していません。この場合，退職金からの控除はやはり問題でしょうか。

A　賃金の一部控除に関する協定については，労基法第24条に「……代表する者との書面による協定がある場合」に一部を控除して支払うことができると定めるのみで，協定でどのような項目を定めるかについての要件は法律上特に定められていません。この点，行政解釈において，「協定書の様式は任意であるが，少くとも，(1)控除の対象となる具体的な項目，(2)右の各項目別に定める控除を行う賃金支払日を記載するよう指導すること」としています（昭27.9.20基発675，平11.3.31基発168）。

設問の事例も，この行政指導に沿って，控除する項目を旅行積立金等と具体的に列挙し，控除を行う賃金支払日についても，毎月の定例給与及び賞与からこれを行う旨を定めているものと思われます。そうした場合，労基法では，前述のように「……協定がある場合に」控除を認めることとしていますので，控

除できる賃金として定例給与と賞与しか定めていない限り，退職金からの一方的な控除はやはりできないと考えざるを得ません。会社立替金等が多額になる場合，退職月の定例給与からの控除では不十分ということも考えられますので，控除協定を改正して退職金からの控除が可能となるよう検討されることが適当と思われます。

　　なお，後述のQ49「賃金・退職金と会社債権の相殺」も参照してください。

〔参照条文　労基法24条〕

Q40　通貨払いの原則とデジタルマネーでの賃金支払い

　　給料はこれまで現金を手渡ししたり銀行等へ振込を行っていましたが，デジタルマネーでの支払いが可能になったと聞きました。それは企業の義務なのか，労働者の要求があれば応えなければならないものなのか，実施するとして必要な事項は何かを教えてください。

Ⓐ　　労働基準法施行規則の改正（厚生労働省令第158号令和4年11月28日）により，令和5年4月1日から銀行口座などの金融機関ではなく，資金移動業者（後述）の口座に資金を『移動させる』ことが可能となります。

　　ここで，『移動させる』とありますのは，会社が持つ資金移動業者の口座から労働者が持つ同一の資金移動業者の口座に資金を移動させることから，銀行口座等への『振込』とは異なる表現を用いています。

　　資金移動業者とは，決済アプリや電子マネーを扱う業者のことで，具体的な業者名については，資金移動業者が令和5年4月1日以降，厚生労働大臣に指定申請が行われています。厚生労働省が審査を行い，基準を満たしている場合にはその事業者を指定しますが，この審査は数カ月かかることが見込まれており，令和5年4月1日から即利用開始とはなっていません。

　　デジタルマネーでの賃金支払いのフローとしては，会社側が労働者に対して

デジタルマネーで支払うと働きかける場合と，労働者の側からデジタルマネーで払ってほしいと要望がある場合があるでしょう。

　まず，共通して言えることは，デジタルマネーでの支払いは，労使協定が必要なことです。労働者の過半数で組織する労働組合がある場合はその労働組合と，ない場合は労働者の過半数を代表する者と，賃金デジタル払いの対象となる労働者の範囲や取扱指定資金移動業者の範囲等を記載した労使協定が必要です。

　その上で，賃金のデジタル払いを希望する個々の労働者は，留意事項等の説明を受け，制度を理解した上で，同意することが必要です。同意しない場合は強制されることなく，これまでどおりの給料の受取りが継続されます。同意する場合は書面で行う必要があり，その同意書には賃金のデジタル払いで受け取る賃金額や，資金移動業者口座番号，代替口座情報等を記載して，使用者に提出することが必要になります（厚生労働省ホームページには同意書のひな形が用意されています）。

　ここでのポイントは，この労使協定で示された資金移動業者以外は利用できないということです。例えば会社がＡペイという資金移動業者を利用していて，労働者はＢマネーという資金移動業者を利用しているとすれば，労使協定でＡペイのみが対象となっている場合，当該労働者はＡペイの利用をするか，デジタルマネーでの受取りを諦めるかのいずれかです。

　また，労働者はデジタルマネーの受取先のみあればいいわけではありません。代替口座情報（受入れ上限を超えた場合や指定資金移動業者破綻時の保障や弁済を受ける際の口座）としての銀行口座が必要となります。

　このように，会社がデジタルマネーでの支払いを行う際は，①労使協定の締結，②デジタルマネーでの支払いについての説明および周知を行う，③希望する労働者から同意を得る，という点を押さえておく必要があります。同意しない者には強要してはなりません。

　反対に，労働者がデジタルマネーでの支払いを希望してきたとき，会社はその要求に応じなければならないのでしょうか。

　結論から言えば，要求に応じる義務はありません。そもそも先述のとおり，最初に労使協定を締結する必要があるわけですが，あくまで協定は労使方法の

合意により成立するものであるため，会社側が何かしらの理由によりデジタル払いをしないという選択肢もあります。

　このようなプロセスを経て，デジタルマネーでの給料支払いが行われることが可能となりますが，厚生労働省では以下の点を注意点として挙げております。

- **受取額は適切に設定を**

　指定資金移動業者口座は，「預金」をするためではなく，支払いや送金に用いるためのものであることを理解した上，支払いなどに使う見込みの額を受け取るようにしてください。また，受取額は，1日当たりの払出上限額以下の額とする必要があります。

- **口座の上限額は100万円以下です**

　口座の上限額は100万円以下に設定されています。上限額を超えた場合は，あらかじめ労働者が指定した銀行口座などに自動的に出金されます。この際の手数料は労働者の負担となる可能性がありますので，指定資金移動業者にご確認ください。

- **口座残高の現金化も可能です（月1回が口座からの払出手数料なし）**

　ATMや銀行口座などへの出金により，口座残高を現金化（払い出し）することもできます。少なくとも毎月1回は労働者の手数料負担なく指定資金移動業者口座から払い出しができます。払出方法や手数料は指定資金移動業者により異なります。

　（厚生労働省　リーフレット「賃金のデジタル払いが可能になります！」（令和5年3月掲載より抜粋））

　以上のように，デジタルマネーでの給料支払いは，その導入にかかるフローを満たすだけでなく，細部の取り決めや制限が設けられておりますので，労使双方の理解が肝要となっております。

〔参照条文　労基則7条の2，7条の3〕

Q41 賃金の締切日・支払日の変更

　賃金の締切日は20日，支払日は25日と定めていますが，支払日が休日に当たる場合，これまでは休日の前日に支払日を繰り上げていました。しかし，週休2日制の場合，締切日と支払日の間に休日が入ると計算事務が間に合いませんので，支払日を休日の翌日としたいと考えますが，可能でしょうか。

Ⓐ　賃金は毎月一定の期日を定めて支払わなければなりません（労基法24条）。しかし，所定の支払期日が有効に変更されれば，その変更後の支払期日に支払えばよいことになります。この賃金の締切日や支払日は，就業規則の絶対的必要記載事項となっていますので，設問の事例も就業規則の変更が必要となります。設問の場合，25日の支払日をその翌日以降に繰り下げることも「法第90条の手続にしたがって就業規則を変更する限り違法とはならない」（厚生労働省労働基準局編『平成22年版　労働基準法』358頁）とされています。締切日の変更についても同様に考えられます。ただし，月を越えて翌月に支払日をズラすとなると，変更の月においては賃金の支払日がなくなり，毎月払いの原則に違反することになりますので，注意が必要です。

　なお，労基法には違反しないとしても，支払日の変更が労働条件の一方的不利益変更に該当すれば，合理的理由がない限りこれに反対する者には適用できないことにもなりますが，賃金の計算事務等において必要な日数が休日の増加によって不足することを理由とする場合は，一般的には合理的理由があると考えられるでしょう。ただし，その場合でも，たとえば支払日が遅れたり締切日の変更により当月の支払額が減少することにより債務返済に支障を生じるような従業員については，制度変更時に特別の配慮（たとえば仮払い等）をするということが変更の合理性を担保するためには適当であろうと思われます。

〔参照条文　労基法24条，89条，90条〕

Q42　毎月払いの原則と割増賃金の翌月支払い

　割増賃金のように，勤務実績に応じて計算される賃金について
も，その月のうちに支払わなければならないのでしょうか。当社
では，他の賃金については暦月計算で当月16日に支払いますが，
割増賃金は翌月16日に支払うことにしています。問題でしょうか。

Ⓐ　確かに，賃金の支払いに関する労基法第24条では，毎月１回以上賃金
を支払うべきことを定めていますが，これは必ずしも当月労働した分に
対応する賃金をその月のうちに支払わなければならないという意味ではありま
せん。賃金の支払いに関しては，締切日，支払日を就業規則に定めなければな
りませんが，賃金計算の必要上当然締切日と支払日との間には間隔が空いてい
なければ，勤務実績に応じて計算される賃金の支払いは不可能です。
　設問の事例は，割増賃金以外の本給等については各月の１日から末日までの
分をその月の16日に支払うが，割増賃金は翌月の16日に支払うというものです。
賃金はすべての手当等について一律の締切りおよび支払日でなければならない
ということはありませんから，必要であれば，締切日は統一し支払日をズラす
ことも，逆に支払日を統一し締切日をズラすことも可能です。割増賃金につい
ては，時間外労働等の時間数の実績を把握しなければ計算できませんから，設
問の事例のように暦月分の賃金を当月16日に支払うようなところでその暦月分
の割増賃金をその月の16日に支払うことは不可能です。この場合，締切日（＝
毎月末日）から合理的期間内に支払う限り賃金の遅払い等の問題も生じません。
翌月16日の支払いも合理的範囲内と考えられます。したがって，各手当等につ
いて支払日等が異なる定めがある場合は，それぞれの手当について毎月所定の
支払日に支払われる限り問題はありません。ただ，就業規則の実例の中には，
たとえば20日締めの当月25日払いと定めてあるものの，割増賃金は実際には翌
月の25日に支払う例もあり，規定と実際とがズレている例もありますので，そ
うした問題がないかどうか注意が必要でしょう。　〔参照条文　労基法24条〕

Q43 賃金支払日以降の中途採用者の当月分賃金の支払時期

　　賃金の計算期間を暦月とする一方，賃金支払日を当月16日とする場合に，17日以降入社者の当月分賃金は，毎月払いの原則を考えると賃金支払日の定めにかかわらず当月末までに清算支給しなければならないか，それとも翌月の支払日に前月分の未支給金として支払えば足りるのか。

Ⓐ　　賃金の計算期間を毎月1日から末日までの暦月単位としているところでも，本給等は16日に当月（暦月）分を全額払うという例は珍しいものではなく，またその場合には時間外労働の割増賃金のように労働の実績に応じて計算する賃金については，当月の支払日ではなく，割増賃金の計算期間（この場合は暦月単位）が終了した翌月の賃金支払日（たとえば16日）に支払うとする規定を設けるのが普通です。こうすると，現象的には，当月分の割増賃金を当月支払っていないことになりますが，支払いの期限は，必ずしもある月の労働に対する賃金をその月中に支払うことまでは必要でなく，不当に長期間でない限り，締め切り後ある程度の期間を経てから支払う定めをすることも差し支えない，というのが行政当局の見解です（厚生労働省労働基準局編『平成22年版　労働基準法』358頁）。

　要するに，ある月の賃金の支払いは必ずしも労働した月中に全部支払わなければならないということではなく，当該事業場における賃金支払ルールの合理的な定めに従って当月とか翌月に支払えばよい，ということなのです。設問の賃金支払日以降の入社者の当月分の賃金の取扱いについても同じように考えることで問題ないと思われます。

　暦月の計算期間を設け，月途中を支払日とすると，支払日以降の入社の者のその月の賃金は，当月の所定支払日には支払不可能なことは明白です。この場合にも毎月払いの原則を根拠に，当月中の残日数の中で必ず支給する義務があるとすると，多くの社員について統一的な支払日を定め円滑な賃金支払いを実

行することが困難な場合も想定されます。

　また欠勤継続中の者の予め見越すことができない出勤の場合，支払日以降月末の最後の日に出勤・労働すれば，その日の賃金請求権は生じることになりますが，その支払日をいつにするかは基本的に各企業の賃金制度等に委ねられており，それぞれの定めに従って，合理的に接着した所定の支払日に支給すれば足りる，と考えられます。

　たとえば，「賃金締切日以降入社者（出勤者）の当月分賃金については，翌月の賃金支払日に支給する。」といった規定が考えられます。この場合，前月の締切日以降の割増賃金は，前月（当月）ではなく，翌月支払いとなり，結果として当月は労働したにもかかわらず賃金が支払われないことになりますが，労基法違反とはならないと考えます。

　ただし，これも労基法の規制の解釈問題としての結論であって，労務管理的観点からは次のような検討が必要です。

　賃金締切日以降の当月において行われた労働が多く，その対価としての賃金も大きければ，働いた側の賃金支払いの要求もその必要性も大きくなることが考えられます。希望があれば，仮払いのような形で概算額を当月中に支払い，精算した額を所定の翌月の賃金支払日に支給するなど，実際の社員の生活上の必要に配慮し便宜を図ることも検討されてしかるべきでしょうし，自社の賃金支払いのルールについての説明をきちんと行い，理解を求めるように努めることが必要と思われます。そこで不満が大きければ，こうした問題の発生原因である，賃金支払日と計算期間のルールの見直しを検討することも考えられます。

〔参照条文　労基法24条〕

Q44　賃金の端数の計算・支払い

　賃金の計算上，割増賃金等で生じる端数について，事務処理上の便宜のため，たとえば50円以下は切り捨て，50円超は切り上げて100円とする等の計算をすることはできないのですか。

Ⓐ 賃金の計算上生じる端数の取扱いについては，労基法第24条の賃金の全額払いの原則との関係がありますので，単に計算事務上の便宜という観点だけでは判断できません。現在，割増賃金の計算上生じる端数処理については，次のような行政解釈が示されていますので注意してください。

(1) 1カ月の時間外，休日，深夜の各時間数ごとの合計に1時間未満の端数がある場合，それぞれ30分未満を切り捨て，それ以上を1時間に切り上げる。

(2) 1時間当たりの賃金額，割増賃金額に円未満の端数がある場合，50銭未満を切り捨て，それ以上を1円に切り上げる。

(3) 1カ月の時間外，休日，深夜の各割増賃金総額に1円未満の端数がある場合，(2)と同様に処理すること。

このような処理は違法とは取り扱わないこととされています（昭63.3.14基発150）。したがって，設問の考え方はこの取扱いに反するおそれがありますので，注意してください。

なお，この通達では，さらに1カ月の賃金総額の端数についても，次のように述べていますので参考にしてください。

(1) 1カ月の賃金支払額（必要な控除等を行った後の額）に100円未満の端数が生じた場合，50円未満を切り捨て，それ以上を切り上げて支払う。

(2) 1カ月の賃金支払額に生じた1,000円未満の端数を翌月の賃金支払日に支払う。

こうした端数処理も，違法とは取り扱わないとされます。ただし，こうした取扱いは就業規則にその根拠を明定することが求められます。

〔参照条文 労基法24条〕

Q45 賃金の計算違いによる過払い・不足払いの清算

計算上のミスにより賃金の過払い，不足払いを生じた場合，あるいは従業員が必要な届出等を怠ったために過払いが生じたような場合，翌月以後の賃金で清算して問題ないでしょうか。

過払い賃金の翌月以後の賃金からの控除による清算については，ストライキの場合に関して次のような行政解釈が示されています。

　「前月分の過払賃金を翌月分で清算する程度は賃金それ自体の計算に関するものであるから，法第24条の違反とは認められない」（昭23.9.14基発1357）。

　設問のうち，過払い分の賃金を翌月以降の賃金で清算することは，厳密に考えると，翌月以降の賃金として本来支払うべき金額からその一部を控除することになりますから，全額払いの原則との関係が問題となります。本来であれば賃金の一部控除に関する協定による明確な根拠に基づいて行われるべきものですが，ストライキ等のやむを得ない事情によって生じた前月分の過誤払いを翌月分の賃金と清算するのであれば，仮に賃金の一部控除に関する協定になくとも違法とはされないと考えてよいでしょう。ただし，翌々月以降の賃金で清算することについては，この通達で認めてはいませんので注意が必要です。

　なお，過払い分が多額に及ぶ場合は，その事実確認と併せ本人との間で返済方法等を合意の上で行うことが必要と考えるべきでしょう（最高裁は，こうした調整的相殺について，その時期，方法，金額等からみて労働者の経済的安定を害さない限りにおいて許容されるとの判断を示しています（福島県教組事件　最高裁第一小法廷昭44.12.18判決，群馬県教組事件　最高裁第二小法廷昭45.10.30判決））。

　次に，不足払いの場合は，賃金の一部が未払いとなっているわけで，賃金の全額払いに違反していることになりますので，可及的速やかに，事情説明の上清算支払いを済ますべきです。なお，その賃金の支給が従業員の届出等を前提としているものである場合，従業員からの届出等の遅れから生じた不足について使用者に法的責任を生じることはないでしょう（このような従業員からの届出によりその支給額等に変動を生じる賃金は，一般にはその届出があった時点以降について支給額の変更を生じるものと定められているのではないかと思われます。ただし，この考え方は，新たに支給する場合や支給額の増加の場合には当てはまりますが，支給条件を満たさなくなり本来減額又は不支給となるべきであるにもかかわらず，従業員が届出を怠ったためにその事実が把握できず従来の支給を継続していたような場合は，このような取扱いはせず，実際の支給条件の変更があったときやその翌月から減額や不支給とすることにするのが

合理的と思われます）。　　　　　　　　　　〔参照条文　労基法24条〕

Q46　賞与算定期間中勤務した者と支給日在籍者のみへの支給の定め

　当社の賞与制度では，賞与額算定のための計算期間中勤務実績があり，かつ，賞与の支給日において在籍する者を支給対象者と定めています。ところが，一部に計算期間中勤務している限り，支給日までに退職した者にも支払うべきではないかとの声もあります。現在の定めは問題あるのでしょうか。

Ⓐ　賞与は，一般に労基法上の賃金に該当しますが，いわゆる定例給与のように毎月一定期日に支払われるべき賃金とは別のものとして定められています。一般に賞与に関する就業規則等の定めには抽象的なものが多く，支給額はもとより支給対象者も明らかでない例もみられます。

　もともと，賞与についてはそれぞれの会社の賞与に関する制度以外に，特にこれを支払うことを義務付ける根拠はありません。会社の制度で定められた支給条件を満たした場合にのみこれを受けることができるものです。そして，この支給条件もたとえば国籍とか信条その他法が労働条件の差別を禁止している条件によって区別することは許されませんが，その他の一般的に合理性の認められる条件を設定することができます。賞与の支給日現在で在籍する者に対してのみ支給し，算定期間中勤務しながらその後支給日前に退職した者には支給しないという条件も，違法とはされません。これが明定されている限り，支給日に在籍しない者は賞与の支給を受けることはできません（学説では，定年退職者等労働者側に責任のない退職等については，賞与支給日在籍要件を適用することはできないとする説が有力であるとされています（荒木尚志『労働法』第3版130頁，有斐閣））。ただし，この賞与の支給日在籍者のみに支給するという条件は，これが制度上の条件として明確に定められている場合に限り有効な

ものです。これが明確に定められていない場合は，賞与算定期間中における勤務実績等に応じて算定した賞与が支給されるべきものと考えられています。企業の中には，賞与支給の時点ですでに退職している者にも，算定期間中の勤務実績を基礎に賞与を支給する例もみられます。支給日在籍の要件が明示されていない場合は，むしろこのような取扱いが必要となると考えられます。

　設問の事例の場合は，支給日在籍の要件が明定されているようですので，現行の取扱いが違法ということはありません。　　　　　〔参照条文　労基法89条〕

Q47　無断退職者・所在不明者への賃金の支払い

　日ごろから欠勤気味だった社員が連絡もなしに出社しなくなり，数週間たってから電話で一方的に退職したいと言ってきました。まだ，最後の月の賃金の支払いも留保しているところであり，一度会社に来るように言うのですが，給与は振り込んでほしいとしか言いません。会社の立替金もありきちんと確認の上で清算もしなければならないのですが，支払いを留保し続けることはできますか。

Ａ　　通常，賃金の支払いについて，その支払いの場所を明記した労働契約を結ぶことはないように思いますし，就業規則・賃金規程でも特に支払い場所を記載する例はまずないと思われます。民法上の一般原則である持参債務に当たるのか（この場合は社員の住所に持参することになる），それとも原則とは逆に賃金については，取立て債務として社員が会社に受け取りに行くべきものかという問題があるわけですが，賃金の口座払いが定着する前は，賃金は会社でもらうものというのが当然のように思われていたのではないでしょうか。賃金の口座払いは，広く定着していますが，中には現金での支給をする会社もありますし，労基法上も本人の同意がなければ口座払いはできないということですから，まだ，企業社会一般の慣行として賃金の取立て債務としての性格には変化はないのではないかと思われます（したがって，いつでも会社に取

りに来れば支払える状態にして置けばよい，という割り切りもできます）。

　労基法との関係でこの問題を考えた場合，同法第24条の賃金の通貨払いの原則との関係で，口座払いをするについては労働者の同意を得ることが必要とされています。この口座払いについての合意があるような場合は，その合意に従った処理をすべきであり，本人の申出があれば口座払いをすることが賃金規程等に明記されていれば，それも労働契約の契約条件となっていると考えられます。そうであれば，本人の申出を一方的に否定することは難しいでしょう。また，本人の同意を得て口座払いすることがあるといった規定の仕方もよく見られるところですが，前述の定めとの違いが意識されて表現の差が設けられているとすれば，この場合は口座払いとするか通貨で直接払うかは会社の判断に委ねられており必ず口座払いをしなければならないということではなく何らかの理由でそれが不適当であるとすれば，会社に本人が来ればいつでも支払えるように準備しておけばよい，ということになるでしょう。ただ，この場合も，規定の表現は違っていても実際には前述のように例外なく口座払いにしている事例が多いように思われますので，自社の実態を把握整理する必要があるでしょう。

　設問のケースのような場合，労基法の賃金全額払いの原則に従い賃金は全額支払い，立替金はこれとは別個に清算すればよいというのが模範的な答えといえますが，実際には別個の清算が確実に行われる保障はありません。立替金は，これ自体本人の利益に沿った処理をしたものであり，後日確実に清算されることが前提になっているといえるものですから，本人の希望のままに賃金だけ処理することには躊躇があるでしょう。前述のように，取立て債務の弁済の提供があったといえるように本人が来ればいつでも支払えるように準備しておけばよいと割り切ることもできます（賃金は3年，退職金は5年の消滅時効にかかる）が，いつまでも処理のできない金額が残るのも会社にとっては不都合なものでしょう。当面来社するように説得を試みることが適当でしょうが，場合によっては，立替金をきちんと説明した上で，（賃金・退職金からの貸付金の控除を認める控除協定があることが前提に）本人からこれを控除した金額を振り込むようにという依頼文書をもらって控除後の残額を振り込むことや，所在不明者などの場合は供託も検討することになるでしょう。

〔参照条文　労基法24条〕

Q48　死亡退職金の受給権者

当社退職金規程では，従業員が在職中死亡した場合の退職金は，相続人ではなく労基法施行規則第42条の遺族補償を受ける者の範囲と順位を定めた規定によるものとしています。しかし，一方ではこの場合の退職金は相続財産であって相続人に支払わなければならないのではないかという疑問もあるのですが，どう考えるべきでしょうか。

A　従業員が死亡すれば，その財産上の権利義務は相続人に包括承継されることになります。問題は，設問の退職金が死亡した従業員の会社に対する権利であるのか，会社の規定により遺族が直接取得した権利であるのかです。

これについては，退職金ということで一律に判断できるものではなく，個々の退職金制度における受給権者に関する規定内容に応じて判断すべきものとされています。実際の規定においても，設問の事例のような規定の他，従業員が生前に死亡の場合の退職金受取人を指定した場合は，その指定された者に支給するという例もあります。必ずしも相続人でなければならないというものではありません。判例においても，民法の規定する相続人順位決定の原則と著しく異なる受給者の定めをしている退職金規程による退職金は，受給権者と定められた遺族が相続人としてではなく，規程の定めにより直接固有の権利として取得するものと解されています（日本貿易振興会事件　最高裁第一小法廷昭55.11.27判決）。

設問の事例も，相続関係とは別の観点から遺族補償の受給権者の順位によると定めているとすれば，その場合の退職金は相続財産とはならず，その定めに従って支払う必要があるものと思われます。　　　　〔参照条文　労基法89条〕

Q49　賃金・退職金と会社債権の相殺

　　従業員が退職する場合，それまでに会社が貸し付けていた福利厚生資金等の清算が必要となりますが，本人との事前の合意といった手続を経ることなく，清算調整後の退職金を支給すれば足りるのか，面倒でもいったん全額を支給した上で別途返済を求めなければならないのでしょうか。

Ａ　　退職金も制度に基づき支給される限り，労基法上の賃金に該当します。したがって，いわゆる全額払いの原則の適用もあります。この賃金と貸付金とを一方的に清算するということはいわゆる相殺に該当し，これを行うためには労基法第24条の賃金の一部控除に関する協定が必要となります。この控除協定で，会社貸付金の賃金，退職金からの控除についての定めがなければ，一方的な清算調整後の退職金を支払うことはできません。

　この原則に対し，判例は一定の場合に限って例外を認めています。すなわち，「賃金全額払いの原則の趣旨とするところは，使用者が一方的に賃金を控除することを禁止し，もって賃金の全額を確実に受領させ，労働者の経済生活を脅かすことのないようにしてその保護を図ろうとするものというべきであるから，使用者が労働者に対して有する債権をもって労働者の賃金債権と相殺することを禁止する趣旨をも包含するものであるが，労働者がその自由な意思に基づき右相殺に同意した場合においては，右同意が労働者の自由な意思に基づいてされたものであると認めるに足りる合理的な理由が客観的に存在するときは，右同意を得てした相殺は右規定に違反するものとはいえない」というのが最高裁の判断です（日新製鋼事件　最高裁第二小法廷平2.11.26判決）。これによれば，賃金の一部控除に関する協定がない場合であっても，本当に自分の自由意思で相殺に同意したのであればそれで賃金・退職金と会社の債権とを相殺することも労基法に違反するものではなく，可能であるということになります。

　ただし，この判例で認められているのは，一方的な「相殺」ではなく「相殺契約」つまり当事者の合意による相殺であることに注意が必要です。さらに，

この場合であってもこの本人の自由意思が認められるかどうかについては慎重な判断が要求されます。雇用関係が継続している途中では，なかなか使用者から同意を求められた場合にこれを拒否することはできないといったことも考えられるでしょう。前述の最高裁の判決も，退職に際しての従業員の借金の清算のための相殺であり，従業員側の自発的な依頼によって行われたものである，ということが判断の前提としてあることに注意が必要でしょう。

　さて，ご質問では，「本人との事前の合意といった手続を経ることなく」とありますが，前述の最高裁の判断も個別の相殺の時点での自由意思による同意を前提としていますから，こうした同意なく，一方的に行うことは，控除協定がない限りできないでしょう。

　これに対し，賃金の一部控除協定においてこうした退職時の貸付金等と退職金との清算のための控除が合意されており，これを前提とした貸付金規程が存在し，貸付を受けるに際して退職金との清算の合意が成立していると認められる場合には，控除協定に基づく控除清算が可能と考えられます。

　企業の貸付金制度は，そうした退職時における確実な返済がなされることを前提として初めて成り立っているものであり，従業員もこれを前提に特別な利益を得ているわけですから，こうした制度上の根拠に基づく相殺も認められるべきではないかと考えます（なお企業の実務としては，退職時に重ねて合意を得ることが得策でしょう）。

　以上のような根拠のない場合は，その都度の合意に基づいてのみ清算支払いができることになります。そうした合意が成立しなければ全額支払いの義務も免れません。　　　　　　　　　　　　　　　〔参照条文　労基法24条〕

Q50　最低賃金との比較において除外される賃金

　　嘱託等の雇用に際し賃金を決定するに当たっては，各種の要素がありますがその1つとして最低賃金との関係があります。基本給のほかに各種手当名目で賃金を支給する場合，どの部分が比較の対象となるのでしょうか。

Ⓐ　　　最低賃金法では，最低賃金の適用を受ける労働者に対し，最低賃金額
　　　　以上の賃金を支払わなければならないと定め，その場合の賃金には次の
賃金は算入しない，つまり次の賃金を除いた賃金額でもって最低賃金額以上の
賃金を支払わなければならないと定めています（最低賃金法4条）。

⑴　1月をこえない期間ごとに支払われる賃金以外の賃金で厚生労働省令で
　定めるもの

　（厚生労働省令ではこれを，①臨時に支払われる賃金と，②1月をこえる
　期間ごとに支払われる賃金，と定めています。最低賃金法施行規則第1
　条）

⑵　通常の労働時間又は労働日の賃金以外の賃金で厚生労働省令で定めるも
　の

　（厚生労働省令ではこれを，①所定労働時間をこえる時間の労働に対して
　支払われる賃金，②所定労働日以外の日の労働に対して支払われる賃金，
　③午後10時から午前5時までの間の労働に対して支払われる賃金のうち通
　常の労働時間の賃金の計算額を超える部分，と定めています。同前条）

⑶　当該最低賃金において算入しないことを定める賃金

　（実際には，通勤手当とか精皆勤手当，家族手当といったものです）

　このように，最低賃金との比較は，まず通常の労働時間，労働日に対応して
毎月支給されるいわゆる所定内賃金に限定されるということになり，さらに個
人的事情により差異を生じる通勤手当や家族手当のようなもの，褒賞的性格が
強く支給不支給が不確実な精皆勤手当のようなものは除かれることになります。
これらを除いた通常の賃金額を所定の方法により最低賃金の額と比較すること
になります（比較方法はQ51参照）。

　　　〔参照条文　労基法28条，最低賃金法4条，最低賃金法施行規則1条〕

Q51 | パートタイマーの賃金と最低賃金の比較

　　パートタイマーの賃金決定の参考としたいのですが，最低賃金
とパートタイマーの賃金の比較方法について教えてください。

A　パートタイマーの場合に特有の比較方法があるわけではありません。最低賃金と実際に支払われている賃金の比較の方法は，最低賃金法の施行規則第２条に定められています。これによれば，最低賃金額は，時間額で定められているのに対し，実際に支払われる賃金がこれと異なる期間，たとえば月額で定められている場合は，実際に支払われる賃金をそれぞれ時間当たりの金額に換算して比較することになります。具体的には，次のように計算します。

(1)　日によって定められた賃金については，その金額を１日の所定労働時間数（日によって所定労働時間数が異なる場合には，１週間における１日平均所定労働時間数）で割った金額

(2)　週によって定められた賃金については，その金額を週における所定労働時間数（週によって所定労働時間数が異なる場合には，４週間における１週平均所定労働時間数）で割った金額

(3)　月によって定められた賃金については，その金額を月における所定労働時間数（月によって所定労働時間数が異なる場合には，１年間における１カ月平均所定労働時間数）で割った金額

(4)　時間，日，週又は月以外の一定の期間によって定められた賃金については，上記(1)〜(3)に準じて算定した金額

(5)　出来高給については，賃金締切期間中に出来高制により計算された賃金総額をその期間中の出来高制で労働した総労働時間数で割った金額

こうして，最低賃金額と実際の賃金を１時間当たりの額にして比較するのです。

つまり，パートタイマーの賃金が時間給のみであればそのまま時間額の最低賃金と比較できますが，それ以外の日額給与や月額給与の部分等がある場合は時間給以外の部分はこれを時間当たりの額に換算してその合計額と時間額の最低賃金と比較します。

なお，たとえば日給制のパートタイマーの時間給が時間帯により異なる場合に，すべての時間帯の時間給がどれも最低賃金を上回らなければならないということではなく，最低賃金を上回る時間給と最低賃金を下回る時間給が合わせて支払われた結果，その日の所定労働時間に対する日給として現実に支払われた合計額が，これを所定労働時間で割った１時間当たりの額にして見た場合に

最低賃金額を下回っていなければ最低賃金法には抵触しない，ということになります（荒木尚志『労働法』第3版180頁，有斐閣）。

〔参照条文　労基法28条，最低賃金法4条，最低賃金法施行規則2条〕

Q52　賃金明細書の交付の義務

　　社員に毎月の給与を支給する場合は，当然のように給与明細書も交付していますが，よくよく見ると，労基法では別段給与明細書を交付しなければならないというような義務は定められていないのではないでしょうか。であれば今後は給与明細書の交付は省略したいのですが。

Ⓐ　ご指摘のとおり，労基法では「給与明細書」として支払った賃金の項目ごとの金額はおろか賃金総額についても書面で交付・明示する義務を課す定めは設けていません。

　労基法が定めているのは，いわゆる賃金支払いの5原則や口座払いの要件，雇入れ時の賃金明示義務や就業規則における賃金に関する定めをするべき義務，それに賃金台帳の整備義務です。

　このうち賃金台帳の整備義務では，「基本給，手当その他賃金の種類ごとにその額」を記入しなければなりませんが，ご存知のとおり，賃金台帳は事業場に備え付けるものであり，労働者各人に交付するものではありません。したがって，労基法の問答としては，労基法では別段給与明細書を交付しなければならないというような義務は定められていない，ということで終わりなのですが，実際には，賃金の口座払いに関して厚生労働省が出している労基法第24条関係の行政指導通達（いわゆる法令の解釈についての見解を示したものではなく，いわゆる行政指導をどのような内容で行うかについて示した通達）において，口座振込みの対象となった労働者に対し，基本給，手当その他賃金の種類ごとの金額，源泉徴収税額，社会保険料等賃金から控除した金額がある場合は

その事項ごとに金額，口座振込みを行った金額，について記載した計算書を交付することを「指導することとされたい」とされています（平10.9.10基発530）。

　要するに，労基法上の直接的な義務付けはないのですが，賃金の口座払いをする場合は，こうした行政指導を監督署等から受けることはある，ということです。ただし，賃金の支払い等に関わる法令は労基法の他にもあり，労働保険徴収法や健康保険法等との関係もあって給与明細書の交付が行われている，ということです（これらの法令では，正確には，保険料の控除に関する計算書の作成とその控除額の通知の義務が定められています。労働保険徴収法32条1項，健康保険法167条3項，厚生年金保険法84条3項参照）。

　これらのことから考えれば，何も渡さないわけにはいきませんし，わざわざ今までの給与明細書に代えてより簡便な書式を考える手間暇をかけても，項目不足等があれば先程の指導通達等に基づく行政指導を受ける可能性もあるでしょうから，給与明細書の交付は継続されることが適当と思われます。

　なお，所得税法上は，平成19年以降交付する給与所得の源泉徴収票は，受給者から承諾を得ていれば電磁的方法による提供（電子交付）が可能となっています（ただし，その場合でも，書面による交付の請求があれば書面による源泉徴収票の交付が必要となります。所得税法226条，231条）。

Q53 賃金・退職金の差押え

　ごくまれではありますが，社員の給与等について国税徴収法や民事執行法による差押えの通知を受けることがあります。こうした場合は，賃金の直接払いの原則の例外が認められると考えてよいのですか。

A　賃金に対する差押えには，民事執行法に基づき裁判所からなされる差押通知と，国税徴収法に基づき税務当局からなされる税金の滞納処分として行われる差押通知という，根拠の異なるものがあり，それぞれに差押えの

可能な金額等に差異があるとされています。しかし，いずれの場合であっても，これらの場合は労基法の賃金直接払いの規制の適用は受けず，差押命令の内容に従う必要があります（差押命令では，債務者つまり社員への弁済が禁止されます。無視して社員に賃金を支払えば二重払いのリスクを負うことになります。民事執行法145条。なお，供託については民事執行法156条参照）。労基法の解釈問題としてはこれで終わりです。なお，企業実務との関係の参考情報を補足すれば，以下のようなことと思われますが，正確な情報は税務専門家にご確認ください。

　民事執行法による賃金に対する差押えについては，賃金から給与所得の源泉徴収税額，地方税，社会・労働保険料を控除した額の原則として4分の3が差押えを禁止されます（賞与・退職金も同様です。民事執行法152条）。ということは当然ですが，4分の1までが差押えの対象となる，ということです（賃金が多い社員の場合は，禁止の額が限定されます。たとえば毎月の賃金については民事執行法施行令2条で33万円と定められていますから，月給80万円の人でも差押禁止額は60万円ではなく33万円となります）。

　国税徴収法による差押えについては，同法の第76条に規定があり，給与等は次の金額の合計額に達するまでの部分の額については差し押さえることができない，とされています。主なものは①源泉徴収所得税額，②特別徴収住民税額，③社会・労働保険料相当額（国税徴収法76条1項1号から3号）で，その他第4号，第5号の定めがあるほか，賞与や退職手当の取扱いについても同条に規定されています。〔参照条文　労基法25条，民事執行法152条，国税徴収法76条〕

5 労働時間・休憩・休日

❶ 労働時間

Q54 労基法上の労働時間とは

労基法の規制する労働時間といわゆる所定勤務時間等の各企業の勤務時間，就業時間とでは意味が違っているようですが，労基法上の労働時間とはどのような時間をいうのでしょうか。

Ⓐ　労基法が規制する労働時間とは，いわゆる実労働時間であり，実際の始業から終業までの拘束時間の中から休憩時間と認められる時間を除いた時間です。実労働時間を規制するものですから，所定の始終業時刻の前後に行われる労働も当然規制の対象となり，現実に労働を開始した時間から現実に労働を終了した時刻までを労働時間として，その長さを問題とします。早出勤務をすれば当然その時間もカウントしますし，遅刻や遅出をすれば現実に労働を開始した時刻から労基法上の労働時間はカウントされ，現実に労働を終了した時刻までをカウントします。この場合の「労働」の意味については法律上の定義はありませんが，労基法上の労働時間とは，「使用者の指揮命令下に置かれている時間」をいうものと考えられています（大星ビル管理事件　最高裁第一小法廷平14.2.28判決）。最近では，労基法上の労働時間の概念と労働契約上の労働時間の概念の違い等，労働時間の意味についての議論が深められています

が，労基法上の労働時間の考え方は，このように，使用者の指揮命令の有無，現に行っている行為の態様を中心に判断することになります。ただ，こうした定義は抽象的で具体的なイメージがわきませんので，具体事例についての判断を次にいくつか見てみましょう。これまで，労基法上の労働時間になるか否かの具体的判断を示した例としては，次のようなものがあります。

(1) 昼休み中の来客当番　　休憩時間に来客当番として待機させていれば，それは労働時間である（昭23.4.7基収1196，昭63.3.14基発150，平11.3.31基発168）。

(2) 黙示の指示による労働時間　　超過勤務の黙示の指示によって法定労働時間を超えて勤務した場合には，時間外労働となる（昭25.9.14基収2983）。

(3) 就業時間外の教育訓練　　教育に参加することについて，就業規則上の制裁等の不利益取扱いによる出席の強制がなく自由参加のものであれば，時間外労働にはならない（昭26.1.20基収2875，昭63.3.14基発150，婦発47）。

(4) 安全衛生教育の時間　　法に基づく安全衛生教育の実施に要する時間は労働時間と解される（昭47.9.18基発602）。

(5) 健康診断の受診時間　　法に基づく特殊健康診断の実施に要する時間は労働時間と解される（同前通達）。なお，一般健康診断に要した時間や，長時間労働者への医師による面接指導の実施に要する時間や，ストレスチェック及び面接指導を受けるために要する時間に対する賃金の支払いについては，当然には事業主の負担すべきものではなく労使協議により定めるべきものであるが，支払うことが望ましい，とされている（同前通達，平18.2.24基発0224003，平27.5.1基発0501第3号）。一般健康診断について，この通達が直接言及しているのは，その時間に対する賃金の取扱いの考え方ですが，特殊健診についての言及と対比してみれば一般健康診断の実施に要する時間は当然には労働時間とは解されないということでしょう。

(6) 安全・衛生委員会の会議開催時間　　労働時間と解される（同前通達）。

(7) 更衣時間　　実作業のために着用を義務付けられた事業所内における更衣時間は労働時間である（三菱重工業事件　最高裁第一小法廷平12.3.9判決）。

(8) 不活動仮眠時間　　不活動仮眠時間であっても労働からの解放が保障されていない場合は労基法上の労働時間にあたる（前出　大星ビル管理事件）。

(9)　以上のほか，「労働時間の適正な把握のために使用者が講ずべき措置に関するガイドライン（平成29年1月20日）」が示す「労働時間の考え方」も基本的に同様であり，「労働時間とは，使用者の指揮命令下に置かれている時間」のことをいうものとしており，指揮命令下にあるかどうかは，労働者の行為が使用者から義務付けられ，又はこれを余儀なくされていた等の状況の有無等から個別具体的に判断」される，としています。そこで具体例として掲げている，労働時間として扱わなければならない時間の例としては，

　　ア．使用者の指示により，就業を命じられた業務に必要な準備行為（着用を義務付けられた所定の服装への着替え等）や業務終了後に関連した後始末（清掃等）を事業場内において行った場合

　　イ．使用者の指示があった場合には即時に業務に従事することを求められており，労働から離れることが保障されていない状態で待機している時間（いわゆる「手待ち時間」）

　　ウ．参加することが義務付けられている研修・教育訓練の受講や，使用者の指示により業務に必要な学習等を行っていた時間

　　がありますので，前記行政解釈で示された例と同様，勤務管理上注意する必要があります。

　なお，前述の実労働時間という意味は，昼休みの来客当番でもわかりますが，その時間中具体的な作業をしているということを要件とはしていません。いわゆる手待時間，待機時間（その間使用者の指揮下にあり，いつでも具体的行動に移れるよう待機している時間）も労働時間です。〔参照条文　労基法32条〕

Q55 ｅラーニングによる自己啓発と労働時間

　いわゆるｅラーニングによる学習時間については，事実上強制されていると捉える立場からは労働時間としての取扱いをすべきだという主張があるようにも思いますが，利用の推奨はあくまで推奨であり，強制でない以上，労基法の規制する労働時間には該当しない，という考え方もあるようです。これについての明確な行政解釈は示されていないのでしょうか。

A　ｅラーニングによる学習時間の労基法に規制する労働時間との関係について直接考え方を示したものはありません。ｅラーニングによる学習時間といっても，その内容・態様は企業により種々異なりますので，一律の解釈には馴染まないように思われます。労基法の労働時間に該当するかどうかは，Q54で見たガイドラインでも示されている考え方（基本は使用者の指揮命令下に置かれている時間とみられるかどうかであり，具体的には参加が義務付けられているか，又はこれを余儀なくされているかなどの要素を考慮して判断する）に基づき個々の事例ごとに判断することになると思われます。

　形式上，利用は本人の任意に委ねられている自己啓発の一環とされていても，実際の運用においてはこれを受講等することが日常業務遂行上も必要不可欠である（これをしないと業務遂行に支障が生じるなどの事情がある）ような場合であれば，その実態において使用者の指揮命令下に置かれていた時間とみることになる，といった基本的な考え方を当てはめて，実際の状況を評価することになります。たとえば，そこで提供される学習の内容が，直接日々の業務処理に必要な情報が提供され，それが通常の業務時間中には利用困難であり，ｅラーニングによる学習を通じてしか把握できないようなものであれば，その学習は労務提供に必要不可欠な行為として労働時間としての性格をもつと考えるべきではないかと思われます。

　労基法の規制する労働時間に該当するかどうかの問題としては以上のような考え方を基礎に，学習材料として何が提供されるか，その内容は現在あるいは

直近の将来に従事する業務上必要な知識・情報としてどの程度重要か，これを学習しないことの業務等への影響の有無や程度などを総合的に勘案して判断されることになると思われます。

　eラーニングによる学習が，利用の強制がなく，利用しなくても日常業務に支障はなく，人事評価等でも不利な評価要素にはされない，ということであれば，基本的に私生活の場であり使用者の指揮監督が及ぶことが予定されていない自宅等で行うもので，どの時間にやるかも自由で，やり方やかける時間も自由であるとすれば，その時間は労基法が罰則をもって規制すべき使用者の指揮命令下にある労働時間とは言えない，ということになる場合が多いかと思われます。あえて言えば，eラーニングによる学習のシステムを導入する事例の多くは，制度の趣旨に鑑みその学習が強制されていると受け取られたのでは本来の役割は果たしえないと考え，その利用の任意性についても適切な検討を加えているように思われますので，前述のような業務とみられる態様というのはむしろ例外的な事象ではないかと思われます。

　eラーニングによる学習は，働く者にとっても無償又は低廉なコストで自身の職業能力の向上を図ることができるというメリットがあります。労基法の労働時間性の問題の検討という観点からは，重要なのは基本は利用の任意性の有無，ということであることは間違いありませんが，単に任意と唱えればすむということではなく，学習の内容等がこの任意性という建前と矛盾することの無いよう，また，自宅での自由時間をどう過ごすか，という従業員（及びその家族）の私生活時間の尊重と，従業員の自由な意思による自己啓発・能力向上のための努力への援助とをどのように両立させるかという視点からの検討も必要かと思われます。

　多くの場合，従業員は，職務に従事することを通じ，また自身の自由時間を利用して，職業能力の向上を図り，昇進・昇格（や転職等）にチャレンジし，会社もそうした自発的な能力向上のための社員の努力が会社の利益につながると考え，業務として行う研修等にとどまらず，自己啓発としての学習等についても支援する仕組みを提供しています。何のためのeラーニングなのか，会社，従業員双方にとっての利益，それぞれが負担する要素，任意を前提にするのであればこれを如何に担保するか，これを行う時間的・精神的余裕の確保，家

族・私生活への影響への配慮など，会社と本人双方が納得し得る条件の下で能
力向上等を図るためには，労基法上の労働時間かどうかのほかにも検討すべき
事項は多くあると思われます。　　　　　　　　　　〔参照条文　労基法32条〕

Q56 始業時刻10分前までの出勤の義務

　　始業時刻は現に業務を開始する時刻であるという考え方から，
従来から当社ではこの始業時刻に業務が開始できるよう，その10
分前までには出社するよう徹底していました。最近，若い従業員
の中にこの10分前出社を守らず始業時刻ギリギリに出社する者が
出てきたため注意したところ，始業に遅れていない以上問題ない
はずと反論されたのですが，どう考えたらよいのでしょうか。

Ⓐ　　　設問に対しては，労基法上の労働時間の考え方との関係で始業時刻前
　　　　10分の時間の意味をどうみるかという問題と，労働契約上そうした時間
での出社の義務付けができるのかという問題があります。設問はむしろ後者の
問題と思われますが，ここでは前者の問題を中心に考えることにします。

　通常は，始業時刻をもって労働時間の始まりと理解してさほどの問題はない
のですが，設問の事例のように，始業時刻と別に出社時刻が定められている場
合，労基法上の労働時間はどの時点かが問題となります。労基法上の労働時間
とはいわゆる実労働時間ですから，始業時刻前でも労働時間としての実態があ
ればその時点から法の規制の対象となります。

　労基法上の労働時間とは，使用者の指揮命令下にある時間を意味すると考え
られます（Q54参照）から，設問の場合の始業10分前の出社時刻がどのような
意味の時間であるかが問題となります。設問からはその内容がわかりませんが，
これに遅れたことから直ちに義務違反として懲戒等の不利益取扱いがなされる
ものでなく，かつ，その間に具体的な業務や業務の前提となるミーティング等
が予定されておらず，単に始業時刻から業務が開始できるよう余裕をもって出

社するようにという意味にすぎない時間であれば，その間は労基法上の労働時間とはいえないでしょう。逆に，出社時刻に遅れた者については遅刻としての賃金カットやその他の不利益処分が予定されていたり，始業時刻までの間に労働というに足るような行動（たとえば全員参加が強制される業務打合せ等）が予定されている場合には，その時間も労基法上の労働時間とされる可能性が強いでしょう。

　始終業時刻の前後の行われる行為と労働時間の関係について，Q54で紹介したガイドラインでは，使用者の指示により，就業を命じられた業務に必要な準備行為（着用を義務付けられた所定の服装への着替え等）や業務終了後の業務に関連した後始末（清掃等）を事業場内において行った時間は労基法上の労働時間として扱うべきものであるとしていることも参考になります。

　基本的に，会社の始業時刻の定めは労働時間の概念と一致していることが望ましいと考えますので，仮に10分前出社を義務付けて徹底したいのであれば，その時間を労働時間として位置付け，賃金の対象とし，時間計算の対象とすることが適当でしょう。逆に，労働時間としては取り扱わないというのであれば，10分前出社はあくまで社員の心構えとして要請するに止め，義務付けや強制をすることは避けるべきものと思われます。

Q57 1カ月単位の変形労働時間制における月末月初の時間外労働管理

　1カ月単位の変形労働時間制をとる場合，1日，1週，変形期間のそれぞれについて時間外労働の規制が及ぶということですが，月末月初は，週が両月にまたがることが普通ですから，月ごとに見ると週の日数が3日とか4日というように端数が生じることが普通ですが，この場合の週単位の時間外労働の規制はどのように及ぶのですか。

Ⓐ　この場合の取扱いについては，行政解釈通達はないようですが，厚生労働省労働基準局編の労働基準法のコンメンタールに次のような説明があります（厚生労働省労働基準局編『平成22年版　労働基準法』411頁）。

「変形期間をまたがる週についてはそれぞれ分けて，40×端日数÷7でみることが原則であると解されるが，当該事業場において週の起算日を変形期間の開始の日から捉えることとしている場合には，1週間についてはそれにより，変形期間の最後の端日数については40×端日数÷7でみることも差し支えないと考える。」

つまり，原則は，それぞれの月の月初・月末の1週間に満たない端数日数の週について，そこでの実労働時間数の合計が「40×その部分の端数日数÷7」で計算した時間数を超える時間数が時間外労働時間数となる，ということです。

これに対する例外的な処理として後段で説明されているのは，たとえば暦月1カ月の変形労働時間制で毎月1日を起算日としている場合です。この場合は，月初の1日からの7日間ごとに週を区切り，月末だけ生じる端数日数について前記の計算処理をすればよいということになります。

Q58 新しいフレックスタイム制

フレックスタイム制についての法改正のポイントや留意すべき点があれば説明してください。

Ⓐ　従来のフレックスタイム制は，1カ月以内の期間を清算期間としなければなりませんでしたが，平成31年4月1日からの新しいフレックスタイム制では，清算期間が3カ月に延長されました（労基法32条の3）。清算期間を延長することにより，より柔軟で調整のしやすい制度利用が可能となりました。一方で，3カ月という長い期間での働く時間の調整ということから生じる可能性のある，労働時間の偏りの抑制のための規制や期間途中での異動・退職の場合の割増賃金精算のルールが設けられたほか，従来のフレックスタイム制

の運用の中で指摘された問題（1日8時間の週休2日制で1カ月単位のフレックスタイム制を利用する場合でも，曜日の巡り方によっては清算期間の終わりの部分では月間の法定労働時間を超えてしまう，という問題）についての解決が図られました。その分制度内容が複雑となり，実際の制度活用上の注意点も増えています。新法の施行通達や解釈通達（平30.9.7基発0907第1号，平30.12.28基発1228第15号）を参考に，制度の設計や運用を考えてください。

　基本的な制度の仕組みは従来と同様で，以下のようなことになります。なお，清算期間を1カ月を超えるものとする場合は，(1)その有効期間の定めをすることと(2)清算期間が1カ月を超える場合の書面協定を所轄労基署長に届け出なければならないこととされた点も新たな規制です（労基則12条の3）。

(1)　就業規則（その作成義務がないところではこれに代わるもの）において，始業及び終業の時刻を労働者本人の決定に委ねることを定めること。

(2)　事業場の過半数労働者を代表する労働組合（これがない場合は過半数代表者）との書面協定により，次の事項を定めること

　イ　フレックスタイム制を適用する労働者の範囲

　ロ　清算期間（フレックスタイム制による時間管理を行う単位となる期間。3カ月以内に限る。）

　ハ　清算期間における所定総労働時間

　ニ　標準となる1日の労働時間

　ホ　コアタイムを定める場合にはその開始・終了時刻

　ヘ　フレキシブルタイムに制限を加える場合は，その時間帯の開始及び終了時刻

　ト　清算期間が1カ月を超えるものである場合はその協定の有効期間の定め

　フレックスタイム制の基本的な仕組みは変わりません。始業及び終業時刻の両方を制度適用対象者である労働者個々人が自主的に決定することができるものでなければなりません。従来の仕組みと異なるため注意すべき点としては次のようなことがあります。要は「フレックス＝本人決定＝管理不要」ではなく，今まで以上に適正な時間の把握・管理が必要となるということです。

（１カ月平均週50時間を超える労働時間は時間外労働として処理しなければならない）

　清算期間が従来の１カ月から最長３カ月まで可能となったことから，過重労働の防止のための措置が講じられています。清算期間が１カ月を超える制度とする場合は，その清算期間を１カ月ごとに区分した各期間（最後の期間が１カ月未満となる場合はその期間）ごとに，それぞれの期間をして１カ月当たりの労働時間が50時間を超えない範囲で労働させることができる，という縛りが設けられています。この縛りというのは，絶対的な制約ではありません。労働者本人の判断で実際の労働時間がこれを超えて労働した場合は，三六協定の必要な時間外労働として扱い，割増賃金を支払わなければならないという意味です。たとえば，３カ月の清算期間のフレックスタイム制を協定し実施する場合，１日・１週間単位では時間外労働という問題を考えないでよいことは今までと変わりありませんが，清算期間の３カ月が経過した時点でだけ時間外労働の問題を考えればよいのではなく，その途中の１カ月ごとの実際の時間を把握し，その期間ごとの実際の労働時間が50時間を超えることとなった部分は，法定の時間外労働として適正に処理しなければなりません。

　実際のフレックスタイム制の運用においては，清算期間における法定労働時間を超えず，かつ１カ月ごとに区分した期間においてその期間を平均して週50時間を超えない範囲という法の想定している枠組みの中で各労働日の始業・終業時刻を本人の自由な決定に委ねるものであることを明確にして，そのような働き方を求める，また，実際の労働時間数を把握し，労使協定及び法の定める限度との関係をチェックし，必要に応じた注意喚起を図るなど，業務の円滑な運営と自由な労働時間の決定との調和を図る必要がある，というのが基本です。

　なお，現実には月平均週50時間を超える労働の発生も想定される清算期間１カ月超のフレックスタイム制度を実施するのであれば，そこで想定される週平均50時間及び清算期間を通じた法定労働時間の総枠を超える時間外労働時間数をカバーする時間外労働の協定を締結・届出を行い，始終業時刻の自由決定はその時間を超えることのないように注意して運用することを徹底させ，その枠を超えるおそれがあると判断すれば，始業・終業時刻の自由決定という基本的

な考え方は尊重しつつも，この枠を超えないよう働き方を工夫調整するように会社は指導することが必要になるでしょう。

　なお，清算期間が1カ月以内の制度とする場合は，従来と変わりがなく，清算期間における実労働時間が週の法定労働時間に清算期間の暦日数を7で割った週数を掛けた時間数（法定労働時間数）を超える部分が時間外労働となります。

（週休2日制の場合の労働時間の限度の特例）

　完全週休2日制の下でフレックスタイム制を実施する場合，1日8時間の5日労働であり，週40時間の法定労働時間の枠内に収まるというのが基本ですが，実際には，各月における週の曜日の巡り方によっては1日8時間の5日労働を繰り返すと月の総労働時間が原則的な月の法定労働時間を超えてしまうことになる場合があります。

　たとえば，1カ月31日の月は，法定労働時間の原則は40時間（週の法定労働時間）×（31日÷7日（その月の週数））≒177時間ですが，実際の31日の月の週休2日制における所定労働日数を23日とすると，その場合の所定労働時間数は184時間となり，法定の労働時間177時間を超えてしまいます。

　そこで，新しい法律では，完全週休2日制の下でフレックスタイム制を実施する場合は，労使協定によって所定労働日数に8時間を掛けた時間数をもって法定労働時間とすることができる解決策が設けられました（労基法32条の3の第3項がこのことを定めた条文です）。このことを，行政解釈通達では「次の式で計算した時間数を1週間当たりの労働時間の限度とすることができるものである」と説明しています。

（1週間の労働時間の限度）【8×清算期間における所定労働日数】÷【清算期間における暦日数÷7】これを前述の所定労働日数が23日の月に当てはめれば，【8×23】÷【31÷7】≒41.6時間が週の労働時間ということになります。

（1カ月超の清算期間の制度における途中異動者等の扱い）

　清算期間が1カ月を超える制度の場合に，異動や退職等により実際のフレックスタイム制により労働させた期間がその適用される制度の清算期間よりも短い労働者については，割増賃金の計算支払いについての特例が定められており（労基法32条の3の2），その労働させた期間を平均して1週間40時間を超える

部分については労基法第37条の例により計算した割増賃金を支払わなければなりません（労基法第37条の割増賃金の支払い義務の対象ではないが，同じルールで計算した割増賃金を支払わなければならない，ということです。その不払いについては第37条違反の罰則の適用はありませんが，割増賃金に関する事項は就業規則の整備義務の対象となり，労働契約の内容となりますから，その不払いは労基法第24条の賃金の全額払い違反として罰則の適用があるということになると思われます）。

〔参照条文　労基法32条の3，32条の3の2，労基則12条の3〕

Q59　変形労働時間制と割増賃金

1年単位の変形労働時間制については，対象期間の途中退職者等についての割増賃金の支払に関する特例が定められていますが，1カ月単位の変形制についてはそうした特例が定められていません。1カ月単位の変形制の場合は清算は必要ない，ということですか。

A　労基法上は1カ月単位の変形労働時間制により労働する者がその期間途中で退職するなどして変形労働時間制の適用を外れた場合についての清算の義務は定められていません。したがって，労基法に基づく義務としての清算支払は求められません（ただし，就業規則等によりこうした場合の清算支払についての特別の合意がされておりその支払いが使用者の契約上の義務になっている場合には，労基法23条に基づき退職者からの請求があってから7日以内に支払う義務が生じることはあり得ます）。

1年単位の変形労働時間制における期間途中の退職者等，変形労働時間制の対象期間中の実際の労働させた期間がその対象期間よりも短い労働者についての賃金の清算の義務を定めた労基法32条の4の2の規定は，平成10年の法改正によりそれまでは対象期間の途中採用者又は途中退職者は1年単位の変形労働時間制の適用対象者とすることができなかった者についても適用を可能とする

こととなった際に設けられた規定で，そうした労働者に生じる不利益を解消することが目的のものです。

　これと同様の仕組みは，フレックスタイム制についても導入されており，これまではフレックスタイム制の清算期間は1カ月以内であったものが3カ月にまで延長された法改正に合わせて，清算期間が1カ月を超える場合にその期間中にフレックスタイム制で労働させた期間が清算期間より短い者については，労働させた期間を平均して週40時間を超えた時間（労基法33条や36条の規定により延長した時間や法定休日に労働させた時間については，法律上の割増賃金の支払の義務がありますからその時間はここから除かれます）について同じく労基法37条の規定の例により割増賃金を支払わなければならない，とする条文が設けられています（労基法32条の3の2）。

　これらは，いずれも，それぞれの制度の中で全期間を勤務すればいわば働く時間と支払われる賃金の帳尻が合うところを，何らかの事情で当初想定した勤務が途中で終了したことで生じる不利益の発生を防ぐための特別の定めです（労基法37条から直接生じる割増賃金支払い義務ではないため，新しい根拠規定の中で37条と同じ方法によって計算した割増賃金の支払を義務付けています）。

　しかし，1カ月単位の変形労働時間制の途中退職者等については，こうした特別の義務を定めた条文は設けられていません。したがって，労基法37条の割増賃金や37条の例による割増賃金の支払の義務はないということです（1年単位の変形制や3カ月単位のフレックスタイム制の場合に考えられるほどの法的対策を講じるべき大きな不利益は生じない，という判断かと思われます）。

　ただし，就業規則等に労基法32条の3の2の規定や32条の4の2の規定の例のような特約が定められ，1カ月単位の変形労働時間制により労働に従事した社員が期間の途中で退職する場合は，実際に労働した期間を平均して週40時間を超えた時間については，労基法37条の例により割増賃金を支払う，といった趣旨の合意があれば，その合意に基づき支払いを受けることができるでしょう。

Q60 副業・兼業と時間外労働規制の適用

　国が示した副業・兼業のガイドラインが改正され，時間外労働についての使用者の責任の所在の考え方が明らかにされたようですが，具体的にはどのようなことになったのでしょうか。

A 　新しいガイドラインは，2022年（令和4年）7月1日から施行されています。

　そこで示されている労働時間の通算の考え方（労基法38条の規定の解釈運用）は，概略以下のようなことです。

(1)　労働時間が通算される場合

　複数の事業場の労働時間が通算されるのは，それぞれの事業場において労働時間規制が適用される労働者に該当する場合です。

　したがって，いずれかの事業場における立場が「労働者」に該当しない者（例として，フリーランスや独立，起業，共同経営，アドバイザー，コンサルタント，顧問，理事，監事等が掲げられていますが，あくまでその就労の実態において労働者性が認められるものではないことが条件となります）や労基法の適用される労働者であっても労働時間規制が適用されない労働者（農業・畜産・養蚕，・水産業，管理監督者・機密事務取扱者，監視断続労働従事者，高度プロフェッショナル制度適用対象者）については，その事業場における労働時間は他の事業場の労働時間との通算の対象にはなりません。

(2)　通算される法条文

　労基法32条（週40時間，1日8時間等の法定労働時間規制）が通算されます。

　労基法36条（時間外・休日労働規制）のうち，時間外労働と休日労働の合計で単月100時間未満，複数月平均80時間以内の要件。これらは，いわば個々の労働者の属人的な労働時間の制限規制ということであり，事業主Aと事業主Bとの間での兼業に従事する特定の労働者Cの時間外労働および休日労働の限度時間は，A，B通算して単月100時間未満，複数月平均80時間以内でなければならない，とされています。

⑶　通算されない法条文

　労基法36条（時間外・休日労働規制）のうち，第4項の時間外労働の限度時間（1カ月45時間，1年360時間等）や第5項の特別条項による1年について時間外労働の限度時間である720時間の規制は，個々の事業場ごとの時間として定められているものであることから，これらの規制は事業主Aと事業主Bとの間での兼業に従事する特定の労働者Cの時間外労働の限度としては通算されない，とされています。

　要するに，副業・兼業者の時間外管理において特に注意を要するのは，上記⑵の時間外労働時間と休日労働時間を合計時間はすべての兼業・副業による労働を通じて，通算1カ月100時間未満でなければならず，複数月平均80時間以内でなければならない，という部分です。

　なお，このほかの休憩時間の付与や休日の付与，年次有給休暇の付与義務はいずれも労働時間に関する規制とは別のものであり，通算という問題は生じません。

⑷　労働時間通算の方法

　副業・兼業を行う労働者を使用するすべての使用者（副業元・先，兼業元・先）が，通算管理の責任を負います。使用者は，自らの事業場における労働時間と労働者からの申告等により把握した他の使用者の事業場の労働時間を通算する必要があります。

　通算には，副業・兼業の実際の業務開始前においてなすべき「所定労働時間の通算」と実際の副業等の業務開始後における通算（所定外労働時間の通算）があります。

　（所定労働時間の通算）

　所定労働時間の通算では，自社の所定労働時間（実労働時間）と副業等先の所定労働時間（実労働時間）を通算して，自分の事業場に適用される労働時間制度における法定労働時間を超える時間部分を把握確認する必要があります。こうして通算した結果，所定労働時間の合計で，自分の事業場に適用される労働時間制度における法定労働時間を超える時間部分がある場合は，時間的に後から労働契約を締結した使用者（＝副業先）について，当該部分が時間外労働となり，当該使用者の締結・届け出た三六協定等の規制を受けることになりま

す。

（所定外労働時間の通算）

実際の副業等業務が開始された場合には，上記所定労働時間の通算に加えて，自社と副業先等のそれぞれの所定外労働時間を，それが行われる順に通算して，自分の事業場の労働時間制度における法定労働時間を超える部分を確認します（自分の事業場で所定外労働がない場合は，自分の事業場としては所定外労働時間の通算は不要で，自分のところで所定外労働時間がある使用者のみが通算すればよい）。

各使用者は，通算して時間外労働となる時間のうち，自らの事業場において労働させた時間について，自らの事業場の三六協定の範囲内とする必要があります。

各使用者は，通算して時間外労働となる労働時間が，時間外労働と休日労働を合わせて単月100時間未満，複数月へ行き80時間以内にとどまるよう，通算管理する必要があります。

(5) 割増賃金の支払

労働者からの申告により，まず労働契約の締結の先後の順に所定労働時間を通算し，次に所定外労働の発生順に所定外労働時間を通算して（上記参照），自らの事業場の労働時間制度における法定労働時間を超えた部分のうち，自ら労働させた時間について，割増賃金を支払う必要があります。

割増率は，自らの事業場における就業規則等で定められた2割5分以上の率（ただし，措定外労働時間を通算して自らの事業場の労働時間制度における法定労働時間を超える部分が1カ月60時間を超える部分のうち，自らが労働させた部分については5割以上）。

（＊以上がガイドラインにおける労働時間通算の考え方の概要ですが，こうした複雑な仕組みに代わる「簡便な労働時間管理の方法」も示されています。ただし，これを活用するには，副業等先の協力が不可欠な仕組みとなっていますので，必要に応じて，参照してください。）

Q61 事業場外労働のみなし労働時間制とは

以前から外回りの営業担当社員等は残業の時間把握が困難なため，一種のみなし労働時間制が適用されていたと思いますが，労基法の定める事業場外労働のみなし労働時間制とはどんなものですか。

　事業場外労働の場合の労働時間のみなし規定の内容は要約すると，以下のとおりです。

(1)　事業場外の労働で労働時間の算定が困難な場合は，原則として所定労働時間労働したものとみなされます。

(2)　ただし，その業務のためには通常，所定労働時間を超えて労働する必要がある場合は，これに通常必要な時間労働したとみなされます。

(3)　上記(2)の通常必要な時間を何時間とするかについては，事業場の労働者の過半数を組織する労働組合があれば，その組合（これがない場合は過半数代表者）との書面協定を結ぶことにより，その協定で定める時間をもってこの通常必要時間とすることができます。

(4)　上記(3)の労使協定は所轄労基署長に届け出ることが必要です（ただし，協定で定めた時間が法定労働時間を超える場合に限ります）。

実際の制度導入には，このほか，就業規則の整備も必要となるでしょう。

労基法第38条の2の規定が制定される以前の取扱いとの違いは，単純一律に所定の労働時間労働したものとみなしてしまうのではなく，労働の実態に応じて，常態（通常の状態）として残業となるような事例についてはその実態としての残業を含む通常の時間でみなすこととしたものであり，その時間については労使協定によって合理的な時間を定めることができるとしたことです。これまでは，実際の時間の長さに関係なく所定労働時間労働したものとみなしていたものが，実際の労働時間に見合った時間労働したものとみなす必要が生じてきたのです。現実には，事業場外労働はその労働時間が算定し難いからみなし労働時間制の対象となるわけですから，これに通常必要とされる時間を客観的

に明らかにすることは難しく，労使協定でその時間数について合理的な定めを
することが望まれます。

　事業場外労働に当たる実際の業務には，丸1日事業場の外で働く場合もあれ
ば，朝は会社に出て準備をし，それから外に出て仕事をし，また夕刻会社に戻
る，というように事業場内での勤務と事業場外での勤務を1日のうちで行う場
合があります。この場合，みなし労働時間が適用されるのは事業場外労働部分
のみであり，事業場内での勤務については時間の把握算定が可能であるとして，
みなしの対象とはならないものと考えられています。

　実際にどのようにみなし労働時間制が適用されるかについては，ややわかり
にくいところがあるのですが，以下のようになります。

① 　みなし労働時間は，1日単位での時間数である（1週間単位とか1カ月
　　単位の時間ではない）。

② 　みなし時間によることができるのは，（時間の把握算定が困難な）事業
　　場外での労働部分のみである（事業場内での労働についてはみなし時間制
　　は適用できないので，適正な時間の把握が必要となる）。

③ 　丸1日事業場外労働に従事する日は，原則として，その日は所定労働時
　　間の労働をしたものとみなされる。

④ 　1日のうちで事業場内労働と事業場外労働を行う場合は，原則として，
　　その日全体について所定労働時間の労働をしたものとみなされる（※事業
　　場外労働の部分の労働時間が算定できないことから，事業場内労働の時間
　　は算定できてもその日全体の労働時間も算定できないことになる，という
　　ことであると考えられます。また，これはあくまで基本原則であり，次の
　　⑤の実態があれば修正される）。

⑤ 　1日のうちで事業場内労働と事業場外労働を行う場合で，事業場外労働
　　についてその業務の遂行に通常必要とされる時間と事業場内労働に従事し
　　た時間の合計が所定労働時間よりも長い場合は，事業場外労働部分の時間
　　はその業務の遂行に通常必要とされる時間を労働したものとみなされ，こ
　　れと事業場内労働に従事した時間の合計がその日の労働時間となる。

　　　たとえば，1日の所定労働時間が7時間の事業場で一部の事業場外労働
　　に通常必要とされる時間が5時間であるとすれば，事業場内労働に実際に

従事した時間が2時間を超える日がこれに該当するので，この場合は，事業場外労働のみなし時間である5時間と事業場内労働に実際に従事した時間，たとえばこれが3時間であればこれを合計した時間である8時間を労働したものとみなされることになります。〔参照条文　労基法38条の2〕

Q62 在宅勤務と労働時間管理

最近，テレワークとか雇用の多様化ということで，在宅勤務といった言葉を聞きますが，在宅勤務，つまり家内労働は，従来からある家内労働法の適用を受け，労基法の適用は受けなくなるのではないでしょうか。それとも事業場外労働制の適用される労働者ということなのでしょうか（労働時間の管理等は自分の責任となるのでしょうか）。

Ⓐ　在宅勤務は家内労働と同じではありません。家内労働法では，家内労働者を定義していますが，そこでは，製造加工業者等から委託を受けて「物品の製造または加工等に従事する者……」が家内労働者とされます。こうした家内労働者には労基法の適用はありません。代わりに家内労働法において，委託者は家内労働者等が周辺の類似業務に従事する労働者の通常の労働時間をこえて業務に従事することになるような委託をしないように努めるべきことが定められています（家内労働法4条）。

これに対し，在宅勤務者とは，通常の労働契約により雇用された者であって，その勤務形態として事業場以外の場所である自宅等での勤務を認められる者を指しているのが一般です。したがって，最近話題となるテレワーカーとか在宅勤務者というのは後者の労働者であり，自宅等での勤務を認められている者をいいます。これらの者には労基法の適用があり，労働時間についての規定も適用されます。しかし，実際問題としては，自宅での勤務について使用者の具体的な指揮命令や管理が可能かというと難しく，在宅勤務には原則として労基法

第38条の2の事業場外労働のみなし労働時間制が適用されるものと考えられます。行政解釈（平16.3.5基発0305001，平20.7.28基発0728002）では次のように述べています。

＊労働者が自宅で情報通信機器を用いて行う在宅勤務は，次のいずれの要件をも満たす場合，労基法第38条の2の事業場外労働のみなし労働時間制の適用がある。

① 業務が，起居寝食等私生活を営む自宅で行われること
② 情報通信機器が，使用者の指示により常時通信可能な状態におくこととされていないこと
③ 業務が，随時使用者の具体的な指示に基づいて行われていないこと

なお，この通達では，②の「使用者の指示により常時」とは，労働者が自分の意思で通信可能な状態を切断することが使用者から認められていない状態の意味であること，②の「通信可能な状態」とは，使用者が労働者に対して情報通信機器を用いて電子メール，電子掲示板等により随時具体的指示を行うことが可能であり，かつ，使用者から具体的指示があった場合に労働者がそれに即応しなければならない状態（即ち，具体的な指示に備えて手待状態で待機しているか，又は待機しつつ実作業を行っている状態）の意であること，これ以外の状態，たとえば，単に回線が接続されているだけで労働者が情報通信機器から離れることが自由である場合等は「通信可能な状態」には該当しないこと，③の「具体的な指示に基づいて行われる」には，たとえば当該業務の目的，目標，期限等の基本的事項を指示することや，これらの基本的事項について所要の変更を指示することは含まないこと，また，自宅内に仕事を専用とする個室を設けているか否かにかかわらず，みなし労働時間制の適用要件に該当すれば，当該制度が適用されることを明らかにしています。

　これからすると，労働契約上（これには就業規則の合理的な定めも含まれます）在宅勤務制度を設け，情報通信機器による会社との通信可能時間帯を限定し，会社は随時具体的な指示命令を行わないことなど，在宅勤務の合理的運用に必要な事項を明確なルールとして定めることにより行う場合には，在宅勤務者について，事業場外労働のみなし労働時間制の適用を前提にした労働時間管理が可能となるものと思われます。

　なお，こうした在宅勤務制の実施については，法令の適用や注意点，適切な導入・実施のための注意点などを明らかにしたガイドラインが示されています（令3.3.25「テレワークの適切な導入及び実施のためのガイドライン」）ので，そうしたものも参考にしてください。

〔参照条文　労基法38条の2，家内労働法4条〕

Q63　在宅勤務者の非常呼び出しの場合の通勤時間は労働時間か

　在宅勤務者についても，緊急対応その他やむを得ない事情がある場合は，出社を命じることができることとしていますが，こうした特別の必要により呼び出しをかける場合の，出社に要する時間は労働時間として扱うべきでしょうか，それとも通常の通勤時間と同じ扱いでよいのでしょうか。

Ⓐ　この問題を考えるについて参考となるのが，厚生労働省の示した，「テレワークの適切な導入及び実施の推進のためのガイドライン」（令和3年3月25日版）中の7(4)イ「勤務時間の一部についてテレワークを行う際の移動時間」という部分にみられる次の考え方です。これによると，「午前中のみ自宅やサテライトオフィスでテレワークを行ったのち，午後からオフィスに出勤する場合等など，勤務時間の一部についてテレワークで行う場合……就業場所間の移動時間について，労働者による自由利用が保障されている時間については，休憩時間として取り扱うことが考えられる。一方で，例えば，テレワーク中の労働者に対して，使用者が具体的な業務のため急きょオフィスへの出勤を求めた場合など，使用者が労働者に対し業務に従事するために必要な就業場所間の異動を明示，その間の自由利用が保障されていない場合の移動時間は，労働時間に該当する。」とされています。

　企業の実務としては，こうしたガイドラインの考え方を参考にすることが適

当でしょう。

　考え方の基本はあくまで労働時間の考え方の原則である「使用者の指揮命令下に置かれている時間」とみるべきかどうかで判断される，ということです。注意すべきと思われるのは，ここに示された考え方は「勤務時間の一部でテレワークを行う際の移動時間」についての考え方を示したもので，その典型例として午前中自宅勤務等の後オフィス等に出勤する場合等を念頭に置いている，と考えられることです。一般に，通常の事業所内での勤務開始後に行われる使用者の命令による業務のための外出・移動時間は使用者の指揮命令の下に行われる行為でありその意味で提供された労働力の利用形態の1つと考えられ，それに要した時間は労働時間として扱うのが当然であると考えられます。在宅勤務という形での使用者の指揮命令下の労働を開始した後の就業時間中の使用者の呼び出しに応じて出社のためにする（通勤）移動時間についてもそれが緊急の呼び出しであればその時間の自由利用が保障されているとは考えにくく，一般的な就業時間中の使用者の命令による業務のための外出・移動と使用者の指揮命令下にある時間か否かという評価に関しては特段の違いはないように思われます。

　次に，ここで移動時間が労働時間に当たるとされる「テレワーク中の労働者」というのも，現にテレワークに従事している（当日のテレワークの勤務を開始している）労働者と考えるのが適切であり，テレワーク制度の適用対象者であれば，どのような状況での呼び出しもこれに該当するということではないと考えられます。

　たとえば，前日に連絡があり，明日は出社するようにという指示を受けてこれに従うような事例の場合は，通常の通勤行為と同じ評価になると考えるほうが合理的でしょう。この場合は移動時間中，労働の提供とみるべき特別の負担も課せられていないとすれば，たとえなるべく早く出社せよという要請があるとしても何時に自宅を出るかなどの判断は社員自身の判断に任されることになり，通常の出社の通勤行為との性格を異にすると認められるほどの差異はないであろうと思われます。このように，呼び出しに応じての出社のための移動であっても，通常の通勤の移動時間と特段異なるところがないのであれば，労務提供を前提にした使用者の指揮命令下に入るのは事業場に到着した後の時間か

らであると考えてよいと思われます（この考え方は，在宅勤務以外の通常の勤務者についてのトラブル対応等のための就業時間外の緊急呼び出しの場合と同様です。こうした場合の社員の負担については，呼出手当の支給や代償休日の付与等でカバーする例が多いのではないでしょうか）。

　これに対し，当日の在宅勤務開始直前の呼び出しはどうかといえば，これは個別具体的に判断するしかなく，呼び出しを受けて，とるものもとりあえず急きょ会社に駆け付けるといったイメージであれば，労働時間として取り扱う方向で検討するのが妥当であろうということになるでしょうし，そこまでの要請でなく，適宜自分の判断で時間調整等の余裕もあるようであれば通常の通勤としての取扱いも可能ということになるでしょう。

Q64 企画業務型裁量労働制：対象業務に常態として従事する者

　企画業務型裁量労働制の適用対象者についての「指針」を見ると，対象労働者は「対象業務に常態として従事していることが原則である」とされています。この「常態として従事している」という言葉の意味は，「常時従事している」というのと同じなのでしょうか，違うのでしょうか。

Ⓐ　指針やこれについての行政解釈通達を見ても，「常態として」という用語の意味をさらにかみ砕いた解説はありません。仮に，この用語に一般的な意味とは異なる特別の意味を持たせているとしたならば，その意味内容を明確にしなければ，誤解により適正な理解が得られず，結果として法令の遵守も図られなくなるおそれがあります。そう考えると，この用語は，通常社会一般において理解されている意味で解釈されてしかるべきでしょう。

　「常態」という用語の一般的な意味としては，普通の状態，平常の状態，と理解されており，臨時的一時的に生じた状態ではない，普段の状態において，

という意味に理解することになると思います。その意味するところは，臨時的一時的事情により例外的に本来の裁量労働の対象業務とは言えない業務に従事したとしても，普段通常の状態においては本来の裁量労働の対象業務に従事している限り，裁量労働制が適用される対象労働者としての適格性を否定されることにはならない，ということだと考えます。

　このように理解すると，もっぱら対象業務に従事する，とか，対象業務のみに従事するということが必要とされるわけではない，ということになりますし，逆に主として対象業務に従事していればよいということにもならないと考えられます。

　観念的にはこのように区別できるとしても，たとえば1日あるいは一定期間における業務従事時間のうち対象業務に従事する時間が9割以上である必要があるなどという区別の基準が具体化されているわけではありませんから，どこまで行っても不明確なところが残ります。ただし，裁量労働制の対象業務とは明らかに性格の異なる業務とを常時兼務するような態様は，前述の主として対象業務に従事するという態様とみるべきでしょうから，対象労働者とは認められない可能性が強くなりますので，避けるべきだと思われます。あくまで普段の日常業務においては，対象業務，これに密接に付随した業務といえる業務のみを行い，臨時例外的な必要が生じた場合に，短期間・短時間に限って対象業務以外の業務に従事することがある，というようなことであれば，対象労働者との評価が否定される可能性は高くはないであろうと考えられます。

　　＊なお，高度プロフェッショナル制における「対象業務に付随する業務の取扱い」に関する次の行政解釈が参考になります。

「問　対象業務に常態として従事しているが，これに付随して対象業務とならないその他の業務を行うことがあるが，その場合，高度プロフェッショナル制度の適用対象となるか。

　答　対象業務に関連する情報・資料の収集，整理，加工等のように，対象業務を遂行する上で当然に付随する業務は，それらも含めて全体が対象業務となるものである。なお，対象労働者は，対象業務に常態として従事していることが必要であり，対象業務に加え，対象業務以外の業務に常態として従事している者は，対象労働者には該当しない。（令和元.7.12基発0712

第 2 号　雇均発0712第 2 号）」。

　この通達は，さらに，「対象行う以外の業務をともに行う場合」について，「対象労働者は，対象業務に常態として従事していることが必要であり，対象業務に加え，対象業務以外の業務に常態として従事している者は，対象労働者には該当しない。」としています。

Q65　裁量労働制の見直し

　　現在弊社では専門業務型裁量労働制と企画業務型裁量労働制を導入していますが，令和 6 年 4 月から一部改正と聞いております。具体的には何が変更となったのでしょうか。

Ⓐ　専門業務型裁量労働制と企画業務型裁量労働制の両方において変更事項があります。これは「労働基準法施行規則及び労働時間等の設定の改善に関する特別措置法施行規則の一部を改正する省令」（令和 5 年厚生労働省令第39号），及び「労働基準法第38条の 4 第 1 項の規定により同項第 1 号の業務に従事する労働者の適正な労働条件の確保を図るための指針及び労働基準法施行規則第24条の 2 の 2 第 2 項第 6 号の規定に基づき厚生労働大臣の指定する業務の一部を改正する告示」（令和 5 年厚生労働省告示第115号）によるものです。

　まず，専門業務型裁量労働制につきましては，以下の点が追加となっております。

・本人同意を得ることや，同意をしなかった場合に不利益取り扱いをしないことを労使協定に定める必要があります。

・同意の撤回の手続きと，同意とその撤回に関する記録を保存することを労使協定に定める必要があります。

　以上はいずれもこれまでの専門業務型裁量労働制にはなかった事項です。専門業務型裁量労働制の場合は労使協定ですので，令和 6 年 4 月以降はこれらを定めて届出する必要があります。

　また，専門業務型裁量労働制の対象となる職種には新たに「銀行または証券会社における顧客の合併および買収に関する調査または分析およびこれに基づく合併および買収に関する考案および助言の業務（いわゆるM&Aアドバイザーの業務）」が加わっております。

　次の企画業務型裁量労働制ですが，以下の点が追加 変更となっております。

- 同意の撤回の手続きと，同意とその撤回に関する記録を保存することを労使委員会の決議に定める必要があります。
- 対象労働者に適用される賃金 評価制度の内容についての使用者から労使委員会に対する説明に関する事項（説明を事前に行うことや説明項目など）を労使委員会の運営規程に定める必要があります。
- 対象労働者に適用される賃金評価制度を変更する場合に，労使委員会に変更内容の説明を行うことを労使委員会の決議に定める必要があります。
- 制度の趣旨に沿った適正な運用の確保に関する事項（制度の実施状況の把握の頻度や方法など）を労使委員会の運営規程に定める必要があります。
- 労使委員会の開催頻度を6か月以内ごとに1回とすることを労使委員会の運営規程に定める必要があります。
- 定期報告の頻度について，労使委員会の決議の有効期間の始期から起算して初回は6か月以内に1回，その後1年以内ごとに1回になります。

　以上はそれぞれ運営規程や決議書に織り込むべき内容です（最後の定期報告の頻度を除く）。これらは令和6年4月以降は必ず盛り込まれており，決議届につきましてはその届出が必要となります。

　また，本件改正にあわせて様々な留意事項を追加されております。

　詳細につきましては，改正後の「労働基準法第38条の4第1項の規定により同項第1号の業務に従事する労働者の適正な労働条件の確保を図るための指針」等をご覧ください。

〔参照条文　労基法38条の3，38条の4，労基則24条の2の2，24条の2の3，
　　　　　　24条の2の4〕

❷ 休　憩

Q66 終業時刻繰上げのための休憩カット・長時間労働と休憩の追加付与

　パートタイマーの場合，休憩時間をなくして早く帰りたいという希望を述べる者もいますが，休憩を希望しない者にも強制的に休憩させる必要があるのでしょうか。逆に長時間労働となる場合，休憩の追加付与の義務はないのでしょうか。

Ⓐ　確かに，設問のように短時間勤務者の場合は休憩を省略してでも終業の時刻を早くしてほしいという希望を持つ方もいるでしょうが，本人が希望するというだけではその扱いを決めるわけにはいきません。一方で，会社は人を雇って労働させている以上，労働条件について労基法等の法規制を受けているからです。労基法の各種労働条件の定めは，いわゆる強行法規であり，労使当事者の合意によってもその適用を排除することはできません。このため，労基法上休憩を与えるべき義務のある場合に従業員がこれを希望しないからといって休憩を与えないことはやはり違法なのです。労基法では，実労働時間が1日6時間を超える場合は45分，8時間を超える場合は60分を，労働時間の途中に与えなければならないと定めています（労基法34条）。したがって，基本的にはこの枠組みに従って，休憩なしの6時間までの勤務パターンを設定することを検討するしかありません。

　もっとも，急用で早退したいということで休憩をとらず勤務している者について，そのまま放置するわけにはいきませんが，休憩をとるよう注意してもなお自分の判断でこれをとらなかったような場合にまで，使用者が法違反の責任を問われるとは言えないように思われます。

　なお，労基法上の義務ということだけで考える限り，8時間を超え10時間，12時間それ以上の長時間労働の場合も，実労働時間が8時間を超える場合は1

時間の休憩を途中に与えれば法違反とはなりませんが，現実の労務管理においては，効率的な業務の処理のためにも，また災害の防止・健康の保持のためにも，適宜適切な休憩を与えることとしているのが通例と思われます。時間外労働が必要な場合であっても，終業時刻と時間外労働の開始の間に休憩をはさむなど，労働時間をきちんと意識した勤務管理を行うためメリハリをつけた運用とすることも考えられます。　　　　　　　　　　　　〔参照条文　労基法34条〕

Q67 一斉休憩・休憩の自由利用の原則と例外

　工場については全員一斉の休憩としていますが，工場の管理部門については来客や電話の応対等，現実には昼休みに誰もいないというわけにはいきません。そこで，電話・来客の応対の意味もあり，休憩を交替でとるようにしたいのですが，可能でしょうか。

A　労基法は，休憩の実質内容の確保を図るという観点からいわゆる一斉休憩の原則を定めています。この一斉休憩の原則に対する例外は，適用除外事業に該当する場合と労使協定による適用除外の2つが認められています。

　まず，一斉休憩の原則が適用されない事業を確認すると，労基法別表第1の業種区分の4号（旅客貨物運送業），8号（販売賃貸・理容業），9号（金融・広告業），10号（映画演劇業），11号（電気通信業），13号（保健衛生業），14号（接客・娯楽業）それに官公署です。これらの事業ではもともと一斉休憩の原則が適用を除外されていますから，休憩の定め方は各企業に委ねられており，就業規則で事業運営上合理的な休憩の与え方を定めることができます。

　設問の事例の場合，事業場の業種としてはおそらく製造業ということになるでしょうから，一斉休憩の原則が適用されます。したがって，管理部門だけでも交替休憩制を採用するには労使協定の締結による一斉休憩の適用除外の手続を踏まなければなりません。

　労使協定による一斉休憩の適用除外のためには，事業場の労働者の過半数を

組織する労働組合（これがない場合は過半数代表者）との間に書面の協定により，「一斉に休憩を与えないこととする労働者の範囲」と「これらの労働者に対する休憩の与え方」を定める必要があります。なお，この協定の行政官庁への届出は必要ありません。

　一斉休憩の原則と並んで休憩の実質内容の確保を図るのが，休憩の自由利用の原則ですが，これについても一定の労働者についての例外が認められています。

　従来から認められていたのは，児童自立支援施設，乳児院・児童養護施設・障害児入所施設に勤務する職員で児童と起居をともにする者等ですが，新たに，平成27年4月1日からは，居宅訪問型保育事業において保育を行う家庭的保育者も休憩自由利用の例外とされました（ただし，同一の居宅において一の児童に対し複数の家庭的保育者が同時に保育を行う場合は除かれます。労基法施行規則33条参照）。

　なお，休憩の自由利用との関係では外出規制の問題があります。行政解釈は「事業場内において自由に休息し得る場合には必ずしも違法にはならない」としています（昭23.10.30基発1575）が，一律な規制は合理性を欠くおそれがあります。外出を規制しようとする趣旨目的・必要性を考え，それが業務上必要というのであれば，その規制が労務の提供を前提にした待機を求めるものに近いのであれば労働時間としての取扱いや休憩の交替制を行うことも検討し，そこまでの必要はないということであれば規制の必要性自体を再検討することが適当と思われます。　　　　　　　　〔参照条文　労基法34条，40条，労基則33条〕

❸　休　　日

$Q68$　休日と休暇の違い

　　当社は，休日増を考えていますが，同じ休みでも，休日として
増やす場合と特別休暇として増やす場合とでは，割増賃金への影
響も違うということを聞きました。この点，どう考えられるので
しょうか。

Ⓐ　　休日と休暇の違いは，一般に次のようなことと考えられます。「休日」
とは，労働契約上あらかじめその日は労働の義務のない日とされている
日であり，「休暇」とは，所定の労働の義務のある日について一定の事由の発
生等の根拠に基づき一定の手続を経ることにより，その義務が免除されること
となる日です。いろいろな説明の仕方はあろうかと思いますが，一応このよう
な違いがあると考えた上で話を進めることとします。

　設問にあるように，休日と現実に利用された休暇とでは，結果としてその日
の労働義務がないことは同じでも当初からないのか，あるものが免除されたか
で年間の所定労働時間の計算上は違いがあり，休日は当然その日の所定労働時
間はゼロとなりますが，休暇の場合は通常の所定労働時間があるものとして計
算されます。このため，休日を増やせば割増の単価も上がりますが，休暇を増
やしても単価は変わらないということになります。

　問題は，増やそうとしている休みが休暇といえるものか休日の実態をもつも
のかということにあります。単に，名称を休暇とすれば休日ではないことにな
るわけではなく，その休みの実態が前述の休日と休暇の区別のどちらに当たる
かによって割増賃金の計算基礎となる所定労働時間の判断をすることになりま
す。

　たとえば，実質は週休2日制であっても名称は土曜特別休暇とするというよ
うな場合，その土曜について休むためには特別の手続を必要とするのか，当然

に休める日なのか，実態としてその日特別休暇となった人のどれだけが休んだか，全員休んだのか，勤務に就いた人がいるか，勤務した人には休日勤務手当類似の手当が出たかなど，諸般の事情を基礎にして，実態としてその日については労働の義務が設定されていないと判断されるような場合は，その日は「休日」に該当すると考える必要があるでしょう。

　これに対し，業務との調整による不付与があることを当然の前提とした特別休暇の日数増の場合は，割増賃金には影響がないと考えてよいでしょう。

Q69　労基法上の休日と国民の休日

　当社就業規則では，日曜日のほか，土曜日，国民の祝日を休日としています。ところで，祝日以外にも国民の休日があるようで，その取扱いをめぐり疑問を生じています。労基法で与えなければならない休日と国民の休日との関係について説明してください。

Ⓐ　労基法上使用者が与えなければならない休日とは，週1日の休日（または4週4日）でしかありません。これを上回って与えられる休日は，すべて労基法に基づく義務としてではなく，それぞれの会社の就業規則等の定めるところに基づき与えられるものです。国民の祝日は，国民こぞってこれを祝うべき日として定められているものですが，必ずしもこれを会社の休日としなければならないものではありません。会社として，これを会社の所定休日と定めて初めて国民の祝日が会社の休日となります。

　設問にあるように，最近では5月4日とか，日曜と祝日が重なった場合のその後にくる最も近い国民の祝日でない日のように，国民の祝日以外の日も国民の休日とされるようになりました。これも労働時間の短縮，休日増という国の政策に基づく措置の一例といえます。こうした日は，その性格は「祝日」とはいえませんので，設問の就業規則が休日を「国民の祝日」と定めている場合は当然には会社の休日とはならないと考えられます。

　こうした日も含めて自動的に会社の休日とするためには，たとえば，「国民の祝日に関する法律に規定する休日」を所定休日とする旨の定めが必要でしょう。逆に，こうした国民の休日は会社休日とはしないということであれば，従業員の間に誤解や不満の生じないよう，その間の違い等について十分説明されることが適当と思われます。　　　　　　　　　　　〔参照条文　労基法35条〕

Q70　欠勤日の休日扱い

　休日については，特にどの日という特定はしないでもよいはずですが，たとえば，従業員の都合で欠勤する日については自動的にその日を休日とする，あるいは休日は定めておくが，欠勤日があればその日と休日を自動的に振り替えるということはできないのですか。

Ⓐ　確かに，労基法の第35条は1週1日又は4週4日の休日を与えるべきことを定め，就業規則に関する第89条も休日に関することを定めるべき旨を規定するのみであり，予めどの日を休日とするかを特定すべき義務を課してはいません。このため，行政解釈も，特定することが法の趣旨に沿うものであるから，単に1週につき1日といっただけでなく，具体的に一定の日を休日と定める方法を規定するよう指導されたい，とするにとどまります（昭23.5.5基発682，昭63.3.14基発150）。

　また，屋外労働者の休日について，行政解釈は「なるべく一定日に与え，雨天の場合には休日をその日に変更する旨を規定するよう指導されたい」としています（昭23.4.26基発651，昭33.2.13基発90）。これらから考えると，設問の考え方も一概に否定できないように思われますが，「欠勤」という概念が残っているということは，労働者が自由に休日を指定できるということでもないようです。片方で欠勤という考え方は当然労働の義務のある日について勤務を欠いたという評価が含まれており，そもそも労働の義務のない日である休日の概念

とは矛盾するのではないかという疑問があります。前述の通達は屋外労働者に限定した取扱い通達であり，一般化することはできないように思います。また，雨になることが想定される日に休日を事前に振り替えるのであれば，後述の休日振替の考え方によって可能ですが，事前の変更ではなく雨になった当日に入ってからその日を休日とするような運用は休日振替の考え方（や暦日休日の原則）からも問題と思われます。仮にその趣旨が，従業員の判断で休日を雨天の日に変更できるということであれば，その仕組みを明確に定め，一定のルール（週1日は確保する等）の下に行うべきでしょう。

　休日の振替については，その前日までに振替を行うことが条件と考えられています（Q72「暦日休日の原則と例外」参照）ので，設問の後段の考え方にはこの点でも問題があります。いずれにしても，設問の考え方はそのままでは適法に行い得るとは考えにくく，再検討が必要と思われます。

〔参照条文　労基法35条，89条〕

Q71 | 代休と休日の振替

　　休日と勤務日の臨時変更を当社では代休と呼んでいますが，よく代休は休日労働になり休日振替は休日労働とならない等という説明があり，当社の場合どうなのか疑問が生じました。この間の違いについて，説明してください。

Ⓐ　　労基法の休日に関する規定の適用上，休日の振替と代休は明確に区別する解釈がなされています。ただし，法的な定義はありませんので，各企業でいう代休が実は労基法の解釈上は休日の振替であったり，逆に休日振替といっても代休の実態である場合が見られます。労基法は労働の実態に基づいて適用されますから，必ずしも各企業で用いている名称によって，その取扱いが決まるものではありません。

　労基法上の解釈では，休日の振替とは，就業規則等の根拠に基づき予め振り

替える日を特定して休日を他の労働日と入れ替えることであり，この場合，従来の休日は労働日となり，振り替えられた労働日は休日となる結果，これにより4週4日の休日が確保される限り，従来の休日に労働させても休日労働とはならない（振り替えられた労働日（＝振替後の休日）に労働させれば休日労働となります）ということになります。

　なお，休日振替の結果，その週の労働時間が1週間の法定労働時間を超えるときは，その超えた時間については時間外労働となり時間外労働に対する三六協定及び割増賃金の支払いが必要（昭23.11.27基発401，昭63.3.14基発150）とされています。

　これに対して，代休は，こうしたルールに基づく事前の休日の変更の手続をとることなく休日労働が行われた後に，あるいは長時間残業等の代償として代わりの休日を与えるもので，この場合は行われた労働は休日労働等と評価されるというものです。結果的には，両者とも同じ日数働き，同じ日数の休みがとれるのですが，労基法上の効果は明確に区別されます。

　このため，休日の振替の場合は休日労働に関する諸々の規制はいっさい適用されませんが，代休の場合にはこれがそのまま適用されるという大きな違いを生じることになります。設問の事例がどちらに該当するか，就業規則の規定と運用の実態に基づいて判断してみてください。

〔参照条文　労基法35条，36条，37条〕

Q72　暦日休日の原則と例外

　休日について，労基法ではいわゆる暦日休日の原則によっているとのことですが，午前0時をまたがる勤務を設定せざるを得ないような業務については，その例外が認められて当然と思うのですが，どうなのでしょうか。

Ⓐ　ご指摘のとおり，労基法の休日に関する規定の適用に関しては，いわゆる暦日休日の原則がとられています。単なる24時間の労働からの解放では休日とは認めず，午前0時からの継続24時間の解放をもって労基法上の休日と認めるという考え方です。このため，休日の前日の勤務が残業によって午前0時を超えると，それ以降は前日の時間外労働の延長としての深夜労働ではなく，休日労働である深夜労働ということになるのです。

　ところが，交替制勤務を採用する場合，2暦日にまたがる勤務を設定せざるを得ない場合も多く，また，ホテル，旅館のようなところでは業務実態からして暦日原則をそのまま適用することには難しい状況があること等を考慮して，いくつかの特例的取扱いが認められています（もともと，暦日原則の考え方は法条文にあるのではなく，行政解釈としてとられてきたものです）。その内容を概略説明すると，次のとおりです。

〔交替制の場合の休日〕

　番方編成による交替制における「休日」については，次のいずれにも該当するときに限り，継続24時間を与えれば差し支えないものとして取り扱われます。

⑴　番方編成による交替制によることが就業規則等により定められており，制度として運用されていること。

⑵　各番方の交替が規則的に定められているものであって，勤務割表等によりその都度設定されるものではないこと（昭63.3.14基発150）。

〔旅館業における休日〕

　旅館業については，当面，次の⑴に掲げる労働者に限って，次の⑵に掲げる要件を満たす休息が与えられていれば，労基法第35条違反として取り扱わないこととされています。

⑴　フロント係，調理係，仲番，客室係

⑵①　正午から翌日正午までの24時間を含む継続30時間（当分の間は27時間）が確保されること。

②　休日を2暦日にまたがり与える旨及びその時間帯があらかじめ明示されていること（昭57.6.30基発446，平11.3.31基発168）。

　設問の業務内容は明らかではないのですが，仮に旅館業以外の事業であれば前者の通達の交替制の場合の判断基準に従い，就業規則上番方編成による交替

制が明示され制度的に運用されており，かつ，各番方の交替が規則的に行われるものであれば，暦日休日でなく継続24時間の休日とすることも可能でしょう。

〔参照条文 労基法35条〕

Q73 出張の場合の休日の取扱い

出張期間中にある休日は，自宅を離れて業務のために拘束されていますが，休日労働となりませんか。また，休日に出張を命じた場合は休日労働となるのですか。

A 休日労働，すなわち休日に労働したか否かは，労働時間の意味のところ（Q54「労基法上の労働時間とは」参照）でも述べたように，使用者の指揮命令下にあるか否かにより判断しなければなりません。出張の場合，事業場内での労働と同じような形での使用者の指揮命令は及びませんが，これは他の事業場外での労働に共通することであり，これだけで労働でないとはいえません。しかし，所定休日は，労働契約上の労働の義務のない日であり，出張中といえども自由に過ごすことができるはずです。所定休日は労働を予定した日ではありませんから，特別の命令がない限り，出張中というだけでは原則として労働させたとはいえず，もちろん単に家庭を離れて拘束されているということのみで労働させたということになるものではありません。業務に従事させたと見るべき特別の命令のない限り，休日労働があったということはできないでしょう。行政解釈でも，「出張中の休日はその日に旅行する等の場合であっても，旅行中における物品の監視等別段の指示がある場合の外は休日労働として取扱わなくても差支えない」としています（昭23.3.17基発461，昭33.2.13基発90）。

次に，休日に出張を命じることができるか否かという問題がありますが，たとえば重要な機材等をどこかに届けるための出張のように出張行為それ自体が休日労働と評価されるようなものであれば，当然休日労働に関する労使協定や

休日勤務手当の支払いのほか，休日労働を命じ得る旨の就業規則等の根拠が必要となります。他方，これが単に翌日の勤務日に間に合うように前日の休日に移動するだけでよい，というような形の休日労働とまではいえない移動行為のみである場合は，もっぱら就業規則等によって規律される労働契約上，そうした業務命令が可能とされているかどうかによって判断されることになるでしょう。一般論としては，出張命令に関する根拠規定があり，休日の出張に関し何らかの手当等が設定されていれば，出張先での業務が休日の翌日の所定勤務日に予定されているような場合には，休日の出張も命じ得るというのが企業一般の慣行ではないかと思われますが，実質的な休日の確保という観点からは，このような出張命令は，特別必要な場合に限定するべきもののように思われます。

〔参照条文　労基法35条，36条，37条〕

❹　時間外労働・休日労働

Q74　「過労死等ゼロ」緊急対策とは

　厚生労働省が行っているという「過労死等ゼロ」緊急対策とはどのようなものですか。企業にとって，何か法律以上の特別の要求がされているのでしょうか。企業としての対応の留意点はどんなことでしょうか。

Ⓐ　厚生労働省は，すでに平成13年には労働時間把握適正化基準を定め，長時間労働の改善，労働時間の適正化の行政指導を実施し，その後も取組みを強化してきましたが，必ずしも十分な効果を上げてこなかったように思われます。そうした中，厚生労働省は平成28年12月26日付けで新たに「過労死等ゼロ」緊急対策を打ち出しました。これは，過労自殺に象徴される長時間過重労働の弊害が社会的に大きな問題となったことなどもその要因といえますが，より大きく見れば，政府全体として取り組んでいる働き方改革の一環としても位置付けることができます。

　この対策は，いずれも，企業の日常の勤務管理にもかかわる問題であり，留意が必要となります。

①　違法な長時間労働を許さない取組みの強化

ⅰ　「労働時間適正把握ガイドライン」による労働時間の適正把握

　ガイドラインでは，自己申告制について，自己申告により把握した労働時間が実際の労働事件と合致しているか否かについて，特に，入退場記録やパソコンの使用時間の記録など，事業場内にいた時間のわかるデータを有している場合に，自己申告により把握した労働時間と当該データでわかった事業場内にいた時間との間に著しい乖離が生じているときは実態調査を実施し，所要の労働時間の補正をするよう，求めています（＊著しい乖離とはどの程度の時間をいうかについては明確な基準は示されていません。仮に，これを30分とすると1

日単位で30分未満の乖離が放置されかねないことも考えると，企業実務として
は，たとえば10分でも乖離があればその理由を記録させるなど，従業員に対し
ても時間管理の必要を徹底するためのより厳しい基準を設けて乖離の縮小に努
めることが適当ではないかと思われます。ちなみに，割増賃金の計算における
端数処理についての行政解釈では，1カ月の時間外労働等の時間数の合計で，
1時間未満の端数がある場合に，30分未満は切り捨て，それ以上は1時間に切
り上げる取扱いについて，法違反としては取り扱わない，とされている（昭
63.3.14基発150）ように，より厳しい管理が必要となるわけですが，これを適
正に実施するためにはそのもととなる時間のデータについても同様の適正な把
握が必要と思われます）。このほか，使用者の時間と指示により業務に必要な
準備行為（着用を義務付けられた所定の服装への着替え等）や業務終了後の業
務に関連した後始末（清掃等）を事業場内で行った時間や，使用者の指示が
あった場合には即時に業務に従事することを求められており，労働から離れる
ことが保障されていない状態で待機している時間（いわゆる「手待ち時間」），
参加することが業務上義務付けられている研修・教育訓練の受講や，使用者の
指示により業務に必要な学習等を行っていた時間について，労働時間として扱
わなければならない，としていることにも注意すべきでしょう。

　このほか，ガイドラインは，自己申告した労働時間を超えて事業場内にいる
時間について，その理由等を労働者に報告させる場合には，当該報告が適正に
行われているかについて確認すること，とし，休憩や自主的な研修，教育訓練，
学習等であるため労働時間ではないと報告されていても，実際には，使用者の
指示により業務に従事しているなど使用者の指揮命令下に置かれていたと認め
られる時間については，労働時間として扱わなければならない，としています。
また，労働時間の適正把握のため労働者の労働日ごとの始業・終業時刻の確
認・記録を求めるなど，触れている項目は多岐にわたりますので，その全体を
確認することが必要です。

ii　長時間労働等に係る本社指導
　違法な長時間労働等を複数の事業場で行った企業に対する是正指導として，
企業幹部に対し，長時間労働の削減や健康管理，パワハラ防止対策を含むメン
タルヘルス対策の指導がなされることになり，その改善状況について全社的な

立ち入り調査により確認が行われます。

　iii　是正指導段階での企業名公表制度の強化

　イ）　署長による企業幹部への指導（下記のロ）に該当する場合は除かれます）

　　複数の事業場を有する，中小企業でない企業であって，おおむね1年程度の間に2カ所以上の事業場で，ⓐ1事業場で10人以上又は4分の1以上の労働者に1カ月80時間を超える違法な時間外・休日労働の是正勧告を受けたか，ⓑ過労死等についての労災支給決定事案の被災労働者について，1カ月当たり80時間を超える時間外・休日労働があり，労働時間関係違反の是正勧告や労働時間の指導を受けているか，ⓒこれらと同程度に重大・悪質な労働時間関係違反等がある場合に，企業幹部を本社管轄の労基署に呼び出し，署長による長時間労働の是正，健康管理，メンタルヘルス対策等について，全社的な早期是正，・改善の取組みを求める指導書を交付し，その後，本社及び支社等に監督指導を行い是正・改善状況を確認する。

　ロ）　局長による企業トップへの指導と企業名の公表

　　複数の事業場を有する，中小企業でない企業であって，イ）ⓐの実態があるか，又はⓑで労働時間関係違反の是正勧告を受けている場合，おおむね1年程度の間に2カ所以上の事業場で次のⓒ又はⓓのいずれかの実態がある場合（ただし，複数の事業場のうち1カ所以上でⓓの実態がある場合に限る），ⓒ1事業場で10人以上又は4分の1以上の労働者に1カ月100時間を超える時間外・休日労働があり，かつ，労働時間関係違反として是正勧告を受けているか，ⓓ過労死等についての労災支給決定事案の被災労働者について，1カ月当たり80時間を超える時間外・休日労働があり，かつ，労働時間関係違反として是正勧告を受けている場合に，企業の代表取締役等経営トップを本社管轄の労働局に呼び出し，局長から早期の法違反是正に向けた全社的取組みを求める指導書を交付するとともに，その企業名，長時間労働を伴う労働時間関係違反の実態，局長による指導書交付の事実，当該企業の早期是正に向けた取組み方針について公表する。

②　メンタルヘルス・パワハラ防止対策のための取組みの強化

ⅰ　メンタルヘルス対策等に係る企業本社に対する特別指導

メンタルヘルスのトラブル案件の原因は各種あるが，周知のとおり，最近では過重労働によるうつ等の精神疾患が原因となった過労自殺が問題となっています。このため，複数の精神障害の労災認定があった場合，企業本社に対して，パワハラ防止も含めた個別の指導を行うこととされています。また，過労自殺（未遂を含む）を含む事案については，改善計画の策定を求め，1年間の継続的な指導を行う，とされています。また，時間外・休日労働が月間80時間を超えるような事業場に対する監督指導においては，メンタルヘルス対策に係る法令の順守状況を確認し，産業保健総合支援センターの訪問指導を受けることを強く勧奨する，とされています（平成29年度より実施）。

ⅱ　パワハラ防止に向けた周知啓発の徹底

メンタルヘルス対策に係る企業等への個別指導等の際に，「パワハラ対策導入マニュアル」等を活用し，その必要性や予防・解決のために必要な取組み等についての指導を行う，とされています（平成29年度より実施）。

ⅲ　ハイリスクな方（労働者）を見逃さない取組みの徹底

月100時間超の時間外・休日労働をする労働者の労働時間等の情報を事業者が産業医に提供することを義務化し，面接指導等に必要な情報を産業医に集約する，とされています（省令を改正し，平成29年度より実施）。

過重労働等の問題のある事業場については，長時間労働者全員への意思による緊急の面接等を実施することを都道府県労働局長が指示できる制度を整備する，とされています（平成29年度より実施）。

Q75　労働者の過半数代表者の要件等

　三六協定の締結当事者である労働者の過半数代表者としてどのような者をどのような方法で選出するかは労働者の自主的な判断に委ねられるべきもののように思うのですが，労基法の規則では管理監督者でない者でなければならないとか，選出の方法についても投票等でなければならないとされているようです。これらに合致しない代表者との協定は無効ということですか。

　また，規則の改正で過半数代表者について，使用者は必要な配慮をしなければならないとされたということですが，具体的には何をすることが求められますか。

Ⓐ　最初の問題については，規則に定めた条件に適合しない場合は，労働基準監督機関からは適法な労働者代表との間の労使協定とは認められないことを理由に，その協定の効力を否定されることになるでしょう。

　労基法と同規則の過去の経緯を見ると，法律条文中の「労働者の過半数を代表する者」についての記述には大きく変わるものはなく，そこでは特別の適格要件や欠格条件のようなものは定められていませんし，その要件を労基法施行規則に委ねる旨の明文もありません。労基法施行規則の過半数代表者について定める第6条の2の条文は，枝番号付きであることからわかるように，後から追加された条文であり，最初からあったわけではありません。労働時間短縮に向けての行政指導としてその考え方が示されたところから始まり，一定の周知・定着期間を経てその内容が規則に明文化されたものです。

　管理監督者について労働者の過半数代表者としての適格性を否定することについては，管理監督者の基本的性格が経営者と一体的な立場において行動することを要請されるものであること，自らは労基法の労働時間や休日の保護の対象とはならず，いわば三六協定の内容についてその対象となる従業員とは利益を共通にする要素がないことなどの事情を考えると，一定の合理性があると考えられます。

　選出の方法については，労基則第6条の2第1項第2号は「法に規定する協

定等をする者を選出することを明らかにして実施される投票，挙手等の方法…により選出されたものであって，使用者の意向に基づき選出されたものでないこと」としています。

　「投票，挙手等の方法」とされており，これが例示であることが明らかです。小さな事業場であれば全従業員集会での話し合いでの互選もあるでしょう。労基法上の過半数代表者の役割は現在多岐にわたっており，すべての事項に共通の過半数代表者を選べばよいのか，個々の事項ごとに適格な代表者を選出するべきかも問題ですが，規則は少なくともどのような協定を締結するため等の代表者の選出であるのかは明らかにして行われるべきだ，としているものと思われます。加えて，使用者の意向に基づき選出されたものでないこと，という制約も定めています。考えられるのは，使用者が候補者を指名し，事実上その者の信任投票となるような場合などはこの問題が懸念されます。

　もちろん，使用者が候補者を推薦してはならないというような直接的な規制はありませんし，従業員が自ら立候補することが可能であり現実に立候補がなされて，その間での選挙で選出された者が使用者の推薦した候補者であるとしても，それが使用者の意向に基づき選出されたものといえるかどうかは一概に言うことはできない，という考え方もあり得ますが，このようなやり方は労働者の自由な意思表明に制約を加えるおそれが否定できないと考えるのが常識的なように思われます。労務管理上はこのような方法は避けるべきであろうと思われます。

　また，最後の問題ですが，必要な配慮の例として行政解釈通達では「意見集約等を行うに当たって必要となる事務機器（イントラネットや社内メールを含む。）や事務スペースの提供を行うことが含まれる」としています（平30.12.28基発1228第15号の第5）。これらは例示であり，これ以外の適当と考えられる配慮をすることでも何ら問題ありません（たとえば，意見集約やこれに基づく協定への対応の検討を就業時間中に行うことを認めることなども考えられます）。仮に何ら特別な配慮をしなかったとして，そのことが締結された労使協定の効力を当然に無効なものとするかといえば，そのようなことにはならないと考えられます。しかし，協定について適切に検討する時間や判断材料の提供がなされなければ，適切な協定を締結することは困難です。労使協定は労使双方に

とって必要とされるものであることを考えれば，「協定等に関する事務を円滑に遂行することができるよう必要な配慮を行う」べきことはむしろ当然のことではないでしょうか。　　　　　　　　〔参照条文　労基法36条，労基則6条の2〕

Q76　社外の人物を労働者の過半数代表者とすることの可否

　当社では以前から労働者の過半数代表者の選出をめぐるトラブルがありましたが，今般，少数組合からは，組合の顧問弁護士（＝部外者）を代表の候補として推薦したいという意向が示されました。自社の社員以外の者や自社の他の事業場の労働者でも代表者となることは可能なのでしょうか。

A　この問題についての行政解釈は示されていませんので，労基法の解釈としてオーソライズされるものではありませんが，以下のような整理も考えられます。

　まず，労基法その他の労働法令中に参考となる判断材料を探すと，ご存知のとおり，労基法では過半数代表者の要件について，①管理監督者でないこと，②法に規定する協定等をするものを選出することを明らかにして実施される投票，挙手等により選出された者（使用者の意向に基づき選出された者でないこと），と定める（労基法施行規則6条の2）だけで，当該事業場の労働者の中から選出しなければならない，ということは明記されていません。

　代表を選出する母体である，当該事業場の労働者の過半数が，自分たちの代表者として適任であると判断する限り，外部の者であることは代表となることの妨げにはならない，という考え方もあるかもしれません。しかし，逆に当該事業場の労働者の中から選出すべきことは自明であるから規定していないだけだという理解もあり得るように思います（＊ちなみに，労働安全衛生法では衛生委員会等の委員のうち一定数は「当該事業場の労働者で」ある者のうちから

過半数労働組合等の推薦に基づき指名することとされています。いわゆる部外者はこれに該当しないことは明らかです）。

　これについて他の法令等に手掛かりを探すと，公害紛争処理法に参考となるものが見られます。総務省の公害等調整委員会事務局による「代理人と代表者はどう違うの？」というQ&Aです。これによると，紛争の調停申請に係る当事者が多数である場合は，当事者は，そのうちから1人もしくは数人の代表者を選定することができる，という条文（公害紛争処理法施行令第3条）を引用して，委任による代理人の場合とは異なり，当事者以外の者を代表者として選定することはできません，と解説しています。また，代理人と代表者の主な相違点について（表）にして示しており，代理人は当事者以外の第三者から選任してもよいが，代表者は当事者の中から選定する必要があり，第三者から選定することはできない，としています（法第23条の2第1項，令第3条第1項）。

　さらに，この解説では，代理人の選任の場合との違いについて，代表者が選定された場合には，当事者は，代表者がすることができる行為については，代表者を通じてのみすることができると説明しています。ただし，代表者は代理人とは異なり，申請の取り下げや調停案の受諾等の権限を付与されることはできない，とされています。

　こうした別の法令における別の制度に関して示されている考え方が，どこまで労基法の過半数代表者を考える場合の参考とできるのかという問題はありますが，1つの手掛かりとして考えてもよいのではないでしょうか。

　労基法の過半数代表者は，例えば三六協定を例にすれば，協定の締結や不締結，協定案の内容の適否等について，逐一選出母体である過半数労働者の意向を確認したりする義務があるわけでもありません。いったん過半数代表者として選出されれば，その問題についてはいわば全面的に判断を委ねられることになり，協定が結ばれれば，その限りにおいて法定の労働時間を超えて労働させることが許され，就業規則等に根拠があれば当該事業場の労働者はそうした労働に服する義務を負うことになります。このような重要な労働条件を左右する協定の締結の当事者の選任については，当該協定の法的効果の適用を受ける者の中からその代表者が選出されるべきであり，当該事業場の労働者ではない部外者のように協定の法的効果の適用を受けない者が代表者となることは不適当

と考えるべきではないかと思われます。このように考えれば，当該事業場の労働者であることも過半数代表者として選出される者の条件であると考えるべきであろうと思われます。

Q77 | 過半数代表者の選出母体

　　事業場の労働者の過半数を代表する者を選出する場合，過半数代表者として選出される者（過半数代表者になる者）の条件については，前問で説明がありましたが，実際，事業場には正社員・契約社員・パート社員などいろいろな雇用形態の社員がいます。中には法定の時間外労働はさせないという契約の者もいれば，管理監督者のように三六協定の規制の対象外の者もいます。過半数代表者の選出に当たっては，どの範囲の者を選出の母数に含めるべきなのでしょうか，管理監督者や残業の対象外の者は三六協定の締結に関してはいわば利害関係にない者ですから，除外するほうが適切だという意見もあるのですが。

Ⓐ　　行政解釈によれば「労働基準法第36条第1項の協定は，当該事業場において法律上又は事実上時間外労働又は休日労働の対象となる労働者の過半数の意思を問うためのものではなく……当該事業場に使用されているすべての労働者の過半数の意思を問うためのものである」として，選出の母数にはいわゆる管理監督者や病欠，出張，休職期間中等の者も含め，同法第9条の労働者の定義に該当する者すべてを含む，という考え方を示しています（昭46.1.18　45基収6206，昭63.3.14基発150，平11.3.31基発168）。これは，三六協定に限らず，第18条の貯蓄金管理協定や第24条の賃金の一部控除協定，第39条の年次有給休暇の賃金を標準報酬月額の30分の1相当額で支払うこととする場合の協定，第90条の就業規則の意見聴取の相手方となる過半数代表者の選出についても同じであるとされます（現在ではこのほかにもいろいろな規制についての労使協

定による例外等が認められていますがそれらについても同様と考えられます）。これによると，ご質問にもあるように，管理監督者など労働時間の規制や三六協定の適用のない社員，むしろ時間管理等について使用者の立場に立つ者も母数に含めることになることに疑問を感じるかもしれません。この問題については，学説上はいろいろな考え方もありますが，行政解釈は１つの割り切りです。したがって，実務上はこうした行政解釈の考えに即した選出をしないと協定の有効性について問題とされるおそれもありますので，注意してください。

　なお，派遣労働者の場合は，実際に勤務するのは派遣先であり，時間外労働も派遣先の指揮命令に従って行うものですが，三六協定の締結は派遣元で行う必要があり，派遣先は派遣元との労働者派遣契約の定めやその派遣元が締結した三六協定の範囲内で時間外労働等を命じることができることになります。当然，派遣労働者は派遣元での過半数労働者代表選出の母体に含め，派遣先の三六協定の締結には一切関係がないことになります（派遣法44条）。

　出向者の場合は，行政解釈で三六協定の締結は出向先において行うべきものとされています（昭35.11.18基収4901号の2，平11.3.31基発168）。この考えからすると，出向者は出向先の三六協定の締結に関与するべきものと考えられ，出向先の三六協定の選出母体数に含め，過半数代表者の選出手続にも関与させるべきものと思われます。一方で，前記の通達では休職者も含め当該事業場に使用されているすべての労働者を母数にするとしています。この場合の使用されている，という意味は在籍を意味するものと理解されますので，この考えに従えば，結局，出向者は出向元と出向先の両方において三六協定の過半数労働者代表選出の母体に含めることになるように思われます。最近における出向の形態は多様であり，いわゆる兼務出向などといわれる出向の場合は出向元と出向先の業務にともに従事する実態にあり，こうした出向であれば出向元と出向先の両方において三六協定の過半数労働者代表選出の母体に含めることに疑問はありません。長期にわたり出向先でのみ継続的に就業する典型的な出向の場合も，休職者も含め当該事業場に使用されているすべての労働者を母数にするとしている行政解釈からは出向元・出向先の両方において母数に含めるべきであるということになるように思われます。

〔参照条文　労基法36条，派遣法44条〕

Q78 時間外労働の上限規制　①時間外労働の限度時間管理の留意点

規制がいろいろと複雑になったのは分かりますが，実際問題としてどのような影響が考えられますか。

Ⓐ　改正法による時間外労働等の規制は二重三重の規制になっており，話題となっている月間100時間未満に収めなければならないといった新しい規制の一つだけを見ていれば問題は生じないというものではありません。実際の時間外労働や休日労働が多い企業においては，これまでに比べ格段に多くの観点からの時間外・休日労働の管理・実績のチェックが必要となります。

　まずは，わかりやすい上限となる，法定の休日労働の時間数を含めた週40時間等の法定労働時間を超える労働時間を月間100時間未満とか2〜6カ月の複数月平均80時間以内に収める必要があります。

　複数月で平均月80時間という規制は，6カ月の期間まで見なければならないため，簡単に考えることはできません。ある月は90時間までの時間外・休日労働があったとしてもその翌月を70時間に減らせばすむと簡単に言えるものではありません。その前の期間の実績時間数による制約を受けますし，今後の期間の実施可能な時間数にも影響するからです。簡単な例でみれば，3月に90時間，4月に70時間で収まったと思っても，そこでゼロクリアーにはできません。5月に90時間，6月に70時と同じことを繰り返せば，5月から3月まで遡ってみると平均で80時間を超えてしまい労基法36条の6項の要件を満たさず，違法となります。単月では100時間未満であれば時間外・休日労働も可能ですが，これも前後6カ月の時間外・休日労働の実績や可能性を考慮しなければなりません。過去だけ見て平均で80時間以内であれば問題ないと思っていると，その後の本当に必要な事態が生じたときに80時間を超えて100時間未満までの労働をさせることができなくなります（複数月平均80時間以内という規制は複数の時間外・休日労働協定の対象期間をまたぐ場合にも適用される，というのが行政解釈です（問答8）から，前年度の時間外労働等の実績，次年度におけるその

可能性まで考慮する必要があります）。この月100時間未満，複数月平均80時間以下という規制は特別条項の有無にかかわらず（特別条項を定めていなくても）適用されます。たとえば，時間外労働が45時間以下でも休日労働をさせる場合は，合計で月100時間未満，複数月平均月80時間以下でなければなりません。

　このため，よほど繁閑の差が明らかでなければ，安易に特別条項に頼ることはできないのではないかと思われます。また，特別条項による場合の時間の規制は先程の時間外労働と休日労働を合わせた時間数についての規制のほか，時間外労働だけでの1年の限度時間は720時間以内でなければならない，という規制もあります（複数月平均月80時間以下の規制を踏まえると，1年での時間外労働と休日労働の合計では960時間が限度になる）。

　また，特別条項を使わないですべての月を45時間以内に収めれば済むかといえば，年間の原則限度時間の360時間に抵触してしまいます。

　時間外労働は1年の原則限度時間である360時間を月割りにした月間30時間以内とすることを基本にして，これを超える労働については，特別条項を定めるとともに常に月間45時間を意識し，これを超える回数（6回），時間外だけでの年間時間数（720時間），更には特別条項の有無にかかわらず時間外と休日を合わせた1カ月100時間未満，複数月80時間以内の制限のいずれにも抵触しない運用を継続的に維持する必要があります。

　（参考）

原則限度時間	時間外労働は月45時間，年360時間を超えないこと
特別条項による場合	時間外労働は年720時間を超えないこと 月45時間を超える特別条項の活用は年6回（6カ月）が限度
特別条項の有無にかかわらず	時間外労働＋休日労働が月100時間未満であること，かつ 時間外労働＋休日労働が2ないし6カ月の複数月平均ですべて月80時間を超えないこと

〔参照条文　労基法36条〕

Q79 時間外労働の上限規制　②3カ月単位の限度時間協定，所定時間外労働時間数・所定休日労働日数の協定と三六協定の届出

　三六協定の届出事項や法定の様式が変更されたということですが，これまでのような3カ月についての時間外の限度時間数の協定をした場合，届出は不要ですか，届出をした場合はどうなりますか。また，これまで時間外労働の時間数は所定時間を，休日労働は所定休日を基準にこれを超えた時間数などでの協定としていましたが，従来どおりで問題ありませんか。

A　新しい時間外労働の協定は，1日，1カ月，1年について締結しなければなりません。これまでの1日を超えて3カ月以内の一定期間での時間の限度の協定は法定の協定事項ではなくなりました。これは協定をしてはいけないということではなく，協定することは求められない，ということであり，労使の合意で自主ルールとして3カ月での限度について合意することは自由です（ただし，1カ月の協定は必ず必要です）。

　3カ月についての限度を労使間の自主的な運用ルールとして労基法に基づくルールとは別に協定した場合はこれを届け出る必要はありません。しかし，これを法定の1日，1カ月，1年の限度時間と同じ趣旨で協定し三六協定の届出様式に加えて届け出た場合は，その協定に定めるところにより労働させることができる，ということであり，届け出た3カ月の限度時間を超えて労働させれば，それは協定違反＝労基法32条違反の問題が生じます（平30.12.28基発1228第15号第2問答2）。

　また，新しい時間外・休日労働の届出様式は，これまでと違い「法定労働時間を超える時間数」を記載する欄と「所定労働時間を超える時間数」の記載欄が設けられており，その記載心得では，時間数は法定労働時間を超える時間数を記入すること，とされ，なお書きで，所定労働時間を超える時間数についても協定する場合は所定労働時間を超える時間数を併せて記入することができる，

とされています。これから考えると，従来のように所定労働時間を超える時間数の協定・届出だけでは足らないと考えられます。必ず，法定の1日・1カ月等の労働時間を超えて労働させることができる時間数を協定し所定の様式の所定の欄にこれを明記して届け出ることが必要となります。なお，協定は所定労働時間を前提にこれを超える時間数を合意し，届出に当たってはこれを法定時間外労働時間数とそれ以内の法内の所定労働時間数を超える時間数に分離して記載する，ということも考えられますが，新たな規制に的確に対応するためにも，労使協定の段階からきちんと両者を区別して協定することが適当であると考えられます。

　なお，休日労働についても，同様に，所定休日労働と法定休日労働の別をキチンと認識して協定し管理することが適当と考えます。

〔参照条文　労基法36条〕

Q80　時間外労働の上限規制　③転勤の場合の限度時間の適用

　企業内での人事異動により三六協定の対象期間の途中で所属事業場を異動した場合，過去の時間外労働等の実績時間数は新たな配属先での時間外労働等の規制の対象となるのか，それとも異動前の事業場での実績時間数は考慮しないでよいですか。

A　労基法には，労働時間は，事業場を異にする場合においても，労働時間に関する規定の適用については通算する，という第38条の条文がありますが，この条文がどのような意味を持つのかについては，疑問がありました。1つは別々の会社を掛け持ちで働く場合も通算されるのかという問題ですが，今回行政解釈通達が明らかにしたのは，同じ企業の中の別の事業場への転勤の場合の労働時間の通算の問題です。現在のように時間外労働の規制が1日単位だけでなく1カ月・1年という長期間での規制が加わったため，問題が一層複

雑になっています。1日単位だけであれば，同じ企業内で別の事業場を掛け持ちしても，時間の実績の把握や管理はさほど困難とはいえないでしょうが，転勤で所属事業場が変わる場合，1カ月・1年の期間での限度時間管理はどうするのかという問題がこれまでも実務的には疑問とされてきたところです。年度の前半で長時間労働の実績があるものが業務多忙の事業場に転勤した場合，転勤先ではこれから頑張ってもらわなければならないと思っていたのに，企業からすると，前の事業場での長時間労働の付けが回り，十分な戦力となり得ない，という問題がありますし，一方で，労働者の側から見ると前の事業場の労働の実績が無視されれば過重労働が助長されかねません。

　今回の行政解釈（平30.12.28基発1228第15号）の問答の7では，労基法第36条第4項の時間外労働の限度時間（1カ月45時間，1年360時間等）の規制と同条第5項の特別条項による場合の1年間の時間外労働の限度時間（720時間）は，「事業場における時間外・休日労働協定の内容を規制するものであり，特定の労働者が転勤した場合は通算されない」とされ，また労基法第36条第6項の第2号・第3号の時間数の上限（時間外・休日労働の実労働時間の合計時間は，1カ月については100時間未満であること，複数月平均では月80時間を超えないこと）は，「労働者個人の実労働時間を規制するものであり，特定の労働者が転勤した場合は法第38条第1項の規定により通算して適用される」としています。

　この見解では，三六協定の内容に関わる1カ月45時間，1年360時間等の時間外労働の限度規制と特別条項による場合の1年間720時間という時間外労働の限度時間規制は転勤者の場合通算されないということです。A事業場で1年間の半分勤務しその間に180時間の時間外労働をした労働者が，その年の途中で同じ企業のB事業場に転勤になった場合に，その年の残りの期間でできる時間外労働の上限は実績を通算すれば180時間となるところを，行政解釈は通算されない，としていますから，B事業場での三六協定が同じ期間を1年間としているとすればその残りの期間で360時間まで労働させても三六協定違反（＝32条違反）とは評価しない，ということです。前述の例であればA事業場で1カ月の前半で30時間の時間外労働をし，その月の途中でB事業場に転勤しそこでその月の後半に30時間の合計1カ月60時間の時間外労働をしても三六協定の

限度時間規制違反（＝労基法第32条違反）とはならない，ということになります（＊事業場間の転勤がなく同一事業場内で１カ月60時間の時間外労働を行うことは，特別条項によらないのであれば限度時間を超えるものであり，労基法第32条違反になります）。

　これに対し，時間外・休日労働の合計時間は，１カ月については100時間未満であること，複数月平均では月80時間を超えないことという規制の方は，労働者個人の実労働時間を規制するものであり，特定の労働者が転勤した場合は法第38条第１項の規定により通算して適用される，ということですから，労働者各人の絶対的な限度時間として企業内転勤の場合の転勤前後の事業場における同人の実績時間数を通算しなければならず，たとえば複数月平均での１カ月80時間の規制でみれば，転勤前の事業場における過去５カ月の実績をきちんと把握してこの規制に抵触しないように管理しなければならない，ということになります。年度末が忙しい事業場で月90時間の時間外・休日労働をした者を年度当初が忙しい事業場に転勤させ月90時間の時間外・休日労働をさせれば，労基法第36条第６項違反となり，罰則の対象となるということです。

　これまでも，実務的には転勤前の時間外労働の実績を考慮して転勤後の事業場での時間外労働が長時間にならないように配慮するという対応をとってきた企業は多いと思われますが，今後は，以上のような内容で事業場間の時間外労働と休日労働の時間管理が労基法上の義務として必要とされますので，労働時間の管理は事業場単位で完結することはできず企業全体を通じての個々人の時間外・休日労働の実績把握・適正な管理が必要となることに留意が必要です。

　なお，今回の行政解釈が当てはまるのは，同一企業内の転勤の場合です。事業主を異にする事業場間の労働時間の通算の問題については触れていません。しかし，在籍出向の場合は転勤と同様に考えるべきではないでしょうか。

〔参照条文　労基法36条〕

Q81 時間外労働の上限規制　④三六協定の特別条項

特別条項を設ければ月45時間年360時間を超える時間外労働も労使で合意することで可能と考えてよいのですか。特別条項の対象とできる事情はどんな場合か，制限はありますか。特別条項による時間外労働については特別の割増賃金が必要ですか。

A 行政解釈をよりどころに順に確認して行きましょう。

　いわゆる特別条項を適法に合意することにより，原則的な限度時間である1カ月45時間，1年360時間を超えることは可能です。ただし，これが可能なのは「通常予見することができない業務量の大幅な増加等に伴い臨時的に……限度時間を超えて労働させる必要がある場合」とされています（労基法36条5項）。指針ではこれについて「業務の都合上必要な場合」とか「業務上やむを得ない場合」など，恒常的な長時間労働を招く恐れがあるものを定めることは認められない，としています（指針第6条）。また，行政解釈通達の問答ではこれを「全体として1年の半分を超えない一定の限られた時期において一時的・突発的に業務量が増える状況等により限度時間を超えて労働させる必要がある場合をいうものであり，『通常予見することができない業務量の増加』とはこうした状況の一つの例として規定されたものである。そのうえで，具体的にどのような場合を協定するかについては，労使当事者が事業又は業務の態様等に即して自主的に協議し，可能な限り具体的に定めることが必要である」としています（平30.12.28基発1228第15号問答6）。

　要するに，恒常的にあるような事情ではないこと，事業の運営過程で通常想定されるような事情，いわば，いつでもあるような事情ではないことが必要ということです。そうした事情も，「業務上やむを得ない場合」に当たることは当然あるでしょうが，そうした事情による時間外労働は限度時間の月45時間・年360時間の範囲内でのみ可能ということです。

　「通常予見することのできない」業務量の大幅な増加というのが，その場合の1つの例示ですし，そのことは当然「臨時的」なものであると考えられるも

のです。これは法律上の制約であり，これに反するような事由での特別条項の協定は法律上の条件を満たさないものですから，特別条項の効果は認められません。ただし，労基法第33条の非常災害の場合に該当する事由は，もともと三六協定とは別に時間外労働等が可能とされる（ただし，事前許可又は事後の届出を要す）ものですから，そのような特殊例外的な事情であることまでは求められません。事業運営上想定はされるが通常は生じないような事情，という言い方ができるのではないかと思われます。

　実際の協定の在り方としては，このような抽象的な表現のみで済ますことは適当でなく，通達の言うように，労使当事者が事業又は業務の態様等に即して自主的に協議し，可能な限り具体的に定めることを求められます。ただし，いくら協議してもすべての場面を想定できるとは限りませんから，労使で協議し，具体的な場合を書き出し，最後にたとえば「前各号に準ずる程度に臨時的な事情により通常予見することができない業務量の増加が見込まれる場合」といった事由を定めることは可能と考えられます。

　割増賃金については，労基則第17条第1項第6号で「限度時間を超えた労働に係る割増賃金の率」を定めることが求められますが，指針ではこれを，法第37条第1項の政令で定める率を超える率とするように努めなければならない，としています。政令では時間外労働は2割5分としていますので，これを超える率とするよう努めなければなりませんが，諸般の事情を労使が考慮検討した結果として，2割5分とすることが否定されるものではありません。この割増率は，1カ月の限度時間を超える場合と1年の限度時間を超える場合で同じとすることもあり得ますし，たとえば1カ月の限度を超える場合の割増率は2割5分とするが1年の限度を超える部分については3割増しとか5割増しとするなど，別の割増率とする場合もあり得ます。行政解釈通達でも，「限度時間を超える時間外労働に係る割増賃金率を1カ月及び1年のそれぞれについて定めなければならない」としています（平30.9.7基発0907第1号）。

　なお，法第37条第1項ただし書により月60時間を超える時間外労働については5割以上の率で計算した割増賃金を支払う必要がありますので，当然このことも遵守しなければなりません。　　〔参照条文　労基法36条，労基則17条〕

Q82 時間外労働の上限規制　⑤三六協定の特別条項発動の手続

　特別条項を設け限度時間（1カ月45時間，年360時間）を超えて労働させる場合の手続は，三六協定の締結当事者間で合意すれば協議や通告その他の手続でよいということですが，協議や通告は個々人ごとに限度時間を超える可能性が出たところでしなければならないのか，たとえば部や課などの組織単位で全員を対象にすることもできるのでしょうか。

Ⓐ　特別条項発動の手続についての行政解釈は，労使当事者が合意した「協議，通告その他の手続」を協定で定めなければならないとし，「手続きは1カ月ごとに限度時間を超えて労働させることができる具体的事由が生じたときに必ず行わなければならず，所定の手続きを経ることなく，限度時間を超えて労働時間を延長した場合は，法違反となる」としています（平30.9.7基発0907第1号）。

　また，この通達では，労使協定で定めた所定の延長手続をとって限度時間を超えて労働時間を延長する場合，そのことを届け出ることは必要ないとしていますが，実際にとられた所定の手続を行った時期や内容，相手方等を書面等で明らかにしておく必要があるとしています（これらは従来と同様です。たとえば，○月○日時間外・休日労働協定○条に定める特別条項発動の事情○○が発生したため，第○条に基づき従業員代表○○に対しその旨及びその事情概要を通知した，といったことが考えられるでしょう）。通達ではこれ以上のことは述べていませんので以下の考えは行政解釈通達等に根拠をもつものではありません。1つの考え方としてご理解ください。

　まず，通達では1カ月ごとの手続について述べていますが，1カ月の限度時間を超えなくても1年の限度時間を超えて労働させる必要が生じた場合は，やはり所定の手続をとる必要があります。

　労使間における手続として通達は協議と通告を例示していますが，その他の

方法も許容していますので，三六協定の締結当事者である労使が自社の就業管理等の実態を前提にどのような手続がとられるべきかを合意することができます。協議のイメージは，事前に労使が話し合い，一定の合意に達することを前提にその合意したところに従って時間延長等を行う，ということであろうと考えられます。通常予見できない臨時的な必要，というのが特別条項発動の条件であることも考慮し，現実に可能な条件設定とすることが必要と思われます。

　次に，実際の手続を考える場合，労働時間の規制は労働者各人ごとに適用されるのですから，労働者Aについて限度時間を超える必要が生じた場合には，その者について必要な特別条項発動の手続が事前にとられなければならないというのが原則的な考え方でしょう。部や課などの組織単位で限度時間を超える必要が生じた場合を考えると，部や課などの組織単位で特別条項を発動する手続をとることも可能と考えられます。この場合も，当然，一番先に限度時間を超える必要が生じた労働者が発生した時点で，かつ実際に限度時間を超えて労働させる前に，発動手続をとる必要があります。なお，限度時間を超えなかった者（たとえば月合計40時間の段階で部単位の特別条項が発動されたが結果として44時間で収まった者）については，特別条項の発動はされなかったものとして年間の適用回数の管理をすることができると考えてよいように思います。

〔参照条文　労基法36条，労基則17条〕

Q83　時間外労働の上限規制　⑥令和6年4月以降の新たな上限規制の対象となる業種

　2019年の労基法改正の際，上限規制が5年間猶予されていた業種について，2024年4月に5年が到来しました。これによりこれまでの上限規制が適用されると思いますが，例えばQ81の特別条項のような上限と異なるものなのでしょうか。

Ⓐ　　ご質問のとおり，これまで上限規制が猶予されていた業種としまして，工作物の建設の事業，一般乗用旅客自動車運送事業の業務，貨物自動車運送事業の業務その他の自動車の運転の業務として厚生労働省令で定める業務，医業に従事する医師，鹿児島県及び沖縄県における砂糖を製造する事業につきましては，2024年3月31日まではその適用が猶予されておりました。

　令和6年4月1日以降の時間外労使協定締結から，それぞれ時間外勤務の上限が設けられました。この中で特に該当する事業が多い工作物の建設の事業と貨物自動車運送事業に焦点を当てて見てみましょう。

　1か月45時間，1年360時間を超える時間外労働の部分です。

（工作物の建設の事業）
①　時間外労働が年720時間以内
②　時間外労働と休日労働の合計が月100時間未満
③　時間外労働と休日労働の合計について，2〜6か月か月平均80時間以内
④　時間外労働が月45時間を超えることができるのは，年6回が限度
　ここまでは通常の時間外労使協定における特別条項の水準と変わりません。工作物の建設の事業では，災害時における復旧及び復興の事業に限って，②の時間外労働と休日労働の合計が月100時間未満と，③の時間外労働と休日労働の合計について，2〜6か月平均80時間以内の規定は適用さません。

　実務においては，災害時における復旧及び復興の事業に該当する場合は，様式第9号の3の2を出します。特別条項を付する場合は，様式第9号の3の3も必要です。一方，災害時における復旧及び復興の事業が必要ないケースの場合は，様式第9号，特別条項を付する場合は，様式第9号の2となります。

（貨物自動車運送事業）
①　時間外労働が年960時間以内
のみとなります。通常の労働者に適用される時間外労使協定の特別条項の水準は設けられておりません。その代わり，後述のとおり自動車運送事業では「自動車運転者の労働時間等の改善のための基準」（改善基準告示）が設けられてお

り，そこで自動車運転にまつわる労働時間の定めがなされております。この改善基準告示も変更されております。

　実務においては，特別条項を付さない場合は，様式第9号の3の4，特別条項を付す場合は，様式第9号の3の5となります。

（参考：貨物自動車運送事業における各種労働時間の定め）
【1か月の拘束時間の原則】
• 拘束時間は，年間の総拘束時間が3,300時間，かつ，1か月の拘束時間が284時間を超えないものとする。
【例外】
• 労使協定により，年間6か月までは，年間の総拘束時間が3,400時間を超えない範囲内において，1か月の拘束時間を310時間まで延長することができるものとする。この場合において，1か月の拘束時間が284時間を超える月が3か月を超えて連続しないものとし，1か月の時間外休日労働時間数が100時間未満となるよう努めるものとする。

【1日の拘束時間の原則】
• 1日（始業時刻から起算して24時間をいう。以下同じ。）についての拘束時間は，13時間を超えないものとし，当該拘束時間を延長する場合であっても，1日についての拘束時間の限度（以下「最大拘束時間」という。）は15時間とする。
【例外】
• 自動車運転者の1週間における運行がすべて長距離貨物運送であり，かつ，一の運行における休息期間が住所地以外の場所におけるものである場合，当該1週間について2回に限り最大拘束時間を16時間とすることができる。

【1日の休息時間の原則】
• 休息期間は，勤務終了後，継続11時間以上与えるよう努めることを基本とし，継続9時間を下回らないものとする。

【例外】

- 自動車運転者の1週間における運行がすべて長距離貨物運送であり，かつ，一の運行における休息期間が住所地以外の場所におけるものである場　合，当該1週間について2回に限り，継続8時間以上とすることができる。この場合において，一の運行終了後，継続12時間以上の休息期間を与えるものとする。

【運転時間】

- 運転時間は，2日を平均し1日当たり9時間，2週間を平均し1週間当たり44時間を超えないものとする。

【連続運転時間の原則】

- 連続運転時間（1回が概ね連続10分以上で，かつ，合計が30分以上の運転の中断をすることなく連続して運転する時間をいう。以下同じ。）は，4時間を超えないものとする。当該運転の中断は，原則休憩とする。

【例外】

- サービスエリア，パーキングエリア等に駐車又は停車できないことにより，やむを得ず連続運転時間が4時間を超える場合には，30分まで延長することができるものとする。

〔参照条文　労基法36条，139条，140条，141条，142条，自動車運転者の労働時間等の改善のための基準〕

Q84 労働時間の適正な把握のために使用者が講ずべき措置に関するガイドライン

　　最近，労基署の立ち入りを受け，サービス残業の指摘を受けましたが，その中で，「労働時間の適正な把握のために使用者が講ずべき措置に関するガイドライン」に従って，正確な始業・終業時刻を把握するように求められました。またその方法としてはタイムカード等客観的な資料によることが望ましいとも言われました。しかし，片方では裁量労働制が拡大されるという話も聞くと，何か時代に逆行するように思うのですが，このガイドラインとは何を定めているのでしょうか。

Ⓐ　　労働時間の適正化を図るためには，まず労働時間の実際を適正に把握することが必要になります。このガイドラインは，労働時間の適正管理の前提となる，実際の労働時間の状況を適正に把握するために使用者が講ずべき具体的措置等を明らかにしたもので，過労死問題が改めて社会的反響を呼ぶ中，平成28年12月26日付けで示され厚生労働省の長時間労働削減推進本部の決定になる「過労死等ゼロ」緊急対策において予告され，平成29年1月20日付けで「労働時間の適正な把握のために使用者が講ずべき措置に関するガイドライン」として策定されたものです。また，同日（平成29年1月20日）付け基発0120第1号通達では，「過労死等ゼロ」緊急対策の一環として，違法な長時間労働等を複数の事業場で行った企業などに対する全社的な是正指導を実施すること，是正指導段階での企業名公表制度の強化等の実施についての具体的な行政機関の取組み内容を明らかにしています。

＊労働時間適正把握ガイドラインの概要

⑴　適用範囲

　労基法の労働時間に関する規定の適用されるすべての事業場における，労基法第41条該当者（管理監督者・機密事務取扱者・許可を受けた監視断続的労働従事者）及びみなし労働時間制が適用される労働者（事業場外労働の場合はみ

なし時間制が適用される時間に限る）を除く，すべての労働者とされています（＊高度プロフェッショナルについては同制度制定前のガイドラインのため，言及されていませんが，Q150参照。なお，ガイドラインが対象としない管理監督者等についても，使用者は健康確保の必要から適正な労働時間管理を行う責務がある，としています。企業においては，すべての労働者について健康配慮義務の観点や労働安全衛生法上の面接指導等の実施義務との関係でも，労働時間や在社時間などの適正な把握と過重労働の防止に努めることが求められています）。

(2)　労働時間の考え方

　「労働時間」とはどのような時間をいうかについての考え方を明確にしています。労働時間とは，使用者の指揮命令下に置かれている時間をいい，使用者の明示又は黙示の指示により業務に従事する時間は労働時間に当たる，としています。問題となりがちな時間について次のような例示をしています（なお，これら以外でも，使用者の指揮命令下に置かれていると評価される時間は労働時間として取り扱うこと，とされていることにも注意が必要です）。

　　ア　使用者の指示により就業を命じられた業務に必要な準備行為（着用を義務付けられた所定の服装への着替え等）や業務終了後の業務に関連した後始末（清掃等）を事業場内において行った時間（＊上記の例示のなお書きを考えると，事業場外で行えば自動的に労働時間から外れるというわけではないと考えたほうがよいと思われます）

　　イ　使用者の指示があった場合には即時に業務に従事することが求められており，労働から離れることが保障されていない状態で待機等している時間（いわゆる「手待ち時間」）

　　ウ　参加することが業務上義務付けられている研修・教育訓練の受講や，使用者の指示により業務に必要な学習等を行っていた時間（＊前述のように明示の指示のほかに「黙示の指示」による業務従事時間，という考え方も取られていますので，参加の義務付け等の有無についてもこうした視点からの検討も必要となります）

(3)　使用者が講ずべき措置

①　始業・終業時刻の確認と記録；労働日ごとの始業・終業時刻を確認し，記

録すること

② 始業・終業時刻の確認と記録の原則的な方法：原則として次のいずれかの
方法によること

　ア 使用者が自ら現認することで確認し，適正に記録する

　イ タイムカード，ＩＣカード，パソコンの使用時間の記録等の客観的な記
録を基礎に確認し，適正に記録する

③ 自己申告制により確認・記録を行う場合の措置

　②の原則によらず自己申告制により行わざるを得ない場合は，次の措置を講
じること

　ア 対象労働者に対し，労働時間の実態を正しく記録し，適正に自己申告を
行うことなどについて十分な説明を行うこと

　イ 労働時間を管理する者に対し，自己申告制の適正な運用を含め，このガ
イドラインに従い講ずべき措置について十分な説明を行うこと

　ウ 自己申告により把握した労働時間が実際の労働時間と合致しているかに
ついて，必要に応じ実態調査を行い，所要の労働時間の補正をすること。
特に，入退場記録やパソコンの使用時間の記録など，事業場内にいた時間
の分かるデータを有している場合に，自己申告により把握した労働時間と
当該データで分かった事業場内にいた時間との間に著しい乖離が生じてい
るときは，実態調査を行い，所要の労働時間の補正をすること（ここでい
う「著しい乖離」とはどの程度かについての具体的な数値は示されていま
せんが，最近の状況に鑑みれば，たとえば１日単位で30分の乖離があれば
その乖離の理由について適切な記録を行わせるなど，自社の状況に応じて
必要と思われる適正化のための基準を自らの責任で定め管理することが必
要と思われます（乖離の幅は，30分より20分，20分より10分と，少ないに
越したことはありません。30分未満の乖離は容認されるという趣旨ではあ
りませんので注意してください）。また，１日単位では仮に10分程度で
あったとしても，そうした日が月に何日もあれば，合計での乖離時間は大
きくなるわけですから，この観点からのチェックが必要でしょう。ちなみ
に，割増賃金計算における端数処理に関しての労基法の行政解釈では，１
カ月の時間外労働等の時間数の合計に１時間未満の端数がある場合に，30

分未満の端数を切り捨て，それ以上を1時間に切り上げることは，常に労働者の不利となるものではない等の理由から，法違反としては取り扱わない，としているものがあります（昭63.3.14基発150）。自己申告制における時間の適正把握の問題と実際の時間外労働時間数の端数の処理と，それぞれで検討している時間の意味の違いはありますが，後者の場合に容認されているズレの少なさには注意が必要と思われます）。

エ　自己申告した労働時間を超えて事業場内にいる時間について，その理由等を報告させる場合は，報告が適正に行われているかについて確認すること。その場合，休憩や自主的な研修，教育訓練，学習等であるため労働時間ではないと報告されても，実際には使用者の指示により業務に従事しているなど使用者の指揮命令下に置かれていたと認められる時間については，労働時間として扱わなければならないこと（＊前述の「黙示の命令」という考え方にも留意する必要があります）

オ　使用者は，労働者が自己申告できる時間外労働の時間数に上限を設け，上限を超える申告を認めない等，労働時間の適正な申告を阻害する措置を講じてはならない。また，時間外労働の削減のための社内通達や時間外労働手当の定額払い等労働時間に係る自社の措置が，労働時間の適正な申告を阻害する要因になっていないかを確認するとともに，阻害要因となっている場合は改善のための措置を講ずること。労働基準法の定める法定労働時間や三六協定により延長することができる時間を厳守することは当然であるが，実際には延長することができる時間を超えて労働しているにもかかわらず記録上これを守っているようにすることが慣習的に行われていないかについても確認すること

このほか，④賃金台帳の適正な調整や⑤出勤簿やタイムカード等の労働時間の記録に関する書類の保存（3年間），⑥労務管理を行う部署の責任者等労働時間を管理する者の職務（労働時間の適正把握・問題点の把握解消），⑦労働時間等設定改善委員会等の活用について言及しています。

ご質問にあるように，タイムカード等の客観的記録により時間の確認記録をすることが原則とされていますが，これ以外の方法が認められないとか，自己申告制が違法であるということではありません。タイムカードも自己申告制も

時間把握の手段に過ぎません。どのような手段であれ，実際の労働時間が適正に把握されればよいのです。ただ現実に，自己申告制の場合には適正な申告がなされない場合も多く，そのため，より客観的な方法によることが適当である，という判断を行政当局としてはしている，ということでしょう。

　なお，改正安衛法により，健康管理の観点から，労働時間の状況の把握義務等が定められています（令和元年4月施行）。

　〔参照条文　労基法36条，労働時間の適正な把握のために使用者が講ずべき措置に関するガイドライン〕

Q85 自己申告制の残業の過少申告と使用者の管理責任

　　前問で，自己申告制による時間管理も違法ではないがそれが不適切であるときは使用者の責任が問われる，とありますが，会社は自分の労働時間の実態は社員自身が一番よく知っているからこそ，自己申告制を採用し正確な把握を社員に義務付けたのですから，その不適切な管理の責任は社員が負うべきではないのでしょうか。

Ⓐ　ご質問は，労基法上の労働時間規制との関係での責任の所在の問題と，労働契約上の社員の義務や責任の問題を混同されているように思われます。

　使用者の指揮命令下に労働力を提供する労働契約を結んだ社員は，その契約の枠内で使用者の命じる職務を遂行する義務を負いますが，併せてその職務を遂行するために要した時間についての把握管理をすべきことを命じることには何の問題もありません。この場合，労働契約上の問題としては，社員は使用者に対し，自分の労働時間を適正に把握管理する責任を負う立場に立つことになります。

　一方，労基法は使用者（＝事業主）に対し労働時間規制を順守すべき義務を課し，その違反については罰則を定めています。労基法はいわゆる強行法規で

あり，当事者間の合意で労基法の規制を排除することはできません。労基法上の事業主が負う労働時間規制の順守責任を労働契約上の合意によって事業主から社員に転嫁させることはできないのです。労基法は事業主が自ら直接その使用する労働者の時間を把握するのか，社員に把握させることにするのかなど，法令の規制の順守の手段までは規制していませんから，社員に自分の労働時間を把握させることとすることは自由ですが，その結果については事業主が労基法上の使用者としての責任を負うことになります。もっとも，社員が不適切な時間管理をすることのないよう適切な措置を十分に講じていれば責任を免れるかもしれませんが，そうでなければ社員の時間把握が不適切であればその結果も使用者が責任を負うことになります。正確な把握を社員に義務付けたことをもって足りるとして，現実の業務実態がそれを可能としているか，現実の把握状況が適切かどうかの検証もしないでいたのでは，責任を免れることはできないと思われます。

　労働時間管理問題であれば，社員にどのような働き方を求めるのか，それは適正な労働条件を確保することに支障はないか，どのように正確な時間把握をさせるのか，その要求は実行可能なのか，実際の就業の結果は適正な把握がなされ適正な労働実態といえるか，改善すべき問題点は何か，どのように改善するか，労働契約や労基法の順守の責任が使用者にあるということを念頭に置いての検討が必要です。

　〔参照条文　32条，労働時間の適正な把握のために使用者が講ずべき措置
　　　　　　　に関するガイドライン〕

Q86 ｜ 休日労働時間と新しい残業時間規制

　　これまでは，時間外労働と休日労働の規制は全く別物とされ，時間外については限度基準などの規制があるものの休日労働については上限がなかったと思います。改正後の労基法では休日労働についても規制がかかることになったということですが，休日労働も1カ月何日以内でなければならないというような規制ができたのですか。

Ⓐ　　ご指摘のとおり，これまではいわゆる限度時間告示等で規制されていたのはあくまでも時間外労働についてのみであり，休日労働については労使の協定に委ねられていました。これが，平成31年4月1日以降の期間のみを定めている時間外・休日労働に関する協定については，休日労働に対する規制も加わることになりました（ただし，中小企業の場合は，令和2年4月1日以降の期間のみを定めた協定からの適用）。

　具体的には，休日労働の回数（日数）についての規制は設けられていません。労使の合意に委ねられます。設けられたのは，時間外労働の時間と休日労働の時間を合わせた合計時間に対する絶対的な上限です（休日労働だけでの時間制限は設けられていません）。なお，ここでいう時間はいずれも労基法の定める法定労働時間を超える法定時間外労働の時間，法定休日における労働であり，いわゆる法内残業時間や法定外の所定休日の労働時間の規制ではありません。

　新しい労基法第36条の第6項を見ると，三六協定により休日労働させる場合であっても次の要件を満たさなければならないとされています。

①　1カ月についての労働時間を延長して労働させ，及び休日において労働させた時間の合計は，100時間未満であること。

②　対象期間（三六協定により時間外・休日労働をさせることのできる期間のことをいいます）の初日から1カ月ごとに区分した各期間に当該各期間の直前の1カ月，2カ月，3カ月，4カ月及び5カ月の期間を加えたそれぞれの期間における時間外労働時間及び休日労働時間の1カ月当たりの平均時間は，80時間を超えないこと（②の要件は一般に，複数月平均1カ月80時間の規制，といった表現がされます）。

　このほか，三六協定では①休日労働をさせることができることとされる労働者の範囲，②1年以内の対象期間，③休日労働をさせることのできる場合，④労働させることができる休日の日数（さらには，時間外労働の場合と共通の有効期間の定めなど）など，休日労働を可能とするために必要な事項を定めなければならないことに変わりはありません。

　要するに，休日労働の可能な日数をどうするかについては特別な規制は設けられておらず労使の合意に委ねられています。「時間外・休日労働について留意すべき事項に関する指針」では，三六協定の締結当事者は，時間外・休日労

働協定において休日の労働を定めるに当たっては労働させることができる休日
の日数をできる限り少なくし，及び休日に労働させる時間をできる限り短くす
るように努めなければならないとしています。極端な例かもしれませんが法定
休日のすべてについて休日労働可能とする労使協定が締結され，届け出られた
としても，ただちに違法無効ということになるわけではなく，労使でよく検討
し日数をできる限り少なくするようにという助言・指導がなされるということ
であろうと思われます。

　休日労働の扱いにおいて留意すべき法規制として，単に労使で協定した休日
労働の可能日数や休日労働における始・終業時刻や時間数の管理に加えて，時
間外・休日を問わず，週40時間を超える労働の時間数について全体として規制
が加えられた，ということです（休日労働の場合の始・終業時刻等の定めは労
基法第36条第2項の協定すべき事項に掲げられておらず，厚生労働省令にも定
められていませんが，届出様式には記載欄があり，実務的には実情に沿った記
載内容の届出が必要に思われます）。

　これは，今回の法改正が働き方改革の一環としてのものであり，時間外労
働・休日労働の規制も，長時間・過重労働の防止を意図したものであることと
関係するものといえます。前述の指針の第3条は，使用者の責務としていわゆ
る過労死の労災認定基準を引用し週40時間を超える時間が1カ月45時間を超え
て長くなるほど業務と脳・心疾患の発症との関連性が強まるとされていること
に言及しこれに留意しなければならない，としています。ここでの考え方は時
間外労働か休日労働かを区別せず，週40時間を超える労働時間の長さを問題に
するものであり，改正法の36条6項でも，実労働時間に関する絶対的な規制と
して，過労死認定基準を踏まえて時間外・休日労働の時間の合計は月100時間
未満，2〜6カ月平均80時間以内でなければならないとし，これを三六協定に
取り込むことが求められた，ということです。

　企業の就業管理においては，休日労働はこれまでのような別枠で自由に働か
せることができるものではなくなったこと，時間外・休日労働のいかんを問わ
ず週40時間を超える労働を適正に把握し管理しなければならないことに注意し
てください。　　　　　　〔参照条文　労基法36条，附則（平30法71）1条〜3条〕

Q87 特別条項による面接指導を行う「一定時間」とは何時間でなければならないのか

特別条項を結ぶ場合の健康・福祉確保措置として「労働時間が一定時間を超えた労働者に医師による面接指導を実施すること」を選択する場合，「一定時間」とは何時間でなければならないのか。深夜業の回数の制限やインターバルの確保の時間についてはどうでしょうか。

A 　平成30年12月28日基発1228第15号で示されたのは，深夜業の回数と休息時間についての考え方であり，一定時間についてはその考え方が示されていません。

まず，「深夜業の回数」については，問答の12で，健康確保措置の対象には所定労働時間内の深夜業の回数制限も含まれるとし，交替制勤務など所定労働時間に深夜業を含んでいる場合は事業場の実態に合わせ，その他の健康確保措置を講じることが考えられる，とし，深夜業を制限する回数の設定を含め，その具体的な取扱いについては，労働者の健康及び福祉を確保するため，各事業場の業務の実態等を踏まえて，必要な内容を労使間で協定すべきものである，としたうえで，たとえば，自発的健康診断の要件として1カ月当たり4回以上の深夜業に従事したこととされていることを参考として協定することも考えられる，としています。

つまり，絶対的な回数の限度が決められているわけではなく，月4回以上であれば自発的な健康診断の対象となることなども参考に自社の業務実態・労働実態を勘案して，健康・福祉確保措置としてふさわしい限度を労使が自主的に設定することを求めているものです。

交替制勤務の場合についての上記通達の考え方は，所定の勤務だけでも月4回以上となることは考えられます。これに自発的健康診断の要件としての1カ月当たり4回を考えれば，更に時間外労働の健康・福祉確保措置として深夜業の回数制限を採用することは現実的ではなくなることを考慮したものと思われ

ます。

　「休息時間」についても，目安になるような時間は示されていません。通達の問答13では休息時間の時間数を含め，その具体的な取扱いについては労働者の健康及び福祉を確保するため，各事業場の業務の実態等を踏まえて，必要な内容を労使間で協定すべきものである，とされています。11時間が難しいのであれば，10時間でも9時間でも実施可能な内容を協定するところから始めることができます。

　前述のとおり，「一定時間」についてはこうした説明もありませんが，やはり，労働者の健康及び福祉を確保するため，各事業場の業務の実態等を踏まえて，必要な内容を労使間で協定すべきものである，ということになるでしょう。45時間を大幅に上回る時間とすることは，面接指導による健康確保の機会が限定されることになり望ましいとはいえないでしょう。労働安全衛生法の改正により法定労働時間を超える時間が月80時間を超え，疲労の蓄積が認められる者からの申出があれば面接指導をしなければならない義務があります。したがって，労使協定で定める時間としては，健康配慮義務を果たすという観点から考えても，いわゆる過労死ラインにも当たるようなところで初めて行われるような措置ではなく，より低い段階での面接指導の実施が望まれるかと思います。しかし，また，あまり低いところで実施したのでは，ほとんどの場合に問題なしとなるかも知れず，却って問題意識を薄めることになる可能性も考えられます。

Q88　年間960時間の時間外・休日労働の可能性

　限度時間の原則は1年については360時間であり，特別条項を使っても時間外労働の上限は1年720時間とされているはずですが，一方で，特別条項を使わず時間外・休日労働を組み合わせると，年間960時間の時間外・休日労働が可能といわれているようですが，事実なのでしょうか。

Ⓐ　　　　労基法は，すべての問題についてあらゆる可能性を考えて規制を加えるものではありません。時間外労働についての新たな規制は，これまでの労使が協定すれば上限なく時間外労働が可能となっていた三六協定について，絶対的な規制を加えることにより長時間労働を是正し，健康を確保し，ワークライフバランスを改善し，労働参加率の向上をも図ることができるよう，また一方で社会の現実実態を無視することもなくこれを実現するためにはどのような規制を加えるべきかについて検討されたものです。その結果として三六協定の限度時間としてこれまで限度基準告示で示されていた月45時間，年360時間が法定化され，併せて，実労働時間に関する絶対的な規制として，三六協定による場合でも，特別条項の有無にかかわらず，時間外と休日労働を合わせた時間を単月で100時間未満とすること，複数月平均で月80時間以内とすること（いずれも休日労働時間数を含む）を罰則付きで新たな義務としたものです（労基法36条6項）。

　なお，月45時間・年360時間の限度時間を超えて労働させるためには，通常予見することができない事情による臨時的な必要を条件とした特別条項による協定が必要とされ，労使で定めた手続を経ること，またその回数（月数）は年6回を限度とすることなどが定められました（時間外労働だけであれば年720時間が上限とされています）。以上が新たな法規制の概要です。

　こうした規制の間を抜けて行けば，時間外労働と休日労働を組み合わせて月80時間で12カ月，合計年間960時間の法定労働時間を超える労働も可能となる，というのは確かに否定されません。

　しかし，時間外労働や休日労働はこれを行うこと自体が目的になるものではなく，業務の必要がこれを求めるものです。いわゆる特別条項も使わず月100時間以上にもならず，複数月平均で月80時間以内の労働を三六協定の枠内で適正に管理・実行できるという事態が実際に多く生じ得るのかも疑問ですし，そのような実態の下で長時間労働が原因となって脳・血管疾患が発生すれば，労基法の時間規制には違反していないとしてもいわゆる過労死問題としてその労働時間の実態が問題となる可能性は高いでしょう。

　違法か違法でないかは，確かにギリギリの場面を考える時には必要でしょうが，それにとどまらず，改正法の趣旨目的を受け止め，今後の労働時間等実態

とその管理の在り方について，現状を見直し，改善を図ることが要請されると思います。　　　　　　　　　　　　　　　　　　　〔参照条文　労基法36条〕

Q89 長時間労働と使用者の健康管理責任

　時間外労働の限度時間規制がされているのは知っていますが，少なくとも労基法上は従業員代表との間での労使協定で認められた範囲で行う時間外労働については法的に問題ないはずです。適法な時間外労働でもそれが長時間であるということで何か責任を生じることはあるのですか。

Ⓐ　現在の三六協定の限度時間規制や労働時間の適正な把握のために使用者が講ずべき措置に関するガイドラインなど，最近の労働時間管理にかかわる行政指導のよりどころについては，Q84で概略を説明していますのでそれを参照してください。こうした行政指導は，1つには不払い残業（サービス残業）という労基法の割増賃金支払義務に違反する状態の改善を求めるものですが，もう1つの大きな目的に過重労働による健康障害の防止，という観点があります。

　たとえば，従来の労災の認定においては，過重労働による脳・血管疾患が業務災害と認められるか否かの判断は，原則として発症の前1週間以内の期間を中心にした過重な負荷の有無を重視しており，長期間の疲労の蓄積という要因は，これまであまり重視されていなかったといえます。しかし，その後の医学的知見等からこの考えが改められ，疲労の蓄積をもたらすような長期間の過重労働は脳・血管疾患を発症させる過重負荷と認められる，という考え方が採用されるに至っています（労基則別表第1の2の八参照）。したがって，過重労働による労働災害の防止という観点からも，長時間労働の是正を求める取組みがなされているといえます。

　また，長時間労働が原因と思われる精神障害（うつ病）による自殺について

使用者の安全配慮義務違反による損害賠償が認められるなど，長時間労働の弊
害について社会的に注目を集める事例があったことは周知の事実といってよい
でしょう。長時間労働の問題は，単に労基法上適法かどうかという観点だけで
考えることはできない問題になっています。使用者が責任を負う安全配慮義務
の1つとして，長時間労働による疲労の蓄積により労働者の心身の健康が害さ
れないよう配慮する責任があると考えられます（労契法5条参照）。こうした責
任が果たされず労働者が健康を損なった場合は，労働者は労災保険制度により
保護される可能性がある一方で，使用者は労基法等とは別に，民事上，安全
（健康）配慮義務違反の責任を問われる可能性があるということに注意する必
要があります。

　また，こうした長時間労働の健康に与える影響を考慮し，労働安全衛生法が
改正され，長時間労働（週40時間を超える労働時間が1カ月80時間を超える）
の実態にあり，かつ，疲労の蓄積が認められる者については，（本人の申出に
より）医師による面接指導を行うこと等が事業者の義務とされています（安衛
法66条の8）（Q192「健康診断実施後の措置・保健指導・面接指導」参照）。

〔参照条文　安衛法66条の8，労契法5条〕

Q90　三六協定の効力範囲

　事業場に多数労組と少数労組がある場合や，労働組合に加入し
ていない者がいる場合，また労働組合があるが過半数を組織して
いない場合に締結される三六協定は，少数労組員や組合未加入者
についても適用されるのですか。

Ａ　労基法第36条に基づく時間外労働・休日労働に関する労使協定は，労
働協約とは性格を異にし，事業場の労働者の多数意思に基づき締結され
た協定の範囲内における時間外労働，休日労働については，協定を結んだ労働
組合の組合員であるか否かを問わず労基法の労働時間の原則，休日の原則に対

する違反とはならないという効果を生じるものです。これを，いわゆる刑事免責効果と呼んでいます。この協定は，他の労基法の各種労使協定と同様，事業場全体の労働者について上記の効果を生じるものであり，協定の当事者となった労働組合の組合員等に効果が限定されるものではありません。したがって，多数労組との間に結んだ三六協定の効果は少数労組員や非組合員にも及びますし，労働組合でないいわゆる過半数代表者が結んだ協定も同様に労働組合員にも及びます。

　もっとも，三六協定自体において時間外労働等させることのできる労働者の範囲等を合理的な理由で限定していれば，それはそれで有効と考えられます（ただし，厚生労働省の解説書では，「組合員であるかどうかによって時間外労働の可否を分ける等の措置は一般的にはできない」としています（平成22年版『労働基準法』厚生労働省労働基準局編著474頁））。

　ところで，前述の効果はいわゆる刑事免責の効果であり，個々の労働者が具体的な時間外労働に従事する義務が生じるかどうかは，これとは別の問題です。具体的な残業義務は，三六協定とは別に労働協約や就業規則，労働契約上の根拠がある場合に生じます。適法な三六協定があり，こうした労働契約上の残業命令の根拠がある場合に初めて，具体的な残業義務が生じることになります。

〔参照条文　労基法36条〕

Q91　3カ月単位のフレックスタイム制と三六協定・割増賃金

　フレックスタイム制の法改正では，清算期間の限度が1カ月から3カ月に変わったということですが，これまでの考え方からすると，時間外労働の協定や割増賃金の支払いは3カ月単位で考えればよいということになりますか。

Ⓐ　　ご指摘のとおり，フレックスタイム制の清算期間は1カ月以内の期間から3カ月以内の期間に改正されました。しかし，これに伴い生じ得る過重労働の防止策が合わせて講じられており，時間外労働の規制も，割増賃金の規制もこの観点からの特別の規制があります。これによれば，3カ月などの清算期間が終わったところで考えればよいというものではありません。

　まず，過重労働防止の観点から，清算期間が1カ月を超える場合は清算期間を1カ月ごとに区分した各期間（最後が1カ月未満の期間となる場合はその期間）ごとに各期間を平均して1週間当たりの労働時間が50時間を超えない範囲で労働させることができるという形の労使協定とすることが考えられます。なお，この50時間という規制は，これ以上働かせたらどんな場合でも違法となるというような意味ではありません。これ以上働くことを想定するのであれば，その時間は時間外労働としてこれを可能とする三六協定の締結届出が必要であり，かつ，時間外労働としての割増賃金の支払いが必要であるということです。時間外労働の協定があり割増賃金が支払われれば1カ月平均1週50時間を超える労働も違法とはなりません。また，この50時間というのは1カ月を平均しての時間ですから，単純にある週の合計時間が50時間を超えたらそこですぐにこれに該当するということではなく1カ月の合計時間から算定されるものです。

　なお，フレックスタイム制適用者の場合の三六協定は1日についての限度時間の協定の必要はなく，1カ月及び1年についての限度時間を協定すれば足りるものとされています。3カ月など1カ月を超える清算期間を定める場合でも，その清算期間（たとえば3カ月）についての限度時間を三六協定で定める必要はありません。

　この週平均50時間超の時間外労働の割増賃金は，清算期間のたとえば3カ月を経過した時点で払うのではなく，必ず1カ月ごとの清算期間の途中の所定の賃金支払い日に支払う必要があります。また，月間60時間を超える時間外労働については労基法第37条第1項ただし書により月60時間を超える部分については5割以上の割増率を適用しなければなりませんが，フレックスタイム制の場合もこの規制も当然かかってきますので，週平均50時間超の時間が60時間超となった部分については割増率を5割以上としなければなりません。

　次に，清算期間を1カ月ごとに区分した最終の期間については，その最終期

間を平均して1週間50時間を超えた時間に加えて，清算期間の総実労働時間から清算期間の法定労働時間の総枠及びその清算期間中の他の期間において時間外労働として取り扱った時間を控除した時間が時間外労働時間となる，とされ，またその時間が60時間を超える場合は5割以上の割増賃金が必要，とされています（平30.12.28基発1228第15号第1問答2，3）。

〔参照条文　労基法32条の3，37条〕

Q92 フレックスタイム制と労働時間の上限・下限枠の設定

　　清算期間を3カ月とする場合に，過重労働防止のため及び合理的業務運営のため，1カ月平均週30時間以上50時間以内といったように，月の勤務可能時間の上限を設けたり，逆に最低勤務すべき時間を設定することは可能ですか。

A　まず法律上の協定事項（時間関係）を確認すると，①清算期間における総労働時間（所定労働時間）と，②1日の標準労働時間，③コアタイム・フレキシブルタイムを設ける場合はその時刻，となっています（労基法32条の3，労基則12条の3）。また，④1カ月ごとの各期間平均週50時間を超えない範囲で労働させることができる（これを超える労働は時間外労働となる），と制約もあります。

　このほかには，フレックスタイム制の基本である，始業・終業時刻は労働者が自ら自主的に決定できるものであること，という要求があるのは当然です。しかし，これらに反しない限り，その他の制度運用のルールをどのように定めるかは労使の協定に委ねられます。

　また，もともと，フレックスタイム制の下で始・終業時刻を労働者が自主的に決定するといっても，その結果時間外労働が生じるのであれば，時間外労働に関する労使協定が必要となるという原則に例外があるわけではありません。

時間外労働に関する労使協定を締結しないのであれば，フレックスタイム制における労働者の始・終業時刻の自主決定は，法定労働時間の枠の中での運用が認められるにすぎません。すでにある③のルールもこれに似た制約ということができます。

　ご質問の制約を設けることは，前述の月平均週50時間を超えないこととか三六協定がある場合はその枠を超えないなど，法令に抵触しない限り，別段法令に反するものではありませんから，労使協定において合意する限り，自社のフレックスタイム制度のルールとして有効に設定することができると考えられます。もっとも，下限時間の運用の場合を考えれば，やむを得ない欠勤等による時間の不足などの場合の取扱いについては例外を設けるなどの配慮は当然必要となります。

　なお，自主的に設定した制約に違反して労働したような事実がある場合，それが自主設定したルールに違反するにとどまり，三六協定等の制約を超えていないなど法律に直接抵触するものでない限り，法違反というような問題にはならず，その事情・内容により，必要な注意指導の対象とするなり，制度の適用を停止するなどの自社の労使協定における合理的な対応がなされるべきものと考えられます。　　　　　　　　　　〔参照条文　労基法32条の3，労基則12条の3〕

Q93 フレックスタイム制と三六協定の特別条項，時間外・休日労働月100時間未満等の制約の適用

　清算期間が3カ月のフレックスタイム制の場合，三六協定の1カ月45時間超の特別条項の発動回数の制限や，1カ月の時間外・休日労働合計が100時間未満，複数月平均80時間以内の制約は適用されるのですか。

　フレックスタイム制においても，法定時間外労働，という考え方も当然ありますし，休日労働についてはもともと特別の例外は設けられてい

ませんから，三六協定のいわゆる特別条項の発動の問題も，1カ月の時間外・
休日労働合計が100時間未満，複数月平均80時間以内の制約も適用されること
になります。

　まず，フレックスタイム制における法定時間外労働となる時間を確認すると
次のとおりです。

⑴　清算期間が1カ月以内の場合

　従前どおり，清算期間における実労働時間数のうち法定労働時間の総枠を超
えた時間が法定時間外労働となります（法定休日労働に該当する時間は除きま
す）。

　　清算期間における実労働時間数 −（週の法定労働時間×清算期間における
　　暦日数÷7）

⑵　清算期間が1カ月を超え3カ月以内の場合

　次のアとイの合計時間が法定時間外労働となります（法定休日労働に該当す
る時間は除きます）。

　　ア　清算期間を1カ月ごとに区分した各期間（最後の期間が端数月である場
　　　合はその期間）における実労働時間のうち，各期間を平均し週50時間を超
　　　えた時間

　　　清算期間を1カ月ごとに区分した期間における実労働時間数 −（50×清算
　　　期間を1カ月ごとに区分した期間における暦日数÷7）

　（＊これがこれまでとは違う新しい規制です）

　　イ　清算期間における総実労働時間のうち，清算期間の法定労働時間の総枠
　　　を超えて労働させた時間（アで時間外労働時間とされた時間を除く）

　こうしてみると，フレックスタイム制においても，1カ月での法定時間外労
働時間数が定まりますし，法定休日労働の時間数についてはこれまでと変わり
ありませんから，特別条項発動の前提となる1カ月の法定時間外労働の時間数
の把握計算もでき，月100時間未満・2〜6カ月平均80時間以下でなければな
らないとする時間外・休日労働時間数の把握計算もできることになります。1
カ月平均の週50時間を超える時間がこれらの規制を考える場合の時間外労働時
間であり，それが月45時間を超える場合は特別条項の条件を満たさなければな
らず，その超える月数は年6回以内でなければなりませんし，これに法定休日

労働の時間を足した時間は月100時間未満・複数月平均月80時間以内でなければなりません。

　つまり，3カ月単位のフレックスタイム制でも，3カ月たったところでの全体時間数を管理すればよいわけではなく，その清算期間の途中1カ月ごとに時間の把握管理が必要です。

　行政解釈通達では，「フレックスタイム制の場合も，使用者には各日の労働時間の把握を行う責務があるから，清算期間が1カ月を超える場合には，対象労働者が自らの各月の時間外労働時間数を把握しにくくなることが懸念されるため，使用者は，対象労働者の各月の労働時間数の実績を対象労働者に通知等することが望ましい。なお……労働安全衛生規則第52条の2第3項に基づき，休憩時間を除き1週間当たり40時間を超えて労働させた場合におけるその超えた時間が1月当たり80時間を超えた労働者に対しては，当該超えた時間に関する情報を通知しなければならない」としています（平30.9.7基発0907第1号）。この場合の40時間を超えて労働させた時間というのは時間外労働時間数ということではなくあくまで実労働時間数であり，前述の50時間を超える時間をいうわけではありません。

　したがって，清算期間が1カ月を超えるフレックスタイム制の場合は，週40時間を超える時間，週50時間を超える労働時間，法定休日労働の時間，3カ月の法定労働時間の総枠を超える時間，それぞれを適切に把握して適切に管理する必要があるということになります。　〔参照条文　労基法32条の3，36条〕

Q94　事業場外労働と三六協定・時間管理

　事業場外労働についてみなし労働時間制が適用されれば，実際の実働時間とは関係なく，協定で定めた時間働いたとみなされるのである以上，三六協定をそのみなし時間をカバーする時間としておけば，それ以外の時間管理は不要となると考えてよいのですか。

(A)　　事業場外労働において実際の労働時間が算定し難い場合は，原則とし
て所定時間労働したものとみなされ，通常所定時間を超過する実態があ
れば通常必要な時間労働したものとみなされ，この通常必要な時間については
労使協定でこれを定めることができることは，ご存知のとおりです。

　ご指摘のとおり，この協定が締結されれば，実際の労働時間（これは把握算
定が困難）に関係なく，その協定で定めた時間労働したものとみなされますか
ら，たとえば個々の従業員が自分で時間を記録した時間は協定で定めたみなし
時間より多いといっても，みなし時間で割増賃金を支払えば足り，逆に実際の
労働時間がみなし時間に達しない場合もみなし時間で支払わなければなりませ
ん。このように，みなし時間はその時間労働したものとして取り扱う時間です
から，三六協定で定める時間もみなし時間の対象者については，このみなし時
間と一致させることで問題はありません。

　ただし，注意を要するのは，一定の時間で働いたものとみなされるというこ
とから，いっさいの時間管理が不要となるのではないということです。少々わ
かりにくいのですが，このみなし時間というのは，年少者の時間規制に係る時
間の算定には適用されず，また，全員について休憩，深夜業，休日に関する規
定の適用は排除されないとされているのです（昭63.1.1基発1）。その意味は，
たとえばみなし時間が1日11時間とされた場合，労基法第60条により変型労働
時間制をとる場合でも1日の所定時間が10時間を超えて設定できない年少者は
このみなし労働制の対象とできないことになります。また，みなし労働に従事
する者についても実働が6時間超となれば当然に休憩を与えなければならず，
実際の業務が深夜に及べばその実際の時間数に対して深夜業の割増賃金を支払
わなければなりません。また休日労働をさせればその時間に対しては休日労働
の割増賃金を支払わなければなりませんし，休日労働の協定も必要ということ
です。この意味で，みなし時間制の対象者についての時間管理の責任がなくな
るわけではないことに注意してください。

〔参照条文　労基法38条の2，36条，37条，60条〕

Q95　テレワークガイドライン

　これまで，通勤時間中や出張の移動時間中のパソコンを使用して仕事をした場合の労働時間の取扱いなどについての解釈が示されていた「雇用型テレワークガイドライン」の改正があったとのことですが，新しいガイドラインの内容について説明してください。

Ⓐ　これまでの雇用型テレワークガイドラインは，テレワークの推進を図るためのガイドラインであることを明らかにするため，名称も変わり，「テレワークの適切な導入及び実施の推進のためのガイドンライン」に改定されました（令和3年3月25日発表）。

　従来のガイドラインは労働基準関係法令の適用および留意点を中心にとりまとめられていましたが，新しいガイドラインはテレワークの推進を図るという観点から労務管理を中心に，労使双方にとって留意すべき点，望ましい取組等を明らかにするという趣旨のもと労務管理上の留意点として人事評価制度やテレワークによる費用負担の問題，人材育成，テレワークのルールの策定・周知など，記述内容も広がり，全体の構成も大きく変更されていますが，労働基準法上の労働者が行うテレワークについては，労働基準法，最低賃金法，労働安全衛生法，労災保険法等の労働基準関係法令が適用されること，また設問にもある労基法の労働時間の解釈にかかわる問題についての考え方などに基本的な変わりはありません（ここでは，設問に直接関係するところを中心に取り上げることとしますが，ガイドラインはここでは触れない労務管理上必要な幅広い問題・論点についての考え方や安全衛生関係法令や労働災害の補償等，各法令の適用解釈問題についてもふれていますので，全体を通読されることをお勧めします）。

　ガイドラインから労基法の適用に関する留意点（要旨）をいくつか取り上げると，次のようなことがあります（全項目ではないことに注意）。なお，緊急呼び出しに応じるためのテレワーク勤務者の出社移動時間が労働時間に該当するかについてのガイドラインの考え方については，Q63で取り上げていますの

でそれを参照してください。

(1)　就労の開始日からテレワークを行わせる場合は，労働契約締結の際に，就業場所としてテレワークを行う場所を明示する必要がある。就労の開始後にテレワークを行わせることを予定している場合は，テレワークを行うことが可能な場所を明示しておくことが望ましい，としている。

(2)　労働基準法のすべての労働時間制度でテレワークが実施可能である，としてフレックスタイム制，事業場外みなし労働時間制，その他各種時間制度についての留意点などを示している。

(3)　労働時間の把握については，パソコン等情報通信機器の使用記録が始業終業時刻を反映している場合はその使用時間の記録等により労働時間を把握することが考えられること，その使用記録が始業終業時刻を反映できない場合は自己申告による把握が考えられる，としてその場合の留意点などを示している。

(4)　労働時間制度ごとの留意点として，フレックスタイム制の労働時間の適切な把握，事業場外みなし労働時間制の必要に応じてのみなし時間の実態適合性の労使による確認やその結果による業務量等の見直し，裁量労働制の必要に応じてのみなし時間と業務遂行に必要な時間との乖離の有無等の労使による確認やその結果による業務量等の見直しなどを示している。

(5)　テレワークに特有の事象の取扱いとして，中抜け時間についてはこれを把握することも把握せず始業・終業時刻のみを把握することでもよいとし，中抜け時間を把握しない場合は，始終業時刻の間の休憩時間を除き労働時間として扱うこと（この場合，中抜け時間も労働時間として扱うことになることに注意）が考えられるとし，中抜け時間の取扱いについて，就業規則等で定めておくことが重要，としている。

(6)　休憩時間については，労使協定により一斉付与の原則を適用除外とすることが可能である，としている。

(7)　長時間労働対策としては，時間外等にメールを送付することの自粛を命ずる等が有効であり，メールや電話等，時間外等における業務指示・報告のあり方，労働者の対応の要否等のルールを設けることも考えられる，としている。また，所定外深夜・休日は事前許可のない限りアクセスできないよう設

定することが有効，としている。時間外・休日・所定外深夜労働について，労働が可能な時間帯や時間数を労使合意により設定することも有効であるとし，時間外等の手続き等を就業規則に明記することや対象者に書面等で明示することが有効であるとしている。さらに，長時間労働等を行う労働者への注意喚起が有効であるとし労務管理システムを活用して対象者に自動で警告する方法が考えられる，とするとともに，勤務間インターバル制度を長時間労働抑制の手段として利用することも考えられる，としている。

〔参照条文　テレワークの適切な導入及び実施の推進のためのガイドライン〕

Q96　裁量労働と三六協定・時間管理

研究開発職について，裁量労働の制度の導入を検討していますが，この場合時間配分等に関し具体的指示をしないということは残業命令もできず，三六協定も不要ということになるのですか。また，時間管理の責任はどうなるのですか。

Ⓐ　裁量労働のみなし労働時間制の効果は，要するに１日の労働時間の評価として実際の時間とは必ずしも一致しない可能性のある「みなし時間」について労働したものとして取り扱ってよく，また取り扱わなければならないということです。三六協定が不要になるとか，時間管理責任がなくなるという効果は，みなし労働時間制からは生じません。

また，設問のいわゆる専門業務型裁量労働制の対象とすることのできる業務は，「業務の性質上その遂行方法を大幅に当該業務に従事する労働者の裁量にゆだねる必要があるため，当該業務の遂行の手段及び時間配分の決定等に関し使用者が具体的な指示をすることが困難なものとして命令で定める業務（法38条の３）」であって，業務の遂行の手段及び時間配分の決定等に関しその労働者に対し具体的な指示をしないこと，さらに，その労働時間の算定については

その協定の定めによることを労使協定で定めた業務に限られますから，設問にある「残業命令」という考え方もこのような裁量労働の性格と矛盾するものと思われます。残業の必要を含めて，本人がその業務遂行のための時間配分等を自主的に決定できるということが必要でしょう。

　三六協定が裁量労働従事者について必要となるか否かは，労使の協定で定められるみなし時間数が法定の労働時間を超えるか否かによって決まります。みなし時間が，たとえば1日9時間と協定されれば，三六協定も当然必要となります。また，裁量労働に限らず，事業場外労働も含め，みなし労働時間制の効果は年少者に関する規定については適用されず，また休憩時間，深夜業，休日に関する規定についても適用が排除されるものではありませんから，みなし時間で定めた時間が年少者の時間規制を超えるような勤務を年少者にさせることは違法ということにもなりますし，深夜業が実際に行われれば，深夜割増賃金はその時間に応じて支払わなければならないことにもなります（Q94参照）。これらのことからも，時間管理の責任があることは明らかです。なお，これらの取扱いについては企画業務型裁量労働制についても同様です。

〔参照条文　労基法38条の3，36条，37条，60条〕

Q97 裁量労働従事者の時間管理に対する使用者の指導・責任

　専門業務型にせよ企画業務型にせよ，裁量労働制を採用する前提が，使用者として業務遂行方法等についての具体的な指示をすることが困難であるとか本人の裁量に委ねる必要があるから，結果としての労働時間も，現実の労働時間ではなく協定や決議で定めたみなし時間での管理が認められている，ということだとすると，使用者が，その者の実際の労働時間について長時間とならないように適正な時間の記録をとるように命じることも，この制度の要件と矛盾するのではないでしょうか。

　また，通常の労働時間についてみなし管理ができるのに，その労働の延長線上の深夜労働や休日労働，休憩の管理については相変わらず使用者に責任があるという仕組みは整合性がないのではないでしょうか。

Ⓐ　確かに，裁量労働制は，業務遂行についての具体的な指示が業務の性格上困難であったり本人の裁量に委ねる必要がある業務について，労基法の労働時間規制の結果責任を使用者に負わせることには問題があることから，一定の要件のもとに，現実実際の労働時間とは異なるみなし時間で労働したものとして取り扱うことを認めています。しかし，これは，労基法上の労働時間に対する規制や割増賃金の規制のルールを適用することについての，その対象となる時間数のみなしの制度であるということにとどまります。この効果を超えて，管理監督者のように時間規制等を適用しないとか，一切の規制を適用除外とするというような制度ではありません。また，みなしの効果は労基法の規制との関係について定められたものであり，この効果と矛盾しない（労働者に不利でない）限り労働契約上の責任や権限の定めや合意を否定するものでもありません。労働契約上の使用者の安全配慮義務もなくなるものではありません。

　業務遂行方法について使用者が具体的な指示をしたり，本人の裁量の余地を

奪うなどのことは労基法上の裁量労働制としての要件に抵触するのでできません。仮にそうした指示等がある場合は労基法上の裁量労働制としての効果が否定されることにもなります。しかし、業務遂行に関連する一般的指示・具体的な指示のすべてがこうした要件と矛盾するわけではありません。設問にある実際の時間が長時間労働とならないようにという指示を考えれば、労働が長時間とならないようにするために具体的な業務の遂行方法を指示しこれを義務付ければ、その業務遂行方法についての具体的な指示をした、ということが裁量労働制と矛盾することになり問題になりますが、長時間労働とならないように業務遂行方法も含め工夫するようにという指示をすることには問題はありません。適正な労働時間の実態の記録を命じることも、業務遂行方法等についての指示が困難であることや本人の裁量に委ねることと何ら矛盾することなく可能です。企画業務型裁量労働時間制についての、労使委員間の決議において労働時間の状況等の勤務状況を把握し、状況に応じた健康・福祉確保措置を講じることとされているのもこのためです。

　また、みなし労働時間制は、確かに労働時間規制にかかわる制度であり、深夜業規制や休日労働規制その他の労基法上の規制についてまでのみなし効果を定めたものではないとされています。これを論理矛盾という見解を持たれる方もいるかもしれません。しかし、もともと、労基法では労働時間規制、休日労働規制、深夜業の制限、休憩時間規制、それぞれを別個の目的から規制しており、一連の労働のそれぞれの側面で規制する仕組みになっています。年少者の時間規制も一般労働者の時間規制と別に設けられています。その中のどの部分の規制についてみなし制度の対象とするかは、いわば立法上の裁量に委ねられているということでしょう。確かに、1日の労働時間数についてみなし時間が設定されているのに、その中での深夜業の時間数は実際の時間での把握管理が求められる、というのは違和感があるかもしれませんが、まさにそのような制度としてみなし労働時間制は制定されている、ということです。

　　〔参照条文　労基法38条の3、38条の4、労働基準法第38条の4第1項の
　　　　　　　　規定により同項第1号の業務に従事する労働者の適正な労働
　　　　　　　　条件の確保を図るための指針〕

Q98 週休2日制の場合の休日労働

週休2日制の場合，2日ある週休日のうちどちらに労働させると労基法上の休日労働ということになるのですか。

A　労基法上の休日労働とは，1週1日（又は変型休日制をとる場合は4週4日）の法定休日における労働です。この法定休日については，特段どの曜日の休日をもって労基法所定の法定休日とするというような形で法定休日を特定しなければならないという義務はありません。所定休日として同一週に2回以上の休日がある場合，そのいずれもが労基法上の休日となりえます。したがって，他に1日休日が確保されている限り，他の所定休日に労働させても，「使用者は，労働者に対して，毎週少なくとも1回の休日を与えなければならない」という労基法第35条の義務は守られたことになり，労基法上の休日労働をさせたことにはなりません。

土曜，日曜の週休2日制を例にとれば，日曜だけが労基法上の休日であり，土曜は労基法上の休日ではないと考える必要はありません（その逆も同様です）。土曜，日曜のいずれか1日が休日として確保されていれば，その週は労基法上の休日労働はなかったと考えてよいのです。同一週に複数の所定休日が定められていて，そのいずれかが法定休日として特定されていない場合，労基法上の休日労働（違反）が生じるのは，その週のすべての休日に労働させた場合のその最後の休日の労働ということになります。

なお，前述のように，法定時間外労働の割増賃金の率が改正されたことに関連して，厚生労働省では改正労基法の施行通達で「就業規則その他これに準ずるものにより，事業場の休日について法定休日と所定休日の別を明確にしておくことが望ましい」としていますが，仮に，土曜日を所定休日，日曜日を法定休日と定めたとして，両者の休日としての性格（労働契約上労働義務のない日として定められていること）に違いがない限り，そのいずれかを休ませていれば週1日の休日の付与義務は果たされるのであるから，土曜日に休ませれば法定休日と定めた日曜日に労働させたとしても労基法上の休日付与義務に違反す

るとは言えないでしょう。この意味で，上記通達の趣旨は，割増賃金率の適用における問題をクリアーするための措置として，法定休日と法定外休日の区別をすれば，割増賃金率の適用については労使間の取決めによってその区別を基に取り扱うことができる，という趣旨と理解してよいのではないでしょうか（ちなみに，この点について言及した行政解釈は示されていません）。

〔参照条文　労基法35条，36条〕

Q99 ｜ 休日振替と時間外労働

　　休日振替の根拠規定に基づき休日を他の労働日と振り替えて勤務させた場合，その日の勤務は休日労働とはならないはずですから，当然休日労働に対する割増賃金は不要であるし，休日労働に関する三六協定も不要と考えますが，間違いでしょうか。

Ⓐ　設問にある考え方は，部分的には間違いのないところですが，別の観点からの注意を要します。まず，4週4日の休日を確保する範囲での休日振替の結果，従来の所定休日は労働日となったわけですから，この日に労働させても休日労働とはならないということは，お考えのとおりです。したがって，「休日労働としての割増賃金」は不要であり，休日労働に関する三六協定も不要であるということについても，お考えのとおりです。ただし，割増賃金がいっさい不要か，三六協定がまったくなくて問題ないかについては，さらに検討が必要となります。それは，振替が同一週内で行われたかどうかが関係してきます。同一週内での振替であれば，その週の実労働時間に変化は生じませんから，割増賃金も三六協定も特に振替に関連して問題となることはありません（ただし，変形労働時間制により1日8時間を超える所定時間を定めた日と休日が振り替えられた場合，振替によって1日8時間を超えて労働する部分は変形労働時間制としての扱いは認められず，時間外労働として割増賃金の支払い等の必要を生じます。昭63.3.14基発150）。

これに対し，週を超えて振替が行われる場合は，振替により労働することと
なった日の属する週の労働時間が，週の法定労働時間を超えることが考えられ
ます。このような場合は，週の法定労働時間を超える労働は時間外労働と評価
されますので，割増賃金や三六協定が必要となりますので注意してください。

〔参照条文　労基法35条，36条，37条〕

Q100　三六協定の従業員代表の退職と協定の効力

従業員の過半数を代表する者と結んだ三六協定は，その者の退
職により無効となるのですか。また，多数労組と結んだ三六協定
はその労働組合が過半数を組織しなくなった場合に無効となるの
ですか。

Ⓐ　　設問の事例は，いずれも有効に締結された三六協定の法的効力に何ら
影響を与えることはありません。三六協定の締結当事者についての要件
は，その協定を締結する時点において具備していることが求められますが，こ
れはいわば協定成立のための要件であり，協定の効力の存続の要件とはされて
いないのです。たとえば，労働組合が協定当事者の場合はその労働組合が事業
場の労働者の過半数を組織しているか否かの判断は比較的容易かもしれません
が，それでも，組合員の資格喪失や脱退がどの時点でなされたか，使用者とし
て常に把握できるものではありません。

また，従業員の過半数代表者についても退職の日付はわかるとして，過半数
の支持が失われたか否かはわかりません。労基法の時間規制はいうまでもなく
罰則を伴うものですから，このような要素でもって三六協定の効力が左右され
るとすることは問題でしょう。学説では，こうした場合の考え方として代表の
選任をし直す必要がある等の説もあるようですが，実務上は冒頭で述べたよう
に，三六協定の効力に影響はないと考えておいて問題はありません。

〔参照条文　労基法36条〕

Q101　協定後の労働者数の増減と協定の効力

　新規採用により協定当事者の選出母体の人数に変更が生じた場合や協定で定めた労働させることのできる労働者数よりも実際に労働させる労働者数が多くなった場合，協定は締結し直さなければなりませんか。

Ⓐ　Q100で述べたように，三六協定の締結当事者についての要件は，協定締結時において具備していることが求められるものであり，その後において，協定締結当事者であった者の変化は，適法に締結届出された協定の効力には影響がなく有効である，ということです。たとえば，協定後に新規採用者が増えたため，協定締結時の過半数代表者が労働者の過半数の支持を得られなくなったとしても，協定の効力には影響がありません。

　しかし，協定した労働させることのできる労働者の数と，協定締結後の事業場の労働者数の変化の関係はどうかというと，これは問題があるところです。それは，協定しなければならない事項として「労働者の数」が定められているからです。たとえば，100人について時間外労働をさせることができるという協定の締結届出があれば，100人については協定の効力が及びますから，1日に実際に時間外労働をさせる人数が100人以内であれば問題はありません。しかし，人員増で150人体制になった場合でも，1日に100人を超える人数については時間外労働をさせることができるという根拠がありません。この場合に，1日に150人について時間外労働をさせることは当然に違法となるのでしょうか。これについて答えた行政解釈はありません。これに対し，労働させることのできる「時間数」については，これを超えることが協定違反となるのには疑問がありません（昭23.7.27基収2622，平11.3.31基発168）。

　厚生労働省の労働基準法コンメンタールによれば，「本条は，時間外又は休日労働を適法に行うための要件として協定の締結を規定しているのであるから，これをいいかえれば，協定の直接的効力は時間外又は休日労働の刑事上の免責であることになる。この効果は，時間外・休日労働協定の対象労働者全体に及

ぶ」としています（厚生労働省労働基準局編『令和３年版　労働基準法』513頁）。実際の協定の締結においては，ほとんどの場合，協定締結時の在籍者の数を労働させることのできる労働者数として計上しているものと思いますが，その人数と協定締結後の人員の増減の関係については意識されていない場合が多いと思われます。このため，前述のコンメンタールも別の箇所で，労働者の数について「協定締結後，若干の労働者の数の変動があったとしても，特段の事情がない限り，当該協定によって時間外労働させることができると解して差し支えない。ただし，協定締結当時予測できないような状況の変化があった場合には，改めて協定を締結しなおす必要も生じうる」としています（前掲書515頁）。

　要するに，協定締結当事者の意思が，在籍者全員を対象に時間外労働等を可能にする趣旨で締結したものであるならば，その後の人数の増減にかかわらず当該事業場の全労働者について協定の効力が及ぶと考えるのが基本で，ただ，労働させることのできる対象者を絞り込んで協定したことが明らかな場合は，その範囲内に限られる，という前述の考えが原則である，ということになります。「若干の労働者の数の変動があったとしても，特段の事情がない限り，当該協定によって時間外労働させることができると解して差し支えない」という解説もあいまいなようには思えますがこの趣旨を説明したものと考えられます。ただ，現実実務においては，協定の限度を超えて労働させたという指摘を受けるおそれも否定できません。特に人数を限定する意図がないのであれば，人数の特定に合わせて，これが協定締結時点の在籍者数であり，労働可能とする人数は事業場の労働者全員であることを明記することが考えられます。

〔参照条文　労基法36条〕

⑥ 割 増 賃 金

Q102　長時間労働の場合の割増賃金の特別ルール

時間外労働の時間数が増えた場合，長時間労働抑制のため割増賃金の率が高くなったようですが，具体的にはどのような内容ですか。

Ⓐ　従前の労基法による割増賃金の規制は，法定の時間外労働については２割５分増し，法定の休日労働については３割５分増し，深夜労働については２割５分増しとされており，時間外労働や休日労働の長さ・回数で割増率を高くする仕組みはありませんでした。このうち，時間外労働の割増賃金に関する仕組みだけが法改正により平成22年４月から変わり，次のようなことになりました。

まず，労基法第37条第１項に「……ただし，当該延長して労働させた時間が１カ月について60時間を超えた場合においては，その超えた時間の労働については，通常の労働時間の賃金の計算額の５割以上の率で計算した割増賃金を支払わなければならない。」というただし書が追加されました。これにより法律自体で定められた割増賃金のルールは次のようになります。

＊１日については，８時間を超える部分について２割５分増し

＊１週については，40時間を超える部分について２割５分増し

＊１カ月については，60時間を超える部分について５割増し

つまり，割増率については，今までとは異なり必ず１カ月トータルで見て60

時間を超える時間外労働の部分があるかないかを確認し，60時間を超える時間外労働の部分については5割以上の割増賃金を支払う必要があります。

　これに加え，法第36条の第7項では，厚生労働大臣は割増賃金の率等についての指針を定めることができると定めており，これに基づき，三六協定で定める労働時間の延長及び休日の労働について留意すべき事項等に関する指針（平成30年厚生労働省告示323号）が定められています。その指針第5条第3項では，限度時間を超えて労働させることができる時間に係る割増率を定めるに当たっては，法第37条第1項の政令で定める率を超える率とするように努めなければならない，とされています。政令（時間外・休日の割増賃金率の最低限度を定める政令＝平成6年政令5号）が定める率は時間外労働の場合2割5分ですから，月45時間，年360時間等の限度時間を超える労働については2割5分を超える率とするように努めることが必要です（このことを前提にした労使の協議の結果として，2割5分とすることで協定が結ばれれば，それも有効とされます）。

　この結果，1カ月で見た場合の時間の割増賃金の率は，次のように複雑なものになりますので，間違いを生じないよう，計算システムの変更等の対応が必要となります。

①　1カ月45時間までは25％（以上），

②　1カ月45時間等を超え1カ月60時間までは労使協定で定めた率（この率は，25％を超える率を定めるように努めることが求められますが，労使検討の結果25％とすることも許されます），

③　1カ月60時間を超える時間については50％（以上）ということになります。

〔参照条文　労基法37条〕

Q103　法内超勤と割増賃金

　所定労働時間が法定労働時間より短い場合のいわゆる法内超勤や法定休日以外の所定休日に労働させた場合，割増賃金を支払う義務はないのですか。

Ⓐ　設問については，労基法第37条による割増賃金の支払義務の有無と，労働契約上の割増賃金その他の賃金の支払義務の有無という2面から検討しなければなりません。ご存知のとおり，労基法上の割増賃金の支払義務は，実労働時間が法定の労働時間を超える場合，労基法所定の1週1日の休日に労働した場合に（あるいは深夜の労働に対して）生じるものです。所定労働時間が1日あるいは1週の法定労働時間である1日8時間，1週40時間等よりも短い場合，法定の労働時間に達するまでの間の労働については，労基法上の割増賃金の支払義務はありません。1週1日の法定休日以外の休日における労働についても，休日労働としての割増賃金支払義務は労基法からは生じません（ただし，所定休日の労働の結果，週の法定労働時間等を超えれば時間外労働としての法律上の割増賃金が必要となります）。

　これに対し，労働契約上の割増賃金等の支払義務があるか否かは，就業規則その他の定めによって判断されます。労働協約や就業規則あるいは労働契約上，所定労働時間を超えて労働する場合に，それが法定の時間外労働となるか否かを問わず一律に割増賃金を支払う旨の定めがあれば，使用者はその合意に基づき支払義務を負い，これを支払わなければ労基法第24条の賃金の全額払いの規定に違反することになります。

　また，就業規則等で，法内超勤と法定の時間外労働とを区別し，前者については割増賃金ではなく，時間当たりの所定賃金を支払うことを定めている場合には，これを支払えばよく，所定外であるから必ず割増しされた賃率でなければならないということはできません。また，法内超勤について支払うべき賃率につき何らの定めもなく判断し難いような場合は，少なくとも時間当たり所定賃金が支払われるべきでしょう。

　なお，法定外の休日における労働についてもこれに準じて考えればよいことになります（ただし，前述のように法定外休日労働が労基法上の時間外労働となる場合は法定の割増賃金が必要です）。

〔参照条文　労基法37条，32条，35条，24条〕

Q104 | 1年以内の変形制と時間外割増賃金

労基法で認められている1年単位の変形労働時間制については，その要件等複雑なようですが，この制度を採用する場合，どの勤務から割増賃金を支払うべきかがよくわかりません。説明してください。

A 1年単位（以内）の変形労働時間制は，簡単にいえば変形期間を平均して週40時間以内で所定労働時間を設定することにより，その定めるところによって1日8時間や週の法定労働時間を超える労働を認める制度です。

1年以内の変形労働時間制の場合，この制度を利用できる事業場には特別の制限はありませんから，事業の種類や規模に関係なくこうした制度を活用する必要があればこれを利用できます。

1年単位の変形労働時間制における時間外労働については，具体的には，次のように1日単位，1週間単位，変形期間全体の3段階で見る必要があります（平6.1.4基発1，平9.3.25基発195）。

⑴　1日については労使協定で8時間を超える所定労働時間を定めた日についてはその所定労働時間を超えた時間が時間外労働となり，8時間以内の時間を定めた日については8時間を超えた時間が時間外労働となります。

⑵　1週間については，労使協定で40時間を超える所定労働時間が定められている週については，その所定労働時間を超えた時間が時間外労働となり，週40労働時間以内の時間を定めた週については週40時間を超える時間が時間外労働となります（上記⑴で時間外労働となる時間はそちらで時間外労働と評価していますので除きます）。

⑶　変形期間（1年以内の期間）については，その変形期間全体における法定労働時間（※この制度は変形期間を平均し1週間の労働時間が40時間を超えない定めをすることが要件とされています）の総枠を超えた時間が時間外労働となります（同じく⑴，⑵で時間外労働となる時間は除きます）。

これらの時間が法律上の時間外労働であり，時間外労働に関する労使協

定の締結届出が必要であり，かつ，労基法第37条の割増賃金が必要な時間
　です。

　以上が原則的考え方です。

〔途中入退社の者等の特例〕

　この制度を，制度の期間の途中で退職・解雇される者や期間の途中で新たに
雇用された者，期間途中退職予定者等に適用する場合の割増賃金の清算につい
ては，次のような規制があります（労基法32条の4の2）。

　対象期間中に労働させた期間が対象期間よりも短い労働者（※中途採用・退
職者のように労働契約の期間が対象期間より短い者を指し，産休や育児休業等の取
得により実際に労働した期間が対象期間よりも短かった場合は含みません。平
11.3.31基発169。ただし，配置転換の場合は含みます。平11.1.29基発45）につい
ては，労働させた期間を平均し1週間当たり40時間を超えて労働させた場合は，
その超えた時間（労基法第33条や第36条の規定により延長し又は休日に労働さ
せた時間を除きます。ただし，この部分は後述のように同法第37条により割増
が必要です）の労働については，労基法第37条の規定の例による割増賃金を支
払わなければなりません。つまり，対象期間の一部のみこの制度の適用を受け
る者については，適用を受けた期間のみで平均して週40時間を超える部分につ
いて，同法第37条の割増賃金と同じ割増賃金を支払う義務が定められたのです。
なお，労基法第33条や第36条による労働の部分は，もともと同法第37条の適用
を受けるので，この条文（労基法32条4の2）を適用するまでもなく割増賃金
の支払いが必要となるので，この条文の対象からは除かれています。

　　　　〔参照条文　労基法32条の4，32条の4の2，33条，36条，37条〕

Q105 所定労働時間数の変更と割増賃金

　割増賃金の計算は所定労働時間を基礎にしていますが，労働時間短縮や休日を増やした場合は，所定労働時間を変更しなければなりません。これを変更すれば，当然割増賃金の時間単価も変わると思いますが，それはどの時点で単価を変更することになるのでしょうか。たとえば，制度の変更が4月1日とすると，その日なのか，就業規則の改正を3月中に行った場合は3月なのか，それとも暦の1年である1月から単価を変える必要があるのでしょうか。また，いったん決めた単価は1年間は有効で次の年から変えればよいのか，年度の途中で時間を変えた場合はどうなるのでしょうか。

Ⓐ　労基法による割増賃金は，時間によって定められた賃金はその金額を時間単価とし，日によって定められた賃金は1日の所定労働時間数（週によって時間数が異なる場合は1週平均の1日の時間数）で，月によって定められた賃金については月の所定労働時間数（月によって時間数が異なる場合は1年平均の1カ月の時間数）でそれぞれ割って1時間当たりの単価を算定し，これに時間外労働等の時間数とそれぞれの割増率を掛けることによって計算することになっています（労基則19条）。

　ご質問の時間外の割増賃金単価の変更時期の問題については，次のように考えられます。

　賃金のうち月額いくらと定めた賃金は，月の所定労働時間数で割って1時間当たりの単価を出しますが，月によって所定労働時間が違う場合は年間の所定労働時間を12分して1カ月当たりの時間数を出し，これで割って1時間当たり単価とします。この1年とはいつからいつまでの1年であるかについては法律上特段の規定はありません。年休の場合は各人の入社日から起算するというのが原則ですが，これと同じともいえません。要するに，1週間のとり方と同じで，各企業でこれをたとえば4月1日からの1年間と定めていればそれによる

ことができるし，定めがなければ暦の1年である1月1日から12月31日までということで考えてよいでしょう。

　さてこの1年によって時間単価が決まった場合にその後所定時間を変更したときは単価を変える必要があるのか，一旦決めた単価は1年間はそのまま有効かということですが，これについても解説等はありませんが時間外労働等の割増賃金の対象となる労働が行われた時点における所定時間を基礎にした単価で計算されるべきものと考えます。

　したがって，一旦決まった時間単価もその後の所定時間の変更があればその時点以降は新しい所定時間で計算し直した単価を適用すべきものと考えます。たとえば，1月1日からの1年で単価を計算している場合に4月からの時間短縮が行われれば，4月以降の時間外労働等については改めて単価を計算し直して新しい単価で計算することが必要となると考えます。なお，1月にさかのぼって新しい単価を適用する必要はありません。これは，年度の途中で時間を変更した場合も同様で，新しい時間が適用された時点以降の割増単価は新しい時間で計算された単価を適用することになります。

　次に，4月からの時間短縮をその前の段階で決定していた場合の問題です。たとえば，2月に労使間の合意で所定休日を増やしたり4月からの時間短縮を合意して就業規則等を改正している場合はどう考えるべきかが問題です。これについては，就業規則等の改正施行の時点から新しい時間による単価を適用するべきであると思われます。つまり，2月に改正が行われても，その施行日が4月1日とされていれば4月1日以降について単価の変更を行えばよいと考えます。

〔参照条文　労基法37条，労基則19条〕

Q106 遅刻した者・半日年休を取得した者が残業した場合の割増賃金

遅刻して出社した者や，午前半日年休を取得した者が所定終業時刻を超えて残業した場合，割増賃金の必要はあるのですか。また，早出勤務した者が早退した場合はどうですか。

A　労基法の労働時間規制は，いわゆる実労働時間主義をとっており，割増賃金の支払義務も，この実労働時間主義によっています。したがって，設問の事例のいずれの場合も，その日，その週における実際の労働時間が法定の労働時間を超えない限り，労基法上の時間外労働に対する割増賃金の支払義務は生じません。しかし，これとは別に，労働契約上何らかの割増賃金等が支払われる必要があるか否かの検討も必要となります。一般には，時間外労働として割増賃金の支払いの対象となる労働は，所定時間外の労働であって，かつ，実労働時間において所定労働時間又は法定の労働時間を超えた労働であるとされているかと思います。つまり，実労働時間が遅刻や早退によって少なくなり，所定の始終業時間帯の外で行われた勤務の時間を合計しても所定労働時間内である場合は，一般には割増賃金の対象とされていないと思われます。

しかし，数多くの就業規則等の実例の中には，実労働時間数という要素が含まれず，終業時刻以後の労働について割増賃金が支払われるような規定となっているものもみられます。このような規定の真の意図がどうなのか，単に終業時刻以後の労働は当然実労働でも所定時間外になるはずという通常の場合を想定したもので，時刻に意味はなく，実労働時間数が問題なのか（そうであるとすれば，規定の仕方が不適当ですが），時刻とした以上，時間数とは関係なく終業時刻以降の労働には割増賃金を支払うというものか，明確でない場合もあります。しかし，規定上，一定の時刻以後の労働について割増賃金を支払うと定めている以上は，基本的には割増賃金が支払われるべきであり，当事者の意図がそうでないとするのであれば規定も明確に改めて，実労働時間によって支払われるものであることを明記して誤解の生じないようにするべきでしょう。

　以上の考えは半日年休を取得した者についても当てはまると考えます。すなわち，午前半日年休を取得した者が所定終業時刻を超えて勤務した場合も，労基法第37条の割増賃金支払義務は，あくまでその日（その週等）の実労働時間が法定労働時間を超えた場合に生じるのであり，法定の割増賃金の支払義務の有無の判断においては，理由の如何を問わず現実に就業していない時間は実働時間として評価する必要はないと考えられます。ちなみに，年次有給休暇を取得した日の賃金について通常の賃金を支払うこととしている場合，その日は通常の労働をしたものとして扱えば足りるとされますが，それはその日の休暇利用により勤務しなかった部分の賃金の扱いについての考え方を述べたものであり，これと異なる割増賃金の支払義務については前述のように考えることで問題ないと思われます。　　　　　　　　〔参照条文　労基法32条，37条，39条〕

Q107　定額残業手当

　残業手当の支払いは，各従業員の割増基礎賃金に応じ，各人の実際の残業時間数で計算すべきことが原則でしょうが，計算事務の簡便化のため，全員一律に一定額の残業手当を設定してこれを支払い，その都度の計算を省略したいと思いますが，可能ですか。

Ⓐ　労基法の定める時間外労働や休日労働，深夜労働の割増賃金は，実際に支払われる割増賃金が法の定める計算方法により計算した額を下回らない限り，別の計算方法によっても問題ありません。設問の定額残業手当の制度も，各従業員の現実の時間外労働時間数等に基づき法定の計算方法により計算される割増賃金額を下回らない限り，違法ではありません。しかし，現実問題として心配になるのは，労基法上の割増賃金は設問にもあるとおり，各労働者ごとにその基礎賃金額も異なれば各月の時間外労働時間数等も異なる場合が多いでしょうから，そうしたバラツキのある法律上支払うべき賃金をカバーできるような定額の手当が設定できるかどうかということです。方法として，大

部分の者についてカバーできる手当額を，過去の実績等を勘案して設定し，仮に各人の実際の時間外労働の時間数等が設定した定額手当でカバーできない場合は不足額を追加支給するということが考えられます。この方法も，不足分が確実に支払われる限り違法とはいえません。ちなみに，年俸制労働者の割増賃金について述べた行政解釈では，「年間の割増賃金相当額を各月均等に支払うこととしている場合において，各月ごとに支払われている割増賃金相当額が，各月の時間外労働等の時間数に基づいて計算した割増賃金額に満たない場合」は違反となるとされています（平12.3.8基収78）。

　なお，いずれの場合も，定額の手当が各人の実績に基づき計算される金額を上回る場合は定額を当然そのまま払うことになりますから，計算の便宜がある反面，費用が余計にかかることは避けられません。また，定額の手当と各人の実績時間との関係で何時間を超えたならば不足が生じ追加支給しなければならないかを予め確認しておき，必要な追加支給が確実に行われる必要がありますので，残業時間の実績管理は確実に行われなければなりません。

　＊厚生労働省は，更に平成29年7月7日の最高裁第二小法廷判決（要旨：割増賃金を基本給等に含める方法で支払う場合は，通常の労働時間の賃金に当たる部分と割増賃金に当たる部分とを判別することができることが必要であること，割増賃金に当たる部分の金額が労働基準法37条等に定められた方法により算定した割増賃金の額を下回るときは，その差額を支払う義務があること）を受けて，改めてこの最高裁の判断を徹底する労働基準局長名の通達（平29.7.31基発0731第27号）及び，更にこれを受けて労働基準監督機関として監督指導等の実施に当たって留意すべき事項を次のように示す監督課長名の通達（平29.7.31基監発0731第1号）を出しています。
　（平29.7.31基監発0731第1号のポイント）
　①　基本賃金等の金額が労働者に明示されていることを前提に，たとえば，時間外労働，休日労働及び深夜労働に対する割増賃金に当たる部分について，相当する時間外労働等の時間数又は金額を書面等で明示するなどして，通常の労働時間の賃金に当たる部分と割増賃金に当たる部分とを明確に区別できるようにしているか確認すること。
　②　割増賃金に当たる部分の金額が実際の時間外労働等に時間に応じた割増賃金の額を下回る場合には，その差額を追加して所定の賃金支払日に支払わなければならない。そのため，使用者が「労働時間の適正な把握のために使用

　者が講ずべき措置に関するガイドライン」を順守し，労働時間を適正に把握
　しているか確認すること。
③　窓口での相談や集団指導等のあらゆる機会を捉えて，上記①，②について
　積極的に周知すること。
④　監督指導を実施した事業場に対しては，時間外労働等に対する割増賃金を
　基本給や諸手当にあらかじめ含めて支払っているか否かを確実に確認し，①，
　②に関する問題が認められた場合には，是正勧告を行うなど必要な指導を徹
　底すること。
　　これらの通達や次の厚生労働省の示す指針等を考えれば，企業実務としては，
　なるべく具体的な定めを置くことが適切な対応であると思われます。
＊厚生労働省では，従業員の募集等において，「固定残業代」（定額残業手当）を
　含めた賃金の表示をめぐるトラブルが問題化しているとして，2015年10月から
　「若者雇用促進法」に基づく指針（平成27年厚生労働省告示406号）において①
　固定残業代を除いた基本給の額や，②固定残業代に関する労働時間数（固定残
　業時間）及び金額等の計算方法，③固定残業時間を超える時間外・休日・深夜
　労働に対して割増賃金を追加で支払う旨のすべてについて，募集要項や求人票
　などでの明示を求めてきました。
　　今回，その対象をすべての労働者等とするため，職業安定法5条の3に基づ
　く労働条件の明示の義務規定に根拠を置く指針において，職業紹介事業者，求
　人者，労働者の募集を行う者，募集受託者及び労働者供給事業者の義務として，
　同様の労働条件を可能な限り速やかに明示しなければならないこととする「職
　業紹介事業者，求人者，労働者の募集を行う者，募集受託者，募集情報等提供
　事業を行う者，労働者供給事業者，労働者供給を受けようとする者等が均等待
　遇，労働条件等の明示，求職者等の個人情報の取扱い，職業紹介事業者の責務，
　募集内容の的確な表示，労働者の募集を行う者等の責務，労働者供給事業者の
　責務等に関して適切に対処するための指針」の改正が行われ平成30年1月1日
　から施行されました。

〔参照条文　労基法37条〕

Q108 年俸制適用者についても割増賃金は別枠で支給しなければならないか

当社では，管理監督者以外の者にも仕事の実績に応じた給与を支払うため，年俸制を導入することを検討していますが，単に時間の長さで計算しなければならない労基法の割増賃金はこの制度の趣旨に合いません。このため，「年俸額には労基法所定の割増賃金を含むものとする」と定めることで別途支給はしないこととしたいのですが，問題があるでしょうか。

Ⓐ 労基法による割増賃金の支払義務を定めた第37条の規定は，労基法第41条によってその適用を除外されたもの以外のすべての労働者に適用があります。年俸制賃金の適用者について第37条の規定の適用を除外するという定めは労基法上ありませんから，これらの者が法定の時間外労働等の割増賃金の支払いが必要な労働を行った場合は，割増賃金を支払わなければなりません（なお，ご質問で触れられている管理監督者は深夜業の割増は必要ですが，時間外・休日労働の割増は適用がありません）。

このため，管理監督者等の第41条該当者以外の従業員が法定の時間外労働や休日労働，深夜労働を行った場合は年俸制適用者といえども割増賃金を支払わなければなりません。なお，年俸制適用者が仮に裁量労働制によるみなし労働時間制の適用者であるとしても，そのみなし時間が法定労働時間を超える場合は割増賃金が必要ですし，休日労働や深夜労働を行えばその割増賃金は必ず必要となります。

割増賃金の支払方法としては，①原則どおり毎月づき当月の時間外労働等の実績に応じて算定して支給する方法のほか，②一定の時間数や金額をあらかじめ定め，実際に行った時間外労働等がそこまで達しない場合もその定めた額を支払う（実際の時間がこれを超える場合は超えた部分は別途支払う）という定額残業手当方式が考えられます。

お考えの方法は，要するに年俸の中には割増が含まれているのだから，いち

いち別に計算して別枠で払うことはしない，ということと思われます。これは，以上の定額残業手当方式としての条件を満たせば可能です（Q107「定額残業手当」参照）。ただ，単に年俸額には割増賃金を含む，と宣言すればこの条件を満たすということにはなりません。年俸の中に割増賃金としての金額がいくら又は，何時間分（固定残業代の金額や固定残業時間数）含まれているかが明確に定められ，他と区別できるものでなければなりません。

　さらに，年俸といっても毎月分割して支払われるわけですし，時間外労働等の割増賃金も毎月払いの原則の適用を受けますから，結局のところ，この方式を採るためには，毎月支払われる給与の中にどれだけの割増賃金が含まれているかを明確に定めなければなりません。かつ，その月に実際に行われた時間外労働等の実績により算定した額以上の金額が設定されていない場合は，不足部分は別途支給しなければなりません。時間外労働等の時間数は月によっても違うでしょうし，割増賃金は，時間外労働，休日労働，深夜労働で率も違いますから，適法な定めをすることは容易ではないように思われます。割増賃金の対象者については年俸制を適用する場合でも，割増賃金は年俸とは別に支給することが適当ではないかと思われます。

　※Q107の最後，募集，採用時の「固定残業代」の明示について参照。

〔参照条文　労基法37条，41条〕

Q109　三六協定の限度を超えた残業と割増賃金

　三六協定の時間の限度については，従業員代表の意向もあり，なかなか実際の必要時間のすべてをカバーできない事情があります。場合によってはやむをえず協定の限度を超えてしまうこともありますが，こうした三六協定の限度を超える残業に対する割増賃金はどうすべきでしょう。

(A)　設問のように，三六協定を超える違法な時間外労働が発生してしまった場合の割増賃金の支払いをめぐっては，たとえば翌月の実績時間としてカウントするなど，一方で不払いとならず，また一方で法違反の指摘を受けないようにということでの工夫をしている例もあるようですが，違法な時間外労働と割増賃金の遅払いという二重の問題が生じます。法的には問題といわざるを得ません。割増賃金の支払義務は，適法な三六協定の範囲内の労働に限られるものではなく，違法な時間外労働であっても法定の労働時間を超え，または法定の休日に労働させる限り生じるものと解されています。1日について自ら設定した三六協定の限度時間を超えて労働させることは，違法の責めを免れませんが，たとえ，三六協定を超える違法な時間外労働であっても，割増賃金については実績に基づき正確に支払うことが従業員との間の信頼関係を維持するためには必要と思われます。三六協定を超えざるを得ない業務の実態がある場合には，その実態の改善を図りつつ，一方で協定に実態を反映させた，より現実的な協定の締結について従業員代表の理解を求めることが必要と思われます。なお，改正労基法第36条は，三六協定により労働させることのできる限度時間を原則月45時間，年360時間と定める一方で，通常予見することができない業務量の大幅な増加等に伴い臨時的に限度時間を超えて労働させる必要がある場合においては，1カ月につき時間外労働及び休日労働の合計時間が100時間未満，年間の時間外労働時間720時間までの範囲で労働させることができる協定を結ぶことができる，としています（ただし，月45時間を超えることができる月数は6カ月以内。また，協定による時間外・休日労働は，月合計100時間未満，複数月平均月80時間以内であることが必要）。こうしたいわゆる特別条項の活用も考えられます。

〔参照条文　労基法36条，37条，時間外労働の限度基準〕

Q110　残業時間の端数はどう処理するか

　　残業に対する割増賃金は，実労働時間数を基礎に行うのが当然でしょうが，毎日の時間数の端数について合理的な計算方法として，たとえば30分単位の切上げ切捨てといった処理は認められないのでしょうか。

A　　設問の件については，賃金の端数計算のところで説明したように，残業時間自体としての端数の処理と，計算の結果として算定された支給すべき手当額の端数処理の問題があります。まず，残業時間の端数処理の方法については，以下のような限度でのみ法違反として取り扱わないこととされています。

　1カ月における時間外，休日，深夜の各労働について，各々の合計時間数に1時間未満の端数がある場合に，30分未満を切り捨て，30分以上を1時間に切り上げること。したがって，1日単位での30分単位の切捨ては認められません。1日単位で端数処理をする場合は，端数は全部切り上げるしかありません。

　次に，実際に支給されるべき手当額の端数については，まず1時間当たりの賃金額及び割増賃金額の計算で50銭未満を切り捨て，それ以上を1円に切り上げ，次に1カ月での時間外・休日・深夜の各手当ごとの合計額で同様の処理をすること，最後に1カ月の賃金総額について50円未満の切捨て，それ以上の100円への切上げが認められています（昭63.3.14基発150）。

〔参照条文　労基法37条〕

Q111 休日労働と時間外・深夜手当

法定休日に労働させた場合，その時間が実働 8 時間を超えたときは休日の時間外労働として，またその時間が深夜に及んだときは休日の深夜労働として，割増率を加算する必要があるのでしょうか。

A 設問の件について，労基法の解釈としては法定休日労働が深夜に及んだ場合は法定休日労働としての1.35の割増賃金の他に，深夜労働としての0.25の割増賃金の合計1.60の割増賃金を支払う義務があります。これに対し，休日については法定労働時間の概念がありませんから，休日の時間外労働という考え方はありません。したがって，深夜時間帯以外で行われる休日労働（この場合はすべて法定の休日における労働ということを前提としています）に対する割増賃金は，すべて1.35でよいことになります。これに関係する行政解釈として，「協定において休日の労働時間を 8 時間と定めた場合割増賃金については 8 時間を超えても深夜業に該当しない限り 3 割 5 分増で差し支えない」とするものがあります（昭22.11.21基発366，昭33.2.13基発90，平6.3.31基発181，平11.3.31基発168）。

なお，以上の説明は労基法第37条の解釈に関わるものであり，これとは別の問題として，労働契約上の特別の約束や就業規則等によりこれを上回る特別の定めがあれば当然これを支払わなければ労基法第24条の賃金の全額支払いに違反することになりますから，この説明とは別に注意を要します。

〔参照条文　労基法37条〕

Q112　法定休日・法定外休日と割増賃金

月間60時間を超える時間外労働についての割増率が引き上げられたということですが，この時間数には，休日労働の時間数は含まれないのですか。

A　1カ月60時間を超える法定の時間外労働についての割増賃金の率が5割に引き上げられていますが，この割増率は，労基法上の時間外労働となる時間数が1カ月60時間を超える部分について適用されます（中小企業は令和5年4月から適用）。労基法上の休日労働の時間数はこの時間数には算入されません。会社所定休日の中の，労基法上の休日労働に該当しない部分の労働であって，その時間が労基法上の時間外労働に該当する部分はこの計算に算入されます。

　各企業の定める就業規則では，従業員の休日として，土曜・日曜，国民の祝日に関する法律に定める休日，会社創立記念日等，この労基法の定めるいわゆる法定休日（1週1日又は4週4日の休日）以外にも多くの休日が定められているのが普通でしょう。これらすべてを称して会社所定休日などといいますが，この従業員の労働義務のない日として定められている会社所定休日の中には法定休日と法定休日ではない休日＝法定外休日があるということになります（会社所定休日の中のどれが法定休日であり，どれが法定外休日と考えるかについてはQ97「週休2日制の場合の休日労働」を参照してください）。

　設問の1カ月60時間を超える法定の時間外労働についての割増賃金の率である5割が適用されるのは，法定休日を除いた残りの会社所定休日における労働時間が労基法上の時間外労働に該当し，かつ，その時間数が他の時間外労働時間数と合計して1カ月60時間を超える部分です（この1カ月についてはその起算日を就業規則で定めることが求められます。仮にその定めがないときは賃金計算期間の初日が起算日として取り扱われます）。

　たとえば，ある1カ月の第3週に土曜と日曜と祝日が就業規則上の休日として定められていたとすると，変形休日制をとっていないところでは原則として

そのうちの1日は法定休日と評価されこの日の労働については3割5分の休日労働割増賃金率が適用され5割の割増賃率が適用される時間外労働の時間数には算入されません。残りの2日についてはどちらでもその日に労働した場合には，その時間が1日8時間，1週40時間等の法定労働時間を超えるとそれが労基法上の時間外労働とされ，その時間数が，それまでに行われている労基法上の時間外労働の時間数と合計して60時間を超える場合に，その部分についてこの5割の割増率が適用されることになります。

　週休2日制の場合の休日労働の項で説明していますが，この例の場合，土曜と日曜と祝日という会社所定休日のどれも，労基法上の休日となり得る休日であり，特にどれかを法定休日と特定していなければ，結果としてどれか1日が休日として確保されればその日が労基法上の休日とされ，法定の休日は付与されたことになり労基法上の休日労働はなかったことになります。他の会社所定休日に勤務した時間は，労基法の労働時間規制の対象となり，前述の条件に合致すれば5割の割増率の適用があります。この例で3日すべて労働させた場合には，最後の日が労基法上の休日労働と評価されることになります。このように法定休日を事前に特定していないときは，その週の3日の会社所定休日を過ぎてみないと，労基法上の休日労働があったといえるかどうかがわからないことにもなり，割増賃金の計算等の管理も複雑になります。このため，法定休日とその他の休日（所定休日）の区別を明確にしておくことが望ましいとされています。法定休日を特定する例としては，一般には，日曜日とする例が多く，土曜日，とする例も見られます。

　なお，このような1カ月60時間を超える時間外労働に算入される会社所定休日の勤務が深夜に行われれば，その割増率は，5割プラス2割5分の7割5分，ということになります。　　　　　　　　　　〔参照条文　労基法35条，37条〕

Q113 休日振替・代休と割増賃金

　業務が繁忙になってきたために，休日に出勤してもらう
ケースが出てきました。休日出勤ということで割増賃金の支
払いが必要かと思いますが，別の日に休日を与えても割増分
を支払わなければなりませんか。また，その場合の賃金計算
上の注意点を教えてください。

Ⓐ　　1週1日又は4週4日の法定休日に労働させる場合，労基法第37条に
基づく割増賃金の支払いが必要になりますが，ここでは，休日労働させ
る代わりに別の日を休日にする場合について考えてみます。この具体的な方法
としては，「休日振替」による場合と「代休」による場合の2つの方法があり
ます（それぞれの意味，相違点，要件等についてはQ71で詳述していますか
ら，そちらも併せてお読みください）。これら2つの方法は，所定の休日に労
働させ，その代わりに別の日に休ませるという点では一見同じことのように思
えますが，労働した日及びその代わりに休んだ日についてのそれぞれの法的な
評価は全く異なっていますので，これらの違いを正確に理解し，割増賃金の支
払い等適正に対処する必要があります（※以下の説明は同一賃金計算期間内での
振替等を前提とします）。

　「休日振替」とは，労働義務のない所定の休日を，労働義務のある労働日と
あらかじめ振り替える（交換する）ことで，休日であった日は労働日に，労働
日であった日は休日に変更になります。たとえば，休日とされている日曜日と
翌週の金曜日を事前に振り替えるとすると，日曜日は労働義務のある労働日に，
金曜日は労働義務のない休日に変わります。したがって，日曜日に労働させて
もこの日は休日労働とはならず，当日の労働については休日労働の割増賃金の
支払いの必要はありません。ただし，振り替えた結果，1週間の法定労働時間
を超える場合には，その超えた部分については時間外労働と評価されますから，
その部分について125％の割増賃金の支払いが必要となることに注意してくだ
さい。なお，この場合の実際に加算して支払うべき金額については，125％の

うちの100％分はいわば振替により移動してきた元の労働日の賃金がそのまま移動してくると考えてよく，結果として25％を所定賃金に加算すれば時間外労働の割増賃金全額が支払われたことになると考えられます。

一方，「代休」とは，事前に振り替えるといったことをせずに休日労働をさせ，事後的に代わりの休日を与えることで，たとえば，休日とされている日曜日に出勤させ，その代償として月曜日に休ませるといったような場合があります。この場合，その時点では日曜日はあくまで労働義務のない休日であったわけで，その労働義務のない休日に労働させた以上，この日についてたとえ翌日代休を与えたとしても，日曜日の労働は休日労働として割増賃金の支払いや三六協定等の制約を受けるとされています。

ところで，「代休」による場合，月給制等では休日労働の賃金をいくら支払ったらよいのかという問題が生じます。まず，月給制であっても休日については所定賃金は支払われていないと考えることが原則ですから，休日労働の賃金としては通常の賃金の135％を支払うべきこととなります。これに対して，代休した日については代償的な措置と考えて賃金控除しないことにして，この135％分を月給等に上乗せして支払うのか，それとも，代休日は不就労なのでノーワーク・ノーペイと考えて賃金控除することとし，実務上は，休日労働の賃金135％のうち35％のみを所定賃金に別途加算支給すればよいのかという問題です。

就業規則等でたとえば「代休した日の賃金については無給とする」といった定めがあれば，労使の合意に基づくものとして問題ないのですが（この定めの場合は35％を支払うことになる），そういった明確な定めがない場合にはやっかいな問題があります。

代休日はもともと就労義務がある日を使用者が就労免除するものであり，労働者にとっては働く権利がある日であるから，その意味では賃金の請求をまるまるできるのではないかという考えや，代休は本人が望まないのに使用者が一方的に休ませるものであり労基法の26条に基づく休業手当として平均賃金の60％の支払いが必要であるという考えもありますが，代休を与えることが就業規則等に明定されている以上，休日付与の合意があると考えられ，休日として現に就労がなされなかった以上賃金の請求はできないという考えが有力のよう

です（この考えによれば加算は35％のみでよいことになる）。

　135％のうち35％を支払わなければならないことはどの場合も同じですが，基本となる100％部分の支払義務については，どういう考え方によるかによって，0～60％～100％と大きな違いを生じますので，トラブル回避のためにも就業規則等で給与制度の中身を明確にしておくことが何より肝要です。

〔参照条文　労基法35条，37条，89条〕

Q114　時間外労働が深夜から翌日に及んだ場合

平日の時間外労働が午前0時を超えて翌日に及んだ場合，0時以降の勤務は翌日の勤務とみなして前日の時間外労働と区別してよいのですか。

Ⓐ　平日の時間外労働が翌日の午前0時を超えて継続した場合の取扱いは，その翌日が労基法上の休日であるか否かによって異なります。ここでは，翌日も平日であるという前提で考えます。労基法の労働時間規制の基礎となる「1日」の考え方は，行政解釈によれば「原則として，午前0時から午後12時までのいわゆる「暦日」をいうが，勤務が延長され，終業時刻が翌日に及んだようなときには，継続勤務としてたとえ暦日を異にする場合でも一勤務として取り扱うべきであるから始業時刻の属する日の労働として，当該日の「1日」の労働と解する」とされています（昭26.2.26基収3406，昭63.3.14基発150，平11.3.31基発168）。

　この通達は，直接的には3交替連続作業の所定労働時間が2暦日にわたる場合の取扱いについて判断したものですが，要するに，2暦日にわたる1勤務は，始業時刻の属する日の労働として取り扱うという考え方を示したものと考えられます。したがって，時間外労働により2暦日にまたがる勤務を行った場合もこれと同様，全体を前日の勤務時間として取り扱うことになります。午前0時で分離することはできません。

　もっとも，極端な例ですが，これが引き続き翌日の始業時刻まで勤務し，その後も就労したという場合は，翌日の始業時刻以降は翌日の勤務として取り扱うことができます。したがって，割増賃金は，前日の法定時間を超えたところから翌日の所定始業時刻までの間の全実労働時間について時間外労働としての1.25が，さらにそのうち午後10時から午前5時までの深夜部分については別途深夜業の割増賃金0.25が支払われる必要があります。

〔参照条文　労基法32条，35条，37条〕

Q115　時間外労働が休日に及んだ場合

　平日の勤務が長引いて翌日の所定休日に及んだ場合も，前日の時間外労働として評価すればよいのですか。休日にかかった部分は，休日労働として取り扱う必要があるのですか。

Ⓐ　設問の場合，翌日の所定休日が労基法上の法定休日か，これを上回って定められた会社所定休日かによって考え方が異なります。まず，法定休日でなくいわゆる会社所定休日に及んだということで考えれば，これは労基法上は時間外労働が休日に及んだとは考えませんので，Q114で述べたとおり前日の労働時間として通算することになります（もっとも割増賃金に関していえば，就業規則等でこうした場合の休日における労働の部分については，休日労働としての割増賃金を支払うこととしているのであれば，これに従うことになります）。

　これに対し，残業が法定休日に及んだ場合は考え方が異なり，法定休日の午前0時以降の勤務はたとえ前日からの勤務の継続として行われた場合であっても，休日労働として評価されます。これは，休日に関する法規制は労働時間の法規制とは別の要素があり，いわゆる暦日の午前0時から午後12時までの間を休日と評価するという考え方が貫かれるためです。このため，法定休日の午前0時以降の労働は前日の時間外労働としてではなく，休日における労働として

評価されますので注意してください。割増率も休日労働と時間外労働とでは異なりますし，三六協定の面でも違いを生じます。

〔参照条文　労基法32条，35条，37条〕

Q116　管理職の深夜労働と割増賃金

　いわゆる管理監督者については，労働時間や休日に関する規制の適用がないため，当社では管理職には割増賃金を支払うことは考えていなかったのですが，他社では管理職でも深夜労働の割増賃金を支払う例があると聞きました。管理職でも深夜割増は払わなければなりませんか。

A　労基法上の管理監督者の労働時間等に関する特例は，法第41条に定められています。同条によれば，管理監督者や機密の事務取扱者は，監視断続労働従事者であって行政官庁の許可を受けた者と同様，労働時間，休憩及び休日に関する規定は適用しないと定められています。これに対し，割増賃金の支払義務を定めた第37条は，労働時間を延長し，休日に労働させ，又は深夜に労働させた場合に割増賃金を支払うべきことを定めています。

　このため，時間外労働や休日労働の規制と深夜労働の規制は別個のものと考えられ，「法第41条は深夜業の規定の適用を排除していないから……法第41条第3号によって使用者が行政官庁の許可を受けて使用する場合にあっても，使用者は深夜業の割増賃金を支払わなければならない（後略）」という考え方がとられています（昭23.10.14基発1506）。

　この通達は，直接的にはいわゆる監視断続労働者の深夜業の割増賃金について述べたものですが，前述のとおり労基法第41条は管理監督者と監視断続労働者を区別していませんので，管理監督者についても深夜労働の割増賃金の支払いは必要とされています。

〔参照条文　労基法41条，37条〕

Q117　皆勤手当は割増賃金の算定基礎に入るか

いわゆる精皆勤手当のように，当月の出勤状況いかんによって支払われたり支払われなかったり，金額にも変動のある手当は，割増賃金の基礎賃金から除外される臨時に支払われた賃金と考えるべきではないのですか。

A　労基法の割増賃金の計算において，その算定基礎賃金から除外し得る「臨時に支払われた賃金」とは，「臨時的，突発的事由にもとづいて支払われたもの，及び結婚手当等支給条件は予め確定されているが，支給事由の発生が不確定であり，且つ非常に稀に発生するものをいうこと。名称の如何にかかわらず，右に該当しないものは，臨時に支払われた賃金とはみなさないこと」（昭22.9.13発基17）とされています。この解釈を前提とすると，毎月欠勤なく通常の出勤をすれば支払われることとなる精皆勤手当は臨時に支払われた賃金には該当しないと考えるべきでしょう。

そうすると，精皆勤手当は他の法定の割増賃金の基礎から除外できる賃金のいずれにも該当しませんから（除外できる賃金は，①家族手当，②通勤手当，③別居手当，④子女教育手当，⑤臨時に支払われた賃金，⑥1カ月を超える期間ごとに支払われる賃金，⑦住宅手当（住宅に要する費用に応じて算定される手当に限る）です）割増しの計算基礎に含めなければなりません。その場合，月額何円と定めていればこの手当は月によって定められた賃金として計算することになります。もちろん，欠勤等により現実に支払われなかった月についてはその手当はなかったわけですから，現実に支払われた月に限り基礎に算入することになります。　〔参照条文　労基法37条，労基則21条〕

Q118 家族手当類似の生活補助手当や住宅手当は算定基礎から除外できるか

家族手当が割増賃金の算定基礎に含まれないのであれば，生活補助手当や住宅手当など類似の性格の手当も除外して差し支えないように考えられないでしょうか。

A　割増賃金の算定基礎とすべき賃金から除外できる賃金は，Q117でも触れた7種類の賃金に限定されています。具体的には，①家族手当，②通勤手当，③別居手当，④子女教育手当，⑤臨時に支払われた賃金，⑥1カ月を超える期間ごとに支払われる賃金，⑦住宅手当（住宅に要する費用に応じて算定される手当に限る）です。これ以外の賃金は，すべて割増賃金の基礎に算入するのが原則です（ただし，通常の労働時間又は労働日の賃金が基礎となるという前提がありますから，時間外労働手当は基礎に含まれません。また，特定の作業についたときのみに支払われる賃金は，その作業が時間外等になされた場合にのみ基礎に含めます）。しかし，各企業により賃金の名称としてどのような表現を用いるかは自由に定め得るところですから，上記の除外できる賃金に該当するか否かは，単に手当の名称によって決まるのではなく，その支給条件等の実態がこの除外賃金と同様であるかどうかによって判断されることになります。たとえば，生活補助手当や住宅手当が，家族数に応じて定められているような場合は，労基法上はこれを家族手当と同じく割増賃金の基礎から除外しても問題ありませんが，そうでない場合は類似の性格があるということだけで除外することはできません（家族手当とは，扶養家族数又はこれを基礎とする家族手当額を基準として算出した手当をいうものとされています（昭22.11.5基発231））。

〔参照条文　労基法37条，労基則21条〕

Q119 夜勤手当は算定基礎から除外できるか

　業種的に夜勤が恒常的に発生することから，夜勤手当を設けている先も多いと思いますが，夜勤手当も割増賃金の算定基礎から除外して差し支えないでしょうか。

Ⓐ　病院や介護施設といった交替制勤務や夜間勤務が常態として行われる先では，夜勤手当や夜間看護手当といった名称で所定労働時間の全部または一部が深夜勤務時間帯の勤務における手当を設けていることが多いでしょう。

　この場合，労基法第37条第1項の通常の労働時間又は労働日の賃金として認められないことから，割増賃金の算定基礎に算入しなくてもよいとしています（昭41. 4. 2 基収1262号）。

Q120 マイカー通勤者のガソリン代補給費は算定基礎に含めるか

　当社ではマイカー通勤者について一般の従業員に支給する通勤手当に代えて，毎月一定額を限度としてガソリン代補給費を支給していますが，これは通勤手当と同様の性格の手当と解して割増賃金の基礎から除外してよいのでしょうか。

Ⓐ　労基法による割増賃金の算定基礎から除外できる通勤手当とは，労働者の通勤距離又は通勤に要する実際費用に応じて算定される手当と解されており，たとえば通勤手当は原則として実際距離に応じて算定するが，一定額までは距離にかかわらず一律に支給するような場合は，実際距離によらない一定額の部分は通勤手当には該当せず，割増賃金の基礎に算入しなければならないとされています（昭23.2.20基発297）。

　設問のガソリン代補給費については，これが他の従業員に対する通勤手当と同様の趣旨でその通勤に要する費用の一部を支給するものと考えられるものであれば，上の通達の考え方との関係で次のように考えられるでしょう。すなわち，ガソリン代補給費として支給される手当が，実際の通勤距離や実際費用に応じて計算されるもの（たとえば，通勤距離何kmにつき何円といったような定め）であれば通勤手当として評価することができるでしょう（ただし，一定額の保障のような部分があれば，その金額は基礎に入れることになります）。

　これに対し，毎月一定額の手当が通勤距離等に関係なく支給される場合は除外賃金には該当しないことになります。しかしながら，たとえばマイカー通勤する者にも従来支払っていた公共交通機関を利用した場合の運賃相当額を基準に支給される手当をそのまま支給するのであれば，その名目がガソリン代補給費とされていたとしても，従来どおり通勤手当として取り扱って差し支えないものと思われます。

　在宅勤務の増加に伴い，最近は通勤手当を廃止して水道光熱費等の補償を目的とした，日数（回数）に応じて支給する在宅勤務手当を導入する会社もありますが，在宅勤務回数に比例しない一定額の支給の場合は算定基礎に算入することになります。

　※マイカー通勤手当についての運賃相当額までの非課税限度額のみなし制度は，平成24年1月1日より廃止されました。1カ月当たりの非課税限度額を超える部分については給与として課税扱いになります。

〔参照条文　労基法37条，労基則21条〕

Q121 在宅勤務における在宅勤務手当（テレワーク手当）は算定基礎に含めるか

　コロナ禍以降，弊社では在宅勤務（テレワーク）を積極的に推奨しています。弊社では在宅勤務手当として一律5,000円を支給していますが，この場合，割増賃金の算定基礎に含める必要はあるのでしょうか。もし，含めるとした場合，含めなくて良いケースを教えてください。

A　この割増賃金の基礎となる賃金には，家族手当，通勤手当その他厚生労働省令で定める賃金は算入しないこととされています。ご質問の「在宅勤務手当」については，算入しないこととされている賃金の中に含まれていないのですが，令和5年6月16日閣議決定された規制改革実施計画において，「厚生労働省は，在宅勤務をする労働者に使用者から支給される，いわゆる在宅勤務手当について，割増賃金の算定基礎から除外することができる場合を明確化するため，在宅勤務手当のうちどのようなものであれば，合理的・客観的に計算された実費を弁償するもの等として，割増賃金の算定基礎から除外することが可能であるかについて検討し，必要な措置を講ずる。」とされました。

　これを受けて，在宅勤務手当が実費弁償と整理され，割増賃金の基礎となる賃金への算入を要しない場合の取扱いが令和6年4月5日付け基発0405第6号にて下記のとおり示されたところです。以下当該通達の判断基準を抜粋します（上記通達は4月1日以降に公表されていますが，本書でもフォローしています）。

　2　実費弁償の考え方
　在宅勤務手当が，事業経営のために必要な実費を弁償するものとして支給されていると整理されるためには，当該在宅勤務手当は，労働者が実際に負担した費用のうち業務のために使用した金額を特定し，当該金額を精算するものであることが外形上明らかである必要があること。

　このため，就業規則等で実費弁償分の計算方法が明示される必要があり，かつ，当該計算方法は在宅勤務の実態（勤務時間等）を踏まえた合理的・客観的な計算方法である必要があること。

　このことから，例えば，従業員が在宅勤務に通常必要な費用として使用しなかった場合でも，その金銭を企業に返還する必要がないもの（例えば，企業が従業員に対して毎月5,000円を渡切りで支給するもの）等は，実費弁償に該当せず，賃金に該当し，割増賃金の基礎に算入すべきものとなること。

3　実費弁償の計算方法

　在宅勤務手当のうち，実費弁償に当たり得るものとしては，事務用品等の購入費用，通信費（電話料金，インターネット接続に係る通信料），電気料金，レンタルオフィスの利用料金などが考えられるところ，これらが事業経営のために必要な実費を弁償するものとして支給されていると整理されるために必要な「在宅勤務の実態（勤務時間等）を踏まえた合理的・客観的な計算方法」としては，以下の方法などが考えられること。

(1)　別添の国税庁「在宅勤務に係る費用負担等に関するFAQ（源泉所得税関係）」（以下「国税庁FAQ」という。）で示されている計算方法

(2)　(1)の一部を簡略化した計算方法

　通信費（電話料金，インターネット接続に係る通信料）及び電気料金については，在宅勤務手当の支給対象となる労働者ごとに，手当の支給月からみて直近の過去複数月の各料金の金額及び当該複数月の暦日数並びに在宅勤務をした日数を用いて，業務のために使用した1か月当たりの各料金の額を(1)の例により計算する方法。この場合は，在宅勤務手当の金額を毎月改定する必要はなく，当該金額を実費弁償として一定期間継続して支給することが考えられる。なお，「直近の過去複数月」については，例えば，3か月程度とすることが考えられる。また，「一定期間」については，最大で1年程度とし，「一定期間」経過後に改めて同様の計算方法で在宅勤務手当の金額を改定することが考えられるが，電気料金等は季節による変動も想定されることから，労働者が実際に負担した費用と乖離が生じないよう適切な時期に改定することが望ましい。

　ただし，この取扱いは，当該在宅勤務手当があくまで実費弁償として支給されることを前提とするものであることから，2の考え方に照らし，常態として当該在宅勤務手当の額が実費の額を上回っているような場合には，当該上回った額については，賃金として割増賃金の基礎に算入すべきものとなることに留意すること。

(3) 実費の一部を補足するものとして支給する額の単価をあらかじめ定める方法

　在宅勤務手当を実費の一部を補足するものとして支給することは，それが実費の額を上回らない限りにおいて，実費弁償になると考えられる。このため，実費の額を上回らないよう1日当たりの単価をあらかじめ合理的・客観的に定めた上で，当該単価に在宅勤務をした日数を乗じた額を在宅勤務手当として支給することは，実費弁償に該当するものとして差し支えない。

　「実費の額を上回らないよう1日当たりの単価をあらかじめ合理的・客観的に定め」る方法として，通信費及び電気料金については，例えば，次のアからウまでの手順で定める方法が考えられる。

ア　当該企業の一定数の労働者について，国税庁FAQ問6から問8までの例により，1か月当たりの「業務のために使用した基本使用料や通信料等」「業務のために使用した基本料金や電気使用料」をそれぞれ計算する。

イ　アの計算により得られた額を，当該労働者が当該1か月間に在宅勤務をした日数で除し，1日当たりの単価を計算する。

ウ　一定数の労働者についてそれぞれ得られた1日当たりの単価のうち，最も額が低いものを，当該企業における在宅勤務手当の1日当たりの単価として定める。

　なお，アの「一定数」については，当該単価を合理的・客観的に定めたと説明できる程度の人数を確保することが望ましい。また，例えば，「一定数の労働者」を当該単価の額が高くなるよう恣意的に選んだ上で当該単価を定めることは，当該単価を合理的・客観的に定めるものとは認められず，当該単価を基に支給された在宅勤務手当も，実費弁償には該当しないこと。

　これまでは「テレワークの適切な導入及び実施の推進のためのガイドライン」（Q95参照）を参考に判断されてきたものと思われます。それを踏まえて既に割増賃金の基礎に算入している在宅勤務手当もあるのではと思われますが，実費弁償に該当するものを上記2及び3に照らして割増賃金の基礎に算入しないこととすることも可能ですが，その場合，これまでの取扱いで割増賃金の基礎に算入してきた扱いを変えることになることから労働者に支払われる割増賃金額が減少することとなり，それは労働条件の不利益変更に当たると考えられます。その場合は，労使間で事前に十分な話し合い等を行うことにより労使ト

ラブルを引き起こさないよう留意が必要です。

〔参照条文　労基法37条，労基則21条〕

Q122　危機管理対策としてのホテル宿泊待機は宿直の許可や割増賃金が必要か

　震災を契機とした非常時の事業継続に向けた対応策の一環として，コンピュータシステム関連業務の機能の確保が重要な課題となります。夜間はシステム要員による障害対応が基本ですが，重大なトラブルに備えて一定の役職員を輪番で指名し非常時の事態収拾や連絡調整に従事させようと思います。在宅のままでは出社対応に時間がかかるので職場の近辺のホテルに宿泊待機させようと考えています。このような場合，宿直業務や労働時間規制などとの関係はどうなりますか。

(A)　この問題は行政解釈等が示されていませんし，企業社会一般に定着した考え方もまだないように思われます。このため，以下に述べるのは1つの考え方としてご理解ください。

　役職者が，労基法上の管理監督者に該当するとしても，深夜労働に対する割増賃金の支払義務はありますから，ここでは，ホテル宿泊待機の時間が労働時間に該当するか，また，労働時間に当たるとしてこれまであった労基法第41条に基づく監視断続労働の一種としての宿日直勤務と同じような取扱いが可能なのか，という問題として検討します。

　まず，ホテル宿泊待機の時間が労働時間に該当するかを考えるには宿泊待機の実態が明らかでなければなりませんので，ここで述べるのは一般論の域を出ません。ご存知のように，労基法の規制する労働時間とは，労働者が使用者の指揮命令の下にある時間をいいますが，別の言い方として，使用者の指揮命令の下に自分の労働力の利用を使用者に委ねている時間，ということも許されると思います。ホテルへの宿泊待機が使用者によって命じられ，その間は，使用

者の指揮命令や管理を排除して自分の自由に行動することが許されず，システムトラブル等想定される業務が発生した場合にはいつでもこれに従事することが義務づけられているのであれば，そのような状態で過ごす待機時間は，仮眠時間を含めすべてが労働時間と評価される，と考えられます。ただし，現実問題として実際に対応すべき業務の発生が皆無に等しいといえる（実質においては労働からの解放が保障されているといえる）ような場合は，労働時間に該当しないと判断してよいとされます（大星ビル管理事件　最高裁第一小法廷平14.2.28判決参照）。

　こういっても，どのような事例であればどちらと判断されるかは，簡単には見分けることはできないのですが，少なくとも考え方は分かるということです。この考え方を当てはめてみて，対応すべき業務の発生の頻度はどうか，その程度が実質的にはほとんどなく，ホテルで過ごすということであっても自宅でくつろぐのと大差なく，労働から解放されているといってもよいような状況なのか，連絡が来る可能性を考えると十分な睡眠をとることもできないような状況であるのかなどの事情を検討することで，仮眠時間を含めた全体を労働時間として取り扱うべきものかどうかを判断することになります。

　仮にその判断が労基法上の労働時間とみるまでの要素はないということであれば，どのような賃金等を支払うかなど処遇条件は会社の合理的な判断で決めればよいことになります。

　仮に，その判断が労基法上の労働時間とみるべきであるとする場合は，次にそれが監視断続労働としての宿直扱いの許可を受けることができるかどうかが問題となります。しかし，労基法第41条に基づく労基署長の宿日直許可は，これまで現実に行われてきた宿日直の態様を前提にして許可の基準が定められているもので，そこで想定しているのは，雇用されている事業場に泊まり込んで非常の事態に備えたり，定時の巡視を行うなどの行為を行うものということです。このため，これまでも，いわゆる宅直と称される自宅にいて非常の連絡を受けたりする行為が宿日直の規制を受けるかという疑問がありましたが，行政解釈は示されていないものの，一般的には宿日直には該当しない，と考えられてきていると思います。

　ホテルでの宿泊待機は，場所が自宅を離れたホテルであり，宿直と宅直の中

間的な要素をもつものと考えられますが，待機の目的は同様であっても拘束の態様やその間に現実に行う行動の態様は現在ある断続労働の許可の対象となる宿直の概念からは離れているように思います。したがって，これを宿直許可制度の枠内に取り込むという行政の判断がない限り，宿直業務とは別物として扱わざるを得ないのではないかと思われます。

　しかし，こう考えた場合，業務従事の対価は会社が自主的に決定できるものの，（宿直に比べてより負担の少ないにもかかわらず）これに従事する時間を全体として労働時間として取り扱わなければならないことになるのか，という問題が残ります。それを避けるのであれば，前述のような宅直の形態をとるというのも割り切りのように思われます（自宅からの深夜の出社の負担が重いという考えもあるでしょうが，頻度が少ない限り，自宅で過ごせるので負担は少ないと考えることもできるでしょう）。　　　　　　　　　〔参照条文　労基法41条〕

7 年次有給休暇

Q123 | パートタイマー等の休暇日数

パートタイマーの場合の年次有給休暇日数は，労基法ではどうなっているのですか。

A 労基法による年次有給休暇日数については，所定労働日数が少ない者等についての特例として，いわゆる比例付与の定めがされています。この比例付与（具体的な日数は下の表参照）は，パートタイマーについて定められ

所定労働日数等が少ない労働者に対しては，その所定労働日数等に応じ，下表の日数の年次有給休暇を与えなければなりません（労基法39条）。

週所定労働時間	週所定労働日数	1年間の所定労働日数（週以外の期間によって労働日数が定められている場合）	雇入れの日から起算した継続勤務期間の区分に応ずる年次有給休暇の日数						
			6カ月	1年6カ月	2年6カ月	3年6カ月	4年6カ月	5年6カ月	6年6カ月
30時間以上			10日	11日	12日	14日	16日	18日	20日
30時間未満	5日以上	217日以上							
	4日	169日～216日	7日	8日	9日	10日	12日	13日	15日
	3日	121日～168日	5日	6日		8日	9日	10日	11日
	2日	73日～120日	3日	4日	5日		6日		7日
	1日	48日～72日	1日	2日			3日		

たということではなく，所定労働日数が通常の労働者に比較して相当程度に少ない者であって，かつ，所定労働時間も短い者について定められたものです。

　具体的には，週の所定労働日数が4日以下（又は年間所定労働日数が216日以下）の者で，かつ，週所定労働時間が30時間未満の者がこれに該当します。所定労働日数又は所定労働時間数がこれを超える者は，通常の労働者と同じ年次有給休暇の制度が適用されます。

　パートタイマーと呼ばれる労働者の中には，1日の時間は短いが労働日数はあまり変わらない人もいます。1日4時間，週5日勤務の場合は，週所定労働時間が20時間に過ぎませんが，週5日以上の所定労働日数があるので，当然通常の労働者と同じ年次有給休暇の制度が適用されます。

　さらに，所定労働日数が週4日等前述の比例付与に該当する場合でも，週の所定労働時間数が30時間以上の者は比例付与の対象としないこととされているので，例えば1日7時間30分週4日勤務の者については，やはり通常の労働者と同じ扱いとなります。　　　　　〔参照条文　労基法39条，労基則24条の3〕

Q124　年度の途中・年度初めに所定労働日数が変わった場合

　パートタイマーの所定労働日数を契約の更新の際に変更した場合，年次有給休暇の日数はどうなるのですか。また，年度の途中で変更のあった場合はどうでしょうか。

Ⓐ　労基法第39条の年次有給休暇に関する行政解釈の1つとして，「法第39条第3項の適用を受ける労働者が，年度の途中で所定労働日数が変更された場合，休暇は基準日において発生するので，初めの日数のままと考えるのか，それとも日数の増減に応じ，変更すべきと考えるのか」という問いに対し「見解前段のとおり」としたものがあります（昭63.3.14基発150）。

　設問の後段の年度途中の日数変更はこの通達の考え方が適用され，たとえば，

週3日であった所定労働日数が年度の途中で週4日に変更された場合であって
も，その年度においては付与日数を変更する必要はありません。設問の前段の
契約更新時の変更もこの考え方を基礎にして考えることができます。すなわち，
労基法による年次有給休暇は，最初6カ月，その後は各1年間の継続勤務とそ
の間の8割出勤という要件を満たした場合に翌年度所定の休暇の権利（休暇の
日数は休暇を与えるべき年度（＝翌年度）の所定労働日数により判断します）
がいわゆる基準日（休暇の権利の発生する日。各人の入社から6カ月経過した
日，その後は各1年後の日。ただし，いわゆる休暇の年度管理をしている場合
はこれが統一される）において完全な形で全日数について発生するのです。た
とえば，通常の労働者について入社から6カ月経過した時点で出勤率要件を満
たしていれば10日の日数が権利として発生します。その後の，たとえばその年
度の向こう1年間の継続勤務等は条件となりません。前述の解釈もこうした基
本的な考え方から出るものです。

　設問の前段の場合，契約更新の時点と休暇の権利発生の時点の関係が問題で
すが，権利発生の時点（6カ月，1年6カ月経過時点等）で有効な契約上の所
定労働日によって発生する休暇の日数を判断することになります。付与される
日数は新しい休暇年度における所定労働日数により決まり，出勤率の要件の算
定は当然のことながら，前年度の過去の所定労働日数を基にして計算すること
になります。これは，正社員からパートタイマーに変わった場合も，その逆も，
同じパートタイマーで日数が変わった場合もすべて同様です。所定労働日数の
変更等を考慮すると，パートタイマー等の期間雇用者の契約期間については，
休暇管理の便という観点のみで論じるならば，当初6カ月雇用，以後1年雇用
ということも考えられますが，労働契約法第17条は使用する目的に照らし必要
以上に短い期間を定めることにより，その労働契約を反復更新することのない
よう配慮しなければならない旨定めています。諸般の事情を勘案して慎重に検
討してください。

〔所定労働日数が算定できない場合〕

　なお，訪問介護労働者の法定労働条件の確保について（平16.8.27基発
0827001）という通達においては，次のような取扱いの解釈を示していること
も参考にしてください。

　「非定型的パートタイムヘルパー等について，年次有給休暇が比例付与される日数は，原則として基準日において予定されている今後1年間の所定労働日数に応じた日数であるが，予定されている所定労働日数を算出し難い場合には，基準日直前の実績を考慮して所定労働日数を算出することとして差し支えないこと。したがって，たとえば，雇入れの日から起算して6箇月経過後に付与される年次有給休暇の日数については，過去6箇月の労働日数の実績を2倍にしたものを「1年間の所定労働日数」とみなして判断することで差し支えないこと。」

〔参照条文　労基法39条，労契法17条〕

Q125　期間雇用者と年休

　当社では3カ月又は1年の雇用契約でパートタイマーを雇っていますが，3カ月の者には今まで年休を与えてきませんでした。ところが，最近，何度も契約を更新して長期勤続しているのだから年休の権利があるはずだと，年休を請求する者が出てきました。法的にどのように考えられますか。

　また，雇入れ後6カ月たった時点で最初の年休を付与しなければならないと聞きましたが，1年契約の者は契約の期間が6カ月しか残っていませんから年休の日数は法定の半分でよいのですか。

A　まず確認しておきたいのは，パートタイマーといえども労働者であることには変わりありませんから，労働基準法の第39条の適用があり，最初の6カ月その後の1年毎の継続勤務と，8割以上の出勤率という2つの要件を満たせば通常の労働者と同様，年休が利用できます（ただし，年休日数については，勤務日数の少ない者については比例付与されることになっています）。

　そこで問題になるのは，2カ月，3カ月等の短期契約が反復更新されている場合，法定の要件である継続勤務をどのように考えるべきかということです。設問では，3カ月の雇用契約は1回毎に終了し，新たな契約を結び直している

と考え，何度契約を反復更新しようとも法定の継続勤務要件を満たさないと判断なさっていると推測しますが，このような取扱いは問題があります。第39条の継続勤務の意味は，行政解釈では，「継続勤務とは，労働契約の存続期間，すなわち在籍期間をいう。継続勤務か否かについては，勤務の実態に即し実質的に判断すべきものであり，次に掲げるような場合も含むこと。この場合，実質的に労働関係が継続しているかぎり勤続年数を通算する。……。法第21条各号（期間雇用者等。編者注）に該当する者でも，その実態より見て引き続き使用されていると認められる場合…」（昭63.3.14基発150）と説明されています。つまり，期間契約が期間の満了毎にいったん切れて再契約という形式を整えていたとしても，契約が反復更新されて実質的に引き続き雇用されている場合には継続勤務とみなされるわけで，労基法では形式面よりも実質判断が優先されるということです。

　次に，1年という期間を定めて雇っているパートタイマーについてですが，冒頭に述べたように，法が当然に適用になりますから，原則どおり，雇入れ後6カ月経過時点で，それまでの間の出勤率が8割以上であれば年休が発生することになります。ここで問題になるのは，労基法では年休の利用期間を1年として年休の日数を定めているので，利用期間が6カ月間しかない者に対して年休の日数はその半分でもよいのではないかということです。年休の制度としてはその方が合理的だという考え方もあるでしょうが，この点に関しては，利用期間の長短に応じた年休日数の調整といった法的措置が何も講じられていないこと，また，従来から退職等のため一定の期間内に雇用関係が終了することが明らかな者に対しても，要件を満たしていさえすれば法定どおりの年休日数が全数発生することとされてきたこと等からすると，法定の日数が全数発生すると考えなければなりません。

〔参照条文　労基法39条，労基則24条の2，労契法17条〕

Q126 定年後再雇用者の年休はどうなるか

当社では定年を60歳としていますが，65歳までの雇用の機会を再雇用制度によって設けています。その場合，各種処遇条件の変更を伴うことになりますが，年次有給休暇については法的にはどう解釈されるのでしょうか。

(A) 労基法の年次有給休暇に関する規定の適用においては，継続勤務の要件があり，設問のような場合に，これを継続勤務とみるか否かで年次有給休暇の権利の有無に大きな差異が生じます。労基法の各種規定は，基本的には労働の実態に着目してその適用を考えることとされています。この考え方から，年次有給休暇の規定の適用に関しても，次のような行政解釈が示されています。

「継続勤務とは，労働契約の存続期間，すなわち在籍期間をいう。

継続勤務か否かについては，勤務の実態に即し実質的に判断すべきものであり，次に掲げるような場合を含むこと。この場合，実質的に労働関係が継続している限り勤務年数を通算する。

イ　定年退職による退職者を引き続き嘱託等として再採用している場合（退職手当規程に基づき，所定の退職手当を支給した場合を含む）。ただし，退職と再採用との間に相当期間が存し，客観的に労働関係が断続していると認められる場合はこの限りでない。

ロ　法第21条各号に該当する者でも，その実態より見て引き続き使用されていると認められる場合

ハ　臨時工が一定月ごとに雇用契約を更新され，6カ月以上に及んでいる場合であって，その実態より見て引き続き使用されていると認められる場合

ニ　在籍型の出向をした場合

ホ　休職とされていた者が復職した場合

ヘ　臨時工，パート等を正規職員に切り替えた場合

ト　会社が解散し，従業員の待遇等を含め権利義務関係が新会社に包括承継

された場合

チ　全員を解雇し，所定の退職金を支給し，その後改めて一部を再採用した
　　が，事業の実体は人員を縮小しただけで，従前とほとんど変わらず事業を
　　継続している場合」（昭63.3.14基発150）

　設問の事例は前出の通達のイに該当すると考えられますので，定年により一
度退職し半年とか1年など相当期間経過した後にたまたま再雇用されたといっ
た特殊な場合を除けば，年次休暇についてはこれを継続勤務しているものとし
て取り扱うことが必要と考えられます。　　　　　　〔参照条文　労基法39条〕

Q127　年休はいつまで使えるのか

年休は発生の年だけでなく翌年も使えるということですが，2
年を過ぎれば自動的に消滅してしまうのでしょうか。

Ａ　年次有給休暇の権利については，労基法第115条の時効の規定（退職
金の請求権は5年，その他の請求権は2年とする）の適用があるか否か
について議論があります。これは，年次有給休暇の権利の性格をどう理解する
かについての見解が異なるためです。しかし，この点行政解釈は年次有給休暇
についても「法第115条の規定により2年の消滅時効が認められる」としてい
ます（昭22.12.15基発501）。実務的にも，まずすべての企業がこの見解に従い
休暇の権利は発生の翌年度までの繰越しを認めているはずです。

　なお，時効の起算点は，年次有給休暇の取得が可能となった時点からとなり
ますので，採用後6カ月で最初の休暇が付与されることになった関係で，休暇
の年度管理を実施している会社ではこの最初の休暇の利用期間については権利
発生の翌年度への繰り越しを認めるだけでは2年の権利行使が保障されないこ
とになる場合がありますので，注意を要することになります（たとえば，4月
1日を基準日としている場合，4月から9月末日までに入社の者は入社の年度
中に法定の休暇の権利が発生するため，その入社の年度の10月1日に10日を与

えることとしていると，繰り越しを翌年度に限った場合，この者は入社の年度の10月からの6カ月と次年度の1年の計1年6カ月しか休暇の利用が認められないことになる）。

　ところで，時効の考え方をとった場合，時効の中断という問題がありますが，これが認められるのは，裁判上の請求であるとか使用者の承認ということがありますが，行政解釈によると年次有給休暇の取得簿に取得日数を記載している程度では承認したことにならないとしています（昭24.9.21基収3000）ので，時効の中断が認められることは稀であると考えられています。

　なお，自動的に消滅するかということについては，時効はこれを援用しなければ裁判所はこれに基づく判断はできないということもありますが，一般的には時効を主張しないということは考えにくく，就業規則の規定も多くは年次有給休暇は翌年度に限り繰り越すことができると定めています（前述のように，正確には「年次有給休暇は権利発生から2年間に限り利用できる」旨の定めとすべきです）。こうした一般の事例においては，厳密に考えれば正確でないかもしれませんが，年次有給休暇は2年を経過すれば消滅するといってもよいでしょう。

〔参照条文　労基法39条，115条〕

Q128　年休は最高何日まで利用できるか

　年次有給休暇について労基法は，総日数が20日を超える場合はその超える日数については与えることを要しないのであるから，前年の未消化日数も含めて，20日が限度となると考えるがどうでしょうか。

Ⓐ　労基法第39条は，まず6カ月継続勤務し8割以上出勤した労働者に対し10日の年次有給休暇を与えなければならない，と定め，その後雇入れから6カ月を経過した日からの継続勤務年数が1年となった場合には10日に1日を加算し，以後も2年目では2日，3年目では4日，4年目では6日，5年

目では8日，そして6年目以後は一律に10日をこれに加算することを定めています。つまり，雇用後6カ月，1年6カ月，2年6カ月，3年6カ月を経過した時点で10日，11日，12日，14日が年次有給休暇の日数となるわけですが，6年6カ月経過時点以降は最高日数の20日ということになります。これらの日数は新たに付与すべき日数であり，前年度に発生した年次有給休暇の日数との関係は何ら触れていません。前年度発生した休暇日数のうち，その年度中に消化されなかった日数は，翌年度に限り繰り越すことができるとされていることから，前年度の未消化日数と今年度新たに発生した休暇日数の合計が今年度利用し得る休暇日数ということになります。したがって，20日を超えることは当然考えられます。極端な場合，前年度20日の権利が発生しすべて未消化であれば，本年度の20日と合わせ40日の休暇の権利があるということも当然考えられます（Q126「年休はいつまで使えるのか」参照）。　〔参照条文　労基法39条，115条〕

Q129 退職の際，未消化の年休はすべて利用させなければならないか

　先般退職を申し出た従業員が，退職までの間に残っている年次有給休暇をすべて利用したいと希望し，忙しい時期でもあり，その取扱いに困ったことがありました。このような場合，すべて希望を認めなければならないのでしょうか。

Ａ　設問のような事例は，一方で年次有給休暇利用の権利があり，他方事業の正常な運営を妨げるおそれがあることにより使用者に認められた時季変更権があり，しかも通常の場合と異なり退職が予定されているということで，どのようにこれを調和的に解決するか難しい問題があります。

　設問のような事例に直接答えた行政解釈はありませんが，退職ではなく解雇を予定している場合についての解釈として，「当該労働者の解雇予定日をこえての時季変更は行えないものと解する」という通達があります（昭49.1.11基収

5554）。これは，時季変更権は文字どおり年次休暇の利用の時季（時期）を変更させることができる権利であり，これを利用させないこととする権利ではないという考えに立つもので，解雇を予定している者については解雇予定日を超える変更を認めるということは休暇の利用を拒絶する効果を時季変更権に認めることになるから，そのような変更はできないと解釈したものと考えられます。退職の場合も退職してしまえば，その後は年次休暇の権利を行使する余地がないという意味では解雇の場合と同様です。

　しかし，解雇とちがい退職の場合は休暇の時期を指定できる労働者本人がその時期も決定できるわけですから，解雇の場合とは違う事情もあります。退職予定日以降への時季変更が認められるとはいい難いのですが，通常の場合であれば時季変更の認められるような休暇の指定であればそのような時季変更権の行使を不可能とするような形での時季指定は権利の濫用として無効と考えられる場合も例外的にはあるでしょう。

　設問の事例の場合も，どの程度の期間が退職までの間にあり，どれほどの繁忙であったのか不明ですが，一般論としては，使用者は休暇が法の認める権利であることに留意し，できる限りその利用に便宜を図るべきですし，一方業務の引き継ぎ等，退職者としてなすべき最低限の行為に必要な勤務は退職者の義務であり，休暇を利用することによりこれができない場合には，退職者としては退職の日付を遅らせるか休日の日数を削る等の配慮をするのが筋であると思われます。実務的な処理としては，仮に退職の日付が変更できないのであれば，労使合意により現実に利用できなかった日数分の休暇を買い上げるということも考えられるでしょう。

　なお，この種の問題は平素年次休暇の利用が適正に行えるような状況にあったのか否かといったこともこうした形での権利行使の適否の評価に影響するものと考えられますので，慎重な対応が特に求められます。

〔参照条文　労基法39条〕

Q130 解雇の場合，未利用年休は買い上げなければならないか

先日，勤務状況のよくない従業員を解雇予告除外認定を得て即時解雇したところ，本人から未消化年休の買上げの要求がありました。応じなければなりませんか。

A 　年次有給休暇の権利と解雇の関係については，次のような行政解釈があります。

「(問)……年次有給休暇請求は雇用契約上の権利であるから解雇によって一応消滅するとも考えうるが，雇用契約上の権利としては未払いの賃金に対する請求権と何等差異なく権利は消滅するものではないから予告期間中に有給休暇を与えるべきを至当と考えるが如何。又即時解雇の場合は有給休暇の付与を会社側の都合により延期している場合にはその休暇日数に応じ平均賃金を支払った上解雇手当を支払うことが妥当と認めるが如何。

(答)　年次有給休暇の権利は予告期間中に行使しなければ消滅する。」(昭23.4.26基発651)

設問の事例は，この通達の問の後段の事例に該当するわけですが，回答はこれに直接答えず，年次有給休暇の権利は予告期間中に行使しなければ消滅するとしています。これは，解雇・退職の理由のいかんを問わず，年次休暇の権利は雇用関係の存続期間中に労働者が時季指定しなければ具体的な効果を生じないことを示しています。したがって，設問の事例は，即時解雇が有効になされて雇用関係が終了した後になって，その権利が存在することを前提にあるいはその権利が事実上行使できなかったことに対し，買上げという形での補償を求めているものであるとすれば，そのような要求に応じる義務は雇用契約上の特別の定めや合意がない限り，使用者にはありません。

なお，即時解雇でない予告解雇の場合，予告期間中の年次休暇の利用については当然可能であり，これを前提にしての解雇日の設定も可能なことから，使用者の時季変更権の行使については一定の制約があるものと考えられています

ので注意してください（Q129参照）。　　　　　〔参照条文　労基法39条〕

Q131 年休の出勤率算定に当たって出勤とみなす日は

　労基法の年休の制度では出勤率が休暇付与の条件とされていますが，法律の条文に書いていないものでも出勤したものとして取り扱わなければならない日があるとか，出勤率算定の対象から除く必要がある日があるとかいわれていますが，どういう根拠でどこに定められているのでしょうか。

A　まず，労基法の第39条自体でその取扱いが明確に定められているものとしては次のようなものがあり，これらは出勤率計算上，これを出勤したものとして取り扱わなければなりません。

(1)　業務上の傷病により療養のために欠勤した期間

　通勤災害による欠勤期間については労使間の定めに委ねられます。

(2)　労基法による産前産後の休業期間

　労基法を上回る休業期間については労使間の定めに委ねられます。

(3)　育児・介護休業法による育児休業期間，介護休業期間

　育児・介護休業法を上回る期間については労使間の定めに委ねられます。

　次に，厚生労働省の行政解釈として出勤したものとして取り扱うべきものとされているのは次のものです。

(4)　労基法による年次有給休暇を利用して休んだ期間

　これについては，労基法が権利として保障した期間でありその権利発生の要件としての出勤率算定に当たってこれを欠勤として取り扱うことは当を得ないとして行政解釈で出勤したものとして取り扱うとされています（昭22.9.13発基17，平6.3.31基発181）。

　この他の欠務の取扱いについては，厚生労働省の行政解釈が示す取扱いが実務上重要になります。その行政解釈では，従来，使用者の責めに帰すべき事由

による休業の日については全労働日に含めない，という解釈がとられていましたが，最高裁判決（八千代交通事件　平25.6.6第一小法廷判決）により，無効な解雇による不就労期間は出勤日数に算入すべきものとして全労働日に含まれる，とする判断が示されたことから，これを改め，概要，次のような解釈がとられることになりました（平25.7.10基発0710第 3 号）。

① 所定休日に労働させた場合，その日は全労働日に含めない。

② 労働者の責に帰すべき事由によるとはいえない不就労日は，③に該当する場合を除き，出勤日数に算入すべきものとして全労働日に含まれる。たとえば，裁判により解雇無効が確定した場合や，労働委員会による救済命令を受けて会社が解雇を取り消した場合の解雇日から復職日までの不就労日のように，労働者が使用者から正当な理由なく就労を拒まれたために就労できなかった日

③ 労働者の責に帰すべき事由によるとはいえない不就労日でも，次のように当事者間の公平の観点から出勤日数に算入することが相当でないものは，全労働日に含めない。

　㋑　不可抗力による休業日

　㋺　使用者側に起因する経営，管理上の障害による休業日

　㋩　正当なストライキその他の争議行為により労務の提供が全くなかった日

　以上のほか，行政解釈で示された取扱いとしては，労基法による生理休業について，「労働基準法上出勤したものとはみなされないが，当事者の合意によって出勤したものとみなすことも，もとより差し支えない」とされ（昭23.7.31基収2675，平22.5.18基発0518第 1 号），同じく労基法による 1 カ月60時間超の時間外労働に対する 2 割 5 分を超える割増賃金の支払いに代えて付与する代替休暇について，「代替休暇を取得して終日出勤しなかった日については，正当な手続により労働者が労働義務を免除された日であることから……全労働日に含まないものとして取り扱う」こととされています（平21.5.29基発0529001）。

　また，各企業が就業規則で定める慶弔休暇については，その定め方いかんにより欠勤と同様に債務不履行の責任を問わないという定め方もあり得る（この場合，欠勤と同様全労働日に含め，出勤しなかった日としてカウントすること

になる）が，労働義務の免除として前述のような休暇等と同様に取り扱うことが妥当な例も考えられる，とされています。

　なお，遅刻や早退をした日は，一部とはいえ労働している日であることから，欠勤と同様の扱いをすることはできず，出勤した日として取り扱うことになります。 〔参照条文　労基法39条〕

Q132　遅刻・早退した日は出勤率の計算上どう評価するのか

　　年次有給休暇の権利発生の前提として，労基法所定の8割出勤を必要としていますが，たとえば半日の欠勤とか遅刻・早退は，その時間数に応じて欠勤日数としてカウントできないのですか。

Ⓐ　労基法の年次有給休暇の制度は，所定労働日数と週所定労働時間の双方が少ない者については休暇日数の所定労働日数に応じた比例付与を定めてはいますが，1日の所定労働時間数の長さだけをとらえればこれを休暇の判断要素としていません。この点，同じ1日働いたとしても8時間勤務の者と1日4時間の者で法律上の年次休暇の日数が同じでは不公平ではないかという考え方もあるかもしれませんが，たとえ短時間でも同じ労働日数就労している以上，全1日労働から解放される休暇の趣旨からは，やはり1日の所定労働時間の長短は休暇日数には影響しないと考えるのが妥当です。

　このような考えからすれば，休暇の要件である出勤率の評価においても，やはり遅刻や早退といった一部欠勤についてはこれを不出勤と評価することはできず，出勤したものとして評価すべきものです。年次有給休暇の出勤率の算定においては，遅刻3回で1日の欠勤とか，遅刻時間の合計が1日分の所定労働時間に達した場合に1日の欠勤とみなすといった取扱いはできないものと考えます。 〔参照条文　労基法39条，労基則24条の3〕

Q133　半日単位の年休利用，時間単位の利用は可能か

半日単位や時間単位で年休の請求があった場合，利用を認めな
ければならないのでしょうか。

Ⓐ　まず，半日単位の年休利用についてみると，元来，年休は１日単位で
付与すべきものとされていましたが，現在では労基法上の年次有給休暇
についても半日単位での利用が可能とされています。これは，法律の改正とい
うことではなく，行政解釈の変更によるものです。すなわち，現在の行政解釈
では，「法第39条に規定する年次有給休暇は，１労働日を単位とするものであ
るから，使用者は労働者に半日単位で付与する義務はない」とされているので
す（昭24.7.7基収1428，昭63.3.14基発150）。これは，１日以下（未満）に分割
して与えることはできないとしていた行政解釈を改めたものです。一見すると，
半日単位での利用を認めたというようには読めないかもしれませんが，従来の
通達との違いを見ると，労使間に半日単位の休暇利用について合意があればこ
れによってもよいということを間接的に認めたものと考えられます。ただし，
注意しなければならないのは，この取扱いは労使の合意に基づき行われる場合
に限り可能ということです。従業員は，一方的に半日での休暇の利用を申し出
てこれによって休めるのではなく，半日休暇を認める制度，使用者の同意が
あって初めて半日休暇が可能となります。また使用者は，１日の休暇の指定に
対し半日単位で時季変更するといったことはできません。半日単位での利用の
申出を認めても違法にはならないと解されるにすぎません。

　こうした半日休暇の取扱いについて，平成22年４月施行の労基法改正に関す
る行政解釈通達では以下のように述べ，その取扱いに変更がないことを明らか
にしています。

　「年次有給休暇の半日単位による付与については，年次有給休暇の取得促進
の観点から，労働者がその取得を希望して時季を指定し，これに使用者が同意
した場合であって，本来の取得方法による休暇取得の阻害とならない範囲で適
切に運用される限り，問題がないものとして取扱う…」（平21.5.29基発0529001）

　この観点からは，すべての年休の日数について半日利用を認めるのは適当ではないでしょう。次のように労使協定の成立を前提に可能とされる時間単位付与の年休の日数が5日の範囲に限られていることからすれば，半日休暇の利用対象日数もたとえば5日以内に止めるなどの合理的な運用にするべきではないかと思われます。

　次に年休の時間単位利用ですが，労基法の改正により，平成22年4月1日以降は，次のように労使協定を締結することによって，法定の休暇日数（前年からの繰越分を含む）のうち5日分について，時間単位での利用・付与が認められることになりました（労基法39条）。

　(ⅰ)　時間単位で年次有給休暇を与えることができることとする労働者の範囲
　　　利用目的は労働者の自由であり，利用目的によって対象労働者の範囲を定めることはできません。

　(ⅱ)　時間単位で与えることができることとする年次有給休暇の日数
　　　5日以内に限ります。

　(ⅲ)　時間単位年休1日の時間数
　　　1日の年休が何時間分の時間単位年休に相当するかを定めます。1日の所定労働時間が7時間30分であれば1日の年休は8時間の時間単位年休とするというように，1時間未満の端数は切り上げます。

　(ⅳ)　1時間以外の時間を単位とする場合はその時間数
　　　たとえば2時間単位とするなど，1日の所定労働時間未満の時間数にします。このほか，時間単位年休は，本人の申出によるものであり，事業の正常な運営を妨げる場合はその時季を変更させることができますが，日単位の利用申出に対し時間単位に変更することやその逆は認められません。また，労使協定で時間単位利用を認めない時間帯を定めたり1日に利用できる時間数を制限することなどはできません。いわゆる年休の計画付与の対象とすることもできません。

　なお，時間単位利用について，法第39条第7項の規定による年休の5日間の取得義務との関係ですが，行政通達（平30.12.28日基発1228第15号）において，取得義務のある5日から時間単位利用の年休での控除は認められないとされていることに注意が必要です。　　　〔参照条文　労基法39条，労基則24条の4〕

Q134　欠勤・休職中の年休利用の可否

　　当社では長期療養が必要な私傷病等の場合に，一定期間の欠勤を認めた後無給の休職制度を適用していますが，欠勤期間を中断するために，また，休職になると無給であるために，残っている年休の利用を申請したり，休職に入ってから前年度の出勤率をベースに新たに発生した年休を利用したいという声があります。すでに休んでいるので年休を認める必要はないように思えますが，希望どおり認めなければなりませんか。また，休職ではないのですが，育児・介護休業期間の年休利用についても教えてください。

　A　　権利発生している年休は，本人が好きなときに利用できるのが原則ですが，年休というのはそもそも就労の義務のある日についてその就労を免除するというものであり，年休を利用できる日とは労働契約上就労義務がある日でなければならないという前提条件があります。このことは，所定休日のように就労義務がもともとない日については年休の利用の余地がないことからもお分かり頂けるでしょう。ところで，休職期間というのは，一般的に，雇用契約上の身分は維持しながらも就労の義務が免除される期間のことをいいますので，休職期間中に年休を利用するというのは，すでに就労義務が免除されている日について重ねて就労義務の免除を求めるというようなことになり，理論上の矛盾を生じます。つまり，休職期間というのは，就労義務のある日であるという年休利用の前提条件を欠いた期間であるということがいえます。行政解釈でも，「休職発令により従来配属されていた所属を離れ，以後は単に会社に籍があるにとどまり，会社に対して全く労働の義務が免除されることとなる場合において，休職発令された者が年次有給休暇を請求したときは，労働義務がない日について年次有給休暇を請求する余地がないことから，これらの休職者は，年次有給休暇請求権の行使ができないと解する。」という見解を肯定しています（昭31.2.13基収489）。

　したがって，たとえ利用しなかった年休が残っていたとしても，また，休職

中に新たに年休の権利が発生することになったとしても，それらは休職期間中については利用の余地がないということになります。なお，ご質問の事例もそうですが，休職期間に先行して休職の見極め期間としての一定の欠勤制度を併せもっている場合が少なからずありますが，この期間については就労の義務は免除されていませんから，労働者の請求があれば年休を与えなければならないのはいうまでもありません。この結果，年休の利用によっていつまでも休職発令ができないというのは不合理ですから，制度的な対応として，休職の前提となる欠勤状態は，その原因となった傷病が回復していない限り，年休の利用によっても中断するものではないものとすることを定めることが考えられます。

　また，育児・介護休業期間についても，就労の義務が免除されている期間ですから，年休の利用に関しては休職期間と同様に取り扱って差し支えありません。ただ，「育児休業申出前に育児休業期間中の日について時季指定や労使協定に基づく計画付与が行われた場合には，当該日には年次有給休暇を取得したものと解され，当該日に係る賃金支払日については，使用者に所要の賃金支払いの義務が生じるものであること。」（平3.12.20基発712）とされ，事前に時季指定や計画付与された休業中の年休に関する取扱いが明確にされている点に注意を要します。

〔参照条文　労基法39条〕

Q135　計画年休とはどのようなものか

　労基法には計画年休の制度があるそうですが，その考え方を説明してください。計画年休に反対する者には適用できないとなると意味がありませんし，入社初年度の者の取扱いも疑問です。

A　労基法の定める計画年休の制度は，各事業場においてその事業場の労働者の過半数を組織する労働組合（これがない場合は過半数代表者）との間で書面協定によって休暇を与える時季に関する定めをした場合には，各人の休暇日数（これには当年度発生分だけでなく，前年度発生の年休のうち未消

化の日数も含まれます）のうち5日を除いた残りの日数については，この労使協定の定めるところによって与えることができる，というものです（労基法39条6項）。これにより，各従業員は法定の休暇日数のうち5日については従来どおり各人の時季指定権による自由な利用ができる一方，これを超える法定の休暇日数については，前述の労使協定によって定められる年次休暇の計画的付与のルールに拘束されることになります。この計画年休の仕組みについては，労使協定で次のようなことが定められるべきであるとされています（昭63.1.1基発1，平22.5.18基発0518第1号）。

(1) 事業場全体の休業による一斉付与の場合には，具体的な年次有給休暇の付与日

(2) 班別の交替制付与の場合には，班別の具体的な年次有給休暇の付与日

(3) 年次有給休暇付与計画表による個人別付与の場合には，計画表を作成する時期，手続等

なお，こうした計画的付与の場合には，労基法第39条第5項の労働者の時季指定権及び使用者の時季変更権はともに行使できない（昭63.3.14基発150，平22.5.18基発0518第1号）とされており，計画年休の対象となる具体的な日数や運用上必要な事項はすべて労使協定で定めることになります（その場合も，計画年休の趣旨に反するような時季変更を使用者に認めるような協定はできないと考えられます）。このような計画年休の協定が成立すれば，設問にあるような一部の協定に反対する者についても，労使協定の定めるところにより年次休暇の計画的付与を行うことができます（ただし，その前提として就業規則で休暇の利用時期に関して定めている場合は，「労使協定の定めるところにより付与することができる」等こうした計画的付与が可能となるような定めが必要となります）。

次に，入社初年度の従業員について，労基法のとおり入社後6カ月間は年次休暇の権利のないところにおいては，計画付与の制度の適用を除外するか，特別に計画年休の日数だけ認めるという措置をとるかの検討が必要となります。仮に，休暇の権利のない者を一斉休暇の実施に伴って休業させれば，その者については労基法第26条の休業手当の支給が必要とされていること（昭63.3.14基発150）にも留意してください。　　　　　　　〔参照条文　労基法39条，26条〕

Q136 使用者の時季指定義務とその後の変更

　使用者が付与のためにいったん時季指定した年5日の年休について，使用者が業務の都合等により事後的に変更することはできますか。また労働者の側でこれを自分の都合のよい日程に変更することはできるのでしょうか。

Ⓐ　行政解釈通達では，この問題について，「使用者が則第24条の6に基づく意見聴取の手続きを再度行い，その意見を尊重することによって変更することは可能である。また，使用者が指定した時季について，労働者が変更することはできないが，使用者が指定した後に労働者に変更の希望があれば，使用者は再度意見を聴取し，その意見を尊重することが望ましい」とされています（平30.12.28基発1228第15号問答5）。これが設問に対する直接の回答になります。

　労基法の第39条第7項は，「使用者は……与えなければならない」と規定するものであり，計画年休についての第5項が「使用者は……その定めにより与えることができる」とするのとは異なる規定の仕方をとっています。これは，いわば使用者の国に対する法律上の義務を定めたものであり，労働者に対する義務として定められたものとは異なります。この義務をどのような形で具体的な労使間の権利義務内容とするかは更に就業規則や労働契約でどのような定めが設けられるかによって左右されることになります。もちろん，法律上の義務を免除するような合意はできませんが，通常の年休や計画年休のようにいったん時季指定されたものは双方の合意以外に変更の余地はない，というものとは異なるものと理解されているようです。

　このように理解すると，事後変更も当初と同様の手続を経ることで可能とする行政解釈の問答も理解できます。また，使用者が指定した5日の年休を労働者が一方的に変更できるという根拠もありませんから，労働者が変更することはできない，という答えも理解できます。更に，使用者の事後の変更が上記のように可能とされることから，労働者の希望があればその意見を尊重すること

（＝時季を変更すること）が望ましい，という答えも理解できます。要するに，使用者の時季指定による５日の年休の付与については，これを行うことが使用者の法律上の義務であるが，一旦特定指定した時季についての変更については，労働者の希望についての意見聴取を行いこれを尊重するように努めるということで可能ということではありますが，実務的な観点からは，こうした変更については合理的なルールを就業規則等で定めてそれを実行することが適当であると考えられます。　　〔参照条文　労基法39条，労基則24条の５，24条の６〕

Q137　休職・復職者と使用者の時季指定義務

　行政解釈によると，年度途中に休職から復職した者についても復職後の期間において時季指定付与の義務があるとのことですが，逆に年度途中から長期休職に入った者についてはどのように取り扱うのでしょうか。また，すでに休職が発令されている者について，新たな休暇年度が始まった場合にはこの義務は生じないと考えてよいのでしょうか。

Ⓐ　行政解釈の，義務の履行が不可能な場合についての問答では，「付与期間（基準日からの１年間の期間）の途中に育児休業から復帰した労働者等についても，法第39条第７項の規定により５日間の年次有給休暇を取得させなければならない。ただし，残りの期間における労働日が，使用者が時季指定すべき年次有給休暇の残日数より少なく，５日の年次有給休暇を取得させることが不可能な場合には，その限りではない」としています（平30.12.28基発1228第15号第３問答６）。

　つまり，使用者が時季指定して付与すべき日数が５日であれば，その付与期間の労働可能な所定労働日数が５日以上ある限り，指定付与義務は免れない，ということになります。極端かも知れませんが，付与期間の期間満了の５労働日前までに復職となれば復職後の５労働日はすべて年休を付与すべし，という

ことになります。したがって，復職の日程やプログラムを考える場合は，こうした年休の付与も念頭に置く必要があります。

　復職の場合は，このように解釈が示されていますが，途中休職の場合についての行政解釈は示されていません。付与期間の最初の時点でその年度の使用者の時季指定による休暇日程を特定した場合であれば，その後に休職期間に入っても，年休として特定された日は，当然には無効となるものではないと考えられますが，むしろこのような場合は，事前に労使の話し合いにより，休職発令前に期間を繰り上げての付与をするなど，労働者の意見・希望を聴取しての変更が望ましいものと考えられます。

　年度の途中や年度の後半に時季指定付与をすることとしている場合には，使用者による時季指定がなされる前に休職に入ってしまうことが考えられます。そのような場合，前記通達の考え方に準じれば，5日の付与ができないことになり，「年次有給休暇を取得させることが不可能な場合には，この限りではない」という解釈が当てはまる可能性がありますが，このような場合も，いきなりの休職発令ということは実務的には考えにくく，休職発令までに一定の日数があるのが普通ですから，本人の希望を聴取したうえで，その間に使用者による年休の時季指定付与を行うのが適当ではないかと考えられます。

　最後の，すでに休職が発令されている者について，新たな休暇年度が始まった場合にはこの義務は生じないと考えてよいのか，という問題ですが，検討の前提は前年度の出勤率が法定の8割要件を満たしているということになります。そうであれば，法定の年次有給休暇の権利は法律に基づき生じることになります。ただ，現実に休暇を利用するための条件である就労義務が存在しないのであれば年休の取得・付与は不可能ということになることは，冒頭に紹介した行政解釈通達の例と同じと考えられます。また，付与が不可能なのは，休職期間中に限られますから，年度途中で休職が解かれ，就業義務が復活した場合は，その日以降年度末までの間に5労働日以上あれば付与義務の履行は可能となりますから，付与しなければなりません。これも，冒頭に紹介した行政解釈通達の例と同じと考えられます。

〔参照条文　労基法39条，労基則24条の5，24条の6〕

Q138　希望日の聴取と付与時季の調整

改正法による使用者の時季指定付与の義務を果たすため，各人の希望を聴取したが，希望時期が重なり，そのまま認めることは事業の正常な運営を妨げかねません。一部の者についてのみ付与時季を本人の希望と違えることは年休の時季変更権の行使ということになりますか。

(A) いわゆる年休の時季変更権は，これまでの労働者からの年休利用の時季指定の権利行使に対し，その効果の発生を妨げるための使用者に与えられた権限であり，今回の法改正により使用者の時季指定付与の義務が課せられた5日の年休の日程調整は，年休の時季変更権の行使には当たりません。したがって，事業の正常な運営を妨げるおそれがあるかどうかということを使用者の時季指定付与の義務を果たす際の判断要素にしなければならないということはありません。たとえば，2カ月ごとに1日のペースで付与することもできれば，夏の時期に全日数付与することも，業務閑散期に付与することも可能です。社員本人の希望を聴取しそれを尊重するよう努めることは求められますが，これも考慮する諸般の事情の中に本人希望の可能な限りの尊重という要素が加わる，ということです。

一部の者について希望通りの時期に付与し，一部の者については希望とは異なる時期に付与することにしても，それは時季変更権の行使ではありませんし，時季変更権の行使に必要な要件が必要となるものではありません。しかし，希望を聴取しても一部の者だけがその希望が尊重され一部の者は尊重されないということについては不満も生じかねませんから，労務管理上の公平処遇の観点からの注意は必要となります。なぜそのような対応とならざるを得ないのかについての説明をきちんと行うことが必要となるでしょう。その場合に，各人の希望を聴取するについて，なぜその時期を希望するかの理由を任意で示してもらい，その内容に応じて合理的な優先順位を決めることも許されると考えます。

〔参照条文　労基法39条，24条の6〕

Q139 法定の出勤率要件を満たさない者への対応

　当社では年休の付与について，労基法の定める8割出勤の要件を就業規則では要求していません。その他8割出勤が就業規則に定める年休の利用の要件であることを説明できるよりどころもありませんので，前年の出勤率が8割に満たない者でも10日以上の年休の権利が発生することになると考えています。この場合，使用者による時季指定付与義務は当然かかってきますか。それとも，この部分についてのみ対象を8割出勤者のみとすることはできますか。

Ⓐ　改正法による使用者の時季指定付与が義務付けられた年休（5日）は，労基法に基づき発生する権利についての規制であり，これを上回る年休制度を設けている場合，その部分についてまで当然にこの規制が及ぶものではありません。8割出勤を年休利用の条件としない制度は労基法上の年休とは別の会社が自ら定めたルールであり，そこに使用者の時季指定による付与年休の仕組みを入れるかどうかも自由に決めることができます。この意味では設問のような取扱いも可能です。ただし，8割出勤を要件としない年休制度においても，現実に8割以上の出勤をした者の年休は，少なくとも法定日数については労基法の定める年休であり，その者については改正法どおり使用者の時季指定による付与をしなければなりません。つまり，使用者の時季指定による付与を当初から考えなくてもよいのは，出勤率8割未満の者に限られます。また，使用者の時季指定による付与を行うものとこれを行わない者の区別を設けるのであれば，それは年次有給休暇に関する事項として就業規則の絶対的な必要記載事項に該当しますので，その内容を就業規則で明確に定めることが必要（義務）となります。

　また，出勤率8割以上の者と8割未満の者とを区別せずに，使用者の時季指定による付与の対象とする場合も，やはり就業規則においてこれを行うことができる根拠を明記しなければできません。労基法上の使用者の時季指定による

付与義務を定めた規定は，単に使用者に対する公法上の義務を定めたものであり，労働契約上の使用者の権限を定めたものとは解されません。使用者の時季指定による付与を労使間の権利義務とするにも，年休の付与の具体的なルールとして就業規則に記載し，これが労働契約内容に取り込まれることが必要となります。　　　　　　　　　　　　　　　　　　　〔参照条文　労基法39条〕

Q140　いわゆるダブルトラックの場合の付与の例

当社は入社年度は入社から半年たった時点で10日の年休を付与し，その後は全員一律の４月１日基準日で斉一的に休暇を付与する仕組みをとっています。この場合，使用者の時季指定による付与の義務はどの段階で何日生じますか。このような場合の取扱いとして休暇年度をまたいだ期間で案分比例で計算した日数の付与ができるという説明がされているようですが，これはそうしてもよいということなのか，そうしなければならないということなのですか。

A　この問題についての行政解釈通達の示す例の１つは，概要以下のようなことです。第一基準日とか第二基準日，履行期間など聞きなれない用語が使われているので，多少理解しづらいと思いますが，確認しましょう（通達の用語を適宜言い換えています）。

（付与期間に重複が生じる場合の特例（労基則第24条の５第２項関係））

使用者が10労働日以上の年次有給休暇を基準日（入社６カ月経過日から１年ごとに区分した各期間の初日……年休の権利発生日のこと）又は第一基準日（基準日より前の日であって10日以上の年休を付与することとした日……繰り上げ付与日のこと）に与えることとし，かつ，基準日又は第一基準日から１年以内の特定日（第二基準日……次の年度の基準日）に新たに10日以上の年休を与えることとしたときは，履行期間（基準日又は第一基準日を起点にして第二

基準日からの1年経過日までの期間）の月数を12で割った数に5を掛けた日数
を，その履行期間中に，その時季を定めることにより与えることができる，と
されています（平30.9.7基発0907第1号）。

　たとえば，2024年4月1日入社の者について，2024年10月1日（基準日）に
10日の年休を付与し，翌2025年4月1日（第2基準日）に11日の年休を付与す
る場合，2024年10月1日から2026年3月31日までの1年6カ月の間に，7.5日
以上の年休を使用者の時季指定による付与として与えることができる，とされ
ています（労働者が半日単位の取得を希望しない場合は端数を切り上げて8日
の付与とする（平30.12.28基発1228第15号第3問答9参照））。

　これは，「できる」ということであり，ご質問の最後にあるような，そうし
なければならないということではありません。原則通り，最初の基準日からの
1年間（この例であれば2024年10月から2025年9月30日までの間）に5日，第
二基準日からの1年間（この例であれば2025年4月1日から2026年3月31日ま
での間）に5日を使用者の時季指定による付与として与えることでももちろん
よいのです。

　どちらを選択するかは，制度の運営についてのメリット・デメリットを検討
して自主的に決めることができます。

〔参照条文　労基法39条，労基則24条の5，24条の6〕

Q141　年休の斉一的取扱い

　従業員数も増えてきたので，各人ごとの休暇の管理は繁雑にな
りました。よくいわれる年次休暇の斉一的取扱いを導入したいの
ですが，留意点等を教えてください。

A　年次有給休暇の斉一的取扱いとは，各労働者ごとにバラバラな入社日
からの6カ月，その後は1年ごとの年度による休暇の管理によるのでは
なく，全労働者について一定の基準日を定めて，その基準日までの勤続年数及

〈4月基準年度とした場合〉

①　②　③　④　⑤

年休年度	入社初年度		入社次年度	

2021.4　6　8　10　12　2 2022.4　　10　12　2 2023.4

A入社　B入社　C入社　D入社・A年休10日発生　B年休10日発生　C年休10日発生　D年休10日発生　　A年休11日発生　B年休11日発生　C年休11日発生　D年休11日発生

※労基法上は，①の間に入社の者は②の間に向こう1年間を通じての最初の年休（10日）が発生し，④の間に向こう1年間を通じての次年度分の年休（11日）が発生するので，年度での斉一管理をするためには，入社初年度及び次年度に少なくとも10日，11日を前倒して付与する必要がある（以後も同様）。

び出勤率により有給休暇を算定するものです。このような取扱いについては，基準日において継続勤務6カ月あるいは1年未満の労働者に対しては，使用者の負担において残余の期間については出勤したものとみなして，年次有給休暇を与える方法をとる限り適法とされます（平6.1.4基発1）。

これに対し，基準日において継続勤務6カ月あるいは1年未満の労働者に対しては，それまでの期間に出勤率8割以上の者についてのみ，継続勤務6カ月あるいは1年を経過したものとみなし年次有給休暇を与える方法は，その時点では8割を満たしていなかった者でその後勤続6カ月あるいは1年に達した時点では出勤率が全労働日の8割に達した者が有給休暇を請求してもそれを与えられないことになり違法となる場合があります。

設問の事例についても，従来の各人ごとの入社日による管理から斉一的取扱いに変更する年度においては，たとえば4月1日で統一管理するとした場合，出勤率の算定について特別の取扱いをして新たな次年度の各人の休暇を4月1日の時点で与えることが必要となります。極端な場合，2月とか3月入社の者は，統一基準日設定前の同じ年の2月や3月に旧制度による新年度の休暇の権利が生じていたものを，基準日設定により同じ年の4月1日にさらにこれに2日（又は1日）を加えた新年度の休暇（最高20日）を与えなければなりません

が，事務簡素化のための一時的負担として割り切るしかありません（もっとも，現実には2月や3月に与えられた休暇と4月からの新たな休暇をフルに利用するという例は稀であろうと思われます）。

　さらに加えて，年次有給休暇制度は，入社後6カ月で最初の休暇の権利が発生します（それまでの出勤率8割を満たすことが条件です）から，1年単位での休暇の年度管理をする場合は注意が必要です。この場合は，入社日の属する休暇年度中に勤続6カ月に達する者については，その年度中に10日の休暇を付与し，翌年度（入社後最初に来る休暇年度）には，11日の休暇を付与する形でなければ斉一的取扱いをすることはできないことに注意してください（前頁の図参照）。

〔参照条文　労基法39条〕

Q142　年休・半日年休・時間年休の賃金

　年次有給休暇に対する賃金を通常の賃金としている場合，半ば恒常的に残業を行っているような者については，残業手当を含めた1日分の賃金を支払う必要があるのではないでしょうか。逆に，半日年休や時間単位年休の場合にはどのような賃金を払うことになるのでしょうか。

A　〔1日単位の年休の場合〕

　年次有給休暇を利用した日に対しては，就業規則等で定めるところに従い，平均賃金又は所定労働時間労働した場合に支払われる通常の賃金を支払わなければなりません。ただし，事業場の過半数組織労組等との協定で定めた場合は健康保険法による標準報酬月額の30分の1相当額を支払う方法をとることができます。このいずれの方法をとるかは就業規則等に明記しなければならず，必ずその定められた方法によらなければなりません。設問に対する回答はすでに法条文により明らかで，「所定労働時間労働した場合に支払われる通常の賃金」がここでいう「通常の賃金」であり，恒常的に残業をしていてもその

ような賃金は考慮されません。法に基づく通常の賃金の厳密な計算方法は労基則第25条に定められていますが，行政解釈では，「法第39条第4項の規定は，計算事務手続の簡素化を図る趣旨であるから，日給者，月給者等につき，所定労働時間労働した場合に支払われる通常の賃金を支払う場合には，通常の出勤をしたものとして取り扱えば足り，規則第25条に定める計算をその都度行う必要はない」としています（昭27.9.20基発675）。

　また，この通達では，「所定労働時間労働した場合に支払われる通常の賃金には，臨時に支払われた賃金，割増賃金の如く所定時間外の労働に対して支払われる賃金等は，算入されない」ことも明らかにしています。

〔半日年休・時間年休の場合〕

　半日年休の場合の賃金の取扱いについては明確な定めや解釈が示されていませんが，次の時間年休についての解釈が参考になりますので，まず，時間年休の賃金について，述べることにします。

　時間単位年休に対しては，「平均賃金若しくは所定労働時間労働した場合に支払われる通常の賃金の額をその日の所定労働時間数で除して得た額の賃金又は標準報酬日額（※標準報酬月額の30分の1相当額。労基則25条3項）をその日の所定労働時間数で除して得た金額を，当該時間に応じ支払わなければならない」（平21.5.29基発0529001）とされています。

　この場合の，その日の所定労働時間数とは時間年休を取得した日の時間を意味します。この3種類の賃金のどれを用いるかは，日単位の年休に支払うものと同じものとしなければなりません。

　半日単位の年休についてもこれと同様に考えることでよいと思われます。

〔参照条文　労基法39条，89条，労基則24条の4，25条〕

Q143 休職発令の前提となる長期欠勤は年休利用により中断されるか

前年度から長期継続欠勤中の従業員があり，そのまま欠勤が継続すれば新年度早々に休職となるはずのところ，同人から新年度になったことにより新たに生じた年次休暇の利用の申出があり，併せて長期欠勤の中断がされたことの確認を求められました。現実には1日も出勤していないのですが，この場合長期欠勤は年次休暇により中断されるのでしょうか。

A　設問に対する回答は，労基法の年次有給休暇の解釈からは出てきません。もっぱら，休職制度における「長期欠勤」の意味をどう解釈すべきかという御社の制度解釈の問題です。制度の趣旨目的，運用実態等不明ですので適切な回答は難しいのですが，一般論としては，次のようなことが言えるでしょう。

まず，長期欠勤中といえども，年度が変わったことにより新たに休暇の権利が発生した場合には，その休暇の利用自体は妨げられません。ただし，その休暇が労基法所定の休暇以外のものである場合には，特にその利用の条件が限定されていれば，その制約に従うことになります。法定の休暇の権利が行使されたとすれば，その休暇による欠務は欠勤ではなく年次有給休暇としての欠務であり，所定の賃金が支払われなければなりません。

しかし，このことと，その休暇による欠務が休職制度適用上の前提条件である長期継続欠勤を中断する効果を認められるか否かは，別の問題です。休職制度発令の前提条件として定められた長期継続欠勤の要件は，私傷病等就労不能の状況が一定期間継続し，その後も継続する可能性が強い場合には，休職としての位置付けを行うというものですが，年次休暇の利用が私傷病等これまでの長期継続欠勤の原因が消滅した上で行われたものかというと，設問のような場合，新しい年次休暇日数全部が利用された後は再びこれまでの長期欠勤の原因事実による欠勤が開始されるものと予想されます。

このような場合，年次休暇の利用はあっても，私傷病等長期にわたる就労不能の状況には何らの変化もないと考えられます。そのような場合に，休職制度の適用に関しては，たとえば年次休暇の利用その他の理由による欠務の期間を除いた残りの欠勤期間が，所定の長期欠勤の期間を満たしたところで休職発令するという取扱いがむしろ制度の趣旨からは合理的ではないかと思われます。

また，傷病による勤務不能状態が解消されていない限り，年休等の利用期間も通算して欠勤期間をカウントするというルールとしても不合理とは言えないと思われますが，前述のとおり，年休等の利用期間を除き前後の欠勤期間を通算するというルールも考えられます。

いずれにしても，休職制度は，その後の解雇退職にもつながる重要な労働条件ですので，設問のような疑問の生じないよう，制度上年次休暇その他の理由による中断を認めないのであれば，その旨をあらかじめ明定しておくことが必要と思われます。　　　　　　　　　　　　　　　　〔参照条文　労基法39条〕

Q144　賞与査定上，年休を欠勤と同視できるか

賞与査定の要素の１つとして，算定期間中の出勤状況を用いていますが，これまで，実際に出勤したか否かということから，年次休暇も実際には出勤していない以上他の不就労と同じ取扱いとしていました。労基法には年次休暇利用を理由とした不利益取扱いが禁止されているということですが，このような取扱いは違法となるのでしょうか。

A　労基法第136条には，「有給休暇を取得した労働者に対して，賃金の減額その他不利益な取扱いをしないようにしなければならない」とする条文が設けられています。しないようにしなければならないという法規制の法的効果がどのようなことか難しいものがありますが，行政解釈ではこの年次休暇の取得に伴う不利益取扱いについて，次のように述べています。

　「精皆勤手当及び賞与の額の算定等に際して，年次有給休暇を取得した日を欠勤として，又は欠勤に準じて取り扱うことその他労働基準法上労働者の権利として認められている年次有給休暇の取得を抑制するすべての不利益な取扱いはしないようにしなければならないものであること。

　年次有給休暇の取得に伴う不利益取扱いについては，従来，①年休の取得を抑制する効果をもち，法第39条の精神に反するものであり，②精皆勤手当や賞与の減額等の程度によっては，公序良俗に反するものとして民事上無効と解される場合もあると考えられるという見地に立って，不利益な取扱いに対する是正指導を行ってきたところであるが，今後は，労働基準法上に明定されたことを受けて，上記趣旨を更に徹底させるよう指導を行うものとする。」(昭63.1.1基発1)

　このように，労基法第136条はその違反について第39条のような罰則を伴うものでもなく，また直ちにその違反が設問のような制度内容を無効とするものでないのですが，設問の制度の内容が賞与減額等の程度等から判断して，年次有給休暇制度の趣旨に反しその効果を否定されるべきものである場合は，そのような取扱いの法的効力は無効と考えられることになります。そうまで断言できないものであっても，前述のような条文を基にした行政指導の対象となることが予想されますので，できるだけ早めに制度内容の再検討を図られることが適当と思われます。　　　　　　　　　　　　　〔参照条文　労基法39条，136条〕

⑧ 管理監督者・監視断続労働従事者・高度プロフェッショナル制度

Q145 労基法上の管理監督者の範囲

当社では，課長職以上の者を非組合員とし，同時に労基法第41条の管理監督者としていますが，課組織にも大小あり，部下数名の課長もいます。このような場合，課長を一律に管理監督者とすることに問題はありませんか。

Ⓐ 労基法第41条により，労働時間・休憩・休日の法規制の適用が除外される管理監督者の範囲については，法律上特段の定義はなく，解釈に委ねられています。各企業によりいわゆる管理職と呼ばれる従業員の範囲は区々であり，各企業で定めている管理職がそのまま労基法の定める管理監督者と認められるわけではありません。また，労組法上の使用者の利益を代表する者としての非組合員の範囲の考え方とも一致するものではありません。

この管理監督者の考え方については，同じく法第41条により適用除外となる監視断続労働従事者が行政官庁による許可を条件とするのに比べ，許可等を条件としていないことから，その適正な運用が図られるよう，行政解釈が示されています。その概要は，以下のとおりです（昭22.9.13発基17，昭63.3.14基発150）。

(1) 管理監督者とは，一般的には，部長，工場長等労働条件の決定その他労務管理について経営者と一体的な立場にある者をいう。名称にとらわれず実態に即して判断される。

(2)　企業が人事管理上あるいは営業政策上の必要等から任命する職制上の役付者のすべてが管理監督者と認められるものではない。

(3)　職制上の役付者のうち，労働時間，休憩，休日等に関する規制の枠を超えて活動することが要請されざるを得ない重要な職務と責任を有し，現実の勤務態様も労働時間等の規制になじまないような立場にある者に限り管理監督者と認められる。

(4)　管理監督者の範囲を決めるに当たっては，資格，職位の名称にとらわれず，職務内容，責任と権限，勤務態様に着目し，実態に基づき判断する。

(5)　賃金等の待遇面についても無視し得ない。基本給，役付手当等で地位にふさわしい待遇がなされているか，ボーナス等において一般労働者に比し優遇措置が講じられているか等にも留意する必要がある。ただし，優遇措置があっても，実態のない役付者は管理監督者には含まれない。

(6)　スタッフ職については，企業内の処遇の程度によっては管理監督者と同様に取り扱っても保護に欠けるおそれがないので，一定の範囲の者については管理監督者に含めて取り扱う。

　判断基準はこのように示されているものの，「経営者と一体的な立場にある」とはどのようなことで判断するのか，「労働時間等の規制になじまない」とはどのようなことでそういえるのか，「地位にふさわしい待遇」とはどのようなものかは明らかではなく，判断に苦しむ部分が残ります（このため，多くの裁判例が生じていることやこれを受けての行政解釈通達が示されていることについては，Q146参照）。

　ところで，この行政解釈通達は，労基法制定当初の解釈通達から若干の変遷を経て整理されたものであり，そこには，変わらない法律条文と企業社会の実態の変化とこれを受けての行政解釈の変化とが見て取れますが，そのことが，また次の設問に繋がる問題ともなっています。

　すなわち，労基法の制定当初における解釈では，監督・管理の地位にある者とは，たとえば局長・部長・工場長のように経営者と一体の地位にあり，かつ，出社退社その他勤務時間について厳格な制限を受けないものを指す，とされていたものですが，これを昔のいわゆる重役出勤的に理解することはその後の企業の運営実態からして時代にそぐわないものと理解されるようになり，出社退

社について厳格な制限を受けないものという解釈は自己の裁量により仕事を進め，出退勤についても自己管理をできる権限を持ち，状況に応じ朝遅く出社したり定刻より早く帰宅することがあっても，遅刻早退等の勤務成績として評価され就業規則による制裁の適用を受けたり昇給・昇格・ボーナス査定の要素とされるなどの不利益な取扱いを受けない立場にある者と解釈するのが妥当であるという方向に理解する方向になっていきました。

　法制定当時あまり見られなかったいわゆるスタッフ職の取扱いについて初めて触れた，金融機関の管理監督者の範囲についての行政解釈（昭52.2.28基発104号の2など）もこの考え方を基礎にしていると考えられます。冒頭に概要を紹介した昭和63年の通達（基発150号）による現在の行政解釈も，この昭和52年の行政解釈の延長線上に位置付けられます。管理監督者についての考え方が，いわば労働時間についての保護の必要性の薄い者から時間の制約や規制を超えて働かざるを得ない者に替わっていったとみることもできるでしょう。

　しかしながら，その後の企業社会の実態の変化の中で，管理監督者扱いとされ，厳格な時間規制等を行わず，割増賃金の支給対象ともされない従業員の範囲が拡大される傾向が強まり，長時間労働・過重労働の弊害の是正の問題と相まって，いわゆる『名ばかり管理職問題』として管理監督者の範囲の問題が社会的な関心を呼ぶようになり，改めて，労基法における労働時間の規制の適用を除外される管理監督者とはどのようなものであると考えるのか，その解釈の適正化が図られる方向に向かっています。

　したがって，現状での管理監督者の範囲についての考え方の整理においては，企業内における管理職の呼称で判断するのではなく，冒頭に紹介した現在の解釈通達の示す判断要素と，Q146で取り上げる裁判例やこれを受けて出された行政解釈通達を合わせて慎重に検討する必要があります。

〔参照条文　労基法41条〕

Q146 裁判例や行政解釈通達で見る管理監督者の考え方

裁判例や行政解釈通達では，管理監督者の範囲についての考え方が従来の行政解釈とは違っているように思われますが，特に出退勤の自由があるかどうか，とか全社的な経営に関与しているかどうかといったことを管理監督者とされることの要素とするのは，現実から乖離する考え方ではないでしょうか。

A 労働基準法には，たとえば労働時間についての第32条の規制のように，1日について8時間を超えて労働させてはならない，とその規制内容が明確なものもあれば，監督もしくは管理の地位にある者又は機密の事務を取り扱う者についての第41条の適用除外の条文のように，その対象者の範囲が，法律条文だけでは明確にならないものもあります。本来であれば，法律条文だけでは明確にならないものは，施行規則等においてさらに具体的な定めを置くことで規制内容の明確化が図られるべきものといえるでしょう。たとえば，一定の賃金年収水準や管理監督する部下の人数等などを判断基準にすることも考えられるところです。しかし，現在の労基法第41条の規制においては，管理監督者の範囲についてのこうした具体的な判断材料は定めておらず，法律の趣旨目的を踏まえた解釈で，その範囲を画する作業が必要になります。

法律の解釈適用は，最後は裁判所の判断，ということですが，労基法の解釈においては，法の監督機関としての厚生労働省のいわゆる行政解釈が重要な役割を占めています。労基法制定時からその後の行政解釈の変遷については，前問で簡単に触れたところですが，長時間・過重労働の実態にあるいわゆる『名ばかり管理職』の問題が社会的な関心を呼ぶようになり，改めて，労基法における労働時間の規制の適用を除外される管理監督者とはどのようなものであると考えるのか，その解釈の適正化が図られる必要が生じ，裁判例でも管理監督者の範囲を厳格に解する判断が示される例が増え，行政解釈も，そうした最近の裁判における判断の影響をうけて，それまで徐々にその範囲の広がることについていわば現状追認的であった状態に歯止めをかけるようなものになってい

ます。

　裁判例でこの問題についての社会的注目を集めたものが，いわゆる外食産業
における店長の管理監督者性の問題です（マクドナルド店長事件　東京地裁平
20.1.28判決）。

　この事案では，店長はアルバイト等の採用や時給等の決定等の権限はあるが
人事考課の二次評価は別の上位者が行っていることなどから，労務管理の一端
を担ってはいても労務管理について経営者と一体的な立場にあったとはいい難
いとされ，店舗の三六協定締結権限を有し勤務シフト決定や次年度損益計画の
作成などの一定権限はあるが店舗独自のものではないことなどから，店舗運営
において重要な職責を担ってはいるが店舗内の事項に限られ，企業経営上の必
要から経営者と一体的な立場で労働時間等の枠を超えて事業活動することを要
請されるような重要な職務・権限はなく，労基法の労働時間規制になじまない
ものとはいえない，などとしています。この例などは，管理監督者の範囲をか
なり限定的に捉えた例といえます。このほかにも，社内的に管理監督者とされ
た社員が管理監督者には該当しないとして割増賃金の支払い等を求めて争った
裁判例での判断の傾向を見ると，事業運営や労務管理における経営との一体性
や，労働時間の自由裁量性，企業経営の必要性からくる労働時間等の規制に馴
染まない状況の有無などが判断要素として重視されていることがうかがわれ，
結論的には管理監督者に該当しないと判断される事例が多くなっているように
見られます（アクト事件　東京地裁平18.8.7判決，育英舎事件　札幌地裁平14.4.18
判決等）。

　こうした状況を踏まえ，示された行政解釈が，「多店舗展開する小売業，飲
食業等の店舗における管理監督者の範囲の適正化について」（平20.9.9基発
0909001）です。

　そこでは，管理監督者性を否定する「重要な要素」として，職務内容，責任
と権限についての判断要素，勤務態様についての判断要素，賃金等についての
判断要素，管理監督者性を否定する「補強要素」の例として，勤務態様につい
ての判断要素，賃金等の待遇についての判断要素の各具体例を示していますの
で，参考にしてください。

　こうした傾向は，一面ではご質問において指摘されるように現実の実態から

乖離するのではないか，という問題があることは否めませんが，抽象的な法律の文言を社会の実態にどのように当てはめて法を適正に運用するかについての，前述のような判断の変遷の中で生じた現状における適切な解釈はどうあるべきか，という問題であり，一概に実態から乖離している解釈は妥当性を欠くということはできないように思われます。

　なお，当然かもしれませんが，管理監督者性が認められる事例もあるのです。たとえば，証券会社の支店長の管理監督者性が認められた例（日本ファースト証券事件　大阪地裁平20.2.8判決）では，30名以上の部下を統括し，会社全体から見ても事業経営上重要な上位の職責にあり，支店の経営方針を定め，中途採用者の採否決定権限があり，係長以下の人事の決定権限があり，降格昇格にも相当の影響力を有していることなどに加え，部下の労務管理を行う一方，自身の出欠勤や労働時間は管理対象外であり25万円の職責手当を含め月額82万円という賃金額は店長以下に比べ格段に高いことなどから，労務管理について経営者と一体的な立場にある管理監督者に当たるとされています。

〔参照条文　労基法41条〕

Q147　出向と管理監督者の扱い

　当社の出向制度の運用では，出向元では管理監督者でない者が出向先では管理監督者としての職務職責を担う場合，逆に，出向元では管理監督者として扱われる者が出向先では非管理監督者として扱われる場合がありますが，こうした場合，労基法の労働時間等の規制の適用の考え方では，どのような取扱いになるのでしょうか。

Ａ　出向者に対する労基法の適用関係についてはQ4でも触れていますが，そこでは，労働時間規制の順守責任は出向先が負う，という原則が示されています。この趣旨は，出向者を管理監督者として労基法の時間規制等の適

用除外者として扱うかどうかは，出向先におけるその者の権限責任，就業実態により判断する，ということを意味するものと考えられます。

　出向元においては管理監督者に該当しない実態で就業していた者が出向し，出向先では管理監督者に該当する権限責任を負い，厳密な時間規制等を受けない就業実態において就業している場合は，基本的には管理監督者に該当すると認められる可能性があるといえます。ただし，問題として，賃金処遇面において管理監督者にふさわしい待遇を受けているか，ということが残ります。行政解釈でも，管理監督者の該当性の判断においてはその地位にふさわしい待遇がなされているか否かにも留意すべきである，としているからです。

　出向の一般的な事例では，賃金処遇は基本的に出向元がその責任を負うとされることが多いといえます。その場合，出向元においては管理監督者に該当しない実態で就業していた者を出向させ，出向先では管理監督者に該当する権限責任を負わせるとしてこれにふさわしい賃金処遇が出向元においてなされるかどうかが問題となります。

　仮に，出向元の処遇体系において自社の管理監督者としての位置付けとそれによる管理監督者にふさわしい給与処遇を当てはめることが難しいとした場合には，出向手当その他何らかの名目により，管理監督者と呼ぶにふさわしい処遇条件を提供する必要があると考えるべきでしょう。

　一般的な出向手当の例では，出向先における時間外労働等の割増賃金を想定してその額を設定する例が見られますが，出向先において管理監督者として取り扱われることを想定した場合には，そうした割増賃金見合い額ということではなく，（それを超える）自社における管理監督者の処遇水準を基礎に考える方が合理的な説明が可能となるように思われます。

　次に，逆の例である，出向元では管理監督者として扱われる者が出向先では非管理監督者として扱われる場合は，労基法の規制は，前述のように出向先の就業実態を基礎にするため労基法の時間規制の順守や割増賃金支払いの必要が生じます。したがって，まずは時間の把握・管理責任を出向先において適切に果たしてもらう必要があります。また出向先は，自社の三六協定の制限や裁量労働制等適用される時間制度の範囲内においてその者を適正に就業させる必要があります。出向元では管理監督者であったということから遠慮して時間管理

責任を果たさない，ということはできません。

　この場合給与処遇の責任を果たすのが出向元であれば，労働時間に応じて割増賃金を支払う必要性がある場合は労働時間の実績を適正に把握し出向元に提供する必要があり，出向元はこれを前提に実績に応じた割増賃金を支払うか，「出向手当」が割増賃金としての性格を有するものとして設定されているのであれば，そこで想定されている時間数の範囲内に収まるかどうかで，収まらない場合は，別途不足分の支給が必要となります（いわゆる定額残業代の考え方を基礎にする必要があります）。

　出向先に裁量労働制のみなし労働時間制度が導入されておりこれを適用できる場合は，みなし時間に応じて割増賃金の必要の有無を判断し，さらにみなし労働従事者に対する特別の手当を支給するかどうか，自社の賃金時間制度の中で妥当な取扱いができるかどうかを検討しなければなりません。仮に，自社にみなし労働時間制従事者に適用する処遇のルールがない場合は，出向先での勤務についても，みなし労働時間制を前提にしない時間の把握管理を求めることも検討しなければならないかもしれません。

　このように見てくると，出向と管理監督者の扱いの問題は，実務的には給与処遇面において問題の生じないような対応を事前に整理し，出向先に協力を依頼し，対象者にその取扱いを事前に説明して，出向元・先，出向者の全当事者が誤りない対応をできるようにすることが重要であると思われます。

〔参照条文　労基法41条〕

Q148　臨時的に監視断続労働に従事する場合

　会社の所定休日に機械，設備の点検，調整等の作業を外部業者に委託した際に，その工事の間一部従業員に監視や連絡要員として出勤させることとした場合，そのような監視業務については労働時間規制の適用はないと考えてよいのですか。

Ⓐ　設問の場合，2つの面で問題があります。

　　1つは，このような臨時的な監視労働といっても，一般の従業員をこれに従事させ，労働時間等の法規制の適用を除外するためには，所轄労基署長の許可が必要ですが，文面からはこの許可を受けていないと考えられることです。許可を受けていない限り，仮にこの業務が実態としても監視断続労働に該当するものであっても法の適用は除外されません。管理監督者の場合と異なり，監視断続労働としての労働時間等の適用除外は，行政官庁の許可があって初めて可能となるのです。

　次の問題は，このような通常の業務に従事している者が臨時的に監視断続労働に従事するような事例については，いわゆる宿日直業務を除き，許可の対象とならないということです。行政解釈によれば，「断続労働と通常の労働とが1日の中において混在し，又は日によって反覆するような場合には，常態として断続的労働に従事する者には該当しない」ため許可は行わないとされています（昭63.3.14基発150）。

　このように，労働時間規制の適用がないとはいえないとしても，その日の賃金をどのようにするかについては検討の余地があります。特別の定めをしないとすれば，通常の賃金と同額の賃金を支払うべきものと考えられますが，このような日については通常の労働とは異なるものとして特別の賃金を設定することも可能と考えられます。たとえば，他の監視労働等についての賃金額を考慮してそれと同等の水準の賃金を支給するという定めが給与規程等に置かれれば，その日の労働に対してはこれを支給することも可能でしょう（実際にそのような定めを置く例は現実には見られないのではないかと思いますが……）。なお，こうした定めが就業規則や労働協約にない場合，個別事案ごとに会社の決定として各人に通知してその額を払えば済むかというと，就業規則と個別契約（合意）との間の効力関係が問題になります（労契法12条参照）。就業規則よりも不利な金額を設定することはできないので注意が必要です。

　また，その時間が法定の時間外労働や休日労働に該当するのであれば割増賃金の支払いが必要となるのは当然です（この場合の基礎となる賃金は，その日の労働について特別に定められた賃金がある場合はその賃金，特別の定めがなければ，通常の所定労働日の所定労働時間に対する賃金，ということになるで

しょう）。　　　　　　　　　　　　　　　〔参照条文　労基法41条〕

Q149　許可を受けた勤務態様と現実が異なる場合

　　寮の管理人についてかなり以前に監視断続労働としての適用除
外の許可を受けていますが，その当時の管理人の勤務条件と現在
では勤務時間帯等にも違いを生じています。過去の許可はどこま
で有効なのでしょうか。

Ⓐ　労基法第41条に基づく適用除外の許可行為は，いわゆる行政処分であ
り，具体的な許可に際しては勤務態様等について一定の条件を付してい
ます。これは許可の効果に一定の制限を加えるものであり，同条による許可の
場合は許可の内容に一定の限定を加える付款と特定の義務を命ずる付款がある
とされています。

　設問の事例の場合，過去の許可にどのような付款が付いており，どのような
勤務態様等に対する限定がなされているかは明確でありませんが，たとえば，
具体的な勤務時間帯や休日日数等についての限定がなされていると見るべきか
どうかが問題です。申請のあった範囲での労働について適用除外が認められた
というのであれば，許可の内容に限定があるとも考えられます。

　さて，こうした許可後に申請事項の変更があった場合の取扱いに関しては，
許可の有効期間が定められていないために疑問を生じますが，この点について
は，次のような行政解釈が示されています。

　「宿直又は日直勤務，監視又は断続的労働に従事する者に対する許可等につ
いては，許可後に申請事項の変更があった場合には，原則として許可の再申請
を要するが，総合的に判断して労働の態様が労働者にとり有利に変更したと認
められる場合は，勤務内容に相当の変化がない限り許可を受けさせる必要はな
い。」（昭23.9.20基収2320）

　これによれば，まず勤務内容に相当な変化がある以上，すべて再申請が必要

となります。それほどの大きな差異はないという場合も，労働の態様が労働者にとって不利な内容になっている場合には再申請が必要です。仮に，一般的な労働条件改善の中で，設問の寮の管理人の勤務態様も労働条件的に改善された結果として現状が過去に受けた許可の内容と違ってきているということであれば，かなりのズレでない限り，改めて再申請の必要はないのではないかと思われます。　　　　　　　　　　　　　　　　　　〔参照条文　労基法41条〕

Q150　高度プロフェッショナル制度導入の可否の検討

　高度プロフェッショナル制度で適用除外される労基法の規制の範囲を確認します。

　これまで疑問があった管理監督者の深夜割増も不要になったということだとすれば，この者については，基本的に労働時間管理ということは考えなくてもよいのでしょうか。一方で，制度適用のハードルは高いようですが，検討の価値があるかどうかの判断材料は何ですか。

Ⓐ　確かに労基法の週40時間等の労働時間規制や休日規制，深夜割増などの規制は適用がなくなりますが，労働時間管理の責任に代わるものとして，労基法においては，「健康管理時間」の把握とこれに基づく健康確保措置や，福祉確保措置，苦情処理制度などが必要とされます（労基法41条の2）。また，労働安全衛生法に基づく面接指導も適正に実施しなければなりませんし，その結果に基づき健康保持に必要な措置について医師の意見を聴き，必要と認める職務内容の変更や健康管理時間が短縮されるための配慮等を求められます（安衛法66条の8の4）。

　これらの規制により使用者に求められる措置は多岐にわたります。単純に時間管理責任から解放される，というようなものではありません。1日8時間といったこれまでの「労働時間」等の規制は適用がなくなりますが，これに代わ

り，これとほぼ同じ「健康管理時間」の把握とこれに基づく健康福祉確保措置
の実行の責任が生じることになります。

　また，この制度の対象とすることのできる業務・対象者の条件も法令で特
定・限定されていますから，制度導入の検討は，そうした限定条件を満たすこ
とができるか，講ずべき措置の実行のための負担を適正に実行できるかなど総
合的に検討し，その是非を考えるべきです。検討すべき要素は多く，関係する
法律・規則・指針・行政解釈通達などの要旨を列挙するだけでもこの問答の枠
を超えますので，ここでは，更にその前の段階での検討として，この制度の導
入を検討するかどうかの最初の判断についての考慮要素を考えてみましょう。

　まず，適用が除外される規制は，労基法第4章に定める第32条以下第40条ま
での労働時間，休憩，休日，深夜の割増賃金に関する規定のすべてです（年休
の制度の適用は除外されません）。これだけを見れば，時間の規制や割増賃金
の規制から解放されるという企業にとっての利便性だけが印象付けられますが，
そもそもこの制度の対象とすることができる業務自体が限定されています。

　労基法第41条の2では，「高度の専門的知識を必要とし，その性質上従事し
た時間と従事して得た成果との関連性が通常高くないと認められるものとして
厚生労働省令で定める業務」とされていますが，現状で定められているのは，
①金融商品の開発の業務，②金融商品のディーリングの業務，③アナリストの
業務，④コンサルタントの業務，⑤研究開発の業務に限定されていますから，
まず，こうした業務がなければ制度導入の余地はありません。また，たとえば
コンサルタントを例にとれば，単に自社で「コンサルタント」という肩書を付
ければ条件を満たすわけではありません。労基法施行規則で定めている「コン
サルタント」とは，「顧客の事業の運営に関する重要な事項についての調査又
は分析及びこれに基づく当該事項に関する考案又は助言の業務」とされていま
す。他の業務についても同じで，自社でいうディーリングその他上記の業務に
あたる可能性があると考える業務を，こうした具体的な法律・規則の条文，そ
れについての行政解釈通達等を手がかりに，これに該当する業務であるかどう
かをまず確認する作業が必要です（法令の条件を満たさない業務については，
たとえ労使委員会でこれを対象として決議等を行っても，法規制の適用除外の
効果は生じませんから，実態如何によっては労働時間・休憩・休日・深夜割増

等の法違反が生じることが容易に想像できます）。

　また，業務としては該当しても，次に年収要件というハードルがあります。年収要件として，1,075万円以上であること（基準年間平均給与額の3倍を相当上回る額）が必要とされます。これは，支払いが確実な賃金だけで条件を満たさなければなりません。会社の業績，本人の仕事がうまくいけば賞与が大きくなり結果として1,075万円は行くだろう，ということでは足りません。業績等に関係なく，賃金としての支払いが約束されている額で，この金額を満たさなければなりません。まず，ここまでの高度プロフェッショナルというにふさわしいハードルをクリアーできるかどうかで，それ以上具体的な検討を行う意味があるかどうかが判断できます。なお，対象者との間では業務の内容・責任の程度，求められる成果その他求められる水準を明らかにした書面等で職務内容を明らかにしこれに対象者本人の署名を受けたものの交付を受ける方法により，職務について明確に合意している必要があります。

　この先は，使用者としてどういう管理や措置をしなければならないかというハードルであり，上記の入り口の条件を満たした場合に，これらの措置を講じるだけの価値があるかどうかを見極めることが必要になります（このほかQ184，Q185も参照）。

　　　〔参照条文　労基法41条の2，労基則34条の2，34条の2の2〕

Q151　高度プロフェッショナル制度の勤務態様

　Q150で適用除外された労働時間管理の責任に替わるものとして「健康管理時間」とありますが，結局のところは労働時間管理に等しいことが求められるのでしょうか。もしその場合，どのような管理・把握方法が必要なのでしょうか。

(A) 　Q150にもありますとおり，「健康管理時間」の把握の義務があります。健康管理時間というのは，客観的な方法（IC カードやタイムレコーダーなど）での方法を原則とし，自己申告による場合は限定的な場面に限られるとしています（出張時において IC カードやタイムレコーダーなどにアクセスできない場合など）。

　これら健康管理時間は，勤務開始から勤務終了までのすべての時間を対象としますが，休憩時間や時間単位の休暇といった不就労時間は，労使委員会での決議により除くことが可能です。また，その決議には先の健康管理時間の把握方法も定めることになっています。

　このように IC カードやタイムレコーダー，WEB 上での打刻といった始まりと終わりの時間を記録することになりますが，入退室における電磁的な鍵の開閉など，物理的な記録であれば抜け漏れはないのですが，自らの意思で記録の行為をする必要がある場合は，記録漏れというミスを避けることは難しいです。また，上述のとおり休憩時間を健康管理時間から除くとする場合は，休憩の開始／終了も記録しなければなりません。

　休憩時間の記録が漏れている場合は，単に健康管理時間が長くなるだけで，その健康管理時間の長さに応じた健康福祉確保措置を講じれば済むのですが，そもそも記録漏れによる後追いでの記録訂正や記録漏れの状態のままであると，健康管理時間の把握義務に違反しているとみなされ，場合によっては労働監督行政からの指導対象となります。

　このように，高度プロフェッショナル制度については，個人の働き方は大きな裁量のもとで行われる反面，健康管理時間の把握については厳格に行う必要があります。　　　　　　　　　〔参照条文　労基法41条の2，労規則34条の2〕

9 女性・年少者の労働時間・休日・深夜労働

❶ 女　　性

Q152　女性・妊産婦の時間外労働・休日労働・深夜労働

女性の時間外労働等の規制は，かなり以前に母性保護の場合を除いて原則廃止され，男女に共通の規制になったということですが，どのようになったのでしょうか。まず，女性についての現在の労働時間や休日に対する規制を広く簡単に整理してください。

Ⓐ 女性の労働時間等についての規制を，広く均等法や育児・介護休業法の規制も含めて要約すると次のようなことになっています。なお，細目はそれぞれの項を参照してください。

※労基法関係

◎　妊産婦の場合……第66条

妊娠中または産後1年以内の女性（妊産婦）が請求した場合は，1カ月単位・1年単位の変形制や非定型的変形制による場合でも，1週40時間・1日8時間を超えて労働させることはできません。

また，妊産婦が請求した場合は非常災害の場合を含めて時間外労働や休日労働をさせることはできません。

妊産婦が請求した場合は，深夜業をさせることはできません。

※男女雇用機会均等法関係

①　妊産婦の健康管理のための時間……第12条

妊産婦が請求した場合，母子保健法による保健指導や健康診査を受けるための時間を確保しなければなりません。

②　妊産婦の勤務時間の変更等……第13条

①に基づく指導事項を守るための勤務時間の変更等の必要な措置を講じなければなりません。

※育児・介護休業法関係

①　時間外労働の制限……第17条

これは女性に限りませんが，小学校就学の始期に達するまでの子を養育する労働者及び要介護状態の対象家族を介護する労働者（日々雇用者や継続雇用1年未満の者，週所定勤務日数2日以下の者を除く）が請求した場合は，事業の正常な運営を妨げる場合を除き，1カ月24時間，1年150時間を超えて時間外労働をさせることができません。

②　深夜業の制限……第19条

これも女性に限りませんが，小学校就学の始期に達するまでの子を養育する労働者及び要介護状態の対象家族を介護する労働者（日々雇用者や継続雇用1年未満の者，深夜に保育できる16歳以上の同居の家族がいる者（子の養育の場合），深夜に介護できる16歳以上の同居の家族がいる者（介護の場合），週所定勤務日数2日以下の者，所定労働時間の全部が深夜にある者を除く）が請求した場合は，事業の正常な運営を妨げる場合を除き，午後10時から午前5時までの深夜業に従事させることができません。

以上の時間外労働や休日労働の規制，深夜業の制限は，いずれも具体的には1日8時間・1週40時間等の法定の労働時間を超える労働，1週1日又は4週4日の休日における労働，午後10時から午前5時までの間における労働です。これ以外のいわゆる法内超勤や法定外の休日労働等については，この規制は及びません。ただし，このほかにも，3歳未満の子を養育する男女労働者や要介護状態にある家族を介護する者についての短時間勤務制度，所定外労働の制限なども定められています。

❷　年少者の雇用・労働時間・休日・深夜労働

Q153 | 高校生等年少者をアルバイト雇用する条件

高校生等を夏休みに臨時のアルバイトとして使用する場合，労基法では何か特別の制約等があるのでしょうか。

Ⓐ　労基法では，満18歳未満の労働者を年少者として，特別の保護対象としています（第6章）。その概要は，以下のようなものです。

(1)　最低年齢……満15歳に達した日以後の最初の3月31日が終了するまでの児童は，原則として使用できません。ただし，満13歳以上の児童については，いわゆる非工業的業種（労基法別表第1の第6号～第15号の業種）であれば，所轄労基署長の許可を受けて修学時間外に使用できます（飲食店や娯楽場の業務については許可されません）。

(2)　証明書……満18歳未満の者すべてについて年齢を証明する戸籍証明書を事業場に備え付けなければなりません（さらに，上記(1)のただし書により使用する者については学校長の証明書と親権者等の同意書が必要となります）。

(3)　契約・賃金……未成年者の雇用の場合も，契約は本人と結ばなければなりません。親権者が未成年者に代わって契約することはできません（ただし，契約締結について親権者等の同意が必要です）。賃金は直接本人に支払わなければなりません。親権者等に支払うことはできません。

(4)　労働時間・休日……各種の変形労働時間制，フレックスタイム制，労使協定による時間外・休日労働，法第40条に基づく労働時間・休憩の特例，これらはいずれも年少者に適用できません。ただし，満15歳以上18歳未満の年少者（注　満15歳に達した日以後の最初の3月31日までの間は使用できません）については，①週の法定時間の枠内で1日の労働時間を4時間以内に短縮する場合は他の日を10時間まで延長でき，また②1週48時間かつ1

日8時間を超えない範囲でのごく限られた変形労働時間制が可能です。な
お，前述(1)の児童については，労働時間の原則は修学時間を通算して1週
間について40時間，1日7時間となります。このほか，災害その他避ける
ことのできない事由による臨時の必要がある場合（いわゆる非常災害の場
合）は，行政官庁の許可を得て時間外労働・休日労働を行わせることも可
能です。

(5)　深夜業……非常災害の場合や電話交換の業務，農林水産業，保健衛生業
の場合以外は年少者を深夜に労働させることはできません（交替制勤務の
場合は満16歳以上の男性についてはこの限りではありません。また，交替
制をとっている事業にあっては所轄労基署長の許可を受ければ午後10時30
分まで労働させることが可能です）。なお，児童の場合の深夜業とは午後
8時から午前5時までの時間帯となります。

〔参照条文　労基法56条，57条，58条，59条，60条，61条〕

10 産前産後休業・生理休業・育児時間

Q154 産前6週間・産後8週間の計算

産前産後の休業期間はどの日を基準とするのですか。出産予定日とすると実際の出産日がズレた場合はどうなるのでしょうか。

A 労基法第65条は，産前産後休業について「使用者は，6週間……以内に出産する予定の女性が休業を請求した場合……」と定め，「産後8週間を経過しない女性……」と定めています。つまり，産前の休業期間（原則6週間，多胎妊娠の場合は14週間）については自然の分娩予定日を基準にして計算し，産後の休業期間（原則8週間。産後6週間経過後は本人が請求する場合は医師が支障ないと認めた業務に就かせることはできる）については実際の出産日を基準にして計算するのです。

なお，この場合の出産とは，妊娠4カ月以上（＝85日以上）の分娩（生産・死産を問わない）であり，出産当日は産前6週間に含まれるものとされています（昭23.12.23基発1885，昭25.3.31基収4057）。また，実際の出産が予定日よりも遅れた場合は，予定日から出産当日までの期間は産前の休業期間として取り扱うことになります。予定日より早く出産した場合は，産前休業期間は出産当日をもって終了します。 〔参照条文　労基法65条〕

※なお，平成26年4月より産前・産後休業期間中の社会保険料が，被保険負担分も事業主負担分も免除されています。

Q155　流産・早産と産前産後休業

産前休業に入った者が流産したため，産前休業期間の残りを産後休業期間として利用したいと申し出てきました。そのような要求も当然に認めなければならないのでしょうか。

A　産前産後休業の対象となる出産とは，妊娠4カ月以上（1カ月は28日として計算するので，4カ月以上とは85日以上ということになります）の分娩であり，生産のみならず死産をも含みます（昭23.12.23基発1885）。流産（妊娠23週＝6カ月末までに妊娠が中断した場合をいいます）には，人工流産と自然流産がありますが，いずれも妊娠4カ月以上の場合であれば出産に該当し，その後は産後休業の対象となります。早産は分娩予定日前の出産であり，その後は産後休業の対象となります。いずれの場合も自然の出産予定日前の出産等ですが，これにより産前休業期間は終了し，妊娠4カ月以上での分娩であれば翌日から産後休業期間が開始することになります。出産が当初の予定日より早まった場合の産前産後休業期間の調整等については，労基法は何も定めていませんので，法的には設問の請求に応じる義務はなく，実際の出産日の翌日から8週間の産後休業を与えればよいことになります。それ以上の取扱いを認めるか否かはすべて労使間の合意に委ねられます。

なお，産後休業は「就業させてはならない」という就業禁止期間ですから，本人が就業を希望しても就業させることは許されません。

〔参照条文　労基法65条〕

Q156　産前産後の休業期間中の年休利用

　近く産前産後休業に入る予定の女性から，年次休暇を消化した上で産休を利用したいという申出がありましたが，認めなければならないでしょうか。また，産前休業と産後休業とでは違いがあるのでしょうか。

Ⓐ　産前産後休業と年次有給休暇との関係については，設問でも触れられているように産前休業と産後休業とで，この取扱いが異なります。産前休業については，これをとらず年次有給休暇を利用することが可能です（これを認めることにより事業の正常な運営が阻害されるおそれがある場合は，時季変更権を行使することが可能ですが，その場合も産前休業の請求があればこれは認めなければなりません）。これに対し，産後休業の期間については年次有給休暇の利用はできないと解されているのです。

　こうした区別は，産前の休業はこれを利用するか否かの判断が労働者本人に委ねられている（請求した場合のみ産前休暇は与えられる）のに対し，産後の休業は本人の希望のいかんや請求の有無といったこととは無関係に，産後8週間を経過していない限りその間は就業させることができないという違いによるものです。したがって，産前期間については労働者が産前休業を請求せず年次有給休暇の権利を行使することも可能であり，使用者は産前6週間以内であることを理由にこれを拒否するということはできず，前述の時季変更権を行使できる場合に限り年次有給休暇の申出を拒むことができます。これに対し，産後休業期間については年次有給休暇を利用する前提となる就労の義務がその間はないことになりますから，重ねて年次有給休暇を利用する余地はないということです。

　もっとも，産後休業期間については，6週間を経過すればそれ以後は本人が希望し，医師が支障がないと認めた業務に就かせることができますから，こうした申出に基づき就業している場合には，年次有給休暇の利用も考えられます。

〔参照条文　労基法39条，65条〕

Q157 育児時間はまとめて1時間利用できるか

育児時間は法律では1日2回各30分と定められていると思いますが，このたび，該当の女性からこれをまとめて1日1回60分として終業時間前にとりたいとの申出がありました。このような取扱いは可能でしょうか。

Ⓐ　設問の事案については，労使合意でそのような取扱いをすることが1日2回各30分の育児時間を定めた労基法第67条に抵触するかという問題と，合意によらず，労働者は一方的に労基法上の権利として1日1回60分の育児時間を利用できるかという問題とがあります。

前者の問題についての行政当局の見解は，「哺育のため乳児のところまで往復する時間が相当かかるような場合に，実質的な育児時間を確保するため，労使協定によって育児時間を一括して一度に請求できることとすることは，それが全員について分割請求を認めず一律に1回とその請求し得る回数を制限するものではなく，一度にまとめての請求もできるという趣旨の協定であれば，問題ないと考えられる」としています（厚生労働省労働基準局編『平成22年版　労働基準法』751頁）。この考え方を基礎にすると，労使協定でないにしても労働者の希望に使用者が応じて1日1回60分の育児時間とすることは可能と思われます。

後者の問題については，行政当局の明確な判断は示されていません。学説では1日1回60分という形での利用も可能とする説がありますが，使用者がこれに応じなければならないという法律上の義務があるかといえば，その義務はないものと思われます（時間数は別として，始終業時刻に接着した利用については次問参照）。ただ，実際の運用においては，法律上の当然の権利ということでないとしても，労働者の申入れについて使用者としては業務への影響等を勘案し，できる限り合意によりその取扱いを決することが望まれます。

なお，設問とは直接関係しませんが，短時間勤務者の場合，1日の労働時間が4時間以内の者については育児時間は1日1回30分を与えれば足りるものと

解釈されています（昭36.1.9基収8996）。　　　〔参照条文　労基法67条〕

Q158　始終業時刻に接着した育児時間利用

育児時間の請求ということで始業時刻からの30分，終業時刻前30分の利用申出がありました。このような30分ずつの遅刻早退を認めるような形の育児時間の利用も可能なのでしょうか。

A　労基法第67条は，「第34条の休憩時間のほか，１日２回各々少なくとも30分」の育児時間を請求できるものと定め，「使用者は，前項の育児時間中は，その女性を使用してはならない」と定めています。そして，設問のような勤務時間の始め又は終わりの育児時間の請求については，次のような行政解釈が示されています（昭33.6.25基収4317）。

「生後満１年に達しない生児を育てる女性労働者が，育児のための時間を請求した場合に，その請求に係る時間に，当該労働者を使用することは，法第67条違反である。その時間を有給とするか否かは，自由である」。

この回答によれば，要するに育児時間は休憩と異なり労働時間の途中でなくてもよく，どの時間帯に利用するかは労働者本人の判断に委ねられるということであり，事実上の遅刻や早退を認める結果になるような始終業時刻に接着した利用も，それが育児のための時間として請求されたものである以上は，使用者としては拒むことはできないということになります。

〔参照条文　労基法67条〕

Q159 生理休暇は半日単位でも利用できるか

生理休暇の申請はこれまで1日単位の例しかありませんでしたが，このたび，半日単位で午前中のみ生理休暇をとりたいとの申請がありました。このような申請は認められるのでしょうか。

A 労基法第68条は，「使用者は，生理日の就業が著しく困難な女性が休暇を請求したときは，その者を生理日に就業させてはならない」と規定しています。この条文からは，請求があればその生理日について全1日就業させてはならないというようにも理解できますが，行政解釈はこの点について次のように別の解釈をとっています。

「休暇の請求は，就業が著しく困難である事実に基づき行われるものであることから，必ずしも暦日単位で行われなければならないものではなく，半日又は時間単位で請求した場合には，使用者はその範囲で就業させなければ足りるものであること」(昭61.3.20基発151，婦発69)

この通達は，労働者の請求が時間単位，半日単位である場合，その請求の限度で休業を認めれば法違反とならないという解釈を述べたものです。仮に残りの時間について就業させない場合にそれが使用者の責めに帰すべき休業となるか否かは，別途労基法第26条の規定の解釈によることになるでしょう。

〔参照条文　労基法68条，26条〕

11 就 業 規 則

Q160

正社員５人・パートタイマー５人でも就業規則は必要か。少数のアルバイト等にも専用のものが必要か

従業員は全部合計すれば10人以上となるが，たとえば正社員が５人であとはパートタイマーやアルバイトといった場合でも，就業規則の作成・届出は必要ですか。また定年後再雇用者もいますがこの者にも別に就業規則が必要ですか。

Ⓐ 　就業規則を作成し届け出なければならない使用者は，「常時10人以上の労働者を使用する使用者」とされています（労基法89条）。この場合の10人とは，いわゆる常用雇用の労働者が10人ということではありません。その事業場として常時何人ぐらいの労働者を使用しているかということが判断基準となるのです。この場合の常時というのは，いつでも常にということではなく，いわば平常，通常の状態においてという意味です。したがって，いつもは大体10人以上いるが，時には10人に欠けるという場合は常時10人以上いると判断されますし，逆にいつもは10人もいないが繁忙期には20人くらいになるという場合は常時10人以上の労働者を使用するということにはならないと考えられます。また，従業員の雇用形態の差は問題とされません。事業場としていつも何人ぐらいの人を使用しているかが問題です。

　設問の事例も，正社員は５人ですがパートやアルバイトを加えるといつも10

人以上は使用しているということであれば，就業規則の作成義務があると考えられます。その場合，単に正社員だけについて適用される就業規則を作ればよいということではありません。就業規則の作成義務はその事業場のすべての労働者を対象とした義務ですから，一部の者だけに適用される就業規則があっても，他に適用される就業規則のない労働者がいる場合は，その使用者は就業規則の作成義務を果たしたことにならないのです。設問の場合も，パートタイマーやアルバイトに適用される就業規則がなければなりません。

　ただし，このことは必ずしもパートタイマーやアルバイト，定年後再雇用者等について専用の就業規則を作らなければならないということではありません。正社員用の就業規則をパート等にも適用するということであれば，それはそれでもよく，法的には就業規則作成の義務を果たしていることになります。

　しかしながら，実務的には雇用形態の異なる正社員用の就業規則をそのままパートタイマー等に適用した場合には，就業規則で定められている具体的な処遇条件をめぐって問題を生じる可能性があります。もちろん，実態によりけりですが，たとえば短期契約のアルバイトについて，長期勤続を前提にした休職制度等の適用をするといったことは使用者として考えていないでしょうし，賃金制度も内容が違うでしょう。したがって，処遇条件を異にする複数の雇用形態の労働者を使用する場合は，必ずそれぞれに適した内容の就業規則を別個に作ることが実際上は必要となるでしょう。　　　　　〔参照条文　労基法89条〕

Q161　パートタイマー用就業規則作成の場合の意見を聴く相手方は

　パートタイマーについても就業規則を作らなければならないということで，その内容を検討中ですが，この規則の作成に当たって意見を聴取すべき相手方はこの規則の適用を受けるパートの代表者なのか，一般従業員の過半数代表者なのか，どちらでしょうか。

（A）就業規則の作成・変更の際に意見を聴くべき相手方は，労基法第90条により，事業場の労働者の過半数を組織する労働組合（これがない場合はいわゆる過半数代表者）であると定められています。そして，これについての行政解釈では「同一事業場において一部の労働者についてのみ適用される就業規則を別に作成することは差し支えないが，当該一部の労働者に適用される就業規則も当該事業場の就業規則の一部分であるから，その作成又は変更に際しての法第90条の意見の聴取については，当該事業場の全労働者の過半数で組織する労働組合又は全労働者の過半数を代表する者の意見を聴くことが必要である。なお，これに加えて，使用者が当該一部の労働者で組織する労働組合等の意見を聴くことが望ましい」とされています（昭23.8.3基収2446，昭24.4.4基収410，昭63.3.14基発150）。

このように，労基法上はあくまでもパートを含むその事業場の全労働者数の過半数を代表する者の意見を聴かなければなりません。就業規則の届出に添付する意見書も，この者の意見を記載したものでなければなりません。パートが少人数であれば一般従業員の組織する労働組合等の意見を聴くことになるでしょう。

ただ，パート・有期雇用労働法（短時間労働者及び有期雇用労働者の雇用管理の改善等に関する法律）では併せてその規則の適用を受けるパートタイマー等の過半数代表者からも意見を聴くよう努めるものとするとされていますので，そうした措置も講じなければなりません。

〔参照条文　労基法90条，パート・有期雇用労働法7条〕

Q162 聴取した意見はどこまで規則内容に反映させなければならないか

就業規則を変更し届け出るために労働組合に意見書の提出を求めたところ，変更内容について種々意見を書いた意見書が出てきました。こうした場合，述べられた意見を改正内容に反映させないと届出は受理されないのでしょうか。

Ⓐ　　意見聴取の意味について行政解釈は，「法第90条の『労働組合の意見を聴かなければならない』というのは労働組合との協議決定を要求するものではなく，当該就業規則についての労働組合の意見を聴けば労働基準法の違反とはならない趣旨である」としています（昭25.3.15基収525）。また，聴取した意見が反対意見であった場合については，「就業規則は添付した意見書の内容が当該規則に全面的に反対するものであると，特定部分に関して反対するものであるとを問わず，又その反対事由の如何を問わず，その効力発生についての他の要件を具備する限り，就業規則の効力には影響がない」としています（昭24.3.28基発373）。もっとも，当初からどのような意見が出ても考慮するつもりはないというのでは誠実に意見を聴いたとはいえない場合も考えられますが，原則的には上の通達のように，労使の合意により締結される労働協約とは異なり，就業規則については使用者にその作成義務が課されているものであり，最終的には使用者の判断によってその内容が決定されるものです。このため，意見聴取の義務もその意見内容に拘束されるというものではありませんが，聞き捨てるということではなく十分検討の上，採れるものは採るという対応が求められます。それでもなお，採用することができない意見については，使用者はそれに拘束されることはありませんし，反対意見であっても意見書として添付して届け出ることには何の支障もありません。　　〔参照条文　労基法90条〕

Q163　就業規則にはいわゆる内規なども記載が必要か

就業規則の記載事項が労基法89条に列挙されているのは知っていますが，実際の企業実務としては，それぞれの事項・項目についての基本的なルールからその実施細目，運用上の考え方など，いくつかのレベルの決まり等をもって運用しています。法律でいえば，施行規則や告示あるいは解釈通達といった感じだと思うのですが，就業規則としての作成変更その他の手続を行うべき範囲は一体どこまでと考えればよいのか，わかりません。

Ⓐ　この質問は行政解釈もなければ，労働法の解説書等を見ても触れているものはないように思います。切実な問題ですが明確な回答はない，というのが現状です。このため，この実務相談で述べるのにふさわしいのかという問題もありますが，企業の実務担当者として悩むところでもあり，あえて，1つの考え方として触れることとしました（あくまで参考としての解説であることをご了解ください）。

　就業規則に定められた事項は，それが合理的な労働条件を定めたものであり，労働者に周知されていれば，これを上回る特約がない限り個々の労働契約の内容となる，という効力をもちます。このことを秋北バス事件判決以来の一連の最高裁が示す判例法理に即して制定されたのが，労働契約法第10条です。就業規則には別段盛り込んではいけないという決まりはありませんから，会社の経営理念などを盛り込むことも自由ですが，労基法が就業規則として整備制定することを求めている内容や，労働契約法がその効力について規定している就業規則の内容である労働条件とは，「服務規律を含め広く労働契約上の権利義務となり得る労働者の取扱いを意味している」と考えられています（菅野和夫『労働法』第12版205頁，弘文堂）。この「労働契約上の権利義務となり得る労働者の取扱い」についての定めかどうかが就業規則の必要記載事項であるかどうかを考える場合のよりどころとなると考えてよいのではないかと思われます。もちろんこれだけでは判断できないといわれるかもしれませんが，たとえば，

いわゆる「内規」を考えた場合，そこには就業規則に規定されている勤務ルールや服務規律，懲戒の運用等についての会社としての取扱いの考え方などが定められているとして，それは，あくまで就業規則の定めを基にしてそれをどう解釈運用するのかについての会社としての考え方を定めたものであり，それがそのまま労働契約の相手方である従業員を拘束する効力を持つものではないと考えられます。内規に定められた内容は，それが当然に労働契約の内容となるという性格のものではありません。ここから，内規（として定めている事項）自体はこれを内規として運用する限り就業規則に盛り込み，就業規則としての制定改廃の手続をとる義務の対象とはならないと考えられると思います。また，たとえば年次有給休暇取得のための手続が内規で厳格に定められているとして，それを守らない休暇の権利行使が労基法上の年休の権利行使と認められないのかといえば，そうではありません。休暇の取得の時期を明示して権利行使の意思表示がされ，それが会社に到達すれば，時季指定の効果は生じるでしょう。こうした手続は，労使間の権利義務となる労働条件とはいえず，その労働条件の合理的な管理のために会社が定めているものにすぎません。逆に言えば，その手続を権利行使の要件とするのであれば内規ではなく就業規則として定めることが必要，ということだと思います（もちろん権利行使のために必要な合理的な手続でなければなりません）。

　このように，各種処遇条件等についての基本的なルールやその実施のための細目，その考え方等各段階での様々な定めがある場合に，そのどこまでを就業規則とする必要があるかは，その定める内容をもって労働契約上の権利義務とすることが必要（労使双方を拘束するルールとする）かどうか，ということを1つのよりどころにしてよいのではないかと考えます。逆に言えば就業規則にはその基本ルールを明記し，会社としての解釈運用の考え方は内規のような形で就業規則扱いはしない，というのであれば，内規の定めはあくまで会社としての考え方をまとめたものであり，労使間の権利義務としての解釈は，就業規則の規定に立ち返って解釈しなければならない，ということだと思います。

Q164　就業規則と労働契約・労働協約の関係

労働条件については，就業規則の外にも労働契約で決める事項，労働協約に定めがある事項等根拠に違いのあるものがありますが，仮にこれらの定めの内容が矛盾していた場合は，どの定めが優先するのでしょうか。

A 就業規則と労働協約との効力関係については労基法第92条が，就業規則と労働契約との効力関係については労働契約法第12条が，そして労働協約と労働契約との効力関係については労働組合法第16条が，それぞれ定めています。

これらをまとめると，効力の優先順位は図式的には優位なものから順に，①強行法規，②労働協約，③就業規則，④労働契約という順になります。国の定立した強行法規（労基法等）等には労働協約も就業規則も労働契約も反することはできません。

次に，使用者が一方的に制定改廃のできる就業規則や使用者と個々の弱い立場での労働者が結ぶ労働契約よりも，労働者の団結体である労働組合が使用者と結んだ労働協約が優先します。そして，個々の労働契約よりも使用者が労働者代表の意見を聴いて制定する就業規則が優先するということになるのです。ただし，より正確に述べれば，労働協約と就業規則，労働契約の関係については労働協約の定めた労働条件の基準に違反する限り，たとえ就業規則等の内容の方が労働者に有利であっても労働協約の効力が優先します（協約の趣旨がこれを上回る特別合意等を認める最低条件保障的なものであれば就業規則等の方が優先されます）。

これに対し，就業規則の場合は，就業規則の定める条件の基準に達しない（すなわちそれより低い）労働条件を定める労働契約を無効にするのみで，上回る個別の特約については無効としないという原則になっています（なお，次のQ165「就業規則の不利益変更と既存の労働契約」参照）。

〔参照条文　労基法92条，労契法12条，労働組合法16条〕

Q165 就業規則の不利益変更と既存の労働契約

　企業の人事諸制度変更に伴う労働条件の変更の場合，就業規則の改正により既存の労働条件を労働者に不利な形で変更することは原則として許されないという判例や法律があるそうですが，労働組合がない以上就業規則の変更という形でなければ統一的な労働条件管理は不可能であり，このような考え方は不合理ではないでしょうか。

Ⓐ　就業規則の一方的な不利益変更と既存の労働契約の内容との関係について，最高裁判所は，次のような判断を示しています。

　「新たな就業規則の作成又は変更によって，既得の権利を奪い，労働者に不利益な労働条件を一方的に課することは，原則として，許されないと解すべきであるが，労働条件の集合的処理，特にその統一的かつ画一的な決定を建前とする就業規則の性質からいって，当該規則条項が合理的なものであるかぎり，個々の労働者において，これに同意しないことを理由として，その適用を拒否することは許されない。」（秋北バス事件　昭43.12.25大法廷判決）

　「右にいう当該規則条項が合理的なものであるとは，当該就業規則の作成又は変更が，その必要性及び内容の両面からみて，それによって労働者が被ることになる不利益の程度を考慮しても，なお当該労使関係における当該条項の法的規範性を是認できるだけの合理性を有するものであることをいうと解される。特に，賃金，退職金など労働者にとって重要な権利，労働条件に関し実質的な不利益を及ぼす就業規則の作成又は変更については，当該条項が，そのような不利益を労働者に法的に受忍させることを許容できるだけの高度の必要性に基づいた合理的な内容のものである場合において，その効力を生ずる。」（大曲市農協事件　昭63.2.16第三小法廷判決，同旨第四銀行事件　平9.2.28第二小法廷判決等）

　「右の合理性の有無は，具体的には，就業規則の変更によって労働者が被る不利益の程度，使用者側の変更の必要性の内容・程度，変更後の就業規則の内

容自体の相当性，代償措置その他関連する他の労働条件の改善状況，労働組合等との交渉の経緯，他の労働組合又は他の従業員の対応，同種事項に関する我が国社会における一般的状況等を総合考慮して判断すべきである。」（みちのく銀行事件 平12.9.7第一小法廷判決）

　このように最高裁の判例は，労働条件の就業規則改正による一方的な不利益変更については厳しい条件を課しているのですが，引用した判断でも明らかなように，その変更が合理的な内容のものであると認められる場合には，たとえ個々の労働者が反対したとしてもその適用は拒めないということになります。その場合の合理性についても前述の判断の示すように，変更されようとしている労働条件内容によっても要求される合理性の強弱にはニュアンスの違いがあります。賃金，退職金のような労働の対価の変更については特に強い合理的な理由が求められますし，同様に重要な労働時間等の基本的な労働条件の変更についても，これに準ずるような合理的必要性が求められるでしょう。

　これに対し，福利厚生制度の変更等といった場合は要求される合理性にも自ずと差異があるものと思われます。設問の場合，具体的にどのような理由に基づき，どのような条件について，どのような変更を行うものか明らかでなく，具体的な判断はできませんが，前述の判例の一般的判断基準や後掲の労働契約法の条文を参考として，変更の必要性とこれにより生じる不利益の程度等を慎重に判断の上，適切な代償措置や不利益緩和措置，経過措置等も併せて検討され，従業員の多数が納得できるような方策を講ずることが適当ではないかと思われます。

　以上のような判例の考え方は，平成20年3月から施行された労契法に取り込まれており，この考え方は単に判例としてではなく明文の法律となっているのです（後掲Q198参照）。

〔参照条文　労基法89条，90条，労契法9条，10条〕

Q166　就業規則の定めと異なる労使慣行の効力

　職場の労働条件についての取扱いの慣行と就業規則の規定内容に違いがある場合，どちらが有効なものとして扱われるのでしょう。慣行により職場のルールは変更されており，就業規則の改正が追い付いていない，就業規則の整備義務違反があるとみるべきなのでしょうか。逆に，就業規則の定めに反する慣行は無効と考えるべきなのでしょうか。就業規則に明文の定めがない事項についての慣行は就業規則と同じ効力を持つのでしょうか。

Ⓐ　最初の問題は，就業規則の（合理的な労働条件を定めた）規定内容と，実際のその条件についての取扱い慣行とに違いがある場合，そのどちらが労使を拘束する労働契約の内容となるのか，ということです。簡単な例を基に考えてみましょう。就業規則上の休憩時間の定めは，昼休みの60分と定められているが，実際には長年にわたり業務繁忙を理由に45分の休憩という扱いが定着している場合（実働は8時間以内とする），逆に就業規則の定めは昼休み45分となっているが，実際には60分の休憩をとることが定着している，という例です。議論の前提として，就業規則の定める時間より長い休憩の慣行は労働者に有利なものと，短い慣行は不利なものという前提で考えます。

　労働契約の内容を規制（規律）するものには，労基法等の強行法規，労働協約，就業規則，個々の明示又は黙示の合意がありますが，労使慣行というのはそのいずれでもありません。このため，こうした労使慣行がどのような意味と効力を持つのかが問題となります。

　この点について，学説は慣行がその反復・継続によって労働契約の内容になっていると認められる場合に労働契約としての効力が認められる，としています。職場における慣行ですが就業規則としての効力が認められるということではなく労働契約としての効力が認められる，という考え方です。

　次に，どういう状況であれば労働契約の内容となっていると認められるかの条件については，その慣行が契約当事者間に行為の準則として意識されてきた

ことにより黙示の合意が成立していたものとされたり，当事者がこの慣習による意思を有しているものと認められたりして，労働契約の内容となる，としています（菅野和夫『労働法』第12版168頁，弘文堂）。このため，（就業規則と労働契約の効力関係から）就業規則の労働条件基準より労働者に不利な取扱いは，就業規則の最低基準効（労契法12条）により労働契約上の効力を持ちえない，とされます。

　なお，裁判例では，こうした慣行にそのような効果が認められるためには当事者双方，特にその事項についての決定権限を有する会社側管理者がその慣行を規範として意識しそれに従ってきたことを要する，としています（商大八戸ノ里ドライビングスクール事件　大阪高裁平5.6.25判決）。

　さらに，裁判例では労働協約や就業規則に定めのある事項についてこれと矛盾する労使慣行の成立については，（労働者にとっての有利不利を問わず）その可能性を否定しないものの規範意識の存在についての厳格な判断をすることで実際には事実たる慣習としての効果を認めない傾向が見られるように思われます。また，有力学説は，労働協約の労働条件規定に反する取扱いや就業規則の労働条件基準より労働者に不利な取扱いは協約の規範的効力や就業規則の最低基準効（労組法16条，労契法12条）によって労働契約上の効力を持ちえないとしています（前掲書168頁）。

　実際のトラブルとしては，長年就業規則がルーズに運用され，冒頭の例でいえば就業規則は45分休憩を定めているところで60分の休憩が定着し，管理者も注意をしない状態が続いた中で，人事異動等により新しく着任した管理者がこれを問題視して，規則通りの取扱いに改めようとしたところでトラブルになる，といったことが考えられますが，こうした事例であれば，労使慣行が効力を認められる可能性は観念的にはあるものの，管理者側の認識についての評価には厳密なものが求められる，ということになるでしょう。

　会社側は本当はまずいのだがトラブルを避けるために単に黙認していたということでは規範としての認識はなかった，ということになりますし，現場では黙認が続いていたが本社からは管理者に改善の指示がされていたというような場合も同様に会社側に規範としての認識があったと認められる可能性は低いということになるでしょう（ただし，性急な現状変更は，理屈とは別の問題とし

てトラブルを招く可能性が高いことに注意が必要です）。

　また逆の例で規則上は60分の休憩のところを45分で切り上げる慣行が続いて
きた場合，そうした取扱い自体が就業規則に違反するものであることからする
と，前述の学説に従えば労使慣行による休憩時間の短縮の効力は認められない，
ということになると思われます。

　いうまでもなく，労基法の就業規則整備義務の観点からも，職場の規律・秩
序維持の観点からも，また労働条件の明確化の観点からも，こうした就業規則
と職場実態の乖離という状態は速やかに解消される必要があります。ズレがあ
る場合，その原因を調べ，どちらによるのが適切かを判断し，規定を改めるか
実態を是正するか，適切に対応することが必要です。

12 懲戒・賃金台帳・労働者名簿・記録の保存

Q167 減給の制裁として給与の10分の1を6カ月間減額することは違法か

職務上の重大な怠慢により会社に損害を及ぼした従業員がいます。解雇とするのも酷ですので，相当な減給の制裁をしようと思います。公務員の場合1年間の減給が可能と聞いていますが，給与の10分の1を6カ月減給することは可能でしょうか。

A 確かに，国家公務員の場合の減給は国家公務員法，人事院規則により1年以下の間俸給の5分の1以下で可能となっています。しかし，一般の事業場については労働基準法が適用されるため，同法第91条の減給の制裁に関する制限規定の規制を受けることになり，国家公務員等と同じ制裁をすることはできません。労基法第91条によれば，減給は，「1回の額が平均賃金の1日分の半額を超え，総額が1賃金支払期における賃金の総額の10分の1を超えてはならない」とされています。そして，この「1回の額」と「総額」の関係については，次のような行政解釈が示されています。「法第91条は，1回の事案に対しては減給の総額が平均賃金の1日分の半額以内，又1賃金支払期に発生した数事案に対する減給の総額が，当該賃金支払期における賃金の総額の10分の1以内でなければならないとする趣旨である。」（昭23.9.20基収1789）。つまり，減給の制裁をする場合は，事案の重大性や会社の被った損害額の大小に関係なく，制裁対象となる事案が1件である限り減給の額は平均賃金の半額を

超えてはならないのです。その事案についての減給の制裁を数回に分けて行うとしても，その合計額は平均賃金の半額以内でなければならず，賃金総額の10分の1までできるわけではありません。設問のような減給はできません。

　前出の通達にもあるように，賃金総額の10分の1まで減給できるのは，減給制裁の対象となる事案が何回も続けて行われた場合といった特殊な事例の場合に限られます。懲戒処分としての減給については，このように特別の規制が加えられており，しかも公務員等とはその規制内容が異なりますので注意してください。

〔参照条文　労基法91条〕

Q168　賞与減額と減給の制裁の制限

　減給の制裁についての制限は，毎月の定例給与に関する限り理解できないではありませんが，賞与から減額するのであれば，労働者の生活への影響も小さいはずであり，平均賃金の半額である必要はなく賞与の10分の1までは可能と考えられないのですか。

Ａ　設問の考え方は認められていません。行政解釈では，「制裁として賞与から減額することが明らかな場合は，賞与も賃金であり，法第91条の減給の制裁に該当する。したがって賞与から減額する場合も1回の事由については平均賃金の2分の1，また，総額については，1賃金支払期における賃金，すなわち賞与額の10分の1を超えてはならないことになる」（昭63.3.14基発150）とされているのです。労基法の減給制裁の制限は，毎月の定例給与から減給する場合も賞与から減給する場合も等しく適用されます。制裁対象事案が1つである限り，定例給与からの減給であれ賞与からの減給であれ，いずれも平均賃金の半額を超えてはなりません。少し違うのは，事案が多数である場合の処理です。定例給与からの減給であれば定例給与の10分の1を超える減給は翌月以降に行わなければなりませんが，賞与額が定例給与の何倍かの高額であれば，賞与の10分の1までは「減給対象事業の数×平均賃金の半額」の範囲で

行うことができることになります。

　なお，注意を要するのは，この規制は本来支払うべき賃金を減給の制裁として減額することに対するものですから，賞与の決定計算システムの中で賞与計算期間中の業務成績等によって算定された支給すべき賞与額自体が他の労働者よりも低いといったことは，前出の制限を受ける減給の制裁には該当しないということです。　　　　　　　　　　　　　〔参照条文　労基法91条〕

Q169　降職・降格・昇給延伸は減給の制裁か

　降職，降格あるいは昇給延伸といった懲戒処分の種類を定める就業規則を見かけますが，これらはいずれも賃金の減額や本来上がるべき賃金が上がらないということであり，実質的に減給の制裁と異ならないのではないでしょうか。

A　確かに，降職や降格，昇給延伸，昇格延伸といった措置は結果として賃金の減額や期待された賃金の増額がなされないという意味では，減給の制裁と似た機能を発揮することになります。しかし，労基法がこれよりも重い懲戒解雇その他の懲戒について特別の規制を設けていないのにもかかわらず，特に減給の制裁についてのみ特別の規制を設けたのは，過去において減給の制裁（罰金制）が，特に著しい弊害を生じたという事実によるものであるとされており，この減給の制裁とは，こうした本来支払うべき賃金の一部を制裁措置として支払わないこととする行為に限定されているのです。しかも，労基法はその違反に対しては刑事罰を科す刑罰法規ですから，安易に規制の範囲を解釈で広げることはできません。

　こうしたことから，減給の制裁として労基法の規制を受ける行為であるか否かは，その実態に基づき慎重に判断しなければなりません。これに関し，過去の行政解釈では，降給に関して「従前の職務に従事せしめつつ，賃金額のみを減ずる趣旨であれば，減給の制裁として法第91条の適用がある」（昭37.9.6基発

917）とし，降格について，運転手から助手への降格の結果，「賃金の低下は，その労働者の職務の変更に伴う当然の結果であるから法第91条の制裁規定の制限に抵触するものではない」（昭26.3.14基収518）とした例があります。

　また，昇給停止については，「就業規則中に懲戒処分を受けた場合は昇給せしめないという欠格条件を定めるときは，これは法第91条に該当しない」とした例があります（昭26.3.31基収938）。このように，減給の制裁に該当するか否かの判断の1つのポイントは，本来支払われるべき賃金が支払われているか否かということになります。

　なお，こうした労基法第91条の規制は，制裁（懲戒）としての減給に適用されるものであり，ここで述べた降職や降格等も，それが制裁として行われる場合に減給の制裁として法律の規制を受けるかという観点から述べています。これに対し，いわゆる職能資格制度において職務遂行能力の向上や低下を適正に評価し，その結果に応じて昇格だけでなく降格も制度上の措置として予定されている場合に行われる合理的な降格や，職制上の一定職位にある者がその職位に不適格と判断され人事権の発動として行われる降職のような場合は，契約内容となっている賃金・処遇制度上の合理的な根拠に基づき，将来に向けて支払うべき賃金額が減額改定されることになり，その適法に減額改定された後の支払うべき金額の全額が支払われるものであるかぎり，ここで問題とする労基法の減給の制裁の規制の対象となるものではありません。したがって，前述の917号通達が妥当する事例とは，こうした合理的な賃金制度上の根拠に基づく賃金減額変更が適法になされないままに減額を行う事例（すなわち，本来支払うべき額を支払わない事例）ということになります。

〔参照条文　労基法91条〕

Q170 | 出勤停止は7日以内でなければならないのか

懲戒処分としての出勤停止（賃金不支給）の期間については，労基法では何も規定がないのに，行政指導で7日以内とするようにいわれるということですが，そうした通達があるのですか。

(A) 制裁としての出勤停止はその期間中の賃金を支給しないとするのが一般ですが，こうした出勤停止と労基法第91条の制裁規定の制限との関係について述べた通達があります。これによれば，出勤停止による賃金の不支給は労基法第91条とは無関係であるとされていますが，加えて，「出勤停止の期間については公序良俗の見地より当該事犯の情状の程度等により制限のあるべきことは当然である」としています（昭23.7.3基収2177）。現行労基法の行政解釈としては，これがあるのみであり，出勤停止の期間を何日以内とすべしといった通達はありません。

それでは，7日という日数はどこから出たかというと，これは労基法制定前の工場法時代の解釈例規に「出勤停止は，職工の出勤が工場の秩序を乱し又は事業の安全を危くする場合又は本人の反省を促すに必要な場合等やむを得ざる場合に於て之を認むるも7日を限度とする」というものがあったことによるものと思われます。

このように，現在では出勤停止の期間を直接規制する法律条文や行政解釈はありませんが，一般には7日ないし10日程度と定める就業規則が圧倒的であり，あまり長期にわたる出勤停止の制裁は，前述の通達にもあるように，その間の賃金の支給の有無その他出勤停止により労働者の被る不利益と使用者側の必要性等の要素如何によっては，その効力を否定される可能性もありますので注意してください。　　　　　　　　　　　　　　　〔参照条文　労基法91条〕

Q171 遅刻・早退による賃金減額と減給の制裁

遅刻や早退により勤務しなかった時間に対応する賃金をカットするのは減給の制裁に該当しないと思いますが，時間数に関係なく一律に，遅刻早退3回につき賃金日額をカットするのは減給の制裁に該当しないのでしょうか。

A 　賃金と就労・不就労の場合の対応関係は，必ずしも各企業一律ではなく，各企業の賃金制度の定めによるところが大きいものです。いわゆる月給制の場合に一部不就労があった際の賃金の取扱いも，いわゆる完全月給制として，毎月の定例給与については遅刻・早退・欠勤による控除を行わないものもあれば，欠務時間数に応じて賃金を減額するものまで，その中間には，一定時間，一定回数まではカットしないとするものもあり，その取扱いは一様ではありません。

　しかし，これらはいずれも労働した部分に対する賃金は支払われており，労働しなかった部分（の一部）に対応する賃金の取扱いをどうするかの差異にすぎず，もとより労基法第91条の問題は生じません。しかし，遅刻早退3回で賃金1日分のカットをするという場合，遅刻等の時間数にもよりますが，1日分の所定勤務時間数を欠務していないのに，遅刻等が3回となると1日分の賃金が減額されるという場合が生じると考えられます。

　このような取扱いは，いわゆるノーワーク・ノーペイの原則によって説明することはできません。行政解釈も「遅刻・早退の時間に対する賃金額を超える減給は制裁とみなされ，法第91条に定める減給の制裁に関する規定の適用を受ける」としています（昭63.3.14基発150）。

　また，「給与規則の当該規定が，30分単位において30分に満たない遅刻，早退の時間を常に切り上げるという趣旨であるならば，労働基準法第91条の減給の制裁として取扱わなければならない。この場合（給与規則の規定のみでなく）就業規則中に特に制裁の章等を設けてその中に規定する等の方法によって制裁である旨を明らかにする方が問題を生ずる余地がないから適当である」と

しています（昭26.2.10基収4214）。　　　　　〔参照条文　労基法91条〕

Q172 賃金台帳・労働者名簿のコンピュータ処理

　事務合理化の観点から，各支店営業所を含め全社員の賃金台帳，労働者名簿を一括して本社でコンピュータ管理したいと思いますが，労基法上の帳簿の備付義務との関係で問題点はないでしょうか。

A　賃金台帳のコンピュータ管理については，これまでも次のような行政解釈が示されていました。

「問　賃金計算事務の合理化を図るため，電子計算機を使用することとした。このため賃金計算は，本店にて一括計算する関係から賃金台帳は本店のみに備え付け，各支店には月別賃金支払計算書を備え付けることとしたい。なお，各個人には個人別明細（月別賃金支払計算書を各人別に切り離す）を渡し，所得税の年末調整終了後は，本店に備え付けておいた賃金台帳を各支店に配布備え付けさせることとしたい。以上の方法をとることが認められるかどうか。

　答　照会のごとき取扱いは，各支店に備え付ける月別賃金支払計算書（給料明細書）が賃金台帳としての法定必要記載事項を具備するものである限り，さしつかえない。」（昭39.6.8　37基収2784）

　このほか，たとえばマイクロフィルムとして賃金台帳の管理を効率化することについては，マイクロフィルム化した賃金台帳が法定必要記載事項を具備し，各事業場にリーダープリンターを備え付け，直ちに必要事項が明らかにされ，写しを提出し得るシステムとなっていれば問題ないともされています（昭50.10.3基収652）。もともと，賃金台帳等の書類は，法定の記載事項が具備されている限り，任意の形式によることができる（労基則59条の2）ものです。したがって，本社でコンピュータ管理すること自体については何ら問題とされる

ものではなく，ただこれらの書類が各事業場においてその事業場に所属する労働者について記載されたものが備え付けられているという実態があればよいと考えられます。本社で管理することにより本社でなければ記載内容がわからないということであれば法律上の調製・備付義務を果たしたことにはなりませんが，前出の通達で示された例のように，必要な事項が各事業場において明らかになるような管理・運用がなされるのであれば問題ないものと思われます。労働者名簿についても考え方は同じです。行政解釈は，磁気ディスクや光ディスクによる記録についても次のようにこれを肯定しています。

　「問　当局管内の事業場より，電子機器を用いて磁気ディスク，磁気テープ，光ディスク等により労働者名簿，賃金台帳の調製を行いたい旨の申出があったところであるが，労働基準法第107条及び第108条の適用について疑義があるので，下記のとおり取り扱ってよろしいかお伺いする。

　　次の1及び2のいずれをも満たす場合には，労働基準法第107条及び第108条の要件を満たすものとして取り扱う。

　1　電子機器を用いて磁気ディスク，磁気テープ，光ディスク等により調製された労働者名簿，賃金台帳に法定必要記載事項を具備し，かつ，各事業場ごとにそれぞれ労働者名簿，賃金台帳を画面に表示し，及び印字するための装置を備えつける等の措置を講ずること。

　2　労働基準監督官の臨検時等労働者名簿，賃金台帳の閲覧，提出等が必要とされる場合に，直ちに必要事項が明らかにされ，かつ，写しを提出し得るシステムとなっていること。

　答　貴見のとおり取り扱われたい。」（平7.3.10基収94）

　さらに，記録保存義務について定める労基法第109条関係の行政解釈として，いわゆる電磁的記録の保存に関するものがあります（Q175「労基法関係書類の記録の保存方法」参照）ので，これにも留意してください。

〔参照条文　労基法107条，108条，109条，労基則59条の2〕

Q173　アルバイト・日々雇用者の賃金台帳・労働者名簿

　　短期間のアルバイトや日々雇用者のような臨時的短期の雇用の者についてまで，賃金台帳や労働者名簿を調製しなければならないのですか。

Ⓐ　　短期の期間雇用者と日々雇用者の賃金台帳・労働者名簿の取扱いは異なります。労働者名簿の場合は，労基法第107条によって作成の義務が定められていますが，その対象からは日々雇用者が除かれています。したがって，日々雇用者については労働者名簿の調製の義務はありません。これに対し，短期の期間雇用者については労働者名簿の調製義務に関し何らの特例も定められていませんので，他の一般の期間の定めのない雇用者と同様の労働者名簿を調製する必要があります。

　賃金台帳の場合は，労基法第108条によって作成の義務が定められていますが，これについては短期の期間雇用者も日々雇用者も除外されていません。したがって，賃金台帳は日々雇用者も含めすべての労働者について調製する義務があります。ただし，労基法施行規則第54条に賃金台帳の具体的な記入すべき事項が定められていますが，ここで日々雇用者については「賃金計算期間」のみは記入しないでよいこととされています。しかし，日々雇用者でも１カ月を超えて引き続き使用されている者については，この賃金計算期間も記入の必要があります。

　なお，賃金台帳の様式が定められていますが，これについては日々雇用者の場合は様式第21号によって，１カ月を超えて引き続き使用される日々雇用者を含む常時使用される労働者（＝期間雇用者を含みます）については様式第20号によって調製しなければならないとされていますので注意してください（Q172でも触れましたが，様式の形式については他の形式で問題ありませんが，そこに定められた必要な記入事項を具備したものでなければなりません）。

〔参照条文　労基法107条，108条〕

Q174　労基法関係書類の保存年限

労基法上の賃金の請求権の消滅時効が2年から5年（当分の間は3年）に変わったということですが，こうした賃金その他の重要な書類についての記録の保存義務はこれまでどおり3年と考えて問題ありませんか。それと，退職金の請求権の消滅時効は5年ということですが，退職金関係の書類の保存義務も5年ということになりますか。

A　労基法の記録の保存義務についての規定は第109条であり，その条文ではこれまで3年とされていた保存義務が，令和2年4月1日以降は，次のように5年になっています。

「使用者は，労働者名簿，賃金台帳及び雇入，解雇，災害補償，賃金その他労働関係に関する重要な書類を5年間保存しなければならない。」

ただし，改正法の附則第143条では

「第109条の規定の適用については，当分の間，同条中『5年間』とあるのは，『3年間』とする。」と定められていますので，実際のところは3年ということになります。

なお，この保存期間の定めは，賃金，その他の請求権，退職金のいずれにも共通です。退職金の請求権の消滅時効は以前から5年となっていますが，記録の保存という点については，これまでは3年ということで整合性がなかったところですが，今回の法改正により労基法の本則においては，5年に統一されることになりました。ただし，上述のように経過措置が定められており，当分の間は3年ということになります（実務的には退職金関係の書類は当分の間，5年間は保存しておくべきでしょう）。

この第109条の対象となるのは，次のものです。

① 労働者名簿
② 賃金台帳
③ 雇入れに関する書類（雇入決定関係書類，契約書，労働条件通知書，履

歴書，身元引受書等）

④　解雇に関する書類（解雇決定関係書類，解雇予告除外認定関係書類，予告手当領収書，退職手当領収書等）

⑤　災害補償に関する書類（診断書，補償の支払・領収関係書類等）

⑥　賃金に関する書類（賃金決定関係書類，昇給・減給（降給）関係書類等）

⑦　その他労働関係に関する重要な書類（出勤簿，タイムカード等の記録，労使協定書，各種許認可書，始業・終業時刻等労働時間の記録書類，退職関係書類，休職・出向関係書類，社内預金関係書類等）

これらの記録保存期間の起算日については，次のように定められています（労基則56条）。

①　労働者名簿については，労働者の死亡，退職又は解雇の日。

②　賃金台帳については，最後の記入をした日。

③　雇入れ・解雇・退職に関する書類については，解雇・退職又は死亡の日。

④　災害補償に関する書類については，災害補償を終わった日。

⑤　賃金その他労働関係に関する重要な書類については，その完結の日。

なお，賃金台帳又は賃金その他労働関係に関する重要な書類を保存すべき期間の起算日については，当該記録に係る賃金の支払期日が当該記録の完結の日等より遅い場合には，当該支払期日が起算日となることが労基法施行規則の改正により明記されました（労基則56条2項）。

＊厚生労働省のリーフレットでは，要旨次のような例で説明されています。

4月分の賃金計算期間が4月1日から4月30日で，その支払期日が5月15日である例で，タイムカードの完結の日が同じ4月30日である場合，4月分の賃金に関する書類・賃金台帳の記録保存義務の期間の起算日は5月15日の支払期日となる。

なお，このほか，労基法第109条を根拠にするものではありませんが，労基法上記録の保存が必要とされるものには，次のようなものがあります（これらの保存期間も5年となりますが，やはり経過措置として当分の間は3年となります）。

① 時間外・休日労働協定における健康福祉確保措置の実施状況に関する記録（労基則17条2項）

② 専門業務型裁量労働制に係る労働時間の状況等に関する記録（労基則24条の2の2第3項2号）

③ 企画業務型裁量労働制に係る労働時間の状況等に関する記録（労基則24条の2の3第3項2号）

④ 企画業務型裁量労働制に係る労使委員会の議事録（労基則24条の2の4第2項）

⑤ 年次有給休暇管理簿（労基則24条の7）

⑥ 高度プロフェッショナル制度に係る同意等に関する記録（労基則34条の2第15項4号）

⑦ 高度プロフェッショナル制度に係る労使委員会の議事録（労基則34条の2の3）

⑧ 労働時間等設定改善委員会の議事録（労働時間等設定改善法施行規則2条）

⑨ 労働時間等設定改善企業委員会の議事録（労働時間等設定改善法施行規則4条）　　　　　　〔参照条文　労基法109条，115条，労基則56条〕

Q175 労基法関係書類の記録の保存方法

　賃金台帳や労働者名簿についてはすでに磁気ディスク等による保存が認められているということですが，その他の労基法関係書類の保存についても同じような記録保存の方法が認められているのですか。

Ⓐ　この問題については，従来から示されていた次に掲げる行政解釈があるほか，法令により書面による保存が義務付けられている事項についての，いわゆるe文書法（民間事業者等が行う書面の保存等における情報通信の技術の利用に関する法律）による記録についての行政解釈がありますので，こ

れらを参考にしてください。

〔光磁気ディスク等による記録の保存について〕

労働者名簿及び賃金台帳については，その調製について定めた労基法第107条及び第108条の解釈に関して，平成7年3月10日付け基収第94号通達（Q172参照）によって，一定の条件を満たす場合には，磁気ディスク等によって調製することが認められているところであり，第109条（編者註；労働関係の重要書類一般についての保存義務を定めた規定）による保存についても，同通達の条件を満たす場合には保存義務を満たすものである（平8.6.27基発411）。

この労働者名簿と賃金台帳は，これまでは書面で保存することがいわば当たり前と考えられてきましたが，改めて考えると，たとえば労基法第57条の年少者の証明書や親の同意書のように「書面」であることが必要という定め方にはなっていません。賃金台帳として必要な事項を何らかの手段により記録できるのなら，書面でなくてもよいということになります。

このことを明らかにしたのが，次のe文書法による記録についての行政解釈です。

「労働基準法第107条の労働者名簿及び第108条の賃金台帳については，法令上書面であることが求められていないため……e文書法の対象となっていないものであり……これらの取扱いについては……特段の変更はないものであること」（平17.3.31基発0331014）

　　※この通達では，このほかに，法律上書面であることが求められていないものとして次のものを掲げています。労基法第18条の「貯蓄金の管理に関する規程」，労働時間設定改善特別措置法第7条第2号の「議事録」，労基法施行規則第24条の2の2第3項第2号の「記録」（注　専門業務型裁量労働制における健康確保措置・苦情処理に関する措置の記録），第24条の2の4第2項の「議事録」（注　企画業務型裁量労働制における労使委員会の議事録）

これに対し，e文書法では，法令により書面の作成・保存が求められる事項について書面の作成に代えて電磁的記録の作成・保存を行うことができる，と定めています。

そこでは労基法関係の保存すべき書面で電磁的記録による保存ができる書面として，労基法第57条第1項の「戸籍証明書」，同条第2項の「学校長の証明

書・親権者等の同意書」，第109条の「雇入れ，解雇，災害補償，賃金その他労
働関係に関する重要な書類」が掲げられており，また，労基法関係の作成保存
すべき書面で電磁的記録による作成ができる書面として，第18条第2項の「貯
蓄金管理に関する協定」，第24条第1項の「賃金控除に関する協定」，第32条の
2第1項の「1カ月単位の変形労働時間制に関する協定」，第32条の3の「フ
レックスタイム制に関する協定」，第32条の4第1項の「1年単位の変形労働
時間制に関する協定」，第32条の4第2項の「各期間の労働日等に関する協定」，
第32条の5第1項の「1週間単位の非定型的変形労働時間制に関する協定」，
第34条第2項の「交替制休憩に関する協定」，第36条第1項の「時間外・休日
労働に関する協定」，第37条第3項の「割増賃金の支払いに代わる休暇に関す
る協定」，第38条の2第2項の「事業場外労働のみなし労働時間に関する協定」，
第38条の3第1項の「専門業務型裁量労働制に関する協定」，第38条の4第1
項の「企画業務型裁量労働制に関する協定」，第39条第4項の「年休の時間付
与に関する協定」，第39条第6項の「年休の計画付与に関する協定」，第39条第
7項の「年休に対し支払う賃金に関する協定」，第87条第2項の「災害補償の
引き受けに関する契約」を掲げています。

　そして，これらに関する労基法の行政解釈としては，次のものがあります
（平17.3.31基発0331014）。

〔電磁的記録による保存の方法〕

1．電磁的記録による保存の方法については，次に掲げる方法のいずれかに
　より行わなければならないものとされているものであること。

　①　作成された電磁的記録を民間事業者等の使用に係る電子計算機に備え
　　られたファイル又は磁気ディスク（これらに準ずる方法により一定の事
　　項を確実に記録しておくことができる物を含む。以下同じ。）をもって
　　調製するファイルにより保存する方法

　②　書面に記載されている事項をスキャナ（これに準ずる画像読取装置を
　　含む。）により読み取ってできた電磁的記録を民間事業者等の使用に係
　　る電子計算機に備えられたファイル又は磁気ディスクをもって調製する
　　ファイルにより保存する方法

2．民間事業者等が1．の方法により電磁的記録の保存を行う場合は，必要

に応じ電磁的記録された事項を出力することにより，ただちに明瞭かつ整然とした形式で使用に係る電子計算機その他の機器に表示及び書面を作成できるようにしなければならないものであり，労働基準局所管法令の規定に基づく書類については，労働基準監督官等の臨検時等，保存文書の閲覧，提出等が必要とされる場合に，ただちに必要事項が明らかにされ，かつ，写しを提出し得るシステムとなっていることが必要であること。

〔参照条文　労基法109条〕

Q176　会社で雇用した社長の家事使用人

社長の自宅の家事を担当する者を会社が雇用して給料を払う場合，労基法の適用はどうなりますか。

A　労基法第116条第2項は，家事使用人については労基法の適用がないことを定めています。この場合の家事使用人とは，家事一般に使用される者をいいますが，家事使用人であるか否かは雇用契約の当事者が会社であるか社長個人であるかということで判断するのではなく，従事する作業の態様やその性格を勘案して判断するものとされています。つまり，だれに雇われたかということよりも，どこでだれの指示でどのような仕事をしているかによって判断するわけです。行政解釈では，「法人に雇われ，その役職員の家庭において，その家族の指揮命令の下で家事一般に従事している者も家事使用人である」としています（昭63.3.14基発150，平11.3.31基発168）。これに対し，たとえば，家事サービス代行会社に雇用され，その指揮命令を受けて1日に複数の家庭を訪問して掃除等を行うといった事例については，実際の仕事は家事であっても家事使用人ということはできないと考えられます。行政解釈でも，「個人家庭における家事を事業として請負う者に雇われて，その指揮命令の下に当該家事を行う者は家事使用人に該当しない」としています（同前通達）。

設問の事例も，単に雇用の窓口が会社であって，実際の仕事はもっぱら社長

の自宅で家人の指示に従って家事を担当するということであれば，これについては労基法の適用はないということになります。　〔参照条文　労基法116条〕

Q177 | 親族で運営する事業と労基法の適用

当社は家族に親戚の者を加えて事業を運営していますが，繁忙期には近所の主婦をパートで雇用することもあります。このような場合，当社は労基法の適用を受けるのでしょうか。

Ⓐ　労基法の適用がない事業として，労基法第116条第2項に定められた「同居の親族のみを使用する事業」があります。設問の事例については，1つには，普段親族のみで行っている状況において労基法の適用があるかないかという問題と，2つ目には，繁忙期についての問題があります。ふだん，親戚のみで行っている状況について考えれば，「同居」の親族のみで行う事業であるかどうかということが問題です。ただ親戚だけでやっているということだけでは労基法の適用除外にはならず，その親戚の人が全員事業主と同居しているかどうかが問題です。全員が同居しているのであれば適用除外となりますが，1人でも通いの人がいれば，その事業は同居の親族のみを使用する事業に該当しなくなりますから労基法の適用を受けます。なお，この「同居」という意味ですが，行政の解釈としてはこれを居住及び生計を一にしているかどうかで判断することとし，世帯を同じくして常時生活を共にしていることをもって同居と解釈し，同一家屋に住んでいるということよりも狭いものと解釈しています。

なお，親族の範囲については，民法の第725条に定める配偶者及び六親等以内の血族，三親等以内の姻族をいうものとされています。

次に，繁忙期についてですが，この期間は同居の親族以外の人を雇用することになりますので，労基法の適用があることは明らかです。ところで，仮に労基法の適用があるとした場合にも，一般に配偶者は事業主との関係において労働者とは認められないことが多いでしょう。また，親族についても事業主と利

益を共にして事業主と同一の立場にある場合が考えられますが，そのような者については「事業に使用される」者としての労働者には該当しない可能性がありますが，逆に，事業主の指揮命令を受けて一般の労働者と同様の就業実態で業務に従事し，一般の労働者と同様の賃金を支払われているような場合は労働者に該当する可能性があります。　　　〔参照条文　労基法116条，民法725条〕

13 労働安全衛生法

　労働安全衛生法（以下，「安衛法」という）は，その内容が非常に多岐にわたり，その具体的な規制を定める関係省令等も広範にわたり，かつ，その条文数は膨大なものです。ここでは，ほとんどすべての業種・業態に関係する基本的な内容を取り上げることとしています。

Q178 総括安全衛生管理者は事業場のトップでなければならないのか

　従業員300人以上の製造業では従業員の安全衛生の確保のために総括安全衛生管理者を選任しなければならないということですが，事業の実施を統括管理する者という要件の意味が判然としません。会社のトップ自らがなれということですか。

Ⓐ　事業の実施を統括管理する者，とはどのような者かについて，厚生労働省の解釈通達は「工場長，作業所長等名称の如何を問わず，当該事業場における事業の実施について実質的に統括管理する権限及び責任を有する者をいう」としています（昭47.9.18基発602，昭63.9.16基発601の1）。これに対し，似たような表現ですが，総括安全衛生管理者の選任について定める同じ安衛法の第10条において，総括安全衛生管理者が安全管理者等に一定の「業務を統括管理させなければならない」としていることに関し，この「業務を統括管理する」ということの意味は，その一定の「業務が適切かつ円滑に実施されるよう

所要の措置を講じ，かつ，その実施状況を監督する等当該業務に就いて責任を
もって取りまとめることをいう」としています（同前通達）。

　これらを併せ読むと，まず，総括安全衛生管理者は，事業場単位での選任で
すから，会社のトップということではなく，トップを充てるとしてもそれぞれ
の事業場のトップということになります。また，必ず事業場のトップを選任し
なければならないということでもありません。通達は工場長や作業所長を例示
として示していますが，工場長がいれば必ず工場長でなければならないという
ことではなく，名称・肩書きを問わず，当該事業場における事業の実施につい
て実質的に統括管理する権限及び責任を有する者であることを要求しています。
もちろん，普通は工場であれば工場長等がまさにこれに該当すると考えるのが
常識です。しかし，どのような職制の者にどのような権限責任を与えるかはそ
れぞれの企業が決めるものです。たとえば，工場長は表の看板として対外的儀
礼的な役割に専念させることとし，事業場の運営の実質はすべて副工場長にそ
の権限を集中させる，という例があるとすれば，副工場長がこの事業の実施を
統括管理する者に該当するといえるでしょう。

　しかし，前述の通達を見ても「業務」を統括管理することと「事業」を統括
管理することとでは違いがあると考えられていると思われます。その事業場で
行われている個々の業務とその集合体としての事業，というイメージでしょう。
労働者の安全・健康に関わる問題で考えれば，安衛法の第10条が掲げている危
険又は健康障害防止措置，安全衛生教育などの個々具体的な事項の実施が安全
衛生にかかる業務であり，それらを含んでその事業場が業として行う活動全体
が事業，ということでしょう。したがって，事業の実施を統括管理する者とい
う以上，事業の一部分を構成する個々の業務についての権限と責任を有すると
いうだけでは足りません。事業場全体についての権限と責任を有するものが総
括安全衛生管理者となるための条件ということです。なお，安衛法の趣旨目的
から考えれば，総括安全衛生管理者となる者の要件は労働者の安全と衛生につ
いてのすべての権限と責任を委ねられればそれで足りるといえるかという問題
があります。しかし，たとえば，労働者の安全衛生上の問題解決と事業の効率
的な運営との間での矛盾が生じたりすることを想定すると，単に労働者の安全
と衛生についてのすべての権限と責任を委ねられればそれで足りるということ

ではなく，こうした問題が発生したときにも，その事業体として法令を順守し労働者の安全衛生上の問題解決を図りつつ事業の運営を考え判断するという責任と権限を有していなければならないということでしょう。前述のように必ずしも事業場のトップであることが絶対条件ではないとはいうものの，こうした条件を満たすだけの権限責任が与えられ現実にそれを実行できる者を選任しなければなりません。特に事業場のトップ以外の者をもってこれに選任しようということであれば，たとえば総括安全衛生管理者職務権限規程といったものを作り，この条件を満たすことを保障するようなルールの制定等が必要といえるでしょう。　　　　　　　　　　　　　　　　〔参照条文　安衛法10条〕

Q179　安全管理者・衛生管理者・安全衛生推進者の選任

事業の種類や社員の人数により，安全管理者や衛生管理者の選任や安全衛生推進者の選任が必要ということですが，その役割や選任の条件について説明してください。製造部長や人事課長など管理職である必要はありますか。新卒採用の者でも試験さえ通れば問題ありませんか。

 　概要は以下のとおりですが，詳細は安衛法第11条から第12条の2等の関係条文を参照してください。

〔安全管理者〕

「安全管理者」は，労働者の危険の防止，安全教育，労働災害の原因調査・再発防止対策等，労働者の安全に係る技術的事項を管理する役割を担うもので，その選任の義務のあるのは，常時50人以上の労働者を使用する次の業種に限られます。

林業，鉱業，建設業，運送業，清掃業，製造業（物の加工業を含む。），電気業，ガス業，熱供給業，水道業，通信業，各種商品卸売業，家具・建具・什器等卸売業，各種商品小売業，家具・建具・什器等小売業，燃料小

売業，旅館業，ゴルフ場業，自動車整備業及び機械修理業

　安全管理者は，その事業場に専属の者であることが必要です（専属の者というのは，その事業場のみに勤務する者，という意味です）。選任すべき人数については事業場の規模や作業の態様等を勘案しての事業者の判断に委ねられますが，2人以上の安全管理者を選任する場合は，その中に労働安全衛生コンサルタントがいるときはその労働安全衛生コンサルタントのうちの1人については専属である必要はありません。なお，安全管理者としての職務を適正に遂行できる限り，他の業務を兼務することは可能ですが，特定の業種・規模の事業場では所定の資格を持つ専任の（通常の勤務時間をもっぱら安全管理者としての職務に従事する）安全管理者が必要です（安衛則4条）。

　安全管理者として選任されるには，その者に一定の資格が必要です（安衛則5条）。その資格とは，①大学・専門学校の理科系統を修めて2年以上産業安全の実務に従事した経験を有するか，②高等学校の理科系統を修めて4年以上産業安全の実務に従事した経験を有するか，③労働安全コンサルタントの資格を有するか，④厚生労働大臣が定める者（一定の実務経験者が告示されています）のいずれかであることです。

　したがって，設問にあるような製造部長や人事課長など管理職である必要がとくにあるわけではありません。労働安全コンサルタントの受験資格のほとんどが一定の実務経験を必要としていますので，新卒者で労働安全コンサルタントの資格を持っている事例は考えにくいでしょう。また当然ですが，安全管理者に選任した者には必要な権限を付与し実行させなければなりません（安衛則4条以下参照）。

〔衛生管理者〕

　「衛生管理者」は，労働者の健康障害の防止，衛生教育，健康診断・健康保持増進策の実施，労働災害の原因調査・再発防止対策等，労働者の衛生に係る技術的事項を管理する役割を担うもので，その選任の義務のあるのは，常時50人以上の労働者を使用するすべて（全業種）の事業場です。

　選任すべき人数は，事業場の規模により異なり，50人以上200人以下は1人，200人超500人以下は2人，500人超1,000人以下は3人，1,000人超2,000人以下は4人，2,000人超3,000人以下は5人，3,000人超は6人です。この事業場の

規模のカウントには，受け入れている派遣労働者も含みます（受入れ出向者は当然含みます）。

　衛生管理者は，その事業場に専属の者であることが必要です（専属の者というのは，その事業場のみに勤務する者，という意味です）が，2人以上の衛生管理者を選任する場合は，その中に労働安全衛生コンサルタントがいるときはその労働安全衛生コンサルタントのうちの1人については専属である必要はありません。

　衛生管理者としての職務を適正に遂行できる限り，他の業務を兼務することは可能です。なお，衛生管理者の免許には第一種衛生管理者免許と第二種衛生管理者免許，衛生工学衛生管理者免許の三種類があり，業種によりどの免許が必要かが定められています（安衛則7条）。医師や歯科医師，労働衛生コンサルタントの資格者はいずれの業種においても当然に衛生管理者となることができます。設問にあるような製造部長や人事課長など管理職である必要が特にあるわけではありませんが，衛生管理者に選任した者には必要な権限を付与し実行させなければなりません（安衛則7条以下参照）。

〔安全衛生推進者等〕

　「安全衛生推進者等」は，安全管理者又は衛生管理者に準ずる役割を担うもので，その選任の義務のあるのは，安全管理者等の選任の義務のない常時10人以上50人未満の労働者を使用するすべて（全業種）の事業場であり，前述の安全管理者を選任する義務のある業種の場合は「安全衛生推進者」，衛生管理者を選任する義務のある業種の場合は「衛生推進者」を選任します。安全衛生推進者等は，都道府県労働局長の登録を受けたものが行う講習を修了した者，その他業務に必要な能力を有する者であることなどの必要があり，原則としてその事業場に専属の者を選任します。製造部長や人事課長など管理職である必要がとくにあるわけではありませんが，必要な権限を付与し実行させなければなりません（安衛則12条の2以下参照）。

Q180　安全管理者・衛生管理者の専属・専任の意味

　　労働安全衛生法の規制により，安全管理者や衛生管理者を選任しなければなりませんが，どちらも「その事業場に専属の者」を選任しなければならないとされているほか，一定の規模の事業場の場合，「専任」の管理者が必要という規制にもなっていると聞きます。専属と専任とは同じことなのでしょうか，別の意味があるのでしょうか。人事異動を考えると，どうしてもすべての事業場に均等に衛生管理者等の資格を有する者を配置することができない場合が出てきますが，隣の事業場の衛生管理者等に臨時的に職務を代行させることでは法の要求を満たせませんか。

Ⓐ　厚生労働省は「その事業場に専属の者」とは，その事業場にのみ勤務する者をいうとしており，同じ企業の社員であっても，Ａの事業場に勤務している者はＢの事業場の衛生管理者等として選任することはできないとされています。このため，専属の衛生管理者等が必要とされる場合においては，人材が不足するため隣の事業場の衛生管理者等に臨時的に職務を代行させ，いわば事業場の掛け持ちをする衛生管理者等で代行させるというのでは法の要求は満たせない，ということになります。

　もちろん，だからといって何もせずに放置するよりは掛け持ちであれ，実質的に衛生管理者としての職務を遂行できる権限と時間を与えて，これを行わせる方がよいと思われます。ただし，掛け持ちをすることで，本来の所属事業場の衛生管理者等としての職務が十分に果たせなくなるようなことがないように留意する必要があるのは当然です。

　なお，この「専属」の要件については，一定の例外が行政解釈で示されており，自社の労働者以外の者を衛生管理者等として選任することが一定の条件の下で認められています。その１つは，派遣労働者を活用する場合です。

　事業場が受け入れる派遣労働者は，派遣元である派遣事業者が雇用しているものであり派遣先である事業場の労働者ではありませんので，これまで，こう

した派遣労働者は事業場に「専属の者」には該当しないとされてきました（昭61.6.6基発333）。しかし，その理由は，事業場の危険有害要因につき知悉している者を充てるべきであるという趣旨によるものだとされています。このことから，危険有害要因の少ない業種については事業場の特性まで熟知していない者でも衛生管理に関する措置を適切に講じることが可能との判断から，一定の要件を満たす場合は自社の労働者以外の者を衛生管理者等として選任することでも差し支えない，という解釈通達が出されています（平18.3.31基発0331004）。

その概要は以下のとおりです。

次のすべての要件に該当することが必要です。

①　労働安全衛生規則第7条第3号のロに掲げる業種（いわゆるその他の業種；同号イの業種，すなわち農林畜水産業や鉱業，建設業，物の加工業を含んだ製造業，電気業，ガス業，水道業，熱供給業，運送業，自動車整備業，機械修理業，医療業，清掃業のいずれにも該当しない業種）であること。

②　衛生管理者とする者は第一種衛生管理者免許，第二種衛生管理者免許若しくは衛生工学管理者免許を有するものか又は労働安全衛生規則第10条に掲げる者（医師，歯科医師，労働衛生コンサルタント，厚生労働大臣の定める者）であること。

③　衛生管理者として選任する者にかかる労働者派遣契約又は委任契約において，衛生管理者が職務を遂行しようとする事業場に専ら常駐し，かつ，その者が一定期間継続して職務に当たることが明らかにされていること。

なお，このほかの留意事項として次のようなことが求められます。

①　衛生管理者として行わせる具体的業務及び必要な権限の付与並びに労働者の個人情報の保護に関する事項を契約で明記すること。

②　事業場の衛生に関する情報等，衛生管理者の業務の遂行に必要な情報を，その者に十分提供すること。

③　衛生管理者の能力向上に努めること。

2つ目の特例は企業分社化の場合の親子会社の衛生管理者等の兼任の場合です（平18.3.31基発0331005）。

次のすべての要件に該当する場合は，親会社の事業場の衛生管理者等が子会

社の事業場の衛生管理者を兼任しても，それぞれが専属の者を選任しているものと認められます。

① 子会社の事業場が親会社の分社化に伴い，親会社の事業場の一部が分割されたものであること。

② 親会社の事業場と子会社の事業場が同一敷地内にあるか，又は敷地が隣接していること。

③ 安全衛生に関する協議組織が設置されるなど，分社化後も安全衛生管理が相互に密接に関連して行われていること。

④ 親会社の事業場の事業内容と子会社の事業場の事業内容が，分社化前の事業場における事業内容と比較して著しい変化がないこと。

　最後に，「専任」というのは，通常の勤務時間を専らその業務のために費やす者をいうというのが厚生労働省の考えであり，本来業務を別に持つ者が，その業務の傍ら衛生管理者等の職務を併せて行うようなものは専任の要件を満たさない，ということになります。したがって，専属と専任とは別の概念ということになります。　　　　　　　　　　　　　〔参照条文　安衛則4条，7条〕

Q181　産業医の二事業場兼任

　当社では，1,000人以上の既存の工場に加え，道路を隔てて隣接する土地に新たに専属の産業医を必要としない規模の別の工場を新設することになりました。仮にこの事業場が別の事業場ということになると既存の工場の専属の産業医のほかにもう一人非専属の産業医を新設の事業場でも専任しなければならないことになりますが，こうした場合，これまでの専属の産業医に兼任してもらうことは認められないのでしょうか。

　1つは，道路を隔てているものの，両者を全体として1つの事業場とみることができないかどうか，という観点からの検討があります。また

別に，専属産業医が他の事業場の非専属産業医を兼務することについての行政
解釈通達が示されていますので，これに該当するかどうか，という観点からの
検討があります。

　両者を全体として1つの事業場とみることができないかどうか，という観点
からは，両者の工場の業種や労働の態様，労務管理等が同じか違うのか，これ
が全く違うということであると，法の適用の前提にも違いがあるでしょうし，
安全衛生管理における留意事項にも違いがあるかも知れませんから，両者を1
つの同一の事業場とみるのは難しい可能性が高いように思われますが，こうし
た条件において類似性が高いのであれば，既存の事業場の規模の拡大・増設と
みられる可能性もあるように思われます。ただ，この判断については，明確な
基準が示されていませんので，所轄の労基署に相談することが現実的対応であ
ると思われます（Q180の親会社の衛生管理者の兼任の考え方も参照）。

　専属産業医が他の事業場の非専属産業医を兼務することについては，次のよ
うな行政解釈通達（平9.3.31基発214，一部改正　令和3.3.31基発0331第5号）が示
されていますので，これに該当するかどうかでその可能性を判断してください。

　構内下請事業場等においては，労働態様の類似性等を勘案すると，元請事業
場等における事業者等の指導援助の下に産業保健活動を行うことが効率的また
は効果的な場合もある，として，元請事業場等の専属産業医がその職務の遂行
に支障を生じない範囲内において，非専属事業場の産業医を兼ねても差し支え
ない場合の要件を次のように明らかにしています。

1　専属産業医の所属する事業場と非専属事業場とが，(1)労働衛生に関する協
　議組織が設置されている等労働衛生管理が相互に密接し関連して行われてい
　ること，(2)労働の態様が類似していること等一体として産業保健活動を行う
　ことが効率的であること。

2　専属産業医が兼務する事業場の数，対象労働者数については，専属産業医
　としての趣旨及び非専属事業場への訪問頻度や事業場間の移動に必要な時間
　を踏まえて，その職務の遂行に支障を生じない範囲内とし，衛生委員会等で
　調査審議を行うこと。

　なお，非専属事業場への訪問頻度として，労働安全衛生規則第15条に基づき，
少なくとも毎月1回（同条で定める条件を満たす場合は少なくとも2月に1

回)，産業医が定期巡視を実地で実施する必要があることに留意すること。

3　対象労働者の総数については，労働安全衛生規則第13条第1項第4号の規定に準じ，3,000人を超えてはならないこと。

（＊従来の通達では地理的関係が密接であることが独立の条件とされていたところ，改正通達ではその条件が削除されています。これに伴い，地理的密接要件についての通達（平25.12.25基安労発1225第1号）は廃止されました。）

Q182　産業医の機能強化と事業主の責任

平成31年4月からの法改正では，産業医の役割や権限の一段の強化が図られたようですが，産業医と会社の間の契約は見直す必要がありますか。

A　以下のような産業医の機能強化が図られたことを念頭に置いて，自社の締結している産業医との契約を見直し，不十分であれば契約内容に追加をするなどの対応が必要となるでしょう。

産業医に関する労働安全衛生法の改正の概要（事業者と産業医の関係に限る）は次のようなことです。

第13条第3項として，産業医の誠実職務遂行義務ともいうべきことが定められました。

第13条第4項として，産業医に対する労働時間に関する情報その他労働者の健康管理等を適切に行うために必要な情報（健康診断や面接指導，ストレスチェックの結果，講じた措置，講じようとする措置の内容情報）の提供義務が定められました。

第13条第5項では，産業医は健康確保に必要と認めるときは事業者に必要な勧告をすることができること，事業者はその勧告を尊重しなければならないことが定められました。

第13条第6項では，事業者は産業医の勧告の内容等を衛生委員会等に報告し

なければならないことが定められました。

　第13条の３として，事業者は産業医が健康管理等の適切な実施を図るため労働者からの健康相談に応じ，適切に対応するために必要な体制の整備その他の必要な措置を講ずるよう努めなければならないことが定められました。

　労働時間の情報の提供の義務も産業医の勧告の権限やその尊重義務も，法律により事業者に義務付けられたものですから，会社と産業医の間の契約に取り込まなくてもその義務は果たさなければなりませんが，実務的には，産業医に委嘱する業務の適切な実施のためにはこれらを確認することが適切ではないかという観点からの検討も必要でしょう。産業医との相談の中で決めて行くことが適当ではないかと思われます。

　このほか，事業者は，「医師」による面接指導をしなければならないことについての規制も拡充強化されていますから，これを産業医に行わせるのであれば，そのことについての契約の見直しも当然必要となります。

Q183　産業医の選任と活動

　産業医の選任について行政指導を受けました。しかし，当社は労災事故もなければ有害物を扱うような事業でもなく，健康診断以外に医師の指導を受けるような作業実態もありません。選任の意味がないように思えますがそれでも義務があるのでしょうか。

A　産業医の選任義務がある事業場は，労働安全衛生法の第13条で定められており，業種の如何を問わず常時50人以上の労働者を使用する事業場，とされています。有害物を扱っているかどうか，過去に労災事故があったかどうかは，産業医の選任義務には関係ありません。

　国民の多くが就労し，１日の時間の多くを職場で過ごしているのが現実です。少子高齢化により就業者の高齢化が進み職場における健康管理の重要性が一層増してきています。職場における健康管理の要請は，確かに労働との関係での

社員の安全衛生という観点が大きな要素であることは事実ですが，いわゆる労働災害防止的な観点からのものにとどまるわけではありません。

　労働安全衛生法は，事業者の義務を，単に労働災害の防止のための最低基準を守ることだけではなく，快適な職場環境の実現と労働条件の改善を通じて労働者の安全と健康を確保するようにしなければならない，と定めています（3条）。働く国民の健康の管理においては雇用する事業者に大きな役割が求められざるを得ない，ということです。こうした事業者の責務を果たすためには，医学に通じた専門家である医師の役割が重要であることは当然です。国が定めた，事業場における労働者の健康保持増進のための指針（昭和63年9月1日公示1号）では，事業場内健康保持増進対策の推進体制の確立のため，その一例として，衛生委員会等の活用とそこにおける産業医等の意見の取り入れ体制の整備が必要であること，健康保持増進措置の実施における産業医の役割として健康測定の実施，これに基づく個人指導表の作成，これに基づくスタッフの指導を定めています。

　確かに，法律が直接事業者に義務付けている産業医に行わせるべき具体的な職務を見ても，単に危険の除去とか有害物の管理といったことに限定されているわけではありません。健康診断や面接指導，作業環境の維持管理等の健康管理，健康教育等の健康の保持増進策，といったことが職務内容とされています（安衛則14条）が，そこで求められる健康の保持増進といった施策が確実・適切に実施されるためには，事業場内健康保持増進対策の推進体制の確立やそこにおける産業医等の役割が大きいということです。

　ところで，産業医は医師である者から選任しなければなりませんが，たとえば医療法人の理事長のような代表者や病院の院長のような事業場の代表者が産業医を兼務することは適切ではないと考えられており，改善が求められることになります（平27.10.30基安発1030第4号）。あくまで可能性ということですが，労働者の健康管理と事業経営上の必要との間で産業医としての職務が適切に遂行されないおそれもあると考えられたためです。

　このほか，働き方改革に関連して，産業医・産業保健機能強化の一環として，産業医の職務や，事業者から産業医への情報提供義務などを定めた労働安全衛生規則の改正が行われ，平成29年6月1日から施行されています。産業医制度

の有効な機能発揮のためには，単に選任義務を強化したり産業医の行うべき活動についての詳細化を図るだけでは足りません。産業医の機能発揮のためには，産業医が医学的専門的知識を活用して的確な助言等を行うための判断の前提となる職場の労働実態の把握ができることが必要です。その情報は事業者が保有しているものであり，事業者からの情報提供についての規制の充実が必要とされたものです。そのポイントは以下のとおりです。

［平成29年6月1日改正省令のポイント］

(1)　産業医の定期巡視の頻度の見直し

　　少なくとも毎月1回行うこととされている産業医による作業場等の巡視について，事業者から毎月1回以上産業医に所定の情報（衛生管理者が毎週1回行う作業場等巡視の結果と，健康障害の防止や健康保持の必要情報で衛生委員会等における調査審議を経て事業者が産業医に提供することとしたもの）が提供されている場合であって，事業者の同意がある場合には，少なくとも2月に1回とすることを可能とする。

(2)　健康診断の結果に基づく医師等からの意見聴取に必要となる情報の医師等への提供

　　事業者は，医師又は歯科医師から，健康診断の結果に基づく意見聴取を行う上で必要となる労働者の業務に関する情報（作業環境や作業態様，労働時間・業務内容等）を求められたときは，速やかにこれを提供しなければならないこととする。

(3)　週40時間超の労働に関する情報の産業医への提供

　　事業者は，休憩時間を除き1週間当たり40時間を超えて労働させた場合におけるその超えた時間の算定を行ったときは，速やかに，その超えた時間が1月当たり80時間（＊この数値は次の平成31年4月1日施行の法改正によりそれまでの100時間から80時間に改正された）を超えた労働者の氏名及び当該労働者に係る超えた時間に関する情報を産業医に提供しなければならないものとする。

　　また，平成31年4月1日施行の法令改正では，前問で確認したような産業医の機能の強化策が講じられています。

〔参照条文　安衛法13条，安衛則15条，51条の2，52条の2〕

Q184　長時間労働と医師による面接指導

　労働安全衛生法の改正で，医師の面接指導をしなければならない時間外労働時間数の水準が厳しくなったようですが，具体的にはどうなったのですか。

A　医師の面接指導の対象者については，改正労働安全衛生法の中で，3つの条文に書き分けられています。第66条の8が一般の労働者について，第66条の8の2が新たな技術，商品又は役務の研究開発に係る業務に従事する労働者について，第66条の8の4がいわゆる高度プロフェッショナル制度適用者についての規定です。

　まず，一般の労働者については，休憩時間を除き1週間当たり40時間を超えて労働させた場合におけるその超えた時間が1月当たり80時間を超え，かつ，疲労の蓄積が認められる者について，本人からの申出により行うべきものとされました（従来は80時間ではなく100時間でした）。

　次の研究開発業務従事者については，同じく，1月当たり100時間を超える場合に，申出を待つことなく面接指導を行わなければなりません。一見すると一般の労働者よりも基準が緩いように見えますが，この数字は疲労の蓄積とか本人申出がなくても適用される数字です。更に，この者についても，一般労働者の基準は重ねて適用されますから，80時間を超え，疲労の蓄積が認められ，本人の申出があればその時点で面接指導の対象としなければなりません（平30.9.7基発0907第2号第2の2の(3)）。

　高度プロフェッショナル制度適用者については，「労働時間」ではなく「健康管理時間」が問題とされ，健康管理時間が1月100時間を超える者について医師による面接指導を行わなければならないとされています。こちらについては，労働時間を前提にした前述の一般の労働者の場合の80時間・疲労の蓄積・本人申出による面接指導の制度の適用はありませんが，健康管理時間が100時間を超えない者についても医師による面接指導を行うよう努めることが求められます（高度プロフェッショナル制度適用者については労基法の労働時間等の

規制の適用が排除されるため，「労働時間」ではなく「健康管理時間」という考え方が用いられ，事業場内にいた時間（労使委員会の決議で除外することとした休憩時間等を除くことができる）と事業場外において労働した時間の合計時間がこれに当たります（労基法41条の2第1項3号））。

〔参照条文　安衛法66条の8，66条の8の2，66条の8の4〕

Q185　労働時間の状況把握と本人等への情報提供

　　今まで明確な定めがなかった労働時間の状況の把握義務が，労基法ではなく労働安全衛生法に定められたということですが，何を把握しなければなりませんか。その情報は誰に提供するのですか。

Ａ　　これまでも，労働時間の実績は賃金台帳に記載することが必要とされていましたから，そのためには労働時間の把握の必要はあったといえるのですが，法律条文として労働時間の把握義務を明記したものはありませんでした。

　これに対して，労働安全衛生法で定められたのは，一般の労働者や研究開発者についての医師による面接指導の義務を果たすための規定であり，厚生労働省令で定める方法により，労働者の労働時間の状況を把握しなければならない，とされました。ここでは「労働時間」の把握ではなく「労働時間の状況」の把握を求めています。この間の違いは，労働時間の状況の把握とは「労働者の健康確保措置を適切に実施する観点から，労働者がいかなる時間帯にどの程度の時間，労務を提供し得る状態にあったのかを把握するものである」とされます（平30.12.28基発1228第16号第1問答8）。これと一般的な労基法の労働時間規制遵守のための労働時間（実労働時間）の把握の責任内容との間にどのような違いがあるのかについては通達では明確にされてはいません（上記通達の問答8では，労働時間の状況の把握については，出退勤時刻や入退出時刻の記録等を

把握しなければならない，としています。これらの時刻は労働時間の把握の重要な材料ではありますが，これが直ちに労働時間の開始や終了の時刻を意味することにはなりませんから，厳密には労基法の労働時間の把握と同一とは言い難いところです）が，実務的には同じと考えても問題ないように思われます（上記通達の問答の8では，「労働時間の状況の把握は，労働基準法施行規則第54条第1項第5号に掲げる賃金台帳に記入した労働時間数をもって，それに代えることができる」としているからです）。

　労働時間の状況の把握は，厚生労働省令で定める方法により行わなければならない，とされ，その方法は，労働安全衛生規則第52条の7の3により，「タイムカードによる記録，パーソナルコンピュータ等の電子計算機の使用時間の記録等の客観的な方法その他の適切な方法」とされています。上記問答では，事業者の現認等が客観的な方法として例示されているほか，この「その他適切な方法」については「やむを得ず客観的な方法により把握し難い場合において，労働者の自己申告による把握が考えられるが，その場合は，ア．労働時間の状況の実態を正しく記録し適正に申告することなどの十分な説明を行うこと，イ．労働時間の状況を管理する者に対し，自己申告制の適正な運用を含め，講ずべき措置については十分な説明を行うこと，ウ．把握した労働時間の状況が実際の労働時間の状況と合致しているか，必要に応じて実態調査をし所要の労働時間の状況の補正をすること，エ．自主申告した労働時間の状況を超えて事業場内にいる時間又は事業場外で労務を提供し得る状態であった時間について，その理由を報告させる場合は，その報告が適正に行われているかについて確認すること」のすべての措置を講じる必要がある，としています（上記通達第2問答11。＊エ．の措置内容などは労基法第41条の2の「健康管理時間」を思わせます）。

　これまで事実上広く行われてきた「自主申告」による労働時間の把握は，やむを得ず客観的な方法により把握しがたい場合において，とり得る方法とされているところですが，この「労働時間の状況」の把握においても同じ考え方が示されていることにも注意が必要です。

　この労働時間の状況に関する情報の提供先は，産業医及び週間当たり40時間を超えて労働させた時間が1月80時間を超えた労働者であり，産業医に対して

は1週間当たり40時間を超えて労働させた時間が1月80時間を超えた労働者の氏名及びその超えた時間に関する情報を提供します。労働者についてはその超えた時間の算定を毎月1回以上一定の期日を定めて行う必要があり，その超えた時間を時間算定後おおむね2週間以内に書面や電子メール等で通知することが適当である，としています。併せて面接指導の実施方法や時期等の案内を行うことが望ましい，とされます（安衛則14条の2第1項，52条の2第3項。上記通達第2問答3，4，5）。　　　　　　　　　　〔参照条文　66条の8の3〕

Q186　安全委員会・衛生委員会の活動

　一定規模の事業場では，すべて衛生委員会の設置が，また業種によっては安全委員会も必要とされるようですが，当社はソフトウエアの開発会社であり特に危険な作業もありませんし，有害な材料を扱うわけでもありません。たとえば過去3年間労災の給付を受けていない事業場は設置の義務がないといった特例はないのでしょうか。

Ⓐ　確かに，衛生委員会に付議する事項については安衛則第22条に具体的に定められているものの，企業の担当者の方からは，毎月開催してはいるがその都度のテーマを何にするか困ることがある，といった声を聞くことがあります。しかし，前問の産業医に関わる質問に対する回答と同じく，この制度についての特例はありません。その理由も似たようなことになります。労災保険の制度においては，過去の災害発生の状況により細かく業種ごとの保険料率を定めており，さらに個々の企業の災害状況によりその料率を変更する仕組みを設けています。これは，労災保険制度が個々の企業の負うべき災害補償責任を公的制度により代行することから始まったという，制度の基本的な性格にも関係するものと考えられます。

　これに対し，安全委員会・衛生委員会の設置と活動は，こうした業種や業務

の危険性と密接に関係して定められているということでもありません。安全委員会の場合は政令で定める業種に応じて設置すべき事業場の規模（労働者数）が違うということはありますが，労災の保険料率のような細かな区分けはありませんし，100人以上の事業場は卸売業や小売業，旅館業を含む，多くの業種で設置の義務があることになっています（安衛法施行令8条）。

　労働災害は，危険物や有害物を取り扱う事業場だけで生じるわけではありません。また，こうしたものを取り扱う事業場であれば，過去に発生していないということがこれからも発生しないということを保障するものでもありません。災害は，こうした物理的要因だけでなく，人的要因，作業環境，労働密度・時間など種々の要因が関連して生じる可能性のあるものです。脳血管疾患や心疾患，メンタルヘルスケアなど，新しい健康阻害要因についても適切に対応して行かなければなりません。そのためには，職場の労働実態等を熟知した労使の委員による組織を設置し継続的に職場の実態把握や災害の発生予防策，さらに快適な職場環境の実現等のための施策を検討し実行していくことが必要と考えられるのです。現状で健康管理等についての問題点が考えられないのであれば，それが真に問題がないということなのか，問題意識が低下しているのではないのか，職場実態や健康診断結果等の正確な把握がされているのかの再点検も必要でしょうし，仮に問題がないとすれば，現在よりさらに快適な職場環境を実現するためにはどのようなことが考えられるか，検討すべき課題は問題意識を深めることで見えてくるものもあるのではないでしょうか。

Q187　情報通信機器を用いた安全委員会等の開催の条件

　在宅勤務の利用者が安全員会や衛生委員会の委員となっている場合など，コロナウイルス感染防止のため出社し一堂に会することなくWeb会議システム等を利用した委員会の開催に切り替えることは可能ですか。

　　　　情報通信機器の発達により，過去にはできなかったことも可能となっ
Ⓐ　てきました。労働安全衛生法が安全委員会の設置運営についての義務を
定めたころには，会議とは一堂に会して行われるものをいうと理解することに
疑問は生じなかったでしょうが，特段，法律条文上一堂に会することを要する
とはされていないわけですから，それと同様の効果を上げることができる形態
であれば問題ないと考える余地はあるとみるほうが合理的ではないでしょうか。
たとえば会議参加者全員の姿・表情が画像として共通に見ることができ，各人
の発言も適切に聞き取ることができるなどの一定の条件を満たすのであれば，
直接会議の場に来ていなくても，適法な会議運営と認められる余地はある，と
考えてもおかしくないはずです。

　行政解釈通達でも，次のような考え方を示し，これに適合する情報通信機器
を用いた委員会の開催を容認していますので，これに適合した措置を講じるこ
とで切り替えは可能と考えられます。（令和2.8.27基発0827第1号「情報通信機器
を用いた労働安全衛生法第17条，第18条及び第19条の規定に基づく安全委員会等の
開催について」）。

「　2　情報通信機器を用いた安全委員会等の開催に係る留意事項
　　⑴　安全委員会等の開催に用いる情報通信機器について，次のアからウま
　　　での要件を全て満たすこと。
　　　ア　安全委員会等を構成する委員が容易に利用できること。
　　　イ　映像，音声等の送受信が常時安定しており，委員相互の意見交換等
　　　　を円滑に実施することが可能なものであること。
　　　ウ　取り扱う個人情報の外部への情報漏洩の防止や外部からの不正アク
　　　　セスの防止の措置が講じられていること。
　　⑵　安全委員会等の運営について，次のア又はイのいずれかの要件を満た
　　　すこと。
　　　ア　対面により安全委員会等を開催する場合と同様に，情報通信機器を
　　　　用いた安全委員会等において，委員相互の円滑な意見交換等が即時に
　　　　行われ，必要な事項についての調査審議が尽くされていること。
　　　　なお，音声通信による開催やチャット機能を用いた意見交換等によ

る開催については，調査審議に必要な資料が確認でき，委員相互の円
滑な意見交換等及び必要な事項についての十分な調査審議が可能であ
ること。

イ　情報通信機器を用いた安全委員会等はアによって開催することを原
則とするが，委員相互の円滑な意見交換等及び必要な事項についての
十分な調査審議が可能となるよう，開催期間，各委員への資料の共有
方法及び意見の表明方法，委員相互で異なる意見が提出された場合の
調整方法，調査審議の結果を踏まえて事業者に対して述べる意見の調
整方法等について次の(ア)から(エ)までに掲げる事情に留意の上，予め安
全委員会等で定められている場合は，電子メール等を活用した即時性
のない方法により開催することとしても差し支えないこと。

(ア)　資料の送付等から委員が意見を検討するための十分な期間を設け
ること。

(イ)　委員からの質問や意見が速やかに他の委員に共有され，委員間で
意見の交換等を円滑に行うことできること。その際，十分な調査審
議が可能となるよう，委員全員が質問や意見の内容を含む議論の経
緯を確認できるようにすること。

(ウ)　委員からの意見表明等がない場合，当該委員に対し，資料の確認
状況及び意見提出の意思を確認すること。

(エ)　電子メール等により多数の委員から異なる意見が提出された場合
等には委員相互の意見の調整が煩雑となることから，各委員から提
出された意見の調整に必要な連絡等を行う担当者を予め定める等，
調査審議に支障を来すことがないようにすること。

(3)　その他の留意事項

（＊委員会の意見及び意見を踏まえて講じた措置の内容，委員会の議事で
重要なものについての書面記録，保存の必要や，電磁的記録とする場
合の留意事項（平成17.3.31基発0331014号）について言及しています
ので，必要に応じ参照してください。）」

Q188　企業全体で１つの衛生委員会とすることの可否

当社は労働者数500人超の本社事業場のほか，遠隔地に点在する50人を超える事業場と50人未満の事業場を有しています。遠隔地の50人以上の事業場についても衛生管理者等の選任が必要と認識していますが，実際問題として本社と業種業態に違いもなく，独立で衛生委員会を開催しても固有の検討課題のようなものはなく，意味がないように思います。むしろ本社ですべての事業場に共通の衛生委員会を開催しそこで全社的に問題の検討をする方が意味があると考えますが，このような委員会の設置・運営に問題はありますか。

Ⓐ　衛生委員会は政令で定める規模（労働者数50人以上）の事業場ごとに設けなければならない，とされています（安衛法18条）。事業場の考え方は，労基法などと基本的に共通であり，企業全体を１つの事業場とみるのではなく，主として場所的な観念でとらえ，個々の場所的に独立した組織はそれぞれを別個の事業場ととらえて法的な規制を加えることとしています。したがって，企業全体で１つの衛生委員会を設ければよいということにはなりません。もちろん，個々の事業場でそれぞれに衛生委員会を設けて実際に必要な調査審議等を行うとともに全社的な課題等について企業単一の安全衛生委員会を中央組織として設け，そこで企業全体の問題について検討をするということであれば，法の要求を上回る制度であり問題のないことは明らかです。

設問は，こうした法を上回る制度ではなく，個々の事業場で衛生委員会を設けることなく，中央組織に衛生委員会を設置し，そこで個々の事業場の問題も調査審議することで法の要求を満たすことはできないか，ということです（実務感覚からすれば，そのほうが実質的な活動が可能ではないかということかもしれません）。

観念的には，事業場ごとの衛生委員会の設置場所について特別の制約はありませんから，他の衛生委員会としての要件を満たす限り，本社に各事業場ごと

の衛生委員会を設置しそこで調査審議等を行うこと自体が否定されるものではありません。問題は，主として衛生委員会の構成委員の選任が法の要求を満たすかどうか，という点にあると思います。

　衛生委員会の委員については，法により，①総括安全管理者等当該事業場でその事業の実施を統括管理するものもしくはこれに準ずる者のうちから事業者が指名した者と，②衛生管理者のうちから事業者が指名した者，③産業医のうちから事業者が指名した者，④当該事業場の労働者で，衛生に関し経験を有するもののうちから事業者が指名した者，をもって構成するものとされ，①の委員以外の委員の半数は過半数労組等の過半数代表者の推薦に基づき指名しなければならない，とされています。

　したがって，たとえば，設問の本社に置く中央衛生委員会が，各事業場ごとの部会を設け，その部会の構成委員を前述の事業場ごとの委員の選任条件を満たす形で選任し，その部会で各事業場ごとの衛生委員会として行うべき調査審議等を行うのであれば，それは実際の活動は本社で行っているとしても各事業場に設置された衛生委員会とみることが可能であろうと思われます。

　しかし，こうした各事業場ごとの衛生委員会の構成をとらず，企業全体で1つの衛生委員会とし，たとえばその委員は，規模の大きい事業場の該当者から選任するとか会社親睦会の会長等，企業全体の従業員の過半数代表での推薦に基づき事業者が指名するようなものであるとすると，その委員は法の要求する委員の選任要件を満たさない可能性があります。したがって，毎月各事業場からその事業場の衛生委員会の構成メンバーが全員本社に集まってそこで事業場ごとの部会を設けて衛生委員会を開催しそこで決定等した事項を実施に移すとともに，これに加えて企業全体での全体会議を開催し全社的課題を検討するのであれば問題はないと考えられますが，そうでなく中央衛生委員会が単体ですべての事業場の衛生委員会としての活動を行うということであるとすると法の求める衛生委員会の要件を満たさない可能性があると思われます。

Q189 社員の採用と健康診断

社員を雇い入れた場合は，雇入れ時の健康診断を実施する必要があることは知っていますが，採用の時期は何かと忙しいですし，なにより職場に馴染んでもらうのが第一と考えています。健康診断は一段落してから実施しようと思いますが，雇入れからどれくらいの期間内に実施すればよいのですか。

A 　雇入れ時の健康診断は，雇入れの直前又は直後に行うこととされています。これに関し，法令上，明確に定められていることとして，医師による健康診断を受けてから3カ月以内の者を雇い入れる場合は，その者がその健康診断の結果を証明する書面を提出したときは，その健康診断項目に相当する項目について省略できる，という趣旨のことがあります（安衛則43条）。つまり，過去3カ月以内に受けている健康診断項目については，その結果証明書を社員が提出するのであればその項目については行わないことが可能です。

　注意が必要なのは，このことから当然に雇入れ時の健康診断は採用の前3カ月か採用後3カ月の間のどこかでやればよいということにはならない，と考えられることです。

　採用時点となるべく近いことが望ましいのですが，採用の前に健康診断を行っていれば，その健康診断の結果を見ることで，採用後の配置，職務分担，作業内容や業務量，労働時間や休憩などについて，どのような配慮が必要か（必要でないか）の判断の資料として活用することができる可能性があります。これに対し，採用後実際の就業が開始した後に行うということは，就業に関し健康管理上注意すべき点などに関する情報がないまま就業させることになるわけです。この間に，事前に健康診断を実施していれば避けられた可能性のあるその者の健康状態に悪影響のある業務や業務量等の負荷にさらされることもありえます。この意味で，雇入れ時の健康診断について，雇入れの前3カ月以内の健康診断をもってこれに代えることができるという定めがあるからといって，これを雇入れから3カ月以内に実施すればよい，ということにはならないと考

えられるのです。

　では，実際問題としていつまでにやるべきかということについてですが，行政解釈等での見解は示されていないようです。健康情報がないまま実際の業務に就けた結果として健康への悪影響が防げなかったといったことの生じないよう，他の必要な業務を延期してでも就業開始までの間でなるべく就業の時期に接着した時点に行うというのが原則だと思います。職場に馴染んでもらうのが第一という考え方は業務優先の考え方であり問題です。職場に馴染ませる前に，どのような健康管理面等の留意点があるのかの把握をするのが事業者としての責任です。単に就業前に健康診断を実施するというだけでなく，その結果情報を就業前の段階で把握し，配置や就業条件の適正化を図るというのが本来は望ましいといえます。有害物も扱わず，長時間労働もないなど，就業による健康への悪影響が客観的にみても少ないと考えられるところでやむを得ない事情で就業開始後になるとしても，たとえば1週間を超えるようなことのないようにするなどの努力が必要と思われます。

　ちなみに，「遅滞なく」提出すべきものとされている労働者死傷病報告については，事情の許す限り最も速やかに，という意味であり，概ね1〜2週間以内程度と解されており，1カ月を超えると報告遅延理由書を求めることがある，とされています。

　また，産業医の辞任等の場合の衛生委員会等への報告については，「遅滞なく」しなければなりませんが，これについては概ね1月以内をいうものとされています（平30.9.7基発0907第2号）。〔参照条文　安衛法66条，安衛則43条〕

Q190　eラーニング等による安全衛生教育等の実施条件

　従業員の労働災害防止のための安全衛生のための特別教育については，eラーニングの活用が可能とされているようですが，特別教育以外の一般の安全衛生教育についてはeラーニングの活用は認められないのでしょうか。

Ⓐ　　特別教育以外の安全衛生教育についても，令和3年に行政解釈通達が示され，eラーニングの活用が，概要，次のように認められていますので，これによることが可能です（令和3.1.25基安安発0125第2号，基安労発0125第1号，基安化発0125第1号）。

1．基本的考え方

　（前略）eラーニング等により安全衛生教育等を行う場合においても，対面による方法と同等の教育効果を担保するため，安全衛生教育等の実施者は，2．に掲げる事項に留意する必要がある。

2．留意事項

　eラーニング等により安全衛生教育等を行う場合であっても，法定の科目の範囲，教育時間及び講師の要件を満たした上で，教本等必要な教材を用いて行うとともに，以下に留意して実施する必要があること。

　（＊雇い入れ時等の教育，特別教育，職長等の教育，技能講習等，個別の教育ごとの要件の詳細がこの通達の別表として取りまとめられていますので，必要に応じて参照してください。）

⑴　技能講習，衛生工学衛生管理者講習，建築物石綿含有建材調査者講習及び分析調査講習以外の講習

　ア　受講者が受講した事実及び教材の閲覧・視聴等による教育時間が法令で定める教育時間以上であることを，教育を実施する者が担保する必要があり，具体的には次のような確認方法があること。

　　㋐　受講者を1カ所に集合させず，例えば，ビデオ会議ツール等を用い，リアルタイムで講師が受講状況を確認しながら教育を行う方法

　　㋑　使用されている映像教材又はウェブサイト動画等について，動画の再生記録やパソコンの操作記録等に基づき教育を実施する者が受講状況を確認する方法

　　㋒　上記㋐及び㋑のほか，教育時間について，教育を実施する者が合理的に証明できる方法

　イ　映像教材又はウェブサイト動画等に出演する講師並びに当該映像教材又はウェブサイト動画等を作成する者及び監修する者が，いずれも当該教習に関して十分な知識又は経験を有すること。

　　ウ　受講者からの質疑を受付け，回答できる体制を整えること。

　　エ　実技による教育又は実地による研修が必要なものについては，講師と同
　　　一場所で対面により実施すること。

⑵　技能講習，衛生工学衛生管理者講習，建築物石綿含有建材調査者講習及び
　分析調査講習

　　ア　技能講習については，登録教習機関が設定した会場に集合して実施し，
　　　修了試験を対面により実施すること。また，受講者からの質問があった際
　　　に，講師が講義中に適切に応答できるよう双方向性が確保されていること。

　　イ　衛生工学衛生管理者講習については，登録衛生工学衛生管理者講習機関
　　　が設定した会場に集合して実施し，修了試験を対面により実施すること。
　　　また，受講者からの質問があった際に，講師が講義中に適切に応答できる
　　　よう双方向性が確保されていること。

　　ウ　建築物石綿含有建材調査者講習については，講習実施機関が設定した会
　　　場に集合して実施し，筆記及び口述による修了考査を対面により実施する
　　　こと。また，受講者からの質問があった際に，講師が講義中に適切に応答
　　　できるよう双方向性が確保されていること。

　　エ　分析調査講習については，分析調査講習実施機関が設定した会場に集合
　　　して実施し，筆記及び口述による修了考査を対面により実施すること。ま
　　　た，受講者からの質問があった際に，講師が講義中に適切に応答できるよ
　　　う双方向性が確保されていること。

Q191 出向の受入れと採用時健診

当社では，必要に応じ他社からの出向者の受入れや逆に他社への出向者の送り出しをしています。出向先での労働条件については，きちんとした説明を行っており問題はないのですが，困るのが雇入れ時の健康診断が必要かどうか，ということです。出向の受入れは受入先においては，新たな雇入れと同様，新たな雇用関係が発生することになりますから，出向元で定期健康診断を実施したかどうかに関係なく，出向先には実施の責任があるようにも思われますし，雇入れ時の健康診断は出向元が行っており，その雇用関係が継続しているからこその出向であることを考えれば，採用時の健康診断の必要はないようにも思われるのですがどうなのでしょうか。

A　出向と似た就業形態である労働者派遣の場合は，法律によって派遣元・派遣先の責任が明確に規定されていますが，出向の場合にはそうした明確なルールがなく，明確な行政解釈もありませんので，断言できるよりどころはありません。ネット上の実務相談についての回答では，雇入れ時の健診は出向元で行われているので不要，という回答が多いようです。実務感覚からは納得できるように思いますが，論理的に明確に説明できるかどうかというところは難点です。行政解釈等で，出向元における直近○カ月以内の健康診断の実施結果情報を出向先に提供すること等を条件に採用時健診は不要とするなどの取扱いが明確に示されることが望ましいのですが，現状ではそうしたよりどころがありません。

ご質問の中でも触れられた雇入れ時の労働条件の明示義務については，出向先と労働者との間で新たに労働契約関係が成立するものであるので，出向先は労働条件を明示する必要がある（出向元が代わって明示することでもよい）とする厚生労働省の見解が見られます（厚生労働省労働基準局編『平成22年版　労働基準法』231頁）。労働条件は，出向元と先では異なることが普通ですから，

この考え方は当然といえますが，雇入れ時の健康診断については，事情が違うように思われます。

　雇入れ時の健康診断の趣旨は，採用後の適正配置やその後の健康管理に資するための健康情報を得るためのものと考えられます。一般の転職において前職における健康情報を転職先が入手することは，一般的に困難であり，実際にも行われていないのが通例でしょう。

　一方，通常の出向の場合は，出向元との雇用関係は引き続き残り，いずれはまた出向元に復帰することになります。出向中の健康管理等の責任は直接には出向先が負いますが，出向を命じた出向元も無関心ではいられません。出向者の労働関係は，出向期間中出向先・出向元と出向者の三者の間において展開されるといってもよいものです。

　こうした関係の中での健康管理を考えた場合，出向に際しては出向元での健康情報を出向先に引き継ぎ，復帰に際しては出向先での健康情報を引き継いでそれぞれが引き続き健康管理についての適正な責任を果たすことが合理的であると思われます。しかし，それ以上に，毎年の定期健康診断に加えてそれとほぼ同一の診断項目についての採用時健診を別途行うことを義務とする必要性があるかといえば，実質的な必要性は乏しいのではないかと思われます（もちろん，いわゆる有害業務への配転と同じような態様の出向であれば配置換え時の健康診断を行うべきです（安衛則45条参照））。

　出向先との間に新たに雇用関係が成立するという形式面からは雇入れ時健診の必要性ありという論理もありえますし，そのように割り切ったほうがコストの問題は別として話は簡単です。一方，健康管理の実態面からはその必要性はないという論理もあり得るように思います。ただし，後者の判断をとる場合には，本人同意を含めた出向元からの健康情報（＝個人情報）の適正な入手と管理，これに基づく適正な配置や人材活用，健康管理をする，ということが当然の前提となると思われます。

Q192　健康診断実施後の措置・保健指導・面接指導

安衛法の改正で80時間以上の残業をした者については医師の面接指導を受けさせることになったということですが，以前には，保健指導を行うべきことが定められていたように思います。社員の健康管理のためや健康診断の結果から会社として行うべきこととして法律にはどのようなことが定められているのでしょうか。

Ⓐ　安衛法の第7章は，労働者の健康の保持増進のための措置，という表題の下に，概略次のような規制を置いています。

作業環境の測定（65条），その結果の評価と健康保持のための設備の整備や健康診断の実施（65条の2），健康に配慮した作業管理（65条の3）などの基本的な環境整備や作業管理

雇入れ時・定期の一般健診，特定業務従事者健診等多様な就労段階・場面で健康の確保のため基礎となる健康診断の実施（66条），健康診断結果に基づく健康保持のための措置についての医師等の意見聴取（66条の4），医師等の意見を勘案しての作業転換・時間短縮・設備改善等の対応策の実施（66条の5）などの事業者としてなすべき具体的な措置の要求

健康診断結果の本人通知（66条の6），健康診断結果等から必要と認める労働者に対する医師又は保健師による保健指導の実施（66条の7），長時間労働従事者が希望する場合の医師による面接指導の実施・労働時間の状況の把握・医師の意見等を勘案した作業転換・時間短縮・設備改善等の対応策の実施（66条の8〜66条の8の4，66条の9）などの対応策，心理的負荷の程度を把握するための医師等による検査（いわゆるストレスチェック）の実施（66条の10），厚生労働省令で定める伝染性の疾病にかかった病者の就業禁止（68条），受動喫煙防止のための適切な措置を講ずる努力義務（68条の2），さらには，健康教育の実施その他の健康増進措置についての規定，その他の規定があります。こうした条文を見ると，その多くが第66条を基にした枝番号の付いた規定であり，労働者の保持増進のための措置が，時代を追って必要性を増し，拡充され

てきたことを示しています。

　医師又は保健師による保健指導は，その内容としては生活習慣についての指導，健康管理のための情報の提供，再検査や精密検査の受診の勧奨，治療の勧奨などがあるとされています。設問の医師による面接指導の制度は，平成31年４月１日施行の改正労働安全衛生法により一層の充実強化が図られています。これまでは長時間労働による健康への悪影響を防止するため，週の実労働時間が40時間を超えた時間が一律に100時間を超える場合で疲労の蓄積が認められる者について，本人の申出があった場合に面接指導が必要とされていましたが，労基法の労働時間の規制の変更に伴い，研究開発業務に従事する労働者と，高度プロフェッショナル制度の対象者，これ以外の通常の労働者に区分し，次のように行わなければならないこととされました。

　①　通常の労働者（管理監督者を含みます）については，週の実労働時間が40時間を超えた時間が月80時間を超える場合で疲労の蓄積が認められる者について，本人の申出があった場合に

　②　研究開発業務に従事する労働者については，週の実労働時間が40時間を超えた時間が月100時間を超える場合に（及び①に該当する場合にも）

　③　高度プロフェッショナル制度の対象者については，健康管理時間が月100時間を超える場合に（これ以外の者についても，申出があれば実施するよう努めなければなりません）

　この面接指導は，医師が問診を中心に疲労の蓄積状況その他労働者の心身の状況を把握し，これに応じて面接により必要な指導を行うものです。

Q193　情報通信機器を用いた医師による面接指導の条件

　コロナウイルス感染防止のため在宅勤務制度をとっていますが，こうした従業員について仮に長時間労働等の健康への影響を考えて医師による面接指導をすることが必要となった場合，わざわざ公共交通機関を利用して産業医等のところに通院して面接指導を受けさせなければならないのでしょうか。それともオンライン受診のような方法も可能なのでしょうか。

（A）　医師による面接指導については，法文上，文字通り「面接指導」を行うことが求められており，通常の用語の意味としては，「面接」とは直接会うことをいうのが通例です。安衛法66条の8では面接指導の意味を「問診その他の方法により心身の状況を把握し，これに応じて面接により必要な指導を行うことをいう」としており，これまでの通常の診察のイメージ（直接対面診察）が想定されていると考えられます。

　しかし，安全委員会等の開催について，情報通信機器を用いた開催が一定の条件の下で容認されている（Q187参照）のと同様に，平成27年の行政解釈通達によって，次のように，一定の考え方と留意事項を示したうえで情報通信機器を用いての面接指導を可能とする見解が示されていますので，これを活用することができます（平成27.9.15基発0915第5号）。

＜基本的考え方＞

　面接指導……医師が労働者と面接し，労働者とのやり取りやその様子（表情，しぐさ，話し方。声色等）から労働者の疲労の状況やストレスの状況その他の心身の状況を把握するとともに，把握した情報を元に必要な指導や就業上の措置に関する判断を行うものであるため，労働者の様子を把握し，円滑にやり取りを行うことができる方法により行う必要がある。ただし，面接指導を実施する医師が必要と認める場合には，直接対面によって行う必要がある。

（＊つまり，医師が必要と認めた場合は直接対面での面接指導が必要だが，そうでなければ，労働者の様子が適切に把握でき，円滑なやり取りで心身状

況の把握ができれば，直接対面での面接指導でなくてもよい，ということ
になります。）

<留意事項>

(1)　事業者は，面接指導を実施する医師に対し，面接指導を受ける労働者が業
務に従事している事業場に関する事業概要，業務の内容及び作業環境等に関
する情報並びに対象労働者に関する業務の内容，労働時間等の勤務の状況及
び作業環境等に関する情報を提供しなければならない。また，面接指導を実
施する医師が，以下のいずれかの場合に該当することが望ましい。

　①　面接指導を実施する医師が，対象労働者が所属する事業場の産業医であ
る場合。

　②　面接指導を実施する医師が，契約（雇用契約を含む）により，少なくと
も過去1年以上の期間にわたって，対象労働者が所属する事業場の労働者
の日常的な健康管理に関する業務を担当している場合。

　③　面接指導を実施する医師が，過去1年以内に，対象労働者が所属する事
業場を巡視したことがある場合。

　④　面接指導を実施する医師が，過去1年以内に，当該労働者に指導等を実
施したことがある場合。

(2)　面接指導に用いる情報通信機器が次のすべての要件を満たすこと。

　①　面接指導を行う医師と労働者とが相互に表情，顔色，声，しぐさ等を確
認できるものであって，映像と音声の送受信が常時安定しかつ円滑である
こと。

　②　情報セキュリティ（外部への情報漏えいの防止や外部からの不正アクセ
スの防止）が確保されていること。

　③　労働者が面接指導を受ける際の情報通信機器の操作が，複雑，難解なも
のでなく，容易に利用できること。

(3)　面接指導の実施方法等について，次の全ての要件を満たすこと。

　①　情報通信機器を用いた面接指導の実施方法について，衛生委員会等で調
査審議を行ったうえで，事前に労働者に周知していること。

　②　情報通信機器を用いて実施する場合は，面接指導の内容が第三者に知ら
れることがないような環境を整備するなど，労働者のプライバシーに配慮

していること。

(4)　情報通信機器を用いた面接指導において，医師が緊急に対応すべき徴候等を把握した場合に，労働者が面接指導を受けている事業場その他の場所の近隣の医師等と連携して対応したり，その事業場にいる産業保健スタッフが対応する等の緊急時対応体制が整備されていること。

（＊このほか，情報通信機器を用いて遠隔で産業医の職務の一部を実施することについての考え方や留意事項を示した通達（令和3.3.31基発0331第 4 号「情報通信機器を用いた産業医の職務の一部実施に関する留意事項等について」）が別途示されていますので，併せてご確認ください。

Q194　メンタルヘルス・ストレスチェックの義務

「メンタルヘルス」とか「職場におけるうつ」の問題とかは以前からよく聞く言葉ですが，「ストレスチェック」という言葉も最近聞きます。安衛法ではこうした問題について何が義務付けられているのですか。

Ⓐ　職場における労働者の労働災害の防止は国の厚生労働行政の 1 つの大きな柱です。労働安全衛生法は，このために労働安全衛生規則など膨大な量の規則等を定めています。労働者の安全衛生の問題の中心はいうまでもなく死亡・重大災害の防止ですが，現在の労働災害の概念は昔とは違い，危険・有害物との接触による怪我や病気だけではなく，いわゆる過労死に象徴される過重労働やストレスによる脳血管疾患や虚血性心疾患，精神疾患が含まれており，機械や施設設備の物理的安全措置や有害物質の漏えい防止等の措置と並んで，労働者の働き方や精神的健康状態の維持など，働くこととこれによる労働者の心身の健康状態への悪影響に対するケアが重要な課題となっています。

労働安全衛生法第 7 章は，労働者の健康の保持増進のための措置に関する条文を置いていますが，第66条の健康診断の条文の後には第66条の 2 から第66条

の10まで多くの枝番号の付いた新しい条文が置かれており，健康確保のための
法規制が拡充されてきた様子が見て取れます。その中には，「メンタルヘルス」
とか「うつ」と銘打った規制はありませんが，たとえば第66条の8の条文は，
労働時間の状況等によるいわゆる過重労働による健康問題への対応（医師の面
接指導やこれに基づく健康の保持増進措置）について定めたもので，安衛則第
52条の2では，その対象を週40時間を超える労働が月間80時間を超え，かつ，
疲労の蓄積が認められる者から申出があった場合に行わなければならないこと
などが定められています（なお，業務に起因するうつその他のいわゆるメンタル疾
患は，使用者が災害補償の責任を負う業務上の疾病の範囲を定めた労基法施行規則
第35条に基づく別表第1の2において「心理的に過度の負担を与える事象を伴う業
務による精神及び行動の障害又はこれに付随する疾病」として明記されており，長
時間労働が原因のうつ等のメンタル疾患は労災保険法による災害補償の対象とされ
ています）。

　メンタル疾患はいわゆるストレスを過度に受けることに起因することが多く，
「ストレスチェック」はメンタルヘルスケアの基本となるものです。

　このストレスチェックは平成27年12月から，常時50人以上の労働者を使用す
る事業場について毎年1回実施しその結果を所轄労働基準監督署長に報告する
ことが義務付けられています（安衛法66条の10，安衛則52条の21）。50人未満の
事業場の場合はストレスチェックの実施自体がいわゆる努力義務の対象となり
ます（安衛法附則4条）ので報告の義務もかかりません。この人数規模は，企
業全体ではなく事業場単位で考えます。

　労働者にはストレスチェックを受ける義務は課されていませんが，できるだ
け受けることが望ましい，とされています。また，事業者は，労働者全員にス
トレスチェックを受ける機会を提供する義務があります。

　ストレスチェックを行うことができるのは医師や保健師，看護師，精神保健
福祉士等一定の資格者に限られます。

　検査を受けた労働者には検査を行った医師等から直接労働者本人に検査結果
が通知されるようにしなければなりません。この場合に医師等は予め本人の同
意を得ないで検査結果を事業者に提供することはできません。

　検査の結果により医師の面接指導を希望する労働者には医師による面接指導

を行わなければならず，このことを理由に不利益な取扱いをすることはできません。また，面接指導の記録は5年間保存しなければなりません。

　面接指導の結果に基づき健康保持に必要な措置について医師の意見を聴かなければならず，その意見を勘案し労働者の実情を考慮して，就業場所の変更や作業の転換，労働時間の短縮や深夜業の回数減等の措置を講じ，医師の意見を衛生委員会等に報告しなければなりません。

　職場のストレスによりメンタル疾患を生じた場合の業務災害となる可能性やそのことに関する使用者としての賠償責任等を考えれば，法律上の義務の有無にかかわらずこれまでの時間外労働等の実態，退職や傷病欠勤等の状況やその原因，その他自社の職場の状況を的確に把握し，適切な対応をすることが望まれます。

　〔参照条文　安衛法66条の10，安衛法附則4条，安衛則52条の9以下，ストレスチェック制度Q&A，ストレスチェック指針〕

Q195　受動喫煙防止ガイドライン

　職場での禁煙を図ることが義務となるようですが，職場というのは建物内ということですか，事業場の敷地内はすべて禁煙にすることが必要ということですか。

Ⓐ　健康増進法の一部改正が令和2年4月1日から施行されています。これにより，企業の事務所，工場等，2名以上の者が利用する施設では，健康増進法に基づき，施設等の類型や場所等に応じて，禁煙措置や喫煙場所の特定等の措置が求められ，喫煙可能場所のある施設については労働者の望まない受動喫煙を防止するため20歳未満の者の立入禁止措置を講じること，講じている受動喫煙対策について労働者の募集や求人申込みの際に明示しなければならないことや，国が示すガイドラインに沿って受動喫煙防止のための措置を講じることが求められます。

　一方，職場における受動喫煙の防止については，安衛法により，屋内における労働者の受動喫煙防止のための措置を講ずる努力義務が課されています。

　質問は，こうした受動喫煙のための措置を講じる必要があるのは，建物内だけなのか，建物内外を問わず事業場の敷地内全部についてなのか，ということですが，安衛法の規制は上記のように屋内についての規制であり，敷地内全体ということではありません。一方，健康増進法の規制は施設の性格によって異なり，学校・病院・児童福祉施設等の第一種施設（同法施行令3条，同法施行規則12条等参照）については敷地内禁煙が原則とされ，その他の一般の事務所や工場等は第二種施設とされ屋内禁煙が原則とされています。このように2つの法律では異なるところがありますが，国の示している「職場における受動喫煙防止のためのガイドライン」はこれらの法律により義務とされ，あるいは実施すべきとされる事項を一体的に示すことを目的として定められていますので，受動喫煙防止を検討する場合は，このガイドラインを参照することが有効です。

　ガイドラインでは，本問について参考となる情報として，各種定義を行う中で施設の「屋外」と「屋内」の違いについても定義しており，「屋内」とは，外気の流入が妨げられる場所として，屋根がある建物であって，かつ，側壁がおおむね半分以上おおわれているものの内部を指し，これに該当しないものは「屋外」となる，としています。

　ガイドラインに定められている項目から主要な対応を掲げれば，以下のようなものが見られます（要約）。

（組織的対策）

(1) 事業者・労働者の役割

　　衛生委員会等の場を通じて，労働者の受動喫煙防止対策についての意識・意見を十分把握し，適切な措置を決定すること。

(2) 組織的な進め方

　ア　推進計画の策定；実情を把握し，受動喫煙防止対策のため，達成する目標，達成時期，達成のために講じる措置・活動等を含む推進計画を策定する。

　イ　担当部署の指定；受動喫煙防止対策の担当部署・担当者を指定し相談対応等を実施させ，対策状況について定期的に把握・分析・評価等を行

　　い改善指導を行わせるなどの事務を所掌させる（評価結果等については，経営幹部や衛生委員会等に適宜報告する）。

　　ウ　労働者の健康管理；受動喫煙防止対策の状況を衛生委員会等の調査審議事項とし，産業医の職場巡視に当たり受動喫煙防止対策の実施状況に留意する。

　　エ　標識の設置・維持管理；喫煙専用室などには必要な事項を記載した標識を掲示する。

　　オ　意識の高揚，情報の収集・提供；受動喫煙による健康への影響等の教育や相談を行い意識の高揚を図る。他事業場の対策の事例等の情報を収集し衛生委員会等に適宜報告する。

　　カ　募集・求人申込時の受動喫煙防止対策の明示；敷地内または屋内を原則禁煙とし，喫煙専用室等を設けていること等の，受動喫煙防止措置を明示する。

(3)　妊婦等への特別な配慮；妊婦，呼吸器・循環器等に疾患のある労働者，がん等の疾病を治療しながら就業する者，化学物質過敏症の労働者等について特に配慮する。

（喫煙可能場所における作業に関する措置）

(1)　20未満の者の（清掃作業等を含めた）立入禁止

(2)　20歳以上の者に対する配慮；望まない受動喫煙を防止するため，勤務シフト，勤務フロア，動線等の工夫や喫煙専用室の清掃における換気や呼吸用保護具の着用，業務車両内での喫煙について同乗者への意向配慮の周知

第2編

労働契約法・
パート・有期雇用労働法・
高年齢者雇用安定法

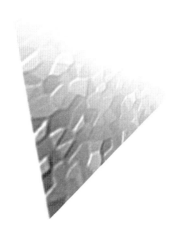

1 労働契約法

Q196

均衡考慮・ワークライフバランス配慮条項の意味と効果

　労働契約は就業の実態に応じて均衡を考慮して，また，仕事と生活の調和にも配慮して締結し変更すべきものであるとされたということですが，労使間にはどうしても利益の対立する場面が生じる可能性があると思います。そうした場合，労働契約法ができたことでこれまでと何か変わるのですか。

A　労働契約法では，労働契約の原則として①対等合意による締結・変更，②就業実態に応じた均衡考慮による締結・変更，③仕事と生活の調和に配慮した締結・変更，④契約遵守と信義誠実の原則，⑤権利濫用禁止の原則を定めています（3 条）。このうち④，⑤は民法の権利行使の一般原則を確認するものです。また，①はこれまで労基法第 2 条第 1 項に定められていたものです。これに対し，②，③は，労働契約法の国会審議の過程で加えられた修正であり，その意味内容，個々の労働契約の解釈運用に及ぼす影響等については十分な議論がなされているとはいえません。就業の実態に応じた均衡とは何か，ということをとってもその内容は明確とはいいがたいのです。どのようなことが，就業の実態に応じた均衡を考慮しなかったものとなるか，またどのような場合に仕事と生活の調和に配慮しなかったものとなるかも容易に決まるものではないでしょう。

　①の基礎となった労基法第2条第1項の規定がいわゆる訓示的規定であり，これに違反することがあったとしてもそのことが直接その契約の締結や変更の効力を左右するものではないと考えられていることと同様に，この労働契約法第3条の定める労働契約の原則の②，③も，労働契約の締結変更における基本的な原則・理念の宣明という意味合いを持つものであり，いわゆる訓示的な規定と考えられ，それ以上の効果を持つものではないと考えられます。ただし，たとえば配置転換の命令の効力が争われる場合に，裁判所の判断に何らかの影響を与える可能性はあるともいわれていますが，まだ現時点ではその程度については定かでありません（なお，労働契約法制定前においても，重い介護負担のある労働者への配転命令を権利濫用とした例（ネスレ日本事件　大阪高判平18.4.14判決）などいくつもの事例において仕事と生活の間の調和が求められています）。
〔参照条文　労契法3条，労基法2条〕

Q197　労働契約の書面確認と理解の促進

　労働条件についての書面明示義務は，労基法に加えてパート労働法でも定められたと聞きますが，そのほかに労働契約法ではすべての条件について書面での確認が必要とされるのですか。いろいろな法律が同じことを重ねて規制する意味はあるのですか。

Ａ　確かに，労基法，パート・有期雇用労働法，そして労働契約法と，それぞれの法律で労働条件の明確化のための似たような規定を置いており，二重三重の規制のようにも思えますが，その規制の範囲や規制の程度が違うともいえます。その関係を整理すれば次のとおりです。
〔労基法による労働条件明示義務：同法第15条〕
　労基法では，すべての労働者を対象にして，次の事項についての労働契約締結時の書面交付が罰則付きで義務付けられています。
　①労働契約の期間，②有期契約更新の場合の基準（更新する場合があるもの

に限る），特定有期雇用労働者の場合はその特例，③就業場所，従事業務，④始
終業時刻，所定外労働の有無，休憩時間，休日，休暇，交替制における就業時
転換に関する事項，⑤賃金（退職手当・賞与等を除く）の決定・計算・支払い
方法，賃金の締め切り・支払いの時期

　〔パート・有期雇用労働法による労働条件明示義務：同法第6条〕

　パート・有期雇用労働法では，短時間労働者（1週間の所定労働時間がその
事業所の通常の労働者に比べて短い労働者）についてのみ，次の事項について
の労働契約締結時の文書交付等（相手方が希望する場合には，ファクシミリや
電子メールによることも可能）が義務付けられています（違反については都道
府県労働局長の助言，指導，勧告が行われ，それでも履行されないときは過料
が科されます。なお，これとは別に前述の労基法による明示義務もかかります）。

　①昇給の有無，②退職手当の有無，③賞与の有無，④相談窓口（これは平成
27年4月1日からの義務です）

　〔労働契約法による契約内容の書面確認：同法第4条〕

　労働契約法では，すべての労働者を対象にして，労働契約の内容を（期間の
定めのある契約であればその内容も），できる限り書面により確認するものと
する，としています。この意味は，労働契約の内容，つまり，締結されあるい
は変更された労働契約内容（ほとんどは労働条件と同じことになりますが，労
働条件とは言いがたいような合意もそれが労働契約の内容となっているのであ
れば含まれることになるでしょう）について，できる限り書面で確認するべき
である，ということです。この書面確認は，労基法やパート・有期雇用労働法
の場合と異なり，労働契約締結時のみではなく，その後の労働契約継続中の労
働条件の変更時においても行われるべきであるということになります。

　以上のようにそれぞれの法律の規定内容を見比べると，労基法とパート・有
期雇用労働法では対象としている労働者の違いや対象とする事項についての区
分けがなされています。労働契約法ではかかる網の範囲が広いといえるものの，
その義務違反について罰則や行政指導が予定されているわけではありませんし，
それだけで労働条件の設定変更等の効力が否定されるものでもありません。

　〔参照条文　労契法4条，労基法15条，パート・有期雇用労働法6条〕

Q198 就業規則の不利益変更と労働契約の関係

労働契約法では，就業規則と労働契約の関係についての条文が大きな比重を占めていますが，これまでの判例をベースにしたものだとも説明されています。どのように整理されたのですか。これまでの就業規則による労働条件の不利益変更問題の考え方と変わりはないと考えてよいのですか。

A 就業規則によって労働条件を一方的に不利益に変更することについてのこれまでの判例の考え方の要旨は，次のようなものでした。

(1) 新たな就業規則の作成又は変更によって，既得の権利を奪い，労働者に不利益な労働条件を一方的に課すことは，原則として許されないが，当該規則条項が合理的なものである限り，個々の労働者においてこれに同意しないことを理由にして，その適用を拒否することは許されない。

(2) （定年延長に伴い給与が減額される場合について）その合理性の有無の判断に当たっては，①就業規則の変更によって労働者が被る不利益の程度，②使用者側の変更の必要性の内容・程度，③変更後の就業規則の内容自体の相当性，④代償措置その他関連する他の労働条件の改善状況，⑤労働組合等との交渉の経緯，⑥他の労働組合又は他の従業員の対応，⑦同種事項に関する我が国社会における一般的状況等を総合考慮して判断すべきである。

これに対し，労働契約法では次のような定めがなされています。

(1) 労働者及び使用者が労働契約を締結する場合において，使用者が合理的な労働条件が定められている就業規則を労働者に周知させていた場合には，労働契約の内容は，その就業規則で定める労働条件によるものとする。ただし，労働契約において，労働者及び使用者が就業規則の内容と異なる労働条件を合意している部分については（労働者に不利な場合を除き），この限りでない（7条）。

(2) 使用者は，労働者と合意することなく，就業規則を変更することにより，

労働者に不利益に労働契約の内容である労働条件を変更することはできない。ただし，次条の場合は，この限りでない（9条）。

(3)　使用者が就業規則の変更により労働条件を変更する場合において，変更後の就業規則を労働者に周知させ，かつ，就業規則の変更が，労働者の受ける不利益の程度，労働条件の変更の必要性，変更後の就業規則の内容の相当性，労働組合等との交渉の状況その他の就業規則の変更に係る事情に照らして合理的なものであるときは，労働契約の内容である労働条件は，当該変更後の就業規則に定めるところによるものとする。ただし，労働契約において，労働者及び使用者が就業規則の変更によっては変更されない労働条件として合意していた部分については，（労働者に不利な場合を除き），この限りでない（10条）。

こうしてみると，判例の表現と法律条文がストレートに対応しているわけではありませんが，国会での審議においても，この法律の考え方は，判例の考えをそのまま整理して定めたものである，と説明されており，判例を基礎に整理されたものと考えてよいでしょう。判例の示した合理性判断要素が7つであるのと法律の定める判断要素が4つであることの違いが疑問になりますが，これも，実質的な違いをもうけたのではなく，判例を整理してまとめた結果であるといわれています。実務的にはこれまでの就業規則による労働条件の不利益変更問題の考え方と変わりはないと考えてよいと思われます。

なお，就業規則を作成していなかった事業所において新たに就業規則を作成して従来からいる従業員の労働条件を変更する場合については，厳密には労働契約法に定めがないといわれますが，これについても前記の考え方で合理性を判断して変更の可否を考えて問題ないとされています。

〔参照条文　労契法7条，9条，10条〕

Q199　採用時の特約はいつまで有効か

　採用の際に個別の労働契約で就業規則と違う約束をしていた場合は，その後の就業規則の変更でもその約束を変えることはできない，ということになったと聞いたのですが，本当ですか。そうだとすると採用時の労働条件の明示もなるべく何とでも解釈できるような説明にしないと困ることになります。でもそれでは明示の意味がなくなります。どう考えるのでしょうか。

Ⓐ　採用の際に個別の労働契約で就業規則と違う約束をしていた場合，それが就業規則で定める基準に達しない労働条件，つまり従業員に不利な労働条件の合意であれば，その部分は無効になり，無効になった部分は就業規則で定める基準によることになります（労契法12条）。つまり，就業規則に定められた条件に引き上げられるわけです。これに対し，それが就業規則で定める基準を超える労働条件，つまり従業員に有利な労働条件の合意であれば，それは無効になるという根拠はありません。とりあえずそのまま有効ということになります。さて，その後，就業規則を変更した場合に，この有利な労働条件の合意はどうなるかについて，労働契約法第10条は，まず就業規則の変更により労働条件を変更する場合，変更後の就業規則を周知させ，かつ就業規則の変更が労働者の受ける不利益の程度や条件変更の必要性，変更後の規則内容の相当性，労働組合等との交渉状況その他の規則変更に係る事情に照らして合理的なものであれば，労働条件は変更後の規則の定めるところによる，と定めています。つまり，合理的な不利益変更がなされれば，従業員に有利な労働条件の合意があったとしてもそれも不利益変更できる，というのが原則になります。これに対する例外が１つあり，それは第10条のただし書として「労働契約において，労働者及び使用者が就業規則の変更によっては変更されない労働条件として合意していた部分については，（労働者に不利な場合を除き），この限りでない」と定められていることです。

　これによれば，単に就業規則を上回る特別の合意をしていたというだけでな

く，今後就業規則を不利に変更したとしてもその合意は維持する，つまり将来にわたり一方的な不利益変更はしないという明確な意味を持つ合意である場合は，その後の就業規則の変更でもその合意を変えることはできない，ということです。ここまでの強い合意でないもの，単に労働契約締結の時点でそのときの就業規則の条件よりもよい条件での合意をしたにとどまる場合は，この第10条のただし書には該当せず，本文の一般原則が当てはまる，ということになると思われます。もちろん，労働条件の変更については，双方合意に基づくことが望ましいですから，就業規則を上回る条件で雇用する場合は，将来的にも変えることがない合意なのか，将来については就業規則の定めるところにより変更もあり得るのかについて，きちんと話し合うことが必要です。たとえば，将来合理的な就業規則の変更が行われた場合はこれに従うものとする，あるいは逆に，この合意は向こう3年間はこれを乙（労働者）に不利に変更することはできないものとする，といったことを明記するなどしておくことも考えられます。　　　　　　　　　　　　　　　　　　　　〔参照条文　労契法10条，12条〕

Q200 | 有期契約の解約

期間雇用の場合，期間の途中での解雇は原則としてできなくなったということですが，解雇が濫用にならないような事情があれば期間の途中の解雇も当然できるのではないですか。

(A)　労働契約法第17条第1項は，「使用者は，期間の定めのある労働契約について，やむを得ない事由がある場合でなければ，その契約期間が満了するまでの間において，労働者を解雇することができない」と定めています。これについて厚生労働省の示した労働契約法施行についての行政解釈通達（平20.1.23基発0123004）では，「契約期間は労働者及び使用者が合意により決定したものであり，遵守されるべきものであることから，「やむを得ない事由」があると認められる場合は，解雇権濫用法理における「客観的に合理的な理由を

欠き，社会通念上相当である」と認められる場合よりも狭いと解されるものであること」としています。その趣旨は，客観的に合理的な理由を欠き，社会通念上相当であると認められないような解雇権の行使（＝解雇権の濫用とされる）には当たらないとしても，それだけでここでいう期間途中での解雇が可能とされる「やむを得ない事由」に該当するとはいえない，ということです。言い換えれば，期間の定めのない雇用における解雇であれば解雇権濫用にならないような解雇事由（＝簡単に言えば解雇可能）であってもそれが直ちに期間雇用の期間途中での解雇における「やむを得ない事由」といえるとは限らない（＝簡単に言えば解雇可能とはいえない），ということです。

　期間雇用の途中解約について現行の民法第628条は，「やむを得ない事由があるとき」は期間途中でも直ちに解雇することができることを定めています。この意味については，「一般的にいえば「雇用契約ヲ締結シタル目的ニ付重大ナル支障ヲ惹起スル事項」あるいは「其事由の存するに拘わらず雇用契約を継続せしむることが，一般の見解上著しく不当又は不公平なりと認むべき事由」をいう」とされています（三宅正男『新版注釈民法(16)』107頁，有斐閣）。また，同書によれば「使用者の過失により生じた事由が，事業を継続しながら解雇の「已ムコトヲ得サル事由」となることは，まれであろうが，経営の失敗や不況による事業の長期休止・廃止は，解雇の「已ムコトヲ得サル事由」となる」とされています（前掲書111頁。※民法の口語化前の解説書のため，このような表現になっています）。

　また，労基法第19条の解雇制限に関する規定では「天災事変その他やむを得ない事由」がある場合に，監督署長の認定を条件に解雇制限を解除することを定めていますが，この場合の「やむを得ない事由」については行政解釈では「天災事変に準ずる程度に不可抗力に基づきかつ突発的な事由の意であり，事業の経営者として，社会通念上採るべき必要な措置を以てしても通常如何ともなしがたいような状況にある場合をいう」としています（昭63.3.14基発150）。

　労働契約法についての行政解釈のいう「やむを得ない事由」があると認められる場合がどのようなことかは判然としませんが，行政の立場としては，天災事変に準ずる程度に不可抗力に基づきかつ突発的な事由の意であり，事業の経営者として，社会通念上採るべき必要な措置をもってしても通常いかんともな

しがたいような状況にある場合をいう，というように狭く理解されている可能性は否定できません（ただし，労働契約法の条項については労働基準監督署等が監督権限を行使したり，有効・無効を判断する権限があるわけではありません）。
〔参照条文　労契法17条，民法628条，労基法19条〕

Q201　有期契約の無期契約への転換

　　有期労働契約を反復更新していると，これまでは裁判で更新拒否や雇止めの効果を争われた場合，契約更新の実態によっては会社の側が負ける可能性があることは知っていましたが，労働契約法ではより厳しい，無期契約への転換のみなし制度が定められたということです。どのようなことになったのでしょうか。5年たてば正社員にしなければならないということでしょうか。

Ⓐ　反復更新の実態がある有期労働契約についての労働契約法の改正による新しいルールの設定には2種類あり，その1つが，ここで取り上げる無期契約への転換制度であり，もう1つは後掲Q203の有期契約の更新みなし制度です。

　有期契約の無期契約への転換とは，大まかに言えば，同一人との間に2回以上有期の（期間の定めのある）労働契約を結び，その通算の契約期間が5年を超える場合には，その労働者からの無期の（期間の定めのない）労働契約締結の申出があれば，使用者はこれを承諾したものとみなす，というものです（労契法18条）。要するに，労働者の意思により有期契約から無期契約への変更が認められる（使用者はこれを拒めない。無期契約が成立する）ということになるのです。これまでの有期契約の締結・運用の実態においては，契約更新されるかどうかの不安のため労働者の年休などの法律上の正当な権利行使にも悪影響を生じているといった指摘もあり，また現に雇止めの効力をめぐる紛争が生じていることなどから，雇止めの不安の解消を図り，有期契約の在り方の適正

化を図るということになったものです。

　Q203の有期契約の更新みなし制度は，これまでの判例（いわゆる「雇止め法理」）を法制化したものですから，考え方については異論は少ないように思われますが，この有期契約の無期契約への転換の制度は判例等により定着してきた考え方ではなく，その影響も大きいことから，改正法の施行自体は平成25年4月1日ですが実際にその効果が生じる時点は早くても法律施行後5年を経過した時点以降となるように作られました。

　まず，この無期契約への転換についての条文のポイントから確認しましょう。

① 同一の使用者と労働者の間で反復更新された2以上の労働契約の期間が通算で5年を超えること（通算期間に算入されない空白期間については後述）

② 労働者が，現在締結している5年を超えることとなる契約の期間満了までに，その期間満了日の翌日から（労務の提供をするところ）の無期契約の締結の申込みをすること

　これにより，原則として使用者はその申込みを承諾したものとみなされます（無期契約が成立する）。その場合の労働条件は，別段の定めがない限り，従来の有期契約における労働条件がそのまま引き継がれます（当然ですが，契約期間についての定めは除いてです）。

　労働条件については，個別の契約や就業規則等で合理的で有効な別段の定めをすればそれによることができます。

（通算期間に算入されない空白期間）

　契約が断続的に更新されている場合，契約期間の中間にある無契約の空白期間が原則6カ月以上あれば，前の契約期間は通算されません。前の契約期間（短期の契約を連続更新している場合にはその合計期間）が1年未満の場合は，その期間の半分以上の空白がある場合も同様です。この空白期間の評価については，短期の契約と短期の無契約期間が断続的に繰り返される場合等の取扱いを定めた，通算契約期間の基準に関する省令（平成24年10月26日厚生労働省令148号）や，詳細な説明が行政解釈通達で示されているので，これを確認してください（平24.10.26基発1026第1号）。

　なお，質問の最後に正社員にしなければならないか，ということがあります

が，法律が定めているのは期間の定めのない契約への転換ということであり，転換後の労働条件も別段の合意がなければ従来の有期契約における労働条件を引き継ぐ，ということですので，無期契約になるということがそのまま正社員になるとか，正社員としての処遇をしなければならない，ということではありません。

（※無期契約への転換の特例については，Q204参照）〔参照条文　労契法18条〕

Q202　1年契約の更新回数を4回に限ることにすれば転換問題は生じないか

5年を超えて有期契約を更新すると無期契約への転換を拒否できないということですが，そうした事態を避けるため，今後は有期契約を結ぶ場合，契約は5年を超えては更新しない旨を就業規則や個別の契約書に明記し，5年で契約を終了させることを考えています。問題ないでしょうか。

Ａ　こうした対応は，それが違法かとか無効か，といったことの検討もさることながら，その対応が妥当なものかどうか，雇用する側の事情と雇用される側の事情の双方に照らしての検討や，従来から雇用する者についてのいわゆる労働条件不利益変更問題の発生についても検討することが必要ではないかと思われます。

無期契約への転換の申込みに対する承諾のみなし制度は，あくまで有期契約を更新した通算の契約期間が5年を超える場合に限り，適用されるルールであり，有期契約を反復更新しても，その期間が5年を超えない限り，労働契約法の関係条文の直接適用効果として承諾のみなしがあったとされることにはなりません。たとえば，2カ月の短期契約を数十回更新し5年に近い期間継続雇用した場合，仮に契約更新の実態において，契約の不更新が解雇と実質異ならないと評価されるなどの事情があれば，解雇権濫用の禁止の考え方と同様の制約

を受ける可能性はあるとしても，通算期間が5年以内であれば，無期契約への転換の申込みに対する承諾のみなし制度の適用はありません。しかし，このことは労使間に現実のトラブルが発生しないという保証になるものではありません。

　そのトラブルの未然防止のため，Q14の労働基準法施行規則の改正により更新回数の上限を設ける場合は，事前にその旨を定めておくことが求められております。

　その上で，これまでにすでに有期契約の反復更新の実績が積み重なってきた現在雇用中の方との契約について考えた場合，今後は5年を限度としますということを通告すればそれで納得してもらえてこれを盛り込んだ契約にサインしてもらえるのか，それとももうすでに過去の契約更新の実態の中で更新についての保護されるべき期待が生じており，そのようなことを通告すれば解雇問題や労働条件の不利益変更問題として労使紛争を生じる可能性があるのか，客観的合理的な判断をする必要があるでしょう。現実のトラブルのリスクの有無やその程度は，法律の文言から自動的に明確な答えが出てくるものではなく，自社の雇用実態によって左右されるものです。これまで，契約更新の限度についての話し合いもなく長年更新して来たり，更新の手続がルーズになっていたりして契約の期間についての認識が当事者双方にとり文字通りの意味をなしていなかったりすれば，単に法律ができたというだけで契約が終了させられることに納得できるという人は少ないのではないかと思いますし，これを就業規則の改正でルール化するとすれば，いわゆる労働条件不利益変更問題が生じます（ここでは，現実問題としての紛争の可能性を述べています）。

　仮に，今後新たに雇用する者についてだけこの5年終了ルールを適用する，ということであれば，既存の方の場合のような労働条件不利益変更問題は生じませんが，今後の有期契約の更新の運用実態いかんによっては，労働契約法に取り込まれた雇止めの法理の適用によって，社員の側からの更新の申込みがあれば承諾したものとみなされる可能性は残ります。契約書等に「契約は5年を超えては更新しない」旨の記載をする，労働条件通知書等に「更新回数は○回を上限とする」旨の記載をするということは，少なくとも契約書等の文面だけでみれば，5年を超える更新の期待は生じないということになるでしょうが，

たとえば，契約の締結に際しての手続がルーズで，契約書がないままの就労期間があったり，現場の責任者等が，契約書の文言とは逆に契約の更新を期待させる発言を繰り返していたりすれば，契約書の文言だけで安心することはできません。

　５年終了のルールを設ける必要が本当にあるのか優秀な人材を失うことにならないのか，トラブルを招くことにならないか，これを設ける利害得失も十分検討し，実施するのであれば，不利益変更問題を念頭に置いて，なぜそうしたルールを設けるのかの合理的な理由付け，すでに勤続年数を重ねている方については適用除外やこれが与える不利益の程度を考慮して妥当な経過措置や不利益緩和措置を講じるなどの対応が必要と思われますし，新しく雇用する方についても，従来からの方との取扱いの違いの合理的な説明や，契約更新についての適切な運用がなされなければならないでしょう。また，法律の規制を免れるためだけの５年雇止め制度ではないかといった批判が雇用されている方の中から出るようなことになれば，法令に反するものでないとしても会社と従業員の間の信頼関係の維持という要素にマイナスの影響を生じかねません。慎重にそうした措置の必要性を検討し，適切な対応を図るべきではないかと思われます。

〔参照条文　労契法18条〕

Q203　有期契約の更新みなし制度

　　　有期契約の更新の実態如何によっては，会社の意向に関係なく，本人が希望しさえすれば契約の更新がされたものとなってしまうということですが，どのようなことになったのでしょうか。今までの判例から見れば問題のない管理をしていると思うのですが，それでも自動的に更新されることになりますか。

　　　　有期契約の更新みなし制度とは，これまでに形成された判例法理を法定化したもので，雇止め・契約の不更新が解雇と同視できるような実態

にある場合や，有期契約の更新についての労働者の期待が合理的なものと認められる場合についてのみ適用があるものですので，今までの判例から見て問題のない管理をしている，ということであれば自動的に更新の効果が生じるということにはならないでしょう。ただし，問題のない管理をしている，というその認識自体に誤りがないかは再度確認する必要があります。

　有期契約の更新みなし制度とは，契約が次のような実態にある場合は，従業員本人から契約の更新の申込みがあれば，その申込みを使用者が拒否することが客観的に合理的な理由を欠き，社会通念上相当であると認められないときは，使用者はその申込みを承諾したものとみなされる，ということです。

①　契約が反復更新され，これを更新しないことが社会通念上解雇と同視できる場合

②　契約が更新されるものと期待することに合理的な理由がある場合

　判例に照らして見れば問題のない管理をしているということは，たとえば，契約更新の実態はあるものの，契約の締結更新についての手続が厳密に実行され，相手方に更新の期待を抱かせるような説明・取扱いはしていない，ということかと思いますが，その場合でも，更新された通算の契約期間が長く，また更新の回数も多数に上っている，いわば長期勤続の期間雇用者はいないのか，従事する業務での正社員との区別ができないようないわゆる基幹的労働力になっていないか，これまで本人の責任による雇止め以外には会社の判断による雇止めの実績はないのではないのか，といったことも問題を慎重に考えるべきものかどうかの考慮要素です。

　また，会社としての方針は明確であったとしても，有期契約の従業員の雇用管理を現場に委ねている場合に，配属の部署によって管理職の言い方に違いがあるということはないか，現実の運用の中で会社の定めた原則に対する例外が発生していないか，なども確認しておくべきでしょう。

〔参照条文　労契法19条〕

Q204 | 有期契約の無期契約への転換の特例

有期契約を更新し通算5年以上継続すると無期契約への転換の申出に応じなければならないという原則について、いくつかの例外が定められたということですが、どのような場合に例外が認められるのですか。

A　有期契約を更新し通算5年以上継続した場合の有期契約から無期契約への転換制度に関する例外としては、次の3種類のものがあります。

1．研究開発法人・大学等における科学技術研究者・技術者（研究開発力強化法による特例）
2．年収1,075万円以上の高度専門知識を有する労働者（専門知識等有期雇用者特別措置法による特例；その①）
3．60歳定年後継続雇用者（専門知識等有期雇用者特別措置法による特例；その②）

それぞれの概要は、以下のとおりです。

1．科学技術研究者・技術者

他よりも一足早く特別措置が講じられた（平成26年4月施行）のが、いわゆる研究開発力強化法による特例です。「研究開発システムの改革の推進等による研究開発能力の強化及び研究開発等の効率的推進等に関する法律」という法律の第15条の2に、概略以下のように定められています。

① 研究開発法人又は大学に有期契約で雇用される科学技術に関する研究者又は技術者
② 研究開発法人又は大学に有期契約で雇用される、科学技術の試験・研究・開発、成果の普及・実用化にかかる管理運営業務従事者（専門的知識及び能力を要するものに限る。）
③ 試験研究機関等に有期契約で雇用される、試験研究機関等が研究開発法人又は大学等と共同して行う科学技術の試験・研究・開発、成果の普及・

実用化の業務に専ら従事する研究者又は技術者

④　試験研究機関等に有期契約で雇用される，共同研究開発等の企画立案，資金確保，知的財産権の取得活用等の管理運営業務に専ら従事するもの（専門的知識及び能力を要するものに限る。）

これらの者については，無期契約への転換の申込みができるのは通算契約期間が10年を超える場合とされました（原則は5年を超える場合）。

また，①と②については，大学に在学している間に締結していた有期の契約期間は，当該大学に在学している期間は通算契約期間に算入されません。

2．高度専門知識労働者（高度専門職；第一種特定有期雇用労働者）

「専門的知識等を有する有期雇用労働者等に関する特別措置法」により定められた特例です（平成27年4月施行）。その仕組みは思いのほか複雑で，①の特例対象者について，②の能力発揮のための雇用管理措置の計画を作成して都道府県労働局長に提出して認定を受けた事業主が雇用する者に限り特例が適用されます（詳細は別途確認が必要です）。

①　特例対象者；年収1,075万円以上の専門的知識等を有する有期雇用労働者で，当該専門知識等を必要とする5年を超える一定の期間内に完了することが予定されている業務に就くもの（第一種特定有期雇用労働者）；具体的には，

　ⅰ）博士の学位を有する者

　ⅱ）公認会計士，医師，歯科医師，獣医師，弁護士，一級建築士，税理士，薬剤師，社会保険労務士，不動産鑑定士，技術士，弁理士

　ⅲ）ITストラテジスト，システムアナリスト，アクチュアリーの資格試験に合格している者

　ⅳ）特許発明の発明者，登録意匠の創作者，登録品種の育成者

　ⅴ）大卒5年，高専卒6年，高卒7年以上の実務経験を有する農林水産・鉱工業・機械・電気・建築・土木の技術者，システムエンジニア又はデザイナー

　ⅵ）システムエンジニアとしての実務経験が5年以上のシステムコンサルタント

　　vii）国等に知識等が優れたものと認定され，①～⑥までに準ずるものとし
　　　て厚生労働省労働基準局長が認める者
　②　特例の適用を受けるためには，事業主は，第一種特定有期雇用労働者の
　　特性に応じた，有給教育訓練休暇の付与等の雇用管理に関する措置（厚生
　　労働大臣が基本指針を定める）についての「第一種計画」を作成し厚生労
　　働大臣の認定を受ける必要があります。
　③　特例の内容は，その事業主（第一種認定事業主）のもとで有期契約によ
　　り高度専門職として5年を超える一定期間で完了するプロジェクトに従事
　　している期間は無期転換申込権が発生しないということです。ただし，そ
　　の期間は10年が上限です。

　なお，第一種計画に即した有給教育訓練休暇の付与等の措置を講じることが
必要です。また，高度専門職に対しては，プロジェクトにかかる期間（最長10
年）は無期転換申込権が発生しないことや特例となるプロジェクトの具体的な
範囲について労基法第15条に基づく雇入れ時の労働条件明示の書面で明示する
ことが必要です。

3．定年後継続雇用者（第二種特定有期雇用労働者）

　これも性格は異なりますが，同じく「専門的知識等を有する有期雇用労働者
等に関する特別措置法」により定められた特例です（平成27年4月施行）。
　こちらも上記2．と同様，次の①の特例対象者について，②の特性に応じた
雇用管理措置の計画を作成して都道府県労働局長に提出して認定を受けた事業
主が雇用する者に限り特例が適用されます（詳細は別途確認が必要です）。

　①　特例対象者；60歳（以上）定年制のもと，定年後引き続き当該事業主又
　　は特殊関係事業主（いわゆるグループ会社）に雇用される有期雇用労働者。
　②　特例の適用を受けるためには，事業主は，第二種特定有期雇用労働者の
　　特性に応じた，雇用管理に関する措置（厚生労働大臣が基本指針を定め
　　る）についての「第二種計画」を作成し厚生労働大臣の認定を受ける必要
　　があります。
　③　特例の内容は，その事業主（第二種認定事業主）に定年後引き続き雇用
　　されている期間については，無期転換申込権が発生しない，ということに

　なります。

　なお，第二種計画に即した教育訓練の実施や健康管理の配慮等の措置を講じることが必要です。また，定年後継続雇用者については定年後引き続き雇用されている期間は無期転換申込権が発生しないことについて労基法第15条に基づく雇入れ時の労働条件明示の書面で明示することが必要です。

2 パート・有期雇用労働法

Q205 差別的取扱いが禁止されるパート・有期雇用労働者の範囲

正社員との差別的取扱いが禁止されるパート・有期雇用労働者
の範囲は，具体的にはどういうことになったのですか。

（A）　差別的取扱いが禁止されるのは，「通常の労働者と同視すべきパー
ト・有期雇用労働者」であり，いわば，勤務時間だけは通常の労働者よ
り短いあるいは有期雇用であるが，それ以外は通常の労働者と異なるところが
ないもの，ということですが，それは具体的には，①職務の内容（業務の内容
及びこれに伴う責任の程度），②人材活用の仕組み（職務の内容及び配置の変
更の有無や範囲）が通常の労働者と同じである，という2つの条件をすべて満
たす者であれば差別的取扱い禁止の対象となることになりました。

　なお，「同視すべき」労働者か否かの判断について，行政解釈は職務の内容
が同一であることと，人材活用の仕組み・運用が雇用関係が終了するまでの全
期間において同一であることが必要としています（平26.7.24基発0724第2号）。
つまり，差別禁止の対象となるか否かは，ある一時点での職務の内容等の同一
性で判断するのではなく，その判断は，事業所の慣行等から見て雇用関係が終
了するまでの全期間においてこれらの要素が同一の範囲で変更されると見込ま
れるものであるか（将来の見込みを含めて判断される），将来にわたって通常
の労働者と同じように変化するかで判断するとされています。また，雇用関係

が終了するまでの全期間とは，職務の内容等が同一になった時点以降の将来に向かって判断するものであるとされています。

〔参照条文　パート・有期雇用労働法9条〕

Q206　禁止される差別的取扱いとは何か

　一定の条件を満たしたパート・有期雇用労働者については，通常の労働者との処遇の差別的取扱いが禁止されるということですが，所定の勤務時間が違うものを同じに処遇しろということであれば，そのような考え方自体が合理的でないように思うのですが，禁止される差別的取扱いとは何ですか。

A　パート・有期雇用労働法は，確かに，通常の労働者と同視すべきパート・有期雇用労働者については，単に短時間や有期雇用労働者であるということで待遇について差別的取扱いをしてはならない，と定めていますが，その意味は，実際の勤務時間等の差異を無視して同じ待遇，たとえば賃金を同額にしろ，ということではありません。たとえば，処遇決定において査定や業績評価を用いるのであれば同じ基準を用いる必要がありますが，これを当てはめた結果，本人の意欲や能力，経験，成果等により個々の労働者の評価査定結果が異なり，それが賃金等の処遇水準の違いに結びつくことは当然許容されます。また，勤務時間が短いことに比例してその分賃金が少ないということも合理的な差異であり，許容されます。

　いわば勤務時間だけが短く，ほかは通常の社員と何も変わりがない，という者については，通常の社員と同じルールで処遇するべきだ，ということです。ここでいう処遇とは，賃金の決定方法から，賞与，退職金，評価制度，休暇・休職制度，教育訓練，災害補償，社宅や社内貸付などの福利厚生制度，解雇基準その他すべての待遇のことです。これらすべての面で，所定勤務時間が短いから，パート・有期雇用労働者だからというだけの理由で同じ基準を当てはめ

ることなく差別的な取扱い（この場合は，不利益に扱うこと）をすることが禁止されます。たとえば，同じ業務災害を被った場合に，通常の社員には上積み補償を行うがパート・有期雇用労働者にはパート・有期雇用労働者であるという理由で上積み補償を行わないこと，社内貸付についてパート・有期雇用労働者であるという理由でその対象から除外したり，貸付条件を不利に設定するなどのことがこれに該当します。整理解雇などの場合にも，単に所定勤務時間が短い・勤務日が少ないから＝パート・有期雇用労働者だから通常の社員に先駆けて解雇する，ということは差別的取扱いに該当することになります。

　これに対し，たとえば，同じ評価基準を用いて出た考課結果をもとに，過去3年間における平均評価がC又はDである者を退職勧奨の対象者とする，というように同じ基準を当てはめた結果，たまたま該当する者がパート・有期雇用労働者に多かったというような場合は，差別的取扱いに該当しません。

〔参照条文　パート・有期雇用労働法9条〕

Q207　通常の労働者との均衡を考慮した賃金決定の努力義務

　パート・有期雇用労働者については，通常の労働者との均衡を考慮して賃金を決定しなければならないそうですが，具体的にはどのような考え方で賃金を決めることが求められるのですか。

Ａ　すべてのパート・有期雇用労働者を対象にして，通常の労働者との均衡を考慮して，職務の内容や成果，意欲，能力，経験等（勤続年数を含む）を勘案して賃金（通勤手当（職務の内容に密接に関連して支払われるものを除く），退職手当，家族手当，住宅手当，別居手当，子女教育手当，その他名称のいかんを問わず職務の内容に密接に関連して支払われるもの以外のものを除く）を決定するよう努めることが求められることになります。

　これらの勘案すべき要素は，要するにパート・有期雇用労働者の働き・貢献

に見合った賃金を決定するための勘案要素ということで例示されているものです。したがって，そのすべてを勘案するのか一部を勘案するのか，その他の合理的な勘案要素があるとすればそれを用いるかは，各企業の判断に委ねられます（その判断については，パート・有期雇用労働者から法に基づき説明を求められることを想定して，合理的な説明ができるものであることが必要になります）。

　通常の労働者との均衡を考慮して，という要素は，職務内容が同一の通常の労働者に限らず広く職務内容が異なる通常の労働者との均衡も考慮する，ということとされ，たとえば，通常の労働者の賃金が経験に応じて上がる仕組みであれば，パート・有期雇用労働者の賃金についても経験を考慮して賃金決定を行うこととすることなどの意味であるとされます。

　なお，こうした均衡決定の対象となる賃金とは，いわゆる職務関連賃金であるとされ，具体的には，基本給や賞与，役付手当などの勤務手当や精皆勤手当などの職務の内容に密接に関連して支払われる賃金のことであり，前述のような通勤手当，退職手当（職務の内容に密接に関連して支払われるものを除く），家族手当，受託手当，別居手当，子女教育手当，その他職務の内容に密接に関連して支払われるもの以外のものは，この対象とはなりません。

〔参照条文　パート・有期雇用労働法10条〕

Q208　教育訓練についての規制

　パート・有期雇用労働者に対する教育訓練については，社員と同じ教育訓練を実施する義務がある場合と努力義務にとどまるものとに分かれるということですが，どのような違いが設けられているのですか。

　　社員と同じ教育訓練を実施する義務がある対象者は，通常の労働者と職務内容（業務の内容と責任の程度）が同一のパート・有期雇用労働者

であり，対象となる教育訓練とは，通常の労働者に実施する教育訓練のうち職務の遂行に必要な能力を付与するための教育訓練です。これについては，すでにそのパート・有期雇用労働者がその職務に必要な能力を有している場合を除いて，実施義務があります（パート・有期雇用労働法11条1項）。

　通常の労働者と職務内容（業務の内容と責任の程度）が同一のパート・有期雇用労働者以外のパート・有期雇用労働者（差別的取扱いが禁止される通常の労働者と同視すべき者を除きます）については，通常の労働者との均衡を考慮して，職務内容や職務成果，意欲，能力，経験等に応じて教育訓練を実施するように努めるものとする，と定められています（パート・有期雇用労働法11条2項）。

〔参照条文　パート・有期雇用労働法11条〕

Q209　福利厚生制度についての配慮

　　正社員が利用できる福利厚生制度は，その制度の種類や内容によっては，パート・有期雇用労働者にも利用させなければならないということですが，その範囲はどのようなことになっていますか。対象者が大幅に増えると利用できなくなる社員からの不満が予想されますが，これを機会に制度を廃止することは可能でしょうか。

Ⓐ　パート・有期雇用労働者にも通常の労働者と同じように利用の機会を与えるように配慮しなければならないとされるのは，「健康の保持又は業務の円滑な遂行に資するものとして厚生労働省令で定めるもの」に限られます。現在は，「給食施設，休憩室，更衣室」の3施設に限定されています。利用の機会を与えるように配慮しなければならない，ということであり，必ず利用させなければ違法となるというものではない，とされます。

　「配慮」するということの意味は，たとえば，施設の定員等の関係で全員の利用が困難な場合に，施設を増設して結果として全員に利用の機会が与えられ

るようにすることまでは求められない，とされています。しかし，定員を理由に利用者を通常の労働者に限定すれば法に違反することになります。たとえば，利用時間帯に幅を設けることでパート・有期雇用労働者にも利用の機会が拡大するのであればそうした措置を講じることなどの具体的な対応が求められます（こうした配慮を検討することなく，面倒を避けるために制度の廃止を考えることは本末転倒ではないでしょうか）。

　なお，給食施設等が従業員を会員とする会社の共済会により運営されている場合は，原則としてこの配慮義務の対象となりませんが，従業員会員からの出資がなくその運営がもっぱら会社事業主の負担でなされている場合は配慮義務の対象とされます。　　　　　　　　〔参照条文　パート・有期雇用労働法12条〕

Q210 | 通常の労働者への転換措置

　一般の労働者を雇用する場合や配置する場合は，必ずすでに雇用しているパート・有期雇用労働者に応募の機会を与えなければならないのですか。勤務時間が異なることになりますし，残業や転勤などのことを考えると，応募の機会を与えても採用される可能性は低い場合が多いと思うので，あらかじめ応募の希望を出している人だけに絞ることはできませんか。

Ⓐ　まず，通常の労働者への転換措置としては，①通常の労働者を募集する場合にその情報をパート・有期雇用労働者に周知する措置，②通常の労働者を新たに配置する場合に配置の希望を申し出る機会をパート・有期雇用労働者に与える措置，③一定の資格者を対象に通常の労働者への転換試験制度を設けるなどの転換推進措置，のいずれかを講じることが必要とされます（パート・有期雇用労働法13条）。したがって，③の措置を講じるのであれば，ご質問のように一般の労働者を雇用したり配置する場合に必ずすでに雇用しているパート・有期雇用労働者に応募の機会を与えなければならないということに

はなりません。

　次に，通常の労働者への転換の措置として，通常の労働者を募集する場合に
その情報をパート・有期雇用労働者に周知する措置又は通常の労働者を新たに
配置する場合に配置の希望を申し出る機会をパート・有期雇用労働者に与える
措置を講じている場合には，必ずすでに雇用しているパート・有期雇用労働者
全員に周知又は希望申出の機会を与えなければなりません。あらかじめ応募の
希望を出している人だけに周知又は希望申し出の機会を与えても，パート・有
期雇用労働法の求める措置を講じたことにはなりません。パート・有期雇用労
働法は雇用の申込みをしろというわけではなく，募集や配置についての情報を
提供する必要があるということです。情報を提供した後，これに応じて応募が
あり，また配置の希望が申し出られたとしても，最終的に誰を雇用するか，誰
を配置するかは事業主がその判断の権限を持っています。どういう条件の募集
があるか，どういう業務への配置があるかはそのときの事情にもよるでしょう
から，あらかじめ希望をするというのは，何でもよいから通常の労働者，正社
員になりたいという場合でなければ言い出しにくいでしょう。したがって，あ
らかじめ希望を申し出たものに限ってそうした措置を講じればよいということ
にすると，通常の労働者への転換の道をひどく狭いものにすることになりかね
ないようにも思われます。情報はすべてのパート・有期雇用労働者に提供すべ
き義務がありますが，その先実際の採用等の権限は事業主として公正に行使す
ればよく，パート・有期雇用労働者を優先しなければならないといった制約は
設けられていません。いわゆる機会の均等を求めている，ということになりま
す。　　　　　　　　　　　　〔参照条文　パート・有期雇用労働法13条〕

Q211　雇入れ時及び求めがあった場合の説明義務と不利益取扱いの禁止

　これまでの雇入れ後にパート・有期雇用労働者から求めがあったときの待遇を決めるに当たって考慮した事項についての説明義務のほかに，新たに，雇入れの際にも賃金や教育訓練等についての内容の説明が必要とされたようですが，どこまでの説明が必要になりますか。雇入れ時の説明に納得しない場合でも契約は有効ですか。それとも契約は成立しなかったことになりますか。

A　労働条件の明示については，募集段階での職業安定法第5条の3による明示の義務，労働契約締結時の労基法第15条による明示の義務，そしてパート・有期雇用労働法第6条による雇入れ時の労働条件文書交付義務と同法第14条第1項の雇入れ時の説明義務と第2項の雇入れ後における説明義務と，似たような規制があり，それぞれに適切な対応が必要となります。

　パート・有期雇用労働法による雇入れ時の措置内容説明義務は，第6条の労働条件文書交付義務に加えて新たに必要とされることとなった措置であり，差別取扱いの禁止や賃金の決定，教育訓練，福利厚生，通常の労働者への転換措置に関し講ずることとしている措置内容を，雇い入れたとき速やかに説明することを義務付けるものです（パート・有期雇用労働法14条1項）。

　また，従来からあった，パート・有期雇用労働者からの求めがあった場合の，労働条件文書交付や就業規則の作成手続，差別的取扱いの禁止，賃金の決定，教育訓練，福利厚生施設，通常労働者への転換に関する措置について考慮した事項についての説明義務もそのまま残っています（パート・有期雇用労働法14条2項）。

　これらの説明は，パート・有期雇用労働者が的確に理解できるよう口頭で行うことが原則とされますが，説明事項をもれなく記載した内容が容易に理解できる文書を交付することによることもできます（口頭説明と文書交付の両方を行うことが望ましいとされます）。また，有期雇用の場合は，労働契約の更新

の都度この説明が必要となります（契約の更新が雇入れに該当する）。

　第１項に基づく説明については，第９条の説明としては差別的取扱いをしない旨の説明，第10条については職務の内容や成果等どのような要素を勘案した賃金制度であるかの説明，第11条についてはどのような教育訓練があるか，第12条についてはどの福利厚生施設が利用できるか，第13条についてはどのような転換措置を実施しているかの説明などが考えられるとされています。

　第２項に基づく説明については，たとえば，第10条については職務の内容や成果等のうちどのような要素をなぜ勘案しているのか，また，説明を求めた本人についてどの要素をどのように勘案しているかなどの説明が考えられる，とされています。

　最後に，雇入れ時の説明に納得しない場合でもそれだけで契約が無効になるということはありません。本人が納得しない場合は社内の苦情処理制度や都道府県労働局長の助言指導や勧告，調停を通じて解決されることになりますが，言うまでもなく，できるだけ丁寧に納得を得られるようにわかりやすく説明することでトラブルの防止につなげることが重要です。このほか，パート労働指針においては，これらの説明を求めたことを理由にした不利益取扱いの禁止について事業主が適切な措置を講ずべきことが定められており，不利益取扱いをしてはならないことが明記されていますので，こうしたことにも留意しなければなりません。　　　　　　　　　　〔参照条文　パート・有期雇用労働法14条〕

Q212　相談体制の整備と相談窓口の明示義務

　パート・有期雇用労働者からの相談に応じる体制を整備する義務が定められ，その相談窓口を雇入れ時に明示することが必要になったということですが，通常の社員についてもそのような義務はないのに，なぜそうしたことが求められるのですか。相談に応じるとはどこまでのことをいうのですか。

（Ａ）　一般にパート・有期雇用労働者の雇用管理における問題として，就業の実態が多様であり労働条件が不明確になりやすく，通常の労働者との待遇の差の理由が本人にとってわかりにくく，不満を生じさせることがあるといわれます。このため，これまでも一般の労働者以上に労働条件の明示についての規制が細かく行われてきましたし，一般の労働者にはない，処遇に関して講ずる措置についての説明の義務も定められていました。

　しかし，説明する側と説明を受ける側では問題の認識や理解に違いがあることもありますから，ただ説明さえすれば問題が解消するかといえばそうとも言えない場合もあり得ます。たとえば，勤務時間についての問題として，所定外の勤務を求めることができる場合にも，本人の家庭の事情等との関係での問題がないか本人の事情を確認したり，事情に配慮するなどの措置を講じることが適当な場合があります。

　本人が納得するまで説明するという責任はないというものの，時間の調整など，きめ細かく本人の相談に応じる体制があることが望まれます。より明確な賃金についての同僚との差などの不満や苦情についても，同じように一方的な説明というよりも，不満や苦情を受け止めて相談に応じるという体制を整えることが必要と考えられた，ということでしょう。

　前述の説明の問題と同じことになりますが，苦情等の相談があった場合に，本人が希望する解決が図られることはもちろん望ましいことですが，諸般の事情から希望に添えないとしても，そのことは問題とはされません。相談・苦情を受け止め検討し，適切に対応することが求められる，そのための相談担当者を定めたり，短時間雇用管理者を相談窓口とするなどの措置が求められるということです。
　　　　　　　　　　　　　　〔参照条文　パート・有期雇用労働法16条〕

Q213　勧告と公表制度

　パート・有期雇用労働法に違反した場合，その改善についての勧告を受けたり，これに従わない場合には会社名を公表される制度があるということですが，労基法などにはそのような公表制度はないように思います。なぜ公表されるのですか。

Ⓐ　パート・有期雇用労働法は，法律の目的を達成するため，パート・有期雇用労働者の雇用管理の改善等のために必要と認めるときは事業主に必要な報告を求めたり，助言・指導・勧告を行うことができる，とされています（パート・有期雇用労働法18条1項）。さらに，法違反がある場合に，その是正を求める勧告をしたにもかかわらず事業主がこれに応じなかった場合は，その旨を公表することができることとされました（同法18条2項）。

　確かに，労基法などの場合は，法違反があった場合には是正勧告をすることは同じですが，違反事業主についての公表をすることの定めはありません。この間の違いは，おそらく法の実効性確保のための手段の有無ということによるものと思われます。つまり，労基法や安衛法などの場合，法の実効性確保のための手段として，いわゆる行政指導としての是正勧告書や指導票の交付による事業主の自主的な改善を求めるという手段のほかにも，安全衛生に関しては，機械等の使用停止命令といった行政命令の手段が定められています。また最終的には，労基法も安衛法も法違反については刑事罰を科すことができる仕組みになっています。いわば公表制度がなくても法の実効性確保の手段が別に用意されているわけです。

　これに対し，パート・有期雇用労働法の場合は，罰則で法律の順守を強制するという手法は取っていません。行政機関から求められた報告をしなかったり立入調査を妨げることについては罰則はありますが，賃金の差別的取扱いの禁止その他パート・有期雇用労働法の中核となる処遇原則については，その違反があるとしても罰則でその責任を追及するという仕組みにはなっていません。事実上これに代わる手段として公表制度が定められているのです。もちろん，

事実上のペナルティーという意味がありますが，いわば，企業の社会的信用に
かけて適正な就業管理を確保してもらおう，ということであると思われます。
似たような公表制度は，男女雇用機会均等法などにもみられます。

　　※なお，労基法の施行運用に関わる最近の状況として，法律の明文の根拠に基づ
　　　くものではありませんが，違法な長時間労働が行われた企業についての企業名
　　　公表が平成27年から実施されており，その内容が「過労死等ゼロ」緊急対策と
　　　して拡大強化され，平成29年から実施されています。

　　　　　　　　〔参照条文　パート・有期雇用労働法18条，均等法30条〕

②－2　同一労働同一賃金

Q214　いわゆる日本型同一労働同一賃金とは

働き方改革関連法の制定により「同一労働同一賃金」が法制化されたそうですが，同じ仕事をさせれば誰でも同じ賃金を支払わなければならないということですか。

A　令和２年（中小企業の場合は令和３年）４月１日から施行されたパート・有期雇用労働法や労働者派遣法の改正で定められたのは，いわゆる同一労働同一賃金のこれまでのイメージとは異なるものです。同じ仕事をさせれば誰でも同じ賃金を支払わなければならないという考え方を「同一労働同一賃金」というのであれば，今回の法改正はその意味での「同一労働同一賃金」の法制化ではありません。

　今回実現しようとしているのは「雇用形態に関わらない公正な待遇の確保」ということであり，具体的には，①短時間労働者であることを理由にした通常の労働者との間の処遇格差の問題と，②有期雇用労働者であることを理由とした期間の定めのない通常の無期雇用労働者との間の処遇格差の問題，それと③派遣労働者と派遣先労働者との間の処遇格差の問題です（ただし，③については，特別な問題解消策が認められます。ここでは短時間労働者・有期雇用労働者について触れます。派遣労働者については後述）。たとえば，フルタイムの無期雇用であるいわゆる正社員同士の間にもいろいろな理由により賃金・処遇条件の差が見られますが，そうした正社員が同じ仕事をしていれば同じ賃金を

支払わなければならない，というような規制が設けられたわけではありません。また，単純な性別を理由とした男女間の賃金格差の是正も今回の法改正の目的ではありません。いわゆる正規社員と非正規社員の間の不合理な待遇の禁止が今回の法改正の目的であり内容です。

　また，短時間労働者とフルタイム労働者がある日ある時間同じ仕事をしていたらその日その時間については必ず同一の賃金を支払わなければならないというものでもありません。有期雇用者と無期雇用労働者との間でも同じことです。

　実際に改正されたパート・有期雇用労働法の第8条を見ると「……短時間・有期雇用労働者及び通常の労働者の業務の内容及び当該業務に伴う責任の程度（職務の内容）……当該職務の内容及び配置の変更の範囲その他の事情のうち，当該待遇の性質及び当該待遇を行う目的に照らして適切と認められるものを考慮して，不合理と認められる相違を設けてはならない。」というのが改正後の法律です。その考え方を具体的に示した指針（平成30年厚生労働省告示430号）では，たとえば基本給について，（通常の労働者の場合もパート・有期雇用労働者の場合もいずれも）労働者の能力又は経験に応じて支給することとしている基本給であれば通常の労働者と同一の能力又は経験を有する短時間・有期雇用労働者には，能力又は経験に応じた部分につき，通常の労働者と同一の基本給を支給しなければならない，としています。

　自社のいわゆる基本給が各人の職務遂行能力を評価して格付けを決定するものであれば，通常の労働者と同一の職務遂行能力を有すると評価された有期雇用労働者には能力に応じて決まる基本給部分については同一のものを支給しなければならない，ということであり個々の企業の賃金・処遇制度の具体的な内容・決定要素を無視して，同じ仕事をさせれば誰でも同じ賃金を支払わなければならないということではありません。

　ただし，通常の労働者とパート・有期雇用労働者との間に賃金の決定基準・ルールの相違がある場合の取扱いについては，この指針は，通常の労働者とパート・有期雇用労働者との間に基本給，賞与，各種手当等の賃金に相違がある場合において，その要因として通常の労働者とパート・有期雇用労働者の賃金の決定基準・ルールの相違があるときは，「通常の労働者とパート・有期雇用労働者との間で将来の役割期待が異なるため，賃金の決定基準が異なる」等

の主観的又は抽象的な説明では足りず，賃金の決定基準・ルールの相違は，通常の労働者とパート・有期雇用労働者の職務の内容，当該職務の内容及び配置の変更の範囲その他の事情のうち，当該待遇の性質及び当該待遇を行う目的に照らして適切と認められるものの客観的及び具体的な実態に照らして，不合理と認められるものであってはならない，としていますので，賃金の決定基準等を違えればそれで済むということにはなりません。

Q215 正規・非正規の間に仕事の差異を設ければ，均等・均衡待遇の議論は生じないのか

職務内容等の事情を考慮して不合理な相違を設けてはならない，ということは，逆に考えれば，職務内容に差異さえ設けておけば，待遇の相違が問題とされることはない，と考えてよいのか。それとも，職務内容に差異を設けること自体が不合理とされるのか。

A 改正後のパート・有期雇用労働法第8条は，正規・非正規の間の待遇差について，その間の職務の内容……その他適切な事情を考慮して，不合理と認められる相違を設けてはならない，としています。待遇差が不合理かどうかは職務の内容等の事情を考慮して判断することを求めており，そもそも職務内容が違えば待遇が違うのはむしろ当然であって待遇に相違があることが不合理と判断されることはないようにも思えます。しかし，不合理な待遇の禁止は，賃金であれば賃金総額での相違の比較だけではなく，各賃金項目の趣旨を個別に考慮すべきものとされており，たとえば職務内容とは直接の関連性のない通勤手当については，職務内容に差があるからというだけでその間の相違を合理化できるものではありません。

また，本給についての相違を考えれば，仕事の差異＝職務内容の違いが本給の待遇差を合理化する理由であるとするのであれば，その職務内容の相違を考慮して待遇差（の程度内容）が不合理でないかどうかを判断することになりま

す。単純化して比喩的に考えれば，職務の内容の相違の程度を最大10としてその段階の1（最小）でしかない場合に待遇差を同じく10段階で示したとしてその最大の10にするのは不合理とされる可能性があるということです。たとえば正規社員と非正規社員が同じ職務に従事する場合に同じく職務給を支給するとしているにもかかわらず，非正規社員に対しては同じ職務に従事する正規社員に対する職務給の半分の額の職務給しか支給しないというようなことは不合理とされる可能性があるということです。このことを指針ではその「第2　基本的な考え方」の中で「事業主は，通常の労働者と短時間・有期雇用労働者及び派遣労働者との間で職務内容等を分離した場合であっても，当該通常の労働者と短時間・有期雇用労働者及び派遣労働者との間の不合理と認められる待遇の相違の解消等を行う必要がある」としています。

　職務内容に差異を設けること自体がパート・有期雇用労働法で不合理と評価され違法とされるのか，という点については，改正後のパート・有期雇用労働法第8条は何等言及していません。観念的ですが，職務内容等を分離し有期雇用労働者には通常の労働者の半分の職務内容等の労働にのみ従事させることとした場合，そのこと自体や職務内容等に応じて決定する本給については通常の労働者の半分程度とすることがこの法律や指針に違反することにはならないでしょう。しかし，仮にそれが定年後継続雇用労働者の処遇についての問題であるとすれば，その内容において高年齢者雇用安定法が求める高年齢雇用確保措置が講じられているといえるか，という別の観点からの問題は生じる可能性があるでしょう。

Q216　同一労働同一賃金ガイドライン（指針）違反の処遇の帰趨

　不合理な待遇の禁止についての指針が示されていますが，処遇制度がこれに違反しているとどうなるのですか。行政指導を受けるのですか，罰則の適用があるのですか。違反した不合理な内容は否定されて通常の労働者の処遇が適用されるのですか。

Ⓐ　短時間・有期雇用労働者及び派遣労働者に対する不合理な待遇の禁止等に関する指針（平成30年厚生労働省告示第430号）では，その「第2基本的考え方」の箇所で「この指針は，……原則となる考え方及び具体例を示したものである。事業主が……記載された原則となる考え方等に反した場合，当該待遇の相違が不合理と認められる等の可能性がある。」としています。

　まず，改正後のパート・有期雇用労働法には，罰則は設けられていませんから，この法律に定めたところに違反したとしても，罰則が適用されることはありません。不合理な待遇の禁止等に関する指針はこの法律に基づき定められているこの法律の解釈等を示すものですから，当然，この指針に違反したからといって罰則が適用されるようなことはありません。ただし，法第18条は，短時間・有期雇用労働者の雇用管理の改善を図るため必要があると認めるときは，短時間・有期雇用労働者を雇用する事業主に対して，報告を求め，又は助言，指導若しくは勧告をすることができる，としていますので行政指導はあり得ます（一部条文の違反については，勧告に従わない場合の公表制度もあります）。

　指針に違反した場合ですが，前述のように指針では，「記載された原則となる考え方等に反した場合，当該待遇の相違が不合理と認められる等の可能性がある」としています。指針には「原則となる考え方」の記述と「問題とならない例」「問題となる例」のそれぞれの例示があります。「原則となる考え方等」の「等」とはこの「問題となる例」の例示を指すものと思われます。行政指導のレベルとしてはこうした違反については助言・指導等により不合理と認められる待遇の相違の解消等が求められることになるでしょう。行政機関による助言指導のほか，法律では第4章で紛争の解決のための定めが設けられており労使による苦情処理機関での，自主的解決や，都道府県労働局長による紛争の解決の援助としての助言・指導，更には都道府県労働局長による紛争調整委員会への調停委任等の仕組みが用意されています。

　待遇の相違が不合理と認められた場合，不合理な内容は否定されて通常の労働者の処遇が適用されるのかについては，いろいろな考え方がありましたが今回整理されました。改正後のパート・有期雇用労働法第8条に統合された旧労働契約法第20条の規制について，行政解釈では「法第20条により不合理とされた労働条件の定めは無効となり……不法行為として損害賠償が認められ得ると

解される……また，法第20条により，無効とされた労働条件については，基本
的には，無期契約労働者と同じ労働条件が認められると解される」としていま
した（平24.8.10基発0810第2号）。無条件・当然に通常の労働者の処遇が適用さ
れるといっているわけではないのですが，学説においては反対の考え方が強く，
「賃金の相違については，過去の差額賃金相当額（逸失利益）と慰謝料の請求
が認められる」が，いわゆる補充的効力については明確な法文がないことから
これを否定的に解し，関係する労働契約，就業規則，労働協約等の合理的解釈
によって判断するべきだとする趣旨の考え方が示されていました（菅野和夫
『労働法』（弘文堂，第11版補正版，2017年）345頁）。

　こうして旧労働契約法第20条を統合した改正後のパート・有期雇用労働法の
第8条の解釈については，平成31年1月30日の基発0130第1号通達（短時間労
働者及び有期雇用労働者の雇用管理の改善等に関する法律の施行について）で
は法第8条は私法上の効力を有し，同条に違反する労働契約の部分は無効とな
り，不法行為として損害賠償が認められ得るとし，「短時間・有期雇用労働者
と通常の労働者との待遇の相違が法第8条に違反する場合であっても，同条の
効力により，当該短時間・有期雇用労働者の待遇が比較の対象である通常の労
働者の待遇と同一のものとなるものではないと解されるものであること。ただ
し，個々の事案に応じて，就業規則の合理的解釈による，通常の労働者の待遇
と同一の待遇が認められる場合もあり得る」とされました。

Q217　定年前労働者と定年後継続雇用労働者の処遇格差

　当社の60歳定年退職者の継続雇用制度では，基本的に定年前と
同様の職務職責のままで，給与を6割に切り下げています。本人
にとっては新たな雇用の期間が設けられるわけであり，既存の労
働条件の不利益変更ではないはずですし，同一労働同一賃金問題
についても定年後継続雇用制度適用者についてはそのこと自体が
処遇格差が不合理かどうかの判断において考慮できる材料とされ
たと思いますが何か問題になるでしょうか。

（Ａ）　60歳の定年までの雇用について定められた処遇条件と定年後継続雇用
制度による定年後の雇用について定められた処遇条件の間の相違自体は，
既存の労働条件の不利益変更には該当せず，定年前の雇用における雇用条件に
くらべ定年後の雇用における雇用条件が劣るものであっても，労働契約の内容
である労働条件を就業規則の変更により一方的に不利益に変更する問題とは異
なることはそのとおりです（労契法9条，10条参照）。

　また，短時間・有期雇用労働者・派遣労働者に対する不合理な待遇の禁止等
に関する指針では，最高裁判決（長澤運輸事件　平30.6.1第二小法廷）を踏まえ
て，次のような考え方を示しています。「有期雇用労働者が定年に達した後に
継続雇用されたものであることは，通常の労働者と当該有期雇用労働者との間
の待遇の相違が不合理と認められるか否かを判断するに当たり，短時間・有期
雇用労働法第8条のその他の事情として考慮される事情に当たりうる。定年に
達した後に有期雇用労働者として継続雇用する場合の待遇について，様々な事
情が総合的に考慮されて，通常の労働者と当該有期雇用労働者との間の待遇の
相違が不合理と認められるか否かが判断されるものと考えられる。したがって，
当該有期雇用労働者が定年に達した後に継続雇用された者であることのみを
もって，直ちに通常の労働者と当該有期雇用労働者との間の待遇の相違が不合
理ではないと認められるものではない。」

　ただ単に「定年後継続雇用労働者」というレッテルが貼られればそれだけで
待遇の相違が正当化されるわけではなく，その相違は定年前の労働者と継続雇
用労働者との間の処遇条件に差異を設けるかどうかを考えるについて考慮する
ことが合理的であるといえる事情なのか，それをどのように考慮した相違なの
かを更に具体的に検討して，その結果として設けられた待遇の相違が不合理で
ないといえるかどうかを判断する必要があるということです。

　パート・有期雇用労働法第8条は，業務の内容及び当該業務に伴う責任の程
度（以下「職務の内容」という），当該職務の内容及び配置の変更の範囲その
他の事情のうち適切なものを考慮して，通常の労働者と短時間・有期雇用労働
者との間の処遇が不合理と認められるものであってはならないことを定めてい
ます。仮に職務の内容，当該職務の内容及び配置の変更の範囲に明確な相違が
ないとしても，その他の事情を考慮すれば両者の間の処遇の相違は不合理とは

言えない，と判断されればその相違は否定されない，ということです。ここでいう定年後継続雇用労働者であるということは「その他の事情」として考慮される事情に当たるというわけですが，長澤運輸事件の最高裁の判断は，たとえば正社員には基本給，能率給，職務給を支給し，嘱託乗務員には基本賃金，歩合給を支給し能率給，職務給を支給していないことについて，基本賃金の額は基本給の額を上回っていること，歩合給の係数は能率給の係数の２から３倍に設定されていること，団体交渉を経て基本賃金を増額し歩合給の係数を有利に変更していることなどの配慮や，労務の成果が賃金に反映されやすくしていることなどの事情，これらの賃金の差は各人ごとに10％，12％，２％程度にとどまること，嘱託乗務員は要件を満たせば老齢厚生年金の支給を受けることができ，支給開始まで２万円の調整給を支給されることなどの諸事情を指摘し，両者の間の労働条件の相違は不合理であると認められるものには当たらない，としているものであり，単に嘱託乗務員が定年後継続雇用労働者であるということを理由に不合理ではないとしているものではありません。

　ご質問の事例についても，職務の内容，当該職務の内容及び配置の変更の範囲その他の事情の何がどう違うか，なぜ大幅な賃金の引き下げをしているのか，その判断において考慮した事情はどのようなことか，その判断は妥当なものか，を細部にわたり検討する必要があるといえます。単に定年後継続雇用労働者であるから当然賃金は低くてもよいということはできません。

　また，パート・有期雇用労働法の第８条は，「…基本給，賞与その他の待遇のそれぞれについて…不合理と認められる相違を設けてはならない」と定めるものであり，複数の手当等による処遇がなされている場合には待遇の相違の不合理性の判断においては，個々の手当項目ごとにその支給の趣旨目的等を検討し，通常の労働者とパート・有期雇用労働者との間の差異が不合理ではないかを判断する必要があります（個々に見ると説明のつかない不合理な面もあるかもしれないが処遇全体を見ればそれなりのバランスが取れているから不合理とは言えない，という説明はできません）。

Q218　賃金の決定基準や算定のルールが違う場合

　ガイドラインを見ると，基本給などの決定・計算方法などの支給基準が同じであることを前提に，能力を基準にした基本給であれば同じ能力の短時間・有期雇用労働者については通常の労働者とその部分について同じ基本給を支給しなければならない，としているようですが，正社員と非正社員の賃金の決定基準や算定のルールを違えれば，ガイドラインの適用はない，と考えるのですか。

Ⓐ　指針の「基本的な考え方」によると，この指針は，通常の労働者と短時間・有期雇用労働者及び派遣労働者との間に待遇の相違が存在する場合に，いかなる待遇の相違が不合理と認められるものであり，いかなる待遇が不合理と認められるものでないのか等の原則となる考え方及び具体例を示したものであるとしています。確かに，そこでは基本給については「基本給であって，労働者の能力または経験に応じて支給するもの」についての原則的考え方と問題とならない例，問題となる例の例示がされています。このような形がとられていることから，質問の場合のように通常の労働者と短時間・有期雇用労働者とでは，その基本給の決定基準等が別の要素等で定められている場合，たとえば通常の労働者の基本給はいわゆる能力給とされ，短時間労働者の場合は地域の最低賃金額プラスアルファーで決められている例などを考えると，指針の示す判断基準は適用できないでしょうから，指針に違反するというような問題は生じません。指針のこの部分を当てはめてこの処遇制度の違いが不合理かどうかは判断できないということになります。

　しかし，指針では判断できないということが，このような処遇制度の違いは不合理とはされず，有効と認められるということを意味するわけではありません。指針を見ると，この「基本給」についての最後の部分に（注）としての記載があり，そこでは，「通常の労働者と短時間・有期雇用労働者との間に賃金の決定基準・ルールの相違がある場合の取扱い」という質問にぴったりの記述があります。それによると，「賃金の決定基準・ルールの相違があるときは，

『通常の労働者と短時間・有期雇用労働者との間で将来の役割期待が異なるため，賃金の決定基準・ルールが異なる』等の主観的または抽象的な説明では足りず，賃金の決定基準・ルールの相違は，通常の労働者と短時間・有期雇用労働者の職務の内容，当該職務の内容及び配置の変更の範囲その他の事情のうち，当該待遇の性質及び当該待遇を行う目的に照らして適切と認められるものを考慮して，不合理と認められるものであってはならない。」としています。これは，法第14条の「事業主が講ずる措置の内容等の説明」責任を念頭に，このような場合は，不合理な待遇の禁止を定めたパート・有期雇用労働法第8条に戻って，「基本給，賞与，その他の待遇のそれぞれについて，……通常の労働者の待遇との間において，当該短時間・有期雇用労働者及び通常の労働者の業務の内容及び当該業務に伴う責任の程度（職務の内容），当該職務の内容及び配置の変更の範囲その他の事情のうち，当該待遇の性質及び当該待遇を行う目的に照らして適切と認められるものを考慮して，不合理と認められる相違を設けてはならない」というルールに適合するかどうかが問われることになるということを述べているものと言えます。

　この点，たとえば正社員と契約社員との間の従事業務や業務に伴う責任の程度に大きな差があること，職務の内容及び配置の変更の範囲にも明らかな相違があることを前提に，本給等について，正社員には長期雇用を前提とした年功的な賃金制度を設け，短期雇用を前提とする有期雇用労働者にはこれと異なる賃金体系を設けるという制度設計をすることには，企業の人事施策上の判断として一定の合理性が認められるといえる，としたメトロコマース事件の判断（東京地判平29.3.23）が参考となると思われます。ご質問の場合も，職務の内容，当該職務の内容及び配置の変更の範囲，その他の事情のいずれかにどのような差異があるのかないのかを確認し，差異があるとしてその差異により両者の間の賃金の決定基準・ルールの違いは不合理とはいえないという説明ができるようにしておくことが必要です。

③ 高年齢者雇用安定法

Q219 | 定年制と定年後継続雇用制度

　　60歳定年制を採っている企業では，定年後の雇用を希望する者についての雇用が義務付けられたということですが，就業規則の60歳定年制の定めは無効とされるのでしょうか。

Ⓐ　　高年齢者雇用安定法により，65歳未満の定年制を採用している企業においては①定年の引上げ，②継続雇用制度の導入，又は③定年制の廃止のいずれかの措置を講じることが求められています。②の継続雇用制度を導入する企業が多いようですが，継続雇用制度には，再雇用制度も含まれます。

　労基法は第89条で就業規則の作成を求めており，その絶対的必要記載事項には「退職に関する事項（解雇の事由を含む）」があります。定年の定めはこの退職あるいは解雇に関する定めであり，必ず就業規則に定めがなされる必要があります。また，定年後の継続雇用制度も，この退職・解雇に関する事項に該当するとされています。したがって，65歳未満の定年制を採用している事業場で常時10人以上の労働者を使用する就業規則の整備義務があるところでは，規則の整備を行うことが求められます。

　規則の整備が遅れた場合，それまでの60歳定年制などの定めがこの高年齢者雇用安定法の改正により無効になるのか，という点については，そのような効果が生じるものではない（直ちに無効となるものではない），とされています。ただし，実際に定年後の継続雇用措置を講じなければ高年齢者雇用安定法に違

反するものとして行政指導の対象とされますし，実際には継続雇用措置を講じながら就業規則の改正を怠れば労基法の就業規則整備義務違反としての問題が生じますので，60歳定年制を維持するのであれば，それに加えて60歳以降の高齢者雇用確保措置を講じ，その内容に即して必要な就業規則の整備を図ることが必要となります。

〔参照条文　労基法89条，高年齢者雇用安定法 8 条， 9 条〕

Q220　継続雇用制度の雇用先の特例

継続雇用制度の対象者が原則として希望者全員に拡大されたことに伴う措置として，この継続雇用制度による雇用確保を行う事業主の範囲が拡大されたということですが，だれがだれについて雇用すればよいのですか。

Ⓐ　継続雇用制度は，原則として労働者を雇用する事業主自らが設けるべきものですが，「特殊関係事業主」（その事業主の経営を実質的に支配することが可能となる関係にある事業主等のことで，具体的には，高年齢者雇用安定法の施行規則第 4 条の 3 に定められています）と契約により特殊関係事業主において対象者の雇用確保を図る制度も継続雇用制度として認められることになりました。つまり自社の対象者を自社か特殊関係事業主において継続雇用すればよい，ということです。

特殊関係事業主とは，
①　当該事業主の子法人等
②　当該事業主を子法人等とする親法人等
③　当該事業主を子法人等とする親法人等の子法人等
④　当該事業主の関連法人等
⑤　当該事業主を子法人等とする親法人等の関連法人等
なお，ここでいう「親法人等」「子法人等」「関連法人等」とはどういう法人

を言うかについては，高年齢者雇用安定法施行規則第4条の3の第2項において詳細な定めが置かれていますので，正確にはこれを確認してください（合わせて，平24.11.9職発1109第2号も参照）。

　その内容を簡単に言うと，親会社等とは，他の法人の議決権を50％を超えて所有していたり，40％以上50％以下所有しているものであってこれと密接な関係にあり同じ議決権を行使することに同意している者等の所有する議決権が50％を超えている者等とされています。

　同じく，子会社等とは，親会社等によりその意思決定機関を支配されている法人等を言い，関連会社とは，たとえば議決権の20％以上を所有している（子法人等以外の）他の法人等，とされています。

　もちろん，制度として認められるためには，受け皿会社においてきちんとした継続雇用がなされる保証がなければなりませんから，この特殊関係会社の活用のためには，元の事業主（＊高年齢者雇用確保措置を講ずべき事業主）と特殊関係会社との間で「継続雇用制度の対象となる高年齢者を定年後に特殊関係事業主が引き続いて雇用することを約する契約」が結ばれなければならない，とされており，厚生労働省が示しているその契約書の文例には，①特殊関係会社が元の会社の継続雇用制度を実施するために，元の会社の制度対象者であって定年後も雇用されることを希望する者を，定年後に特殊関係会社が引き続き雇用する制度を導入すること，②特殊関係会社は，自社が継続雇用の主体となることが決定した場合，該当者に対し，定年後の雇用に係る労働契約の申込みを遅滞なく行うこと，③その場合の労働条件は特殊関係会社の就業規則等で定めた労働条件によること，などが盛り込まれています。

〔参照条文　高年齢者雇用安定法9条，高齢者雇用安定法施行規則4条の3〕

Q221 経営不振を理由に継続雇用制度の一時運用停止をすることの可否

> 会社業績が厳しく人件費の削減のためやむを得ず新規採用も取りやめることになった場合でも，該当者がいる限り再雇用は実施しなければなりませんか。今後希望退職を募るかもしれない中で再雇用を自動的に行ったのでは社員の理解が得られないのではないかと心配です。

（A）　高年齢者雇用確保措置として講じられている再雇用等による継続雇用の制度は，65歳未満の定年制を定めている企業において高年齢者の65歳までの安定雇用確保のための措置として，高年齢者雇用安定法第9条により事業主にその導入が義務付けられている措置の一例です。しかし，その制度内容は，直接法律によって事業主に高齢者の雇用そのものを義務付けたりするものではなく，個々の事業の実態に即して事業主の判断で，定年の廃止か定年の引上げまたは継続雇用制度の導入のいずれかの措置を講じなければならないというものです。この義務は，いわば国との関係での事業主の制度導入の義務であり，事業主と社員との関係は，実際のそれぞれの企業の制度内容においてどのような定めがあるのかや労働契約の内容によって決まってきます。

継続雇用の制度として多くの企業は再雇用制度を導入していますが，これはいったん定年により退職となる者を自社が定めた再雇用制度に基づき，会社と対象者の間の合意により再雇用するものです。再雇用の対象者については，従来は労使協定で基準を定めることができるものとされていたため，健康状態や勤務成績などにより一定の者を除外する協定を結ぶ例が少なくありませんが，あくまで例外的に除外するための基準であり，基本は再雇用する，というものであるべきだというのが法律の趣旨といえます（※この労使協定による対象者の基準設定とこれによる再雇用の仕組みは平成25年3月末をもって廃止となり，平成25年4月からは原則希望者全員の継続雇用が求められています。ただし，経過措置が講じられています。Q223参照）。しかし，法律の厳密な解釈として

は，法律は，継続雇用制度の導入（等）を求めているのであり，その制度に基づき継続雇用することを直接法律が義務として定めたり強制したりしているわけではないとされています。

　したがって，再雇用制度を設けている会社においても，その対象者の条件を満たせば，対象者が希望すれば自動的に雇用契約が成立するという内容の制度になっているのか，改めて条件を満たすものと会社とが再雇用に合意することで初めて再雇用となるかは，個々の会社の制度内容に則して判断しなければなりません。ここでは，一般的と思われる後者の例を前提に考えてみます。この場合，再雇用の条件を満たす対象者から再雇用の申入れがあっても，会社がこれに同意しなければ再雇用についての合意は成立しないことになり，再雇用にはなりません。

　再雇用を自動的に行ったのでは今後希望退職を募る際に社員の理解が得られないのではないかという危惧はもっともです。同じ社員の中で，希望退職の対象となったり，退職の勧奨を受けるものと，そうした状況下でも再雇用制度の適用を受けるものという明暗を分けることが同時に行われることにはなかなか納得を得ることは難しいのが普通です。そうした具体的な可能性があるのであれば，再雇用制度の運用を一時的に停止することもやむを得ないかもしれません。しかし，制度においてそうした例外があり得ることを定めていない場合には，会社が社員の再雇用の申出に同意しないことは制度の趣旨に反し，対象者の合理的な期待を裏切ることになります。このような事態が考えられるのであれば，そうした場合の再雇用制度の運用についても制度内容において明確に定め，社員に対する説明責任をきちんと果たすことが必要といえます（そこに具体的な場面を想定した限定的な制度の運用の一時休止の定めがあれば，そうした対応も可能と思われます）。　　　　〔参照条文　高年齢者雇用安定法9条〕

Q222　高年齢者雇用確保措置の対象者からの除外

　高年齢者雇用確保措置の対象者を労使協定により限定する制度が廃止されたそうですが，これからは勤務成績不良者や欠勤休職中の者も再雇用しなければならないのですか。仮に再雇用するとしても，雇用期間の途中で休職期間が満了したら退職扱いになり，再雇用する意味がないように思うのですが。

Ⓐ　従来認められていた，労使協定による継続雇用制度の対象者の基準の設定の制度は平成25年3月末をもって廃止されました。ただし，一定の経過措置が認められていることについては次問を参照してください。

　ここでは，勤務成績不良者や欠勤休職中の者，さらには解雇の可能性のある者，退職の話の出ている者の再雇用の義務について整理します。

　この問題についての法改正は，第9条第2項を改正し，高年齢者雇用確保措置として従来認められていた労使協定による継続雇用制度の対象者の基準の設定（とこれによる対象者の選別）の制度を廃止すること，事業主が特殊関係事業主（その事業主の経営を実質支配することが可能な関係にある事業主等）との間で，定年後の雇用を希望する高年齢者をその特殊関係事業主が引き続き雇用する契約を結び，これにより高年齢者の雇用を確保する制度を，高年齢者雇用確保措置として認めることを内容とするものです。

　設問で問題とする勤務成績不良者や欠勤休職中の者についての特別な定めはありません。一定の関係会社での雇用を含め，希望者全員の65歳までの雇用確保という原則が確立されたということです。しかし，実際問題としては，例えば懲戒解雇事由に該当し，まさに解雇されようとしている者がいた場合に，法律の定めに従いこれを引き続き雇用しなければならないということになるのは，おかしなことです。高年齢者雇用確保措置は，定年制度自体は許容する一方でこれにより労働者がその労働の意欲能力等にかかわらず雇用の場から退出する年齢を65歳以上に限ることで，高齢者の職業安定・福祉の向上を図り，経済社会の発展に寄与することを目的にしたものです（高年齢者雇用安定法1条参照）。

こうした目的を超えて，たとえば懲戒解雇に値する問題をおこした者などの雇用継続を強制する趣旨のものではありません。いわば，他に問題がなければ定年で自動的に雇用を終了させることなく，希望者全員を65歳まで雇用する制度を導入することを求めたものです。したがって，懲戒解雇に限らず，解雇事由に該当する者や，退職事由に該当する者についてまで，そうした事由による解雇や退職の効果を否定し雇用を継続することが求められるわけではありません（平24.11.9職発1109第2号）。

　ただし，解雇や退職をめぐっては，それに該当する事由が存在するのかどうかなど労使間に争いも生じやすく，使用者が解雇事由等に該当すると考えればそれで継続雇用の対象から除外してよいとしたのでは，客観的合理性が担保できないおそれがあります。少なくとも，就業規則に定められた合理的な解雇等の事由に該当することなど，その雇用関係の中で解雇・退職となることが有効な合意内容となっている事由に該当することが必要です。

　また，解雇事由に該当するとしながら，現実には解雇を選択せず解雇権行使における権利濫用の法理による制約を免れる一方で，継続雇用制度の対象としないことで解雇と同じ効果を生じさせようとするとすれば問題です。継続雇用の対象としないことの可否は，解雇の有効性についての権利濫用法理と同じような制約により合理的に判断されるべきものでしょう。

　退職事由に該当する者には，本人からの退職の申出によるもの以外にも，いわゆる休職期間満了等の自動退職事由があります。ただし，たとえば定年時点では休職期間が満了していない休職者についてみれば，再雇用されれば残りの休職期間（が適用されると仮定すればその期間）満了までの間に状況が改善して復職可能となるかもしれませんので，いまだ退職事由に該当しているとはいえないと思われます。

　これに対し，勤務成績不良者については，勤務成績不良ということだけで再雇用制度から除外するということはできなくなります。勤務成績不良者も解雇事由に該当するのであれば，解雇により雇用関係を終了させることが可能なことは当然です。しかし，そこまでの勤務不良でなければ再雇用制度に乗せる必要があります。解雇はしたいが解雇権を行使すれば権利濫用等による無効の判断を受けるリスクがあるからといって，これを避けるために再雇用制度に乗せ

ないということはできません。　　　〔参照条文　高年齢者雇用安定法9条〕

Q223　対象者基準についての経過措置の利用

Q221によると，これまで認められていた労使協定による継続雇用制度の対象者の基準の設定の制度は廃止されたものの，これまで労使協定を結んでいたところについては経過措置として引き続きこの基準の活用が認められているということですが，具体的にはどういうことですか。

A　改正法の施行までに，改正前の法律に基づき，有効な継続雇用制度の対象者の基準に関する労使協定を締結している（つまりは平成25年3月31日において有効な協定を有している）事業所においては，令和7年3月31日までの間，継続雇用制度の対象者にかかる基準を，厚生年金報酬比例部分の支給開始年齢以上の者を対象に，利用することができることにされています（改正法施行前に労使協定基準をもっていなかった事業所については，改正法施行後に新たに労使協定を締結してもこの経過措置の適用を受けることはできませんので，注意してください）。

労使協定は，事業所の労働者の過半数を組織する労働組合があればその労働組合，これがない場合は事業所の労働者の過半数を代表する者との間に結ばれた書面協定でなければなりません。なお，協定の締結単位は原則として各事業所ごとですが，①企業単位で継続雇用制度を運用しており，②各事業所ごとの過半数労働組合等（※等とは過半数労働組合がない場合の過半数代表者のことと考えられます）のすべてが内容に同意している場合等においては，企業単位での協定とすることも認められています。

この経過措置は，継続雇用制度の対象者を限定する基準を定めることを認めるものであり，単に従来の協定をそのままの内容で利用しなければならない（変更できない）ということではありません。基準の内容は，労使合意により

合理的に改正することも可能です。状況に応じた協定内容の合理的な見直し・変更はできるということです。そもそも，法改正後は，厚生年金報酬比例部分の支給開始年齢以上の者だけを対象にこの対象者基準を適用することができるわけですから，対象者の年齢を当然高くしていかなければなりません。経過措置を活用する場合，労使協定について，その基準が適用される者を厚生年金報酬比例部分の支給開始年齢以上の者に限ることを明らかにするように改めることが望ましい，とされています。

　なお，厚生年金報酬比例部分の支給開始年齢は男女で異なり女性は5年遅れとなりますが，この継続雇用制度についての経過措置の対象者の年齢は男女を問わず一律であり，男性の年金支給開始年齢の引き上げスケジュールに合わせて引き上げられます（労使協定基準の適用年齢について男女差を設けた場合は，労働条件についての男女差別の問題が生じます）。

　この労使協定による基準が適用できる者の年齢は，次のとおりです。

　平成25年4月1日から平成28年3月31日まで　　　61歳以上の者
　平成28年4月1日から平成31年3月31日まで　　　62歳以上の者
　平成31年4月1日から令和4年3月31日まで　　　63歳以上の者
　令和4年4月1日から令和7年3月31日まで　　　64歳以上の者

〔参照条文　高齢者雇用安定法平成24年改正法附則3条〕

Q224 60歳を雇止年齢とする期間雇用の場合の雇用確保措置は

　契約社員やパートタイマー労働者など期間を定めて雇用する者の多くは契約を反復更新しており，定年制は設けない代わりに「ただし，60歳に達したときは，以後の契約の更新は行わない」といった雇止めの年齢を定めている例が多いと思いますが，このような制度は，実質的には定年制と同じであり60歳以降の雇用の責任も負うべきではないのでしょうか。

Ⓐ　　　形式的な回答からすれば，高年齢者雇用確保措置は，定年の定めをしている事業主に義務付けられているものですから，定年制を設けていない事業主には，この措置を講じる義務はないことになります。しかしたとえば，期間の定めのある雇用における期間満了による雇止めが，その雇用の実態いかんによっては，実質において解雇に異ならないと評価され，雇止めが解雇に準じた規制を受けることがあることと同様の問題があるのではないか，という疑問は残ります。この点，契約更新の実態からみて期間の定めのない雇用とみなされるような事例であれば，雇止め年齢の定めは定年の定めと解されることがあり，そうした場合には，この措置義務の対象となると考えられています。

　そもそも，高年齢者雇用確保措置について定める高年齢者雇用安定法の理念は，高年齢者（等）がその職業生活の全期間を通じて，その意欲と能力に応じて雇用の期間や多様な就業の機会が確保され，職業生活の充実が図られるよう配慮されるべきである，というものです（高年齢者雇用安定法3条等）。このために，定年制についても60歳を下回ることはできないものとし，定年後の65歳までの安定雇用確保のための措置として高年齢者雇用確保措置を定めているものです。こうした法の趣旨からすれば，期間雇用者は，65歳までの安定雇用確保を図る必要はないということにはなりません。ただ65歳未満の定年制の適用がないものについては，高年齢者雇用確保措置の直接の対象にはされていない，というだけのことです。定年制のない雇用においては，個々人の意欲や能力とは別の年齢という一律基準で雇用が失われるということがないはずですから，定年制の場合の高年齢者雇用確保措置のような措置を講じる必要もないはずだ，ということに過ぎません。

　しかし，期間を定めた雇用の多くは，特段の事情の変化がなければ契約を反復更新しており，またそうであればこそ，定年制は設けない代わりに「ただし，60歳に達したときは，以後の契約の更新は行わない」といった雇止めの年齢を定めているということでしょう。その雇用の実態は，実質において定年制と同じようなものであるという例も当然あるのではないかと思われます。それまで解雇の対象となるような問題が生じてもおらず，希望した全員が60歳まで契約を更新されており，契約の更新の手続もいいかげんであったりするなどの事例を見ると，定年制とどこが違うのか疑問に思うのも当然かもしれません。ただ，

すべての事例がそうであると決め付けるわけにも行きませんし，もともと全員が契約更新されているのは，会社としてそうしたことができる環境があったからであって，会社と期間雇用者の間の契約内容がそうなっているからではないのも知れません。会社にそうした運用はできないという判断をするような状況があれば，運用結果も違ったかもしれないのです。したがって，こうした制度を持つところについてすべてを一律に実質的な定年制の定めであると決め付け，高年齢者雇用確保措置を設ける義務があると断定することもできません。

　したがって，現状においては，法の趣旨や，自社が期間雇用の仕組みを活用している趣旨，これまでの契約更新の実態を考慮し，会社だけでなく雇用される側の状況も考慮し，実質的に定年制と同様の状況といえるのであれば，高年齢者雇用確保措置を設ける法律上の義務があるかどうかの議論を離れて，個々の企業・労使間において60歳一律雇止めといった運用に代えて，定年制対象者について実施している高年齢者雇用確保措置に準じた60歳以降の雇用について検討すべきではないかと思われます。厚生労働省のパンフレット・高年齢者雇用安定法Q&A（Q1-11）でも同様の考え方が示されています。

〔参照条文　高年齢者雇用安定法9条〕

Q225　再雇用対象者の雇用拒否・解雇は可能か

　当社の再雇用制度では，労使協定による適用除外者の基準を限定的に定めています（改正法施行後も経過措置を活用します）。しかし，今年定年に到達する社員は，この基準には該当しないものの何かと会社との間でトラブルを起こすことの多い人物です。定年までは我慢して雇用してきたものの，改めてその者を雇用することはしたくないというのが会社の考えです。再雇用しないことに問題はありますか。

(A) 　再雇用の基準は，継続雇用制度の適用を受けられるかどうか，60歳定年以降の雇用が確保されるかどうかの重要な判断基準です。その基準に基づく選別は，個々の事業主の一方的な判断によることはできず，労働者の過半数代表者との間の書面協定でその基準を定め，その基準に則して行われる場合に限り認められるものです。労使協定による基準は会社と従業員代表との間で結ばれるものであり，職場の実態については協定当事者双方ともに熟知しているはずです。再雇用の対象にするにふさわしくないものがあるとすれば，きちんとこれを労使協定で定める基準に反映させるべきであり，現在の協定がその点で不適切であると考えるのであれば，協定の改定について，協議し，合意すべく努力するべきです。当然のことながら，協定を変えない以上，労使協定に基づく（再雇用制度の適用除外者の）基準を理由にした再雇用の拒否はできませんから，他に合理的な理由がない限り，再雇用すべきものということになります。

　しかし，再雇用者に関わる基準の定め方が，たとえば健康状態に問題がないことなど，一定の事由に該当する者でないこととしている場合にも，そこには，通常であれば解雇されるような者をわざわざ掲げることはしない例も少なくありません。解雇事由に該当するものは会社の権限により解雇されることを当然の前提にし，そこまでの問題はないが，再雇用の対象とはしないでよい者の基準が定められるという事例です。このような場合，たとえば不祥事を起こした者について，解雇を念頭において解雇事由についての調査を実施している間に再雇用制度の対象とするかどうかの判断時期を迎えたような場合，再雇用の適用除外者の基準には該当しないからいったん再雇用した上で改めて解雇するということが必要だろうか，という問題が生じます。再雇用の可否の判断は，実際の定年による退職の時点よりも早い時点で行われます。その段階では解雇の是非の判断がつかないのであれば，解雇の可否についての判断がされるまでの間（一定の合理的な必要期間に限定されるべきです），再雇用についての判断も留保というのが常識的で合理的な対応ではないかと思われます。

　再雇用の基準を離れて会社が独自に再雇用の対象者を決めることを認めることは再雇用に関する基準の設定を労働者代表との書面協定に委ねた法律の趣旨にも反します。解雇事由にも該当せず，再雇用（拒否）の基準にも該当しない

のであれば，たとえ会社としては再雇用したくないトラブルメーカーのような者でも，再雇用する責任があるというべきでしょう。したがって，設問のような場合の対応としては，再雇用制度の適用除外基準の労使協定を改定してそこに含めるか，再雇用制度とは切り離して解雇条項に基づき解雇するか，再雇用の対象とした上で改めて再雇用者としての勤務状況をきちんと把握し，問題があれば改善警告し，改まらない場合にはじめて，その段階で解雇を検討するかのいずれかの対応とすべきであろうと思われます（ただし，最後の対応の例の場合は，再雇用の対象とする段階で，勤務状況についての問題点の指摘・解雇の可能性についての注意警告を行っておくべきであると思われます）。

〔参照条文　高年齢者雇用安定法9条〕

Q226　一定年齢以下を条件とする募集採用は許されないのか

　誰を採用するかは基本的に企業の自由であり，できる限り当社の社風に馴染む人を採用したいというのが会社の方針です。そのため，他社経験のない，若年層に絞って募集採用をしようと考えていますが，募集採用においても，一定年齢を下回ることを条件とするには合理的な理由が必要となると聞きました。そのような規制があるのでしょうか。

A　解雇が不自由であることをやむを得ないものとして受け入れることとの対比において採用の自由がことさらのように強調された時代もありましたが，今は，採用も，一定の合理的な制約・規制の下に行うことが求められています。たとえば，男女雇用機会均等法第5条が募集・採用について性別に関わりなく均等な機会を与えなければならないとしていることは改めて指摘するまでもないことでしょう。また，障害者雇用促進法の第5条は，社会連帯の理念の下，すべての事業主は障害者の雇用に関し，障害者の職業人としての自

立の努力に協力する責務を有し，適正な雇用の場を与え適正な雇用管理により
雇用の安定を図るように努めなければならない，として事業主の責務を明らか
にし，その第37条は対象障害者（身体障害者，知的障害者，精神障害者保健福
祉手帳の交付を受けている精神障害者）の雇入れに努めるべき事業主の責務を
定めています。

　年齢に関わる規制としては，労働施策総合推進法の第9条が，一定の例外を
除き募集及び採用において年齢に関わりなく均等な機会を与えるべきことを定
めています。また，高年齢者雇用安定法の第20条は，労働者の募集及び採用に
当たっては，やむを得ない理由により採用等の対象者を65歳以下に限るとする
ときはその理由を示さなければならないという趣旨の定めをおいています。こ
うした募集採用に関わる年齢要素についての規制は，それに違反した募集や採
用が無効になるとか，違反した企業名が公表されるといった制裁があるわけで
はありませんが，当然，国からの助言・指導・勧告といった行政指導の対象と
なりますから，普通の企業であればこれに反するような行動はとらないことが
期待されます。

　ただしこうした規制は一方で定年制や長期継続雇用などの雇用慣行とも関係
する問題であり，そうした点についての調整も図られていますので，もう少し
具体的にこの年齢関係の規制の内容を確認してみましょう。ただし，設問の意
図のような場合はこれのいずれにも該当しないと思われます。

　①　（労働施策総合推進法の定めによる年齢制限禁止の例外）

　募集・採用における年齢制限は原則禁止ですが，以下のような場合は例外と
されます。

（労働施策総合推進法施行規則第1条の3第1項）

　　ⅰ）定年年齢を上限に，その上限年齢未満のものを期間の定めのない契約
　　　　で雇用する場合（65歳定年の会社で65歳未満のものを募集）

　　ⅱ）法令の規定により年齢制限がある場合（警備業務についての18歳以上
　　　　のものの募集）

　　ⅲ）イ　長期勤続によるキャリア形成のため若年者を経験を問わず期間の
　　　　　　定めのない契約で雇用する場合（35歳未満のものを募集（職務経験不
　　　　　　問））

　　ロ　技能等の伝承のため特定職種の労働者数が少ない特定の年齢層に
　　　限定して期間の定めのない契約で雇用する場合
　　ハ　芸術・芸能における表現の真実性の要請
　　ニ　特定年齢以上の高齢者（60歳以上）の募集・採用，国の施策を活
　　　用した特定年齢層の雇用促進（若年者トライアル雇用の対象として
　　　35歳未満のものを募集）
　②　（高年齢者雇用安定法による規制）
　やむを得ない理由により65歳以下の一定年齢を下回ることを条件にするとき
は，その理由を示さなければなりません。

〔参照条文　高年齢者雇用安定法20条，労働施策総合推進法9条〕

Q227 どんな場合に高年齢者再就職援助措置や求職活動支援書が必要なのか

　高齢者が退職する場合には会社として再就職援助措置や求職活
動支援書の作成が必要だといわれたのですが，会社を退職した元
社員の就職活動についてまで個別の企業が責任を負わなければな
らないというのにはちょっと納得ができないのですが。

Ⓐ　高年齢者再就職援助措置は高年齢者（45歳以上70歳未満）が解雇（自
己の責めに帰すべき場合を除く）等により離職する場合に，本人が希望
すれば求人の開拓その他当該高年齢者の再就職の援助に関し必要な措置を講じ
るように努めなければならない，というもので，高年齢者雇用安定法の第15条
にその根拠があります（これとは別に労働施策総合推進法第24条に基づく再就
職援助計画の作成，という制度もありますが，ここでは高齢者再就職援助措置
を取り上げます）。
　高年齢者再就職援助措置として具体的に使用者（事業主）に求められる措置
とは，具体的には求職活動支援書の作成・交付です。事業主が交付したこの求

職活動支援書を提示して公共職業安定所に求職の申込みをすると，安定所はその支援書の記載内容を考慮して，職務経歴書の作成などについての助言などの援助をすることになります。事業主と職業安定所が離職高齢者の再就職の支援のために協力するかたちになるわけです。設問は元社員……ということですが，この義務は，解雇（自己の責めに帰すべき事由によるものを除きます）等により離職することになっている在職者に対する再就職の援助のためのものであり，過去に退職した元社員の就職活動についてまで個別の企業が責任を負わなければならない，というものではありません。

　再就職のための求職活動は，あくまでも，本人の取組みが主体ですが，現にその者を雇用している会社はその者が再就職を円滑に行うために必要と考えられる有用な情報を有していると考えられることから，これを支援書という形で交付することを求めるに過ぎません。求職活動支援書を作成するについては，あらかじめ，再就職の希望や在職中の求職活動に関する希望の内容を聴くものとする，とされていること（高年齢者雇用安定法施行規則6条の3）にも留意してください。なお，高年齢離職予定者が求職活動支援書の作成・交付を希望したにもかかわらず，これをしなかった場合は，公共職業安定所長の指導・助言・勧告を受ける可能性があります。

　ちなみに，求職活動支援書には，次の事項を盛り込むことになります。

　①高年齢離職予定者の氏名，年齢，性別，②離職（予定）日（これが決定していない場合は離職の時期），③高年齢離職予定者の職務経歴（従事した主な業務の内容，実務経験，業績，達成事項等），④高年齢離職予定者が有する資格，免許，受講した講習，⑤高年齢離職予定者が有する技能，知識その他の職業能力，⑥その他職務経歴書を作成するために参考となる事項等，⑦事業主の講ずる再就職援助の措置　　〔参照条文　高年齢者雇用安定法15条〜17条〕

Q228　多数離職届はどんな場合に必要か

　一定人数以上の高齢者が離職する場合は公共職業安定所に届け出なければならない，ということですが，届出の目的が再就職の援助などにあるのであれば，自分の意思で退職したり，再雇用等を希望しないものなどについてまで届け出る必要はないのではないですか。

Ⓐ　多数離職届は，高齢者の再就職の援助等にかかわるもので，これを出す必要のある場合は，次の3つの観点から特定されます。

(1)　まず，離職者の年齢や就業形態です。

45歳以上70歳未満の者ですが，次の者は除かれます。

　①　日々雇用者又は期間雇用者（ただし，同一の事業主に6カ月を超えて引き続き雇用されている場合は対象者になります）

　②　試みの試用期間中の者（ただし，同一の事業主に14日を超えて引き続き雇用されている場合は対象者になります）

　③　たとえば週3日勤務の嘱託等，常時（毎日）勤務に服することを要しない労働者として雇用されている者（嘱託・契約社員等の名称の如何にかかわらず，毎日勤務するものの場合は対象者になります）

(2)　次に離職の理由です。離職の理由が次のいずれかに該当する場合が，その対象です。

　①　定年

　②　解雇（労働者の自己の責に帰すべき理由による場合を除きます）その他事業主の都合による離職

　③　継続雇用制度の対象者の基準に該当しないことによる離職（Q222「高年齢者雇用確保措置の対象者からの除外」の設問も参照してください）

(3)　そして離職者の人数です。

　同一の事業所において，1カ月以内の期間に5人以上の離職がある場合です（ただし，労働施策総合推進法に基づく大量離職届によってすでに届け出た者

や，再就職援助計画の対象者はこの人数に含みません）。

　ご質問は，自分の意思で退職したり，再雇用等を希望しない者についてはこの対象に含めるのか，ということですが，(2)離職理由の条件がこれに関係します。いわゆる自発的退職はこれに該当しませんから人数に含めません。再雇用等を希望しないことによる退職とは，継続雇用制度の対象者の基準に該当しているにもかかわらず，本人の意思でこれを希望しない，ということでしょうから，そうであれば，その方も人数に含めません。ただし，離職の実際においては，会社は社員が自分の意思で退職を選んだのだといい，社員は会社に辞めさせられたのだと主張する例が少なくありません。単に退職願の有無などの形式だけで判断するのではなく，実質的な理由が問題になります。

〔参照条文　高年齢者雇用安定法16条〕

Q229　70歳までの就業機会確保措置

　65歳までの継続雇用制度についての対象者の特例扱いを労使協定で定めることのできる経過措置がまだ有効な中，2021年4月からは，70歳までの就業機会の確保を企業に求める法律に変わったということですが，どのような形になったのですか。

Ⓐ　高齢者の雇用・就業機会の確保は，国としての喫緊の課題であり，すでに講じられている措置・対応に加えて，さらなる先を見据えた措置の検討が始まっている，という状況にあります。すなわち，設問でも指摘されるように，これまでの法律に基づく事業者の義務は，原則として65歳までの希望者全員の雇用確保措置を講じることであり，その例外として，労使協定による継続雇用制度の対象者基準を適用できる経過措置が令和6年度末まで認められています。これに加え，高年齢者雇用安定法の改正により，2021年（令和3年）4月1日からは70歳までの就業機会の確保のための措置を講ずる事業主の努力義務が課されることになりました。

　65歳までの雇用確保措置とは異なり，65歳から70歳までの高年齢者に講ずべき措置は「就業機会確保措置」であり，雇用の確保に加え，雇用以外の形での就業機会の確保を図ることでもよいというところに特徴があります。

　具体的には，65歳から70歳までの就業機会を確保するため，「高年齢者就業確保措置」として，以下のいずれかの措置を講ずるよう努力すべき義務です。

①　70歳までの定年引上げ

②　定年制の廃止

③　70歳までの継続雇用制度（再雇用制度・勤務延長制度）の導入（特殊関係事業主（子法人，親法人，親法人の子法人，関連法人，親法人の関連法人等）に加えて，他の事業主によるものを含む）

④　高年齢者が希望するときは，70歳まで継続的に業務委託契約を締結する制度の導入

⑤　高年齢者が希望するときは，70歳まで継続的に以下の事業に従事できる制度の導入

　ⅰ．事業主が自ら実施する社会貢献事業

　ⅱ．事業主が委託，出資（資金提供）等する団体が行う社会貢献事業

　上記①から③までは雇用による就業確保措置であり，④，⑤は雇用によらない就業確保措置（創業支援等措置）です。この①から⑤のいずれの措置を講ずるかについては労使間で十分な協議を行うこと，さらに，このうち④や⑤の雇用によらない創業支援等措置のみを講じることとする場合は創業支援等措置の実施に関する計画を作成し，過半数労働組合等の同意を得ることが必要となります。

　以上の高年齢者就業確保措置は，65歳までの継続雇用制度（70歳以上まで雇用する制度を除く）を導入している事業主，及び定年を65歳以上70歳未満で定めている事業主に適用され，実際の社員の年齢構成からみて当分の間65歳に達する労働者が生じない企業であっても措置を講じる必要があります。

　＊詳細については，厚生労働省の「高年齢者雇用安定法Q&A（高年齢者就業確保措置関係）」や「高年齢者雇用安定法　改正の概要」などのパンフレットが公表されていますので，活用してください。

第3編

育児・介護休業法

Q230 | 育児・介護休業制度の概要

令和4年4月1日，同年10月1日に育児・介護制度が見直しされました。改正部分も含めた制度概要について説明してください。

Ⓐ　改正概要につきましては，以下のとおりです。令和4年4月1日改正部分と令和4年10月1日改正に分かれ，企業規模による施行日の違いはありません。

なお，ここでは令和5年4月1日改正部分についても触れますが，これは1,000人超の企業が対象となっています。

（令和4年4月1日改正概要）

① 雇用環境整備，個別の周知・意向確認の措置の義務化

⇒育児休業を取得しやすい環境を整備するための措置

育児休業の申し出が円滑に行われるようにするため，事業主は以下のいずれかの措置を講じなければなりません。

- 育児休業に関する研修の実施
- 育児休業に関する相談体制の整備（相談窓口設置）
- 自社の労働者の育児休業取得事例の収集・提供
- 自社の労働者へ育児休業制度と育児休業取得促進に関する方針の周知

上記の4つの措置につきましては，複数講じることが望ましいとされています。また，

⇒本人および配偶者が妊娠や出産したことを申し出た労働者に対する個別の周知，意向確認の措置

本人又は配偶者の妊娠・出産等を申し出た労働者に対して，事業主は育児休業制度等に関する以下の事項の周知と休業の取得意向の確認を，個別に行わなければなりません。

（周知すべき事項）

- 育児休業に関する制度
- 育児休業の申し出先

- 育児休業給付に関すること
- 労働者が育児休業期間について負担すべき社会保険料の取扱い

（周知方法）

- 面談（オンラインも可），書面交付を原則とし，労働者が希望した場合は，FAXや電子メールでの周知も可能。
  - （注） この①に記載している「育児休業」には，後述の10月1日改正で新設された「産後パパ育休制度」も対象となります。

② 有期雇用労働者の育児・介護休業取得要件の緩和

⇒有期雇用労働者に設けられていた「引き続き雇用されていた期間が1年以上」の要件が撤廃

　これにより，有期雇用労働者の育児休業の取得要件は「1歳6か月までの間に契約が満了することが明らかでない」場合のみとなり，介護休業の取得要件は「取得開始予定日から起算して93日を経過する日から6か月を経過する日までに契約が満了することが明らかでない」場合のみとなります。

　なお，「引き続き雇用されていた期間が1年以上」の要件を適用する場合は，労使協定の定めにより可能となります。

（令和4年10月1日改正概要）

① 産後パパ育休（出生時育児休業）制度の創設

⇒育児休業制度とは別に，子の出生後8週間以内に4週間まで取得可能

　産後パパ育休とあるように，出産する配偶者の産後休暇中である8週間以内に取得できる新たな制度であり，これは既存の育児休業制度とは別の扱いとなります。

　この制度は，原則休業予定日の2週間前までに申し出を行い，その時点で制度利用予定日と休業期間（4週間全部なのか，分割して取得するのか。なお2回に分割して取得可能）を伝える必要があります。

　この制度の特徴としては，休業としている日であっても就業することが可能であることです。その条件としては，労使協定を締結しておくこと，労働者が合意した範囲に限ることです（詳細はQ238参照）。

② 育児休業制度の分割

⇒既存の育児休業制度も分割して2回の取得が可能

　これにより，従来は育児休業を途中で終了した場合はそれで再取得ができなかったものが，パパ・ママ交代で育児休業をすることができたり，一定期間仕事するために間をあけることも可能となるなど，パパ・ママで多様な休業の仕方が可能となります。

③　1歳以降の育児休業延長部分の休業開始日の柔軟化

⇒これまで1歳以降の育児休業延長部分については，1歳・1歳6か月と限っていた休業延長開始日が柔軟化

　これにより，たとえば育児休業の延長時においてパパ・ママ交代する場合も，1歳時点，1歳6か月時点とピンポイントで交代せざるを得なかったところ，休業延長開始日が柔軟化されたことにより，延長期間の途中でも交代が可能となります。

　その他，社会保険料の取扱いにつきましても，10月1日改正があり，育児休業期間中の社会保険料免除は，「月内に2週間以上の育休を取得した場合」も対象に加えるほか，賞与の社会保険料免除は「連続1か月の育休取得」を対象とする見直しが行われました。

（令和5年4月1日改正概要）

● 育児休業取得状況の公表の義務化

⇒1,000人超の企業における育児休業等の取得状況の年1回公表義務化

　公表内容は，男性の「育児休業等の取得率」または「育児休業等と育児目的休暇の取得率」です。取得率の算定期間は，公表を行う日の属する事業年度（会計年度）の直前の事業年度です。公表の方法は，インターネット（自社のホームページ等のほか，厚生労働省が運営するウェブサイト「両立支援のひろば」）や，一般の方が閲覧できる方法であることを求めております。

＊育児・介護休業法に対応する制度の概要（以下はあくまで概要です。詳細については関係の設問を参照してください）

（育児休業）

• 日々雇用者を除き，1歳までの子を養育するものは育児休業することができる。

• 期間雇用者の場合は，①勤続1年以上，②子が1歳6カ月に達するまでに労働契約期間が満了することが明らかでないことが必要。

- 保育所への入所を希望しているが入所できない等一定の条件を満たす場合は2歳までの育児休業ができる（期間雇用者の場合は，2歳までに労働契約が満了することが明らかでないことが必要）。
- 育児休業の回数は原則として子1人につき1回。
- 原則として1カ月前（1歳から1歳6カ月，1歳6カ月から2歳の休業は2週間前）までに申し出ることが必要。

（介護休業）
- 日々雇用者を除き，要介護状態にある対象家族を介護する者は介護休業することができる。
- 期間雇用者の場合は，①勤続1年以上，②介護開始予定日から93日を経過する日から6カ月を経過する日までに労働契約期間が満了し，更新されないことが明らかでないことが必要。
- 介護休業は，対象家族ごとに延べ93日の範囲で3回が上限。
- 原則2週間前までに申し出ることが必要。

（子の看護休暇）
- 日々雇用者を除き，小学校就学の始期までの子を養育する者は，傷病の子の看護又は予防接種・健康診断を受けさせる等のための看護休暇を1年につき5日（子が2人以上の場合は10日）を限度に利用することができる。
- 令和3年1月1日からは時間単位の利用が可能となりました。

（介護休暇）
- 日々雇用者を除き，要介護状態にある対象家族を介護する者は，通院等の世話のための介護休暇を1年につき5日（対象家族が2人以上の場合は10日）を限度に利用することができる。
- 令和3年1月1日からは時間単位の利用が可能となりました。

（育児・介護のための所定外労働の制限）
- 日々雇用者を除き，3歳未満の子を養育する者又は要介護状態にある対象家族を介護する者が申し出た場合は，事業の正常な運営を妨げる場合を除き，所定労働時間を超えて労働させることができない。

（育児・介護のための時間外労働の制限）
- 日々雇用者を除き，小学校就学の始期までの子を養育する者又は要介護状態

にある対象家族を介護する者が申し出た場合は，事業の正常な運営を妨げる
場合を除き，1カ月24時間，1年150時間を超えて時間外労働をさせること
ができない。

（育児・介護のための深夜業の制限）

• 日々雇用者を除き，小学校就学の始期までの子を養育する者又は要介護状態
にある対象家族を介護する者が申し出た場合は，事業の正常な運営を妨げる
場合を除き，深夜（午後10時から午前5時まで）に労働させることができない。

（育児休業等の個別周知）

• 育児休業及び介護休業中の待遇や，育児休業・介護休業後の賃金，配置その
他の労働条件その他の事項をあらかじめ周知させるとともに，労働者又はそ
の配偶者が妊娠・出産し，又は労働者が介護をしていることを知ったときは，
当該労働者に個別に周知させるように努めなければならない。

（育児短時間勤務）

• 日々雇用者を除き，3歳未満の子を養育する者は，所定労働時間の短縮（1
日6時間とする措置を含むことが必要）を求めることができる。

（介護短時間勤務）

• 日々雇用者を除き，介護状態にある対象家族を介護する者は利用開始から3
年間で2回までの範囲で，所定労働時間の短縮を求めることができる。

（育児目的休暇）

• 就学前の子を養育する労働者が育児に関する目的で利用できる休暇制度（子
の看護休暇，介護休暇及び年次有給休暇以外の休暇で，出産後の養育に備え
準備するための休暇を含む）を設けるように努めなければならない。

（育児・介護ハラスメント）

• セクハラ，パワハラと並び職場で問題化している妊娠，出産等に関するハラ
スメント（改正均等法），育児休業等・介護休業等に関するハラスメント
（改正育児・介護休業法）について，それらを防止するための雇用管理上の
措置義務（妊娠，出産，育児休業等を理由とする解雇その他不利益な取扱い
の禁止，職場の上司や同僚等によるハラスメント行為により職場環境が害さ
れないよう，事業主は指針等に則して具体的な措置を講じること）。

なお，労使協定による適用除外などの詳細は別途解説書等を参照してくだ

さい。

　育児休業や介護休業，それに看護休暇や介護休暇については，労基法による就業規則の絶対的必要記載事項に該当しますので，就業規則の作成義務のある常時10人以上の労働者を使用する事業場においては，就業規則の整備が必要となります。

Q231 介護休暇・子の看護休暇の取得単位（半日単位から時間単位に）

　介護休暇と看護休暇は，１日単位か半日単位のほか，時間単位で利用できますが，あまり短い時間では意味がないように思いますので，たとえば，１時間ではなく２時間を最短の単位として利用してもらうようなことはできませんか。

Ⓐ　子の看護休暇も介護休暇も，１日単位を原則としつつ半日単位の取得も可能とする（ただし，１日の所定労働時間が４時間以下の者は取得できない）というものでしたが，これが令和３年１月１日からは，１日単位を原則としつつも時間単位での取得が可能となり，すべての労働者が取得できるように変わりました。

　この「時間単位」とは１時間の整数倍の時間をいう，とされており，労働者の希望する時間数で取得できるようにすることが求められます。これを使用者が一方的に２時間単位での利用に限り認めるといった制限を設けることはできません。また，たとえ労使協定でそのような合意をしても同様に，制限することはできません。

　時間単位での取得においては，所定労働時間がたとえば７時間30分のような場合に，何時間分の休暇で１日分の休暇を利用したことになるのかという問題がありますが，この点については，端数を切り上げて，８時間分の時間利用で１日分の休暇利用ということになります。所定労働時間が７時間30分の場合，

1日丸々休めば残りは4日ですが，7時間の時間休暇を利用し，30分勤務したという例を考えれば，端数の30分は時間単位に切り上げられ，あと4日と1時間の休暇の利用が可能ということになります。

看護休暇等の利用は，始業時刻からの連続した時間または終業時刻までの連続した時間単位とされますから，たとえば，所定の終業時刻が17時45分の場合，終業時刻までの1時間の利用であれば17時45分から遡って16時45分からの利用ということになります。

これまであった半日単位での制度利用は，法律上はなくなりますが，たとえば始業8時30分終業17時，休憩12時から13時の場合に，これまで労使協定で午前の3時間30分を半日休暇の利用としていたところでも，労使協定なしで，4時間の時間単位の利用で8時30分から12時までと13時から13時30分までの休暇の利用，とすることができることになります。

このほか，時間単位の休暇は始業時刻か終業時刻につながる形での利用を可能とすることが法律では求められていますが，そうした利用に加えて，労働者の希望に応じて労働時間の途中での利用（いわゆる中抜け）を認めることなど，制度の弾力的な利用が可能となるような配慮も求められています。更に，法を上回る制度として分単位の利用を認めることも可能です（したがって，15分単位や30分単位の利用を認めることにより，前述のような端数切上げの問題が生じないような工夫も可能です）。

（厚生労働省「子の看護休暇・介護休暇の時間単位での取得に関するQ＆A参照」）

Q232　育児休業は期間雇用者・パートタイマーにも認めなければならないか

長期の育児休業を，期間雇用者やパートタイマー，アルバイトといった臨時的雇用者についても認めなければならないのでしょうか。

Ⓐ　育児・介護休業法では，法が直接的に育児休業制度の適用を除外して
いるものと，労使協定にその取扱いを委ねているものとがあります。育
児・介護休業法の第2条は，日々雇用される者のみを，同法により育児休業す
ることができる者から除いています。したがって，期間雇用者はこの適用除外
者に該当しませんので，育児・介護休業法による育児休業の申出をすることが
できます。

　一方，パートタイマーについては，単に，パートタイマーであるということ
で育児休業制度の適用が除外されるということはありません。

　次に，パートタイマーが適用対象となる期間雇用者の条件を満たすか，また，
労使協定により適用除外することができる者に該当するかどうかが問題となり
ます。育児・介護休業法は，期間雇用者の場合，原則的な育児休業をするには
子が1歳6カ月になるまでに契約期間が満了することが明らかでないこととい
う条件を満たすことを求めています（令和4年4月1日改正部分および1歳以降
の取扱いについては，Q230，Q233参照）。

　したがって，まずこの条件を満たすことが必要です。次に育児・介護休業法
第6条は，事業所の過半数労働者を組織する労働組合（これがない場合は過半
数代表者）との書面協定により定めた場合，次の者を適用除外とすることがで
きるとしています。

　⑴　継続雇用1年未満の労働者

　⑵　育児休業できないこととすることに合理的理由がある労働者

　この⑵は，厚生労働省令で定めるものに限られます。その中に，「1週間の
所定労働日数が著しく少ないものとして厚生労働大臣が定める日数以下の労働
者」があり，その日数は2日とされています。つまり，所定労働日数が週2日
以下（2日以下とは2日を含みます）であれば，労使協定で定めることにより
育児休業制度の適用除外者とすることができるわけです。逆に，労使協定で適
用除外者としていない限りは，たとえ週の所定労働日数が2日以下のパートタ
イマー等であっても日々雇用者でない限り適用除外はできません（このほか，
省令は，労使協定により適用除外することができるものとして，申出日から1
年（1歳6カ月までの休業の場合は6カ月）以内に雇用関係が終了する者を定
めています）。

　なお，所定労働時間が短いということだけでは適用除外をすることはできないことも併せて注意が必要です。

〔参照条文　育介法２条，５条，６条，育介法施行規則８条〕

Q233　育児休業の期間はいつまで認められるのか

　育児休業の期間は，子が１歳までと聞いていたのですが，１歳２カ月とか１歳６カ月，２歳まで認められることを知りました。どういう場合にいつまで利用できるのか，説明してください。また，実際にいつから休業するかは本人が自由に決めるのですか。そして，業務との調整はできませんか。

Ａ　育児休業の期間は，法制定当初は子が１歳に達するまでの間で本人が希望する期間でしたが，その後の法改正により，入園待機の場合は１歳６カ月又は２歳までの休業，また両親ともに育児休業をする場合は１歳２カ月までの間での１年間（パパママ育休プラス）という休業が認められることになっています。

〔１歳までの育児休業〕

　育児休業制度の基本形は，子が１歳に達するまでの期間についての休業です。もちろん，業務との調整などのため細かなルールがありますが，満１歳になるまでの期間の中で，その子を養育する労働者が申し出た休業開始予定日から休業終了予定日までの間，休業できる，というのが基本のパターンです。休業は原則として継続した１回の利用となりますが，次の子の出産や配偶者の傷病による養育困難などの特別事情がある場合は例外的に再度の休業が可能となります。

　育児休業をするには，原則１カ月前までに事業主に書面で休業を申し出ます。早産その他の特別事情がある場合を除き，申出期日がこれに遅れた場合は，事業主において休業開始予定日を指定することができます。

〔1歳2カ月までの育児休業〕

　男性の育児への積極的な参加を支援することを目的にして新たに設けられた，いわゆるパパママ育休プラス，というのが，1歳2カ月までの間での1年間の育児休業の制度です。育児休業している配偶者と同時又はその後に育児休業する場合，実際に休業できる期間は1年（女性の場合は出産日以後の産休期間を含んでの1年）ですが，これを子が1歳2カ月になるまでの間に利用することができます。ただし，この制度利用のためには，休業開始予定日を，遅くとも1歳の誕生日以前とすることや配偶者の育児休業の初日以降とすることなどの条件があります。

〔1歳6カ月（2歳）までの育児休業〕

　1歳到達日に育児休業していた者等が，その後の保育所への入所の予定がかなえられないなどの場合に対応する，いわゆる入園待機等育休というのが，1歳6カ月（更には2歳）までの期間利用できる育児休業制度です。1歳（更には，1歳6カ月）からは保育所を活用する予定で育児休業している者等について，子が保育所に入所できないことになったり，1歳（更には，1歳6カ月）以降子の養育を担当する予定だった配偶者が傷病等や産前産後休業で養育できなくなった場合に利用できます。また，この場合は，休業は原則の1回ではなく1歳までの休業とその後の1歳6カ月までの休業更には2歳までの休業の2回又は3回の利用となります。

〔業務日程との調整〕

　育児休業の場合は，年次有給休暇の場合のような業務運営等との調整のための時季変更の権利が使用者の側に認められてはいません。ただし，休業の申出の時点と休業開始予定日があまり接着していると，企業にとっては代替要員の確保等に支障を生じるおそれがあるため，原則として1カ月前（子が出産予定日より前に出生したような特別の事情があるときは1週間前，1歳以降の入園待機等育休については2週間前）までの申出が必要とされます。このいわば休業の予告期間が1カ月前等の原則期間より短い場合は，使用者の方で休業開始予定日を指定することができます。どの程度の変更が可能かについては，本人が休業を申し出た日の翌日から起算して1カ月等を経過するまでの期間内での変更指定ができるということです。たとえば，1カ月前の原則事例であれば，

412 第3編 育児・介護休業法〔Q233〕〔Q234〕

5月1日に5月10日からの休業の申出があった場合は，5月10日から，申出の
あった日（5月1日）の翌日の5月2日から起算して1カ月を経過する日であ
る6月1日までの間のいずれかの日を使用者の方で休業開始予定日を指定する
ことができることになります。　〔参照条文　育介法5条，6条，9条の2〕

Q234 育児休業期間の延長や短縮は可能か

育児休業について，いったん申出のあった期間の延長や短縮は
認められるのですか。

Ⓐ 法律が労働者の方に認めている期間の調整としては，休業終了予定日
の繰下げと休業開始予定日の繰上げがあります。これ以外の，休業終了
予定日の繰上げや休業開始予定日の繰下げは，法律上の権利としては認められ
ていません。もちろん，こうしたことについても会社の制度として認めること
は自由です。

期間の調整とは趣旨が違いますが，類似の問題として，育児休業の途中終了
や育児休業の申出の撤回ができたり，申出がなかったものとみなされる場合が
あります。

(1) 延長……休業終了予定日の繰下げ

労働者は，申し出ていた育児休業終了予定日の1カ月前（パパママ育休プラ
スも同じ。ただし，入園待機等育休については2週間前）までに申し出ること
により，1回だけ当初の育児休業終了予定日を後ろに遅らせることができます。
ただし，この場合も，変更後の休業終了予定日は，子が1歳（パパママ育休プ
ラスは1歳2カ月，入園待機等育休は1歳6カ月）に達するまでの間に限られ
ます。

(2) 休業開始予定日の繰上げ

労働者は，次の特別事由が生じた場合に，1回だけ当初の育児休業開始予定
日を前に早めることができます。

① 出産予定日前に子が出生した場合

② その子の親である配偶者が死亡した場合

③ 配偶者が負傷又は疾病により育児休業申出に係る子を養育することが困難になった場合

④ 配偶者が育児休業申出に係る子と同居しなくなった場合

⑤ 対象となる子が傷病等により2週間以上世話を必要とする状態になった場合

⑥ 対象となる子について申請した保育所による保育が当面実施されない場合

(3) 短縮……休業の途中終了

育児休業終了予定日前日までに次の事由が生じた場合は，予定されていた期間の途中でも育児休業は自動的に終了することになります（⑥の場合は事由発生の前日に，その他の場合は事由発生当日に終了）。

① 子が死亡した場合

② 養子縁組の取消・離縁等があった場合

③ 同居しなくなった場合

④ 心身の障害により1歳（パパママ育休プラスは1歳2カ月，入園待機等育休は1歳6カ月更には2歳）までの間その子を養育できなくなった場合

⑤ 子が1歳（パパママ育休プラスは1歳2カ月，入園待機等育休は1歳6カ月更には2歳）に達した場合

⑥ 介護休業，産前産後休業又は新たな育児休業期間（産後パパ育休制度も含む）が始まった場合

なお，子が1歳以降の休業延長において，他の子についての産前・産後休業，産後パパ育休，介護休業または新たな育児休業の開始により育児休業が終了した場合で，産休等の対象だった子等が死亡等したときは，再度育児休業を取得できます。

(4) 休業申出の撤回

育児休業開始予定日の前日までは理由を問うことなく休業申出の撤回が認められます。休業申出を撤回した場合は，①その子については配偶者が死亡したり，②配偶者が傷病により養育困難になったり，③配偶者が同居しなくなった

りした場合や④子が傷病等により2週間以上世話を必要とする状態になったとき，⑤子について申請した保育所による保育が当面実施されないとき，でなければ再度の休業申出はできません。ただし，①〜③の場合は1歳から1歳6カ月，2歳までの入園待機等育休は申出可能です。

　(5)　休業の申出がなかったとみなされる場合

　育児休業開始予定日の前日までに，前述の(3)「短縮……休業の途中終了」の①から④の事実が生じた場合，又はパパママ育休プラスにより1歳を超えて育児休業する場合に配偶者が育児休業していない場合は，休業の申出がなかったものとみなされます。　　　　　　　　　〔参照条文　育介法7条，8条，9条〕

Q235　勤続年数や継続勤務の意思があることを育児休業の条件とできるか

　育児休業制度は雇用の継続の促進を目的とするそうですが，それであれば，一定年数の勤続の実績や将来の継続勤務の意思を休業を認める条件とすることも可能ではないのでしょうか。

Ⓐ　育児・介護休業法では，育児休業することができない者（同法の規定を根拠にして当然に育児休業をすることはできないということであって，労使合意により対象者に含めることが可能なことは言うまでもありません）について，法が直接適用除外者として定める者と，労使協定で適用除外できる者との2種類，定めています（育介法2条，6条）。法が直接適用除外者として定めている者は，日々雇用者だけですから，設問とは関係ありません。関係あるのは労使協定での適用除外者です。

　設問中，一定年数の勤続実績を条件とするという部分については，同法第6条第1項第1号により，労使協定によって適用除外できるものとして「引き続き雇用された期間が1年に満たない労働者」が定められていますので，こうした条件の設定は可能です。

　なお，育児・介護休業法は，期間雇用者の場合，原則的な育児休業をするには子が1歳6カ月になるまでに契約期間が満了し，更新されないことが明らかでないことという条件を満たすことを求めています。

　したがって，期間雇用者の場合は前述の労使協定があれば勤務実績の条件を満たすことが必要です（といっても出勤率等ではなく，いわば在籍期間ということになります）。

　次に将来の継続勤務の意思については，育児・介護休業法の目的に雇用の継続が謳われていることなどから，必ずしも否定されるものではありませんが，この場合の意思の確認は口頭にとどめることが適当で誓約書をとる等は不適当です。現実問題としても，休業の申出時点では継続勤務の意思があった者が，その後の事情により勤務できなくなったとしても遡って休業を取り消すことはできません。

　なお，この他，労使協定で適用除外可能なものとして，「休業申出があった日から起算して1年以内に雇用関係が終了することが明らかな労働者」がありますので，これに該当する者については協定により除外できます。

〔参照条文　育介法2条，5条，6条〕

Q236　育児休業の回数制限

　育児休業の期間は本人が自由に指定できるということですが，コマ切れで何回もとられたのでは対応できません。回数制限はできますか。また，1人の労働者が利用できる回数を子の数に関係なく3回までと限定できませんか。

Ａ　育児・介護休業法では，労働者が同法に基づき利用することのできる通常の育児休業の回数を，1人の子（同時に養育する子がいればその子を含みます。以下同じ）について分割して2回に限定しています。つまり，設問にあるような1人の子について何回にも分けて育児休業を利用する権利は育

児・介護休業法では設定されていません。なお，令和4年10月1日改正で創設された産後パパ育休（出生時育児休業）を取得する場合，通常の育児休業と合計して4回まで分割取得可能です（産後パパ育休についてはQ230参照）。育児・介護休業法で定める回数は法的にその権利を保障しているわけであり，これを上回る回数を設定することを禁じたりするものではありません。

　1人の子につき分割して2回という回数については，まず，1歳までの育児休業と1歳から1歳6カ月まで，更には2歳までの入園待機等育休はそれぞれ別物と考えられています。このほか，期間雇用者の場合は，労働契約の期間と育児休業の期間との関係が問題となりますが，労働契約の期間満了日を育児休業の終了予定日としている期間雇用者が労働契約を更新し，更新後の最初の日を育児休業開始予定日とする場合は，この回数制限はかかりません。

　次に，1人の労働者が利用できる回数の制限ですが，これは認められません。前述のとおり，育児休業は原則として生後1歳未満の子を養育する限り利用できるものです。子だくさんの労働者は，その子の数に応じてそれぞれの子1人についてそれぞれの育児休業を利用することができるのです。したがって，労働者に着目して1人の労働者が利用できる育児休業の回数を3回等に限定することはできません。　　　　　　　　　　　〔参照条文　育介法5条，9条の2〕

Q237　育児休業中に次の子を妊娠した場合

　育児休業を1年間の予定で利用している者が，復職の直前になって次の子の妊娠を理由に復職後の産休とその後の育児休業を希望しています。会社としては，このように連続して休まれては雇用している意味がありませんので退職してもらいたいのですが，解雇はできませんか。

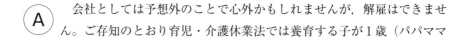

（A）　会社としては予想外のことで心外かもしれませんが，解雇はできません。ご存知のとおり育児・介護休業法では養育する子が1歳（パパママ

育休プラスの場合は1歳2カ月までの間での1年間，入園待機等育休の場合は1歳6カ月更には2歳）までの間育児休業することができるものとし，その第10条は，休業の申出をしたことや育児休業したことを理由として解雇その他不利益な取扱いをしてはならない旨を定めています。この規定に違反してなされた解雇は法的にも無効と考えられます。また，産前産後の休業期間及びその後の30日間は，労基法第19条により解雇が制限されていますので，この間も当然解雇はできません。このため，育児休業を連続して利用する者については相当長期にわたり休業が続き，その間使用者は育児休業していることを理由とした解雇はできないということになります。

　ところで，育児休業を理由とする解雇とは，解雇の実質的な理由が育児休業をすることにある解雇ということですから，たとえば育児休業中に事業が不況等により整理縮小といった事態を生じたと仮定すると，人員整理の必要に基づく合理性のある解雇は，育児休業を理由とする解雇には該当しないことになります。

　なお，この場合の育児休業を「理由とする」解雇か否かの判断については，育児休業を「契機」として行われた場合（＝時間的に近接して行われた場合）は，原則としてこれを理由として行われた不利益取扱いと判断されることになります（平27.1.23雇児発0123第1号通達，最高裁第一小法廷平26.10.23判決，後述のQ264「妊娠・出産，育児休業等を理由とする不利益取扱い」参照）。

　設問のような理由による解雇は，要するに育児休業を利用して長期に休む者は雇用している意味がないので，やめてもらうということであり，育児休業を利用することを理由とする解雇に他なりません。したがって，解雇はできないと考えます。　　　　　　　　　〔参照条文　育介法10条，労基法19条〕

Q238　出生時育児休業中の就労

　原則，育児休業中は就労ができませんが，出生時育児休業中であれば労働者に就労を命じても構わないのですか。その場合，就労にあたり制約や手続きはあるのでしょうか。

Ⓐ　　まず，育児休業中は一時的・例外的に就労をさせることができるとい
う，極めて例外扱いとして取り扱われてきましたが，出生時育児休業で
は，要件を満たせば休業中でも就労をさせることができるという点では違いが
あります。

その要件とは次のとおりです。

① 　労使協定が締結されている

② 　協定の合意範囲内で労働者が就業を希望する場合は，事業主に対し就業
の条件を申し出る

③ 　労働者が申し出た条件の範囲内で事業主は候補日・時間を提示する

④ 　提示された内容について労働者が同意する

⑤ 　同意を得た場合は，事業主は同意を得たこと，就業させる日時，その他
の労働条件があればそれらを労働者に通知

以上の手順を踏めば，休業中の就労は可能ですが，それでも休業中のすべて
を就労に充てると休業の意味がありませんので，就労できる範囲は決まってお
ります。

•休業期間中に就労する場合は，所定労働日数・所定労働時間の半分まで

•休業の開始日や終了予定日に就業する場合は，所定労働時間数未満まで

つまり，週40時間勤務の労働者（1日8時間×5日）が出生時育児休業中
（2週間を予定していると仮定）に就労する場合は，休業初日と最終日は8時
間未満，日数は5日（10日の半分），時間は40時間（80時間の半分）までとな
ります。

なお，労働者から出生時育児休業中の就労を求められても，会社としてそも
そも認めていない（労使協定を締結していない）ことから拒否することも可能
ですし，労働者もまた，会社が求めてきても休業中に就労を拒否することも可
能です。

このように，あくまで子の養育のための休業であることを念頭に置きつつ，
真にやむを得ない場合で，労使ともに真意に合意した場合に限りできるもので
あります。

〔参照条文　育介法9条の5　育介法施行規則21条の15，同16，同17，同18〕

Q239　原職復帰は絶対条件か

　　育児休業していた従業員が近く復職の予定です。当社の育児休
業制度では，育児休業者の職場復帰に関しては，原職復帰を定め
ていますが，休業している間に業務の合理化が進み，復帰すべき
原職自体がなくなってしまいました。このような場合の復職者の
処遇については，どう考えるべきなのでしょうか。

Ⓐ　　育児・介護休業法では，事業主は「育児休業及び介護休業後における
　　　賃金，配置その他の労働条件に関する事項」その他一定の事項について，
あらかじめこれを定め労働者に周知させる措置をとるとともに，労働者又はそ
の配偶者が妊娠・出産し，又は労働者が介護していることを知った場合は，個
別にその労働者に対して，その者に係る取扱いを明示するように努めなければ
ならないと定めています（育介法21条）。つまり，育児休業者の職場復帰に係る
取扱いについては，育児・介護休業法自体が直接これを定め原職復帰等を事業
主の義務とするのではありません。その取扱いは基本的に労使当事者間の定め
に委ねられているのです。そして使用者には，その取扱いをあらかじめ定め周
知すべき努力義務が課されているのです。

　もっとも，事業主が講ずべき措置に関する指針（平21厚生労働省告示509号）
が定められており，上記の取扱いは育児休業の権利を行使したことを理由とし
てその者を不利益に取り扱うものであってはならないと定められています。こ
の点，設問の場合は，原職復帰を定めているということで，何ら問題はありま
せん。

　しかし，こうした原職復帰の定めは原職復帰が可能である場合にそのように
取り扱うということであると考えるのが合理的です。原職復帰の前提となる業
務に事業の合理的必要に基づく変更が加えられた結果として復帰すべき原職が
なくなった場合にまで，改めてその者のために一度消滅した原職を復活させる
べきことまでをも定めたものとは一般に解しにくく，その者の復職を阻止する
目的であえて合理的必要のない業務内容の変更が行われたといった特別の場合

を除いて，原職に復帰できない結果となってもやむを得ないものと思われます。

　事業主としては，その間の事情を十分説明し，他に適当な職務を提示し，必要な教育訓練を行うなどして本人の納得を得るよう措置することが適当でしょう。なお，こうした事態は急に生じたものでないとすれば，休業中の者に早めにそうした情報を提供し，必要な教育訓練等がスムーズに行われ，円滑に復職できるよう適切な措置が求められます。　　　　　　〔参照条文　育介法21条〕

Q240　育児休業の期間は勤続年数に算入するか

　育児休業を利用した期間は，各種処遇条件中で勤務年数をその判断要素としているものにおいては，これを勤続したものとみなさなければならないのでしょうか。

Ａ　育児・介護休業法では，設問の件については特段の規制は加えていません。基本的には，それぞれの企業における各種制度の趣旨目的に即して合理的な解釈によって判断すべきものと考えられます。ただし，労基法上の年次有給休暇の取扱いに関しては，そこで言う継続勤務とは，いわゆる在籍期間をいうものであると解釈されていますので，年次有給休暇の付与日数の計算上は，育児休業期間は当然雇用契約は継続しており在籍している期間ですから，これを勤続年数に算入しなければなりません。なお，現実に労基法上の年次有給休暇の権利が発生するためには，この他に前年度の出勤率8割以上という条件を満たさなければなりませんが，この出勤率の計算においては育児休業期間はこれを出勤したものとみなさなければなりません（労基法39条7項）。したがって，前年度の育児休業した期間もこれを出勤したものとして計算して8割出勤の要件を満たしていれば年次有給休暇の権利は発生することになります。また，労基法第12条の平均賃金の算定においては，育児休業の期間は，その期間とその間の賃金のいずれも，平均賃金の計算には含めないこととされています。

　次に，退職金制度等，労基法上特別の規定や解釈がない処遇条件については

どうかというと，これは労使間の定めに従うことになります。全期間を勤続年数に算入することも逆に算入しないことも，また一部算入することも可能ですし，さらには，育児休業終了後の勤続年数に応じてその取扱いが異なるとすることも別段違法ということにはなりません。ただし，他の休業・休職事由との比較で育児休業のみを殊更に不利な扱いとすることはできません。

　いずれにしても，退職金制度においてはその決定・計算方法等を就業規則（退職金規程）において明定しなければなりませんので，その条件内容は明確にしておかなければなりません。この他勤続表彰とか福利厚生制度の適用等において勤続年数をその判断要素としている場合も，同様にそれぞれの制度目的等との関係で合理的な取扱いを自主的に定めることが可能と考えられます。

〔参照条文　労基法39条〕

Q241　育児休業中の労働・社会保険料

　当社の育児休業制度では，育児休業期間中は賃金は支給しないことにしていますが，この場合でも休業期間中労働保険や社会保険の保険料は納付しなければなりませんか。また，本人負担分はどうなりますか。

Ａ　育児休業の期間は，いうまでもなく雇用は継続しています。したがって，労働・社会保険もその間被保険者としての資格が継続することになります。まず，労働保険の保険料の負担については，雇用保険のみが本人の負担分がありますが，雇用保険の保険料の本人負担分は賃金に保険料率を乗じて得た額ですから，賃金が支払われないのであれば保険料もゼロということになります。

　次に，社会保険の保険料については，育児・介護休業法に基づく育児休業期間中の保険料は，従業員本人負担部分，事業主負担部分ともに免除されます。

　この保険料の免除は，事業主が申出書を年金事務所や健康保険組合に提出す

ることによって，受けることができます。

　この社会保険の保険料の免除は，育児・介護休業法に基づく子が1歳（パパママ育休プラスの場合は1歳2カ月までの間での1年間，入園待機等育休の場合は1歳6カ月更には2歳）までの法定の休業期間に限られず，令和4年10月1日施行の産後パパ育休も対象となるほか，3歳に達するまでの間の育児休業の期間に拡充されています。

　なお，育児休業の場合は上述のとおり保険料の免除がありますが，介護休業にはこのような仕組みがありませんので，通常どおり保険料を納付しなければなりません。こうしたこともあり，育児・介護休業法では，介護休業に関する定めをして周知させる努力義務が課せられていますが，その1つに「労働者が介護休業期間について負担すべき社会保険料を事業主に支払う方法に関すること」があります。

〔参照条文　健康保険法159条，厚生年金保険法81条の2，育介法21条，育介法施行規則70条〕

Q242　所定労働時間の短縮措置等

育児休業制度以外にも勤務時間短縮措置というものが設けられているようですが，どのような制度なのでしょうか。

Ⓐ　従前は，原則1歳までの子を養育する労働者で育児休業をしないものについては，勤務時間の短縮等の措置（具体的には，勤務時間短縮，所定外労働免除，フレックスタイム制，始終業時刻の繰上げ繰下げ，保育施設の設置運営又はこれに準じる便宜の提供のいずれかの措置），1歳から3歳までの子を養育する労働者の場合は育児休業制度に準じる措置又は前記勤務時間の短縮等の措置を講じることが必要でしたが，平成22年6月30日施行の法改正により，3歳まで（未満）の子を養育する労働者がその適用を申し出た場合は「所定労働時間の短縮措置等」を講じることが義務となりました。その概要は

以下のとおりです。

所定労働時間の短縮措置の内容

　所定労働時間の短縮措置には，労働者の選択可能な選択肢として必ず，１日の所定労働時間を原則として６時間とする措置を含めなければなりません。これに加える形であれば，他の７時間とか５時間，４時間などとするなどの多様な短縮措置を併せて講じることも可能です。

　短縮の方法は，始業時刻の繰下げ，終業時刻の繰上げ，始業終業時刻の繰下げ繰上げなど，任意です。

（適用除外）

① 　日々雇用者

② 　１日の所定労働時間が６時間以下の者

　　そのほか，次の労働者は，労使協定を締結することで適用除外とすることができます。

③ 　継続雇用１年未満の者

④ 　週所定勤務日数が２日以下の者

⑤ 　業務の性質又は業務実施体制に照らして所定労働時間の短縮措置を講じることが困難と認められる業務に従事する者（これには，たとえば，国際線航空機の客室乗務員等，労働者が少ない事業所でその業務に従事できるものが著しく少ない業務，流れ作業による製造業務や交替制勤務の製造業務で短時間勤務を組み込むことが困難な業務，従業員が担当すべき顧客企業・地域等が厳密に分担され他者では代替が困難な営業業務などが行政解釈通達で例示として説明されています）。ただし，この業務の性質等による適用除外をする場合は必ず，これに代わる始業時刻変更等の措置として，ⅰ）申出に基づく育児休業に準ずる措置又はⅱ）フレックスタイム制，ⅲ）始業終業時刻の繰上げ又は繰下げ措置，ⅳ）保育施設の運営その他これに準ずる便宜の供与，のいずれかの措置を講じなければなりません。事業主はこのうちのどれか１つを講じればよく，従業員が希望する措置でなければならないということではありません。

　　実務的には適用除外の労使協定においてあわせてその代替措置について合意することが考えられますが，特段の合意がなければどの措置を講じる

かは事業主の判断に委ねられます。

〔参照条文　育介法23条，育介法施行規則73〜74条〕

Q243　所定外労働・時間外労働の制限・深夜業の制限

所定労働時間の短縮のほかにも，所定外労働の制限や法定の時間外労働の制限，深夜業の制限などの規制もあるようですが，どのようなことになるのでしょうか。

Ⓐ　Q242で見たように，従来1歳までの子を養育する者と1歳から3歳までの子を養育する者についての短時間勤務制度として定められていた各種措置の選択肢が再構成され，3歳までの子を養育する者についての①所定労働時間の短縮措置と，同じく3歳までの子を養育する者についての②所定外労働の免除措置がそれぞれ独立の義務とされ，また，その他にも小学校就学の始期までの子を養育する者についての法定時間外労働の制限があります。ここでは所定外労働の制限と法定の時間外労働の制限・深夜業の制限について説明します（所定労働時間の短縮措置についてはQ242参照）。

〔所定外労働の制限〕

日々雇用者を除き，3歳までの子を養育する者が請求した場合は，事業の正常な運営を妨げる場合を除いて，その者の所定労働時間を超えて労働させることができません。事業の正常な運営を妨げる場合を除くというのは，年休の時季変更権行使の要件と同じ表現であり，よほどの状況でなければ請求は拒めない，と考えることが必要です。

ただし，①継続雇用1年未満の者と②1週間の所定労働日数が2日以下の者は，労使協定によりこの制度の適用対象外とすることができます。

請求に当たっては，1カ月以上前までに原則として書面（事業主が認める場合はFAXやEメールも可）で，1カ月以上1年以内の希望する連続期間について申し出ることが必要です。なお，この請求は，次の法定時間外労働の制限

の請求期間と重複しないようにしなければなりません。

〔法定時間外労働の制限〕

　日々雇用者，継続雇用1年未満の者，1週間の所定労働日数が2日以下の者を除き，小学校就学の始期に達するまでの子を養育する者が請求した場合は，事業の正常な運営を妨げる場合を除いて，1カ月24時間，1年150時間を超えて法定の時間外労働をさせることができません。

　この請求に当たっては，1カ月以上前までに原則として書面（事業主が認める場合はFAXやEメールも可）で，1カ月以上1年以内の希望する連続期間について申し出ることが必要です。この請求は，前述の所定外労働の制限の請求期間と重複しないようにしなければなりません。

　なお，この制度については従来，子の親である配偶者等が専業主婦等であったり育児休業中であるなど，子を常態として養育できる場合は適用が除外されていましたが，今ではこうした者についてもこの制度の適用を受けることができます。

〔深夜業の制限〕

　日々雇用者を除き，小学校就学の始期に達するまでの子を養育する者がその子を養育するために請求した場合は，事業の正常な運営を妨げる場合を除いて，午後10時から午前5時までの深夜に労働させることができません。

　この請求に当たっては，1カ月以上前までに原則として書面（事業主が認める場合はFAXやEメールも可）で，1カ月以上6カ月以内の希望する連続期間について申し出ることが必要です。

〔参照条文　育介法16条の8，17条，19条〕

Q244 所定時間短縮措置やこれに代わる始業時刻変更等の措置は，従業員の希望する内容のものでなければならないか

　所定労働時間の短縮措置には，１日の所定労働時間を原則として６時間とする措置を含めなければならないということですが，従業員が６時間への短縮以外の時間短縮を希望する場合は，希望どおりの短縮を認めなければならないのですか。また，所定労働時間の短縮が困難な場合の代替措置についてはどうですか。

Ⓐ　育児・介護休業法施行規則第74条は，所定労働時間の短縮措置について，「１日の所定労働時間を原則として６時間とする措置を含むものとしなければならない」としています。また，始業時刻変更等の措置について同じく規則第74条は「希望する労働者に適用される次の各号に掲げる措置のいずれかの方法により講じなければならない」としてⅰ）フレックスタイム制，ⅱ）始業終業時刻の繰上げ又は繰下げ措置，ⅲ）保育施設の運営その他これに準ずる便宜の供与を定めています。このほかに，法律の第23条自体で「労働者の申出に基づく育児休業に準ずる措置」を規定しています。

　所定労働時間の短縮措置は，どのような措置内容にするかについて具体的な選択肢を掲げることなく，原則的に事業主にその内容を委ねつつ，少なくともその措置の１つとして，１日の所定労働時間を原則として６時間とする措置を含めることを求めているのです。なお，この原則として６時間，というのは，所定時間が７時間45分のところでの２時間短縮を考慮し，短縮後の１日の所定労働時間を１日５時間45分から６時間までとする措置を許容する旨の解釈通達が示されています。

　たとえば，所定労働時間が１日８時間の企業で，所定時間の短縮措置をとる場合，従来の半分の時間の４時間とする措置を定めることも，１時間の短縮に止め所定時間を７時間とする措置を定めることも可能ではありますが，必ずその措置の中に１日の所定労働時間を原則として６時間とする措置が含まれてい

なければなりません。本人が希望すれば6時間とすることができれば，他の選択肢をどのように定めるかは自由です。また，6時間とする制度だけに限定することも可能です。

　始業時刻変更等の措置は，希望する労働者に適用される次の……いずれかの方法，としており，その意味は，そこに掲げられたいずれかの措置を講じれば足りるということです。掲げられた各種措置の中で各従業員が希望する措置を各人ごとに確認して希望の措置を講じなければならないということではありません。もちろん各人の希望に沿うことができることが理想的ですが，どれか1つの措置を講じるだけでも法的な責任は果たしたことになります。また，措置は本人が希望する場合に適用するものであり，希望しないものに対して適用を強制することはできません。　　　　　　　　　　〔参照条文　育介法23条〕

Q245　介護休業はだれでも利用できるのか

　　介護休業を利用できる者の範囲は育児休業と同じと考えてよいのですか，違いがあるのですか。

Ⓐ　介護休業を利用できる労働者の範囲の考え方は育児休業の場合と共通性があります。育児・介護休業法では，法が直接的に介護休業制度の適用を除外しているものと，労使協定にその取扱いを委ねているものとがあります。まず，育児・介護休業法の第2条は育児休業と同じく日々雇用される者を，介護休業することができる労働者の定義から除外しています。日々雇用者は，育児休業も介護休業もともに法律上の権利としては認められていないのです（※Q230「育児・介護休業制度の概要」参照）。

　次に，パートタイマーやアルバイト，さらに定年後嘱託といった，一般の社員と別のカテゴリーとされている者はどうかというと，特にこうした名称だからといって適用が除外されることはありません。この点も育児休業と同じです。要するに，雇用契約が日々雇用に該当しない限り，名称のいかんを問わず介護

休業ができる，ということです。これは役職者かどうかや，男女の性別も関係ありません。すべての労働者について共通です。

　なお，育児・介護休業法は，期間雇用者の場合，介護休業するには介護休業開始予定日から93日を経過する日から6カ月を経過する日までに労働契約期間が満了し，更新されないことが明らかでないことという条件を満たすことを求めています。

　したがって，まずこの条件を満たすことが必要です。

　次に，育児休業と同様に労使協定により適用除外できる者があるかどうかですが，これも育児休業の場合と基本的に同じです。事業所の過半数労働者を組織する労働組合があればその組合，これがない場合は過半数代表者との書面協定により定めた場合は，次の者を適用除外とすることができます。

　(1)　継続雇用1年未満の労働者

　(2)　介護休業の申出の日から起算して93日（育児休業と異なることに注意）
　　　以内に雇用関係が終了することが明らかな労働者

　(3)　1週間の所定労働日数が2日以下の者

　これ以外の労働者は，たとえ労使協定で合意しても介護休業の適用除外とすることはできません。また，これらの者についても，労使協定で合意した場合にはじめて除外できるのであって，協定が成立しない限り，適用は除外されません。育児休業と同じく，1日の所定労働時間が短いということだけでは適用除外とすることはできません。

〔参照条文　育介法11条，12条，育介法施行規則25条〕

Q246 ｜ 介護休業の対象となる家族の範囲は

　　介護休業は，だれを介護する場合に認められるのですか。現に自分が扶養している家族に限られるのか，また逆に故郷に離れて住んでいる親の介護は対象とならないのですか。

（A）　介護休業は，「要介護状態」にある「対象家族」を介護する場合に認められるものです。それぞれは次のようなことを意味しています。

① 　要介護状態とは…負傷，疾病又は心身の障害により，２週間以上の期間にわたり，常時介護を必要とする状態をいいます。

② 　対象家族とは…配偶者（内縁を含みます），父母及び子，配偶者の父母，それに祖父母，兄弟姉妹及び孫をいいます。

したがって，設問にあるように，現に自分が扶養しているとか同居しているかどうか等に関係なく，要介護状態にあれば介護休業の対象となります（注，平成28年までは祖父母や兄弟姉妹，孫の場合は同居し扶養していることが条件とされていましたが，平成29年１月１日からは上記のようにこの条件が廃止されています）。普段は遠く離れた故郷の両親等であっても，介護のために帰郷したり呼び寄せることにより現に介護を行うのであれば介護休業の対象となります。

一方で，こうした家族以外の単なる同居人や親しい隣人を介護しようというための休業はこの介護休業の制度の対象とはなりません。なお，「常時介護を必要とする状態」とは，次のいずれかに該当する場合をいうものとされています。

① 　介護保険制度の要介護状態区分において要介護２以上であること。

② 　「常時介護を必要とする状態に関する判断基準」の状態(1)から(12)のうち，２が２つ以上又は３が１つ以上該当し，かつ，その状態が継続すると認められること。

項目 \ 状態	1	2	3
(1) 座位保持（10分間一人で座っていることができる）	自分で可	支えてもらえればできる	できない
(2) 歩行（立ち止まらず，座り込まずに５m程度歩くことができる）	つかまらないでできる	何かにつかまればできる	できない
(3) 移乗（ベッドと車いす，車いすと便座の間を移るなどの乗り移りの動作）	自分で可	一部介助，見守り等が必要	全面的介助が必要
(4) 水分・食事摂取	自分で可	一部介助，見守り等が必要	全面的介助が必要

(5) 排泄	自分で可	一部介助，見守り等が必要	全面的介助が必要
(6) 衣類の着脱	自分で可	一部介助，見守り等が必要	全面的介助が必要
(7) 意思の伝達	できる	ときどきできない	できない
(8) 外出すると戻れない	ない	ときどきある	ほとんど毎回ある
(9) 物を壊したり衣類を破くことがある	ない	ときどきある	ほとんど毎日ある
(10) 周囲の者が何らかの対応をとらなければならないほどの物忘れがある	ない	ときどきある	ほとんど毎日ある
(11) 薬の内服	自分で可	一部介助，見守り等が必要	全面的介助が必要
(12) 日常の意思決定	できる	本人に関する重要な意思決定はできない	ほとんどできない

　なお，厚生労働省は，この基準に厳密に従うことにとらわれて介護休業の取得が制限されてしまわないように，介護をしている労働者の個々の事情に合わせて，なるべく仕事と介護が両立できるよう，柔軟に運用することが望まれる，としています。　　　　　　　　　　　　　　〔参照条文　育介法11条，12条〕

Q247 介護休業の期間・回数は

　介護休業の認められる期間が3カ月から93日に変わったということですが，実際の違いはどこにあるのですか。また，休業の期間や回数で育児休業と違うところはどこですか。

Ⓐ　法律で認められている介護休業は，要介護状態にある同一の対象家族について通算93日までの範囲内で3回を上限として利用ができます。介護を必要とする状態の程度には波があるため，同一の対象家族が同じ原因で要

介護状態とそうでない状態を繰り返す場合がありますし，異なる原因で要介護
状態になることがありますが，いずれであっても，同一家族の介護休業は，1
回から3回の間で利用可能ですが，日数は通算で93日が限度とされます。もち
ろんこれ以上の期間を使用者が認めることは自由です（※Q228「育児・介護休
業制度の概要」参照）。この日数は所定勤務日数で計算するのではなく，土日そ
の他の所定休日も含んだ暦で計算します。ということになります。これまでは
要介護状態ごとに1回しか利用できませんでしたが，3回の分割利用が可能と
なったことで，介護を必要とする程度の状態に波があるような場合には，より
柔軟な利用が可能になったということです。

　労働者は，この範囲内で具体的な休業の開始予定日と終了予定日を明らかに
して休業を申し出ることができます。使用者はこの申出を拒むことはできませ
ん（育介法11条，12条）。育児休業と同じく，年次有給休暇の申出に対する時季
変更権のような権利は使用者に認められていません。ただし，申出の時期と休
業開始予定日があまり接近していると，使用者の方の業務運営との調整が難し
いという負担があるため，一定の調整が認められています。

　具体的には，休業開始予定日として労働者が指定してきた日が，休業申出の
あった日の翌日から起算して2週間以内である場合に限り，使用者にこの予定
日を変更することが認められます。変更の範囲は，本人の指定日から労働者が
申し出た日の翌日から起算して2週間以内の日までの間です。具体的な例をあ
げれば，4月1日に4月10日からの介護休業の申出があった場合は，4月10日
から4月1日の翌日である4月2日から数えて2週間を経過する日である4月
15日までの間のいずれかの日を使用者のほうでその者の介護休業の開始予定日
として指定することができるのです。

　なお，こうした2週間未満の予告期間しかない場合も，使用者のほうで特に
調整のための指定をしないかぎり，申出のあった日程で休業ができることにな
ります。
　　　　　　　　　　　　　　　　　　　　〔参照条文　育介法11条，12条〕

Q248 介護休業期間の延長や短縮は可能か

介護休業についても，いったん申出のあった期間の延長や短縮は認められるのですか。

Ⓐ　法律が労働者のほうに認めている期間の調整としては，休業終了予定日の繰下げがあるだけです。これ以外の開始予定日の繰上げ・繰下げや，休業終了予定日の繰上げは法律上の権利としては認められていません。もちろんこうしたことについても会社の制度として認めることは自由です。

　期間の調整とは趣旨が違いますが，類似の問題として，介護休業の途中終了や介護休業の申出の撤回ができたり申出がなかったとみなされる場合があります。

〔延長……休業終了予定日の繰下げ〕

　労働者は，申し出ていた介護休業終了予定日の2週間前までに申し出ることにより1回だけ当初の介護休業終了予定日を後ろに遅らせることができます。ただし，この場合も変更後の休業終了予定日は介護休業開始日からの通算93日の範囲内に限られます。

〔短縮……休業の途中終了〕

　次の場合は，予定されていた期間の途中でも介護休業は終了することになります。

①　介護休業終了予定日前日までに対象家族が死亡した場合

②　対象家族との間の親族関係が消滅した場合

③　休業を申し出た労働者が傷病や心身の障害により介護休業等の日数が93日に達するまでの間，対象家族を介護できなくなった場合

④　介護休業開始予定日までに申し出た労働者について産前産後休業，育児休業又は新たな介護休業が始まった場合

〔休業申出の撤回〕

　休業開始予定日の前日までの間は理由を問うことなく休業申出の撤回が認められます。休業申出を撤回した場合でも，同じ対象家族について合計3回の範囲で再度の休業の申出ができます。ただし，同一の対象家族について2回連続

して休業申出を撤回した場合は，その後その対象家族についての休業申出を拒否することができます。

〔休業申出がなかったとみなされる場合〕

介護休業開始前に前記の「短縮……休業の途中終了の事由」の①から③までの事由が生じた場合，休業の申出はなかったものとみなされます。

〔参照条文　育介法13条，14条，15条〕

Q249　介護休業と平均賃金・年次有給休暇

介護休業期間は，育児休業期間と同じように平均賃金の算定期間から除外されたり年次有給休暇の出勤率の算定では出勤とみなされるのですか。

A そのとおりです。育児・介護休業法に基づく介護休業の期間は，労基法第12条の平均賃金の算定においては，育児休業の期間と同様，その日数とその間の賃金を平均賃金算定期間とその間の賃金総額から控除することになります。

また，介護休業期間は，育児休業期間と同様，労基法第39条の年次有給休暇の権利発生要件である出勤率の算定において，これを出勤したものとみなすことになります。

なお，法定の期間を上回って1年なら1年というような期間を介護休業の期間として認める場合の取扱いは法律に特に規定されていませんが，育児休業の場合と同様，解釈上，平均賃金の算定からは除外すべきものと思われます。これに対し，年次有給休暇の場合の出勤率の算定についてはどうかということ，明確な通達もなく断言はできませんが，法律の解釈上は当然に出勤したものとして取り扱う義務があるとまではいえないように思われます。労使の合意により合理的な取扱いを定めることが望まれます。日数にもよるでしょうが，法定の休業に準じて同様の取扱いとするか，分母・分子ともに算入しないという取

扱いなどが考えられるでしょう。　　　　　〔参照条文　労基法12条，39条〕

Q250 　勤務時間の短縮，所定外労働・時間外労働の制限

　育児・介護休業法の改正で，これまで義務とされなかった介護の場合の所定外労働の免除が，義務となったと聞きましたが，これで，介護の場合の勤務時間関係の制限は育児休業と同じになった，ということですか。

Ⓐ　ご指摘のとおり，平成29年1月1日からは，請求があれば介護のための所定外労働の免除が義務となり，また，所定労働時間の短縮措置も拡充されています。法定時間外労働の制限については従来通りです。これで，介護の場合も育児の場合と勤務時間関係の規制の項目は同じことになりますが，内容は完全に同じということではなく，所定労働時間の短縮措置の内容に多少の違いがあります（育児の場合の所定労働時間の短縮措置等についてはQ242，Q243などを参照してください）。

〔介護の場合の所定労働時間の短縮措置〕

　要介護状態にある対象家族を介護する労働者が介護のための休業をせず，就業しつつ介護することを容易にするため，その申出に基づき最低3年の間，①所定労働時間の短縮措置か，②フレックスタイム制度の適用，③所定労働時間を変更することなく始業又は就業の時刻を繰り上げ又は繰り下げる措置を講じるか，又は④介護サービス利用費用の助成制度その他これに準ずる制度，のいずれかを講じなければなりません。このうち①から③の措置を講じる場合は，3年の間で2回以上利用できるものとしなければなりません（④については回数についての基準はありません）。なお，本人希望との関係についての考え方は育児のための所定労働時間の短縮措置と同様です（Q242参照）。

　これらの処置は，ⅰ．雇用継続1年未満の者と，ⅱ．週所定労働日数が2日以下の者については労使協定で適用を除外することができます。また，日々雇

用者は労使協定を要することなくこの制度の適用対象から除外されています。なお，期間雇用者は除外されません（この設問について以下同じ）。

〔介護の場合の所定外労働の制限〕

要介護状態にある対象家族を介護する労働者が介護のための休業をせず，就業しつつ介護することを容易にするために請求した場合は，事業の正常な運営を妨げる場合を除き，所定労働時間を超えて労働させることができません。請求は1月以上1年以内の期間について制限開始予定日と制限終了予定日を明らかにして1カ月前までにしなければなりません。これらの処置は，ⅰ．雇用継続1年未満の者と，ⅱ．週所定労働日数が2日以下の者については労使協定で適用を除外することができます。また，日々雇用者は労使協定を要することなくこの制度の適用対象から除外されています。

〔介護の場合の法定時間外労働の制限〕

要介護状態にある対象家族を介護する労働者が介護のための休業をせず，就業しつつ介護することを容易にするために請求した場合は，事業の正常な運営を妨げる場合を除き，法定の時間外労働は制限時間（1カ月24時間1年150時間）を超えて行わせることができません。請求は1月以上1年以内の期間について制限開始予定日と制限終了予定日を明らかにして1カ月前までにしなければなりません。これらの処置は，ⅰ．雇用継続1年未満の者と，ⅱ．週所定労働日数が2日以下の者については労使協定で適用を除外することができます。また，日々雇用者は労使協定を要することなくこの制度の適用対象から除外されています。

なお，所定外労働の制限と法定時間外労働の制限の期間は重複しないようにしなければなりません。　　〔参照条文　育介法16条の9，18条，23条〕

Q251 育児や介護のために退職する者についての再雇用特別措置とは何か

育児や介護のために退職する者について，法律はその者が希望する場合は事業主に再雇用のための特別の措置を要求しているということですが，どのようなことが求められているのですか。

Ａ　育児や介護の責任と職業生活の両立を図ることを支援するため，育児休業や介護休業の制度が設けられたわけですが，現実には，いろいろな事情のなかで，退職を選択するという場合が生じます。こうした場合については，育児・介護休業法により，再雇用特別措置等を実施するよう努めることが事業主に求められています。

　まず，対象となるのは，妊娠，出産，育児又は介護を理由として退職した労働者です。これを育児等退職者と呼びますが，事業主は必要に応じて，こうした者が退職するに際して再び就業することが可能となったときに再雇用されることを希望する旨を申し出ていた場合，労働者の募集又は採用に当たって特別の配慮をすること，その他これに準ずる措置を実施するよう努めることが求められます。

　「特別の配慮」というのは，優先的に再雇用すること，一般公募に先立ち対象者に復職の意思の有無を確認すること，再雇用対象者を労働条件面で他の中途採用者よりも優遇すること，等が考えられます。また，「これに準ずる措置」とは，関連企業への再就職とか，退職時に復職の申出をしなかった者をも対象とする再雇用の措置等が考えられ，これらの配慮の内容や準ずる措置の内容は，いずれも各企業の実情に応じて選択されるべきものであり，またこれらの措置は法により強制されるものではない，という趣旨が，「必要に応じ」ということに表されているということになります。　〔参照条文　育介法27条〕

Q252 看護休暇・介護休暇

看護休暇や介護休暇の時間単位の利用が可能になったということですが，どのような内容になったのですか。

A これまで看護休暇と介護休暇は，1日単位又は半日単位の取得が可能とされていたところですが，令和3年（2021年）1月からは，時間単位の取得が可能となっています。それぞれの制度概要は以下のとおり似かよった仕組みになっています。

〔看護休暇〕

　小学校就学の始期までの子を養育する労働者（日々雇用者を除く）は，事業主に申し出ることによって，年次有給休暇とは別にその養育する子の看護（傷病の子の世話や，子の疾病予防のための予防接種，健康診断の受診といった必要な世話を行うこと）のために，1年間に5日，ただし，子が2人以上の場合は10日の看護休暇を利用することができます。これは，年休とは別の制度ですから，年休のように事業の正常な運営を妨げるということを理由にその申出を拒むことはできません。子の怪我や病気などは時期を選べないという事情もあります。期間を定めて雇用する有期雇用者の場合も，そのことで特別な条件が加重されることはなく上述のとおりの看護休暇の利用が可能です。また，1年間の利用日数（5日あるいは10日）というのは期間雇用の場合，残りの雇用期間の長さによって少なくすることはできません（年休と同じ考え方です）。たとえば，対象となる子が1人の場合，6カ月雇用の従業員だからといって看護休暇の日数を2.5日とすることはできず，5日の利用を可能としなければなりません。

　1年につき5日が原則ですが，子が2人以上の場合は，10日の利用が可能です（2人の子について合計で10日ということであり，1人は3日，残りをもう1人に7日という利用も可能です）。

　1年とは，特別の定めを企業としてしなければ毎年4月1日から翌年3月31日までの1年間ということになります。1月1日から年末までの暦年で管理す

るのであれば，具体的に就業規則等に定める必要があります。

　看護休暇は就業規則の絶対的必要記載事項である「休暇」に関する事項に該当しますので，就業規則に明記が必要です。休暇中の賃金の取扱いは労使の合意に委ねられますので，あわせて明記することが適当です。

　この看護休暇の制度は，労使協定を結ぶことで次の者を適用除外とすることが可能です。

　①継続雇用6カ月未満の者，②1週間の所定労働日数が2日以下の者

　看護休暇は1日単位又は1日未満の単位（＝時間単位）での取得が可能です（従来1日未満の単位での取得について半日単位のみが認められていた時には，1日の所定労働時間が4時間以下の者は1日未満の単位での取得が認められていませんでしたが，1日未満の単位が半日単位から時間単位に改正されたことに伴い，こうした方たちも1日未満の単位（＝時間単位）での取得が可能となりました。）。法律が定めた利用の方法は，「始業の時刻から連続し，又は終業の時刻まで連続する」時間単位の利用です。なお，就業時間の途中のいわゆる中抜けの利用を認めることは法的義務にはなっていませんが，法を上回る制度として，これを可能とするよう配慮することが望まれます。また，業務の性質又は業務の実施体制に照らして，1日未満の看護休暇を取得することが困難と認められる業務に従事する者も労使協定を締結することにより除外できます。具体的には，指針の第2の2の(3)で，国際路線等に就航する航空機の乗務員等や，長時間の移動を要する遠隔地で行う業務，流れ作業や交替制勤務による業務などが例示として示されています。ただし，この1日未満の看護休暇を取得することが困難と認められる業務に従事する者も1日単位の看護休暇の利用は可能です。

　〔介護休暇〕

　介護休暇を利用できるのは，要介護状態にある対象家族の介護や通院の付き添い，介護サービスの提供を受けるための手続代行その他の必要な世話を行う労働者（日々雇用者を除く）です。申し出ることでこれらの世話のための介護休暇を1年につき5日（対象家族が2人以上の場合は10日）利用できます。

　これも，年休とは別の制度ですから，年休のように事業の正常な運営を妨げるということを理由にその申出を拒むことはできません。

　1年とは，特別の定めを企業としてしなければ毎年4月1日から翌年3月31日までの1年間ということになります。1月1日から年末までの暦年で管理するのであれば，具体的に就業規則等に定める必要があります。

　介護休暇は就業規則の絶対的必要記載事項である「休暇」に関する事項に該当しますので，就業規則に明記することが必要です。休暇中の賃金の取扱いは労使の合意に委ねられますので，あわせて明記することが適当です。

　介護休暇の制度についても，1日未満単位での取得が可能です。1日未満の単位とは具体的には時間単位であることなど，その仕組みは看護休暇の場合と同じです。また，労使協定で介護休暇の対象から除外できる労働者の範囲等も看護休暇の場合と同じです。

　〔参照条文　育介法16条の2〜16条の7，育介法施行規則33条，34条，39
　　　　　　　条，40条，平成21年厚生労働省告示509号育介指針第2の2の
　　　　　　　(3)〕

第4編

男女雇用機会均等法

Q253　男女を問わず性別を理由とした差別禁止法に

　　女性差別を禁止する法律から男女双方を対象にした性差別禁止法になったということですが，具体的には，これまでとどのような変化が生じることになるのでしょうか。女性の職種に男性を雇用しないと違反になるのですか。

Ⓐ　以前の均等法では，女性であることを理由にした女性に対する差別的取扱いは禁止していましたが，男性であることを理由にした男性に対する差別取扱いは規制をしていませんでした。たとえば，同じ職種に属する女性は全員対象とされたにもかかわらず他に何の違いもなくただ男性であることのみを理由に一定の業務研修（たとえば接遇訓練などの研修）の受講を認められなかった場合，以前においては女性差別として問題とはなっても男性差別としては均等法による救済の対象にはならなかったわけです。これが平成19年 4 月に施行された改正法により，男性であることを理由にした男性に対する差別的取扱いも，性別を理由とする差別的取扱いとして禁止する法律に変わった結果，現在ではこのような問題が生じた場合には均等法による規制を受けることになり，苦情の自主的解決を図るように努める責任が生じ，都道府県労働局長による助言・指導・勧告の対象ともなり，紛争調整委員会の調停の対象ともなり得ます。

　女性の職種に男性を雇用しないと違反になるのか，という質問ですが，募集・採用の段階の問題については場合を 2 つに分けて考える必要があると思います。 1 つは女性に従事させることが必要であり女性に限ることが均等法との関係においても容認される職種の場合です。もう 1 つは，これ以外のいわゆる一般的に女性向きの職種と考えられている職種とか，自社では一般職に実際に採用されているのが女性だけであるような場合のその職種，ということになります。

　　i 　「女性の職種」というのが女優とか巫女のように女性に従事させることが必要であり女性に限ることが均等法との関係においても容認される職種

の場合

　この場合は，女性差別を禁止する法律から男女双方を対象にした性差別禁止法になったということでも変化はありません。従来と同様，男性を排除しても均等法に違反することにはなりません。

ⅱ　自社では実際に採用されているのが女性だけである職種とか，会社としては女性向きであると考える職種の場合

　この場合は，男女双方を対象にした性差別禁止法になったということで男性であることを理由にした男性に対する差別的取扱いに該当する場合は，都道府県労働局長の助言・指導・勧告の対象となり得ます。ただし，募集・採用の段階の問題については，調停の対象にはなりません。

このほか，採用後の配置・昇進・降格・教育訓練・福利厚生・職種変更・解雇等の性別による差別的取扱いが禁止される事項については，男性であることを理由にした男性に対する差別的取扱いがあれば，男性からの訴えについても均等法の仕組みによって取り上げられ，苦情の自主解決や都道府県労働局長の助言・指導・勧告，紛争調整委員会の調停の対象となることになります。

〔参照条文　均等法5条，15条，17条，18条〕

Q254　女性であること・男性であることを理由にした差別とは

　産前産後休業は女性しか利用できませんし，育児介護休業も実際には女性が利用する場合が多い中で，長期プロジェクトのチームメンバーの選定においてこうした休業の可能性のある女性は参加させないということは「女性であること」を理由にした差別となりますか。また女性については人事異動において家庭責任への影響を確認し影響が大きければ本人の希望を尊重して対象から外すなどの配慮をしていますが男性についてはこれまでそうした配慮はしていません。これも男性であることを理由にした差別になりますか。

Ⓐ 改正均等法では，女性であることを理由として男性と差別的取扱いをすることを禁止することに加え，男性であることを理由として女性と差別的取扱いをすることを禁止する法律になったわけですが，「女性であること」，「男性であること」を理由とする差別かどうかの考え方はこれまでと特に変わるところはありません。単に「女性であるということ」や「男性であるということ」ではない，別の具体的な要素により取扱いを違えることは「女性であること」，「男性であること」（以下「性別」）を理由とする差別とはいえません。たとえば，女性のみにある産前産後休業を利用した不就業を理由に他の従業員と何らかの取扱いの差を設けることが性別による差別に該当するかを考えると，実際に産前産後休業を利用した女性とこれを利用していない女性・利用の余地のない男性との間に取扱いの差を設けるということであれば必ずしも性別による区別とはいえないことになります。しかし，改正均等法では妊娠出産等を理由とする不利益取扱いを禁止する条文が設けられましたので，この事例は実際の産前産後休業等の申請や取得等を理由とするのであればやはり均等法に違反することには変わりありませんし，育児介護休業の申請や取得等を理由にするのであれば育児・介護休業法に違反することになります。また，実際に産前産後休業を利用しているとか今後産休に入る予定であるとかでプロジェクトの重要な期間の多くを休業することが明らかであり，これをプロジェクト要員に加えた場合にプロジェクト業務の運用に具体的な支障が生じる可能性があるというような個別の従業員を除外するということであれば別でしょうが，女性は産前産後休業や育児介護休業を取る可能性があるというだけで男性と女性に区分けして，長期プロジェクトのチームメンバーの選定において女性を一律に排除することは性別を理由とする配置についての差別的取扱いに該当し均等法に違反します。

次に，人事異動についての個人事情への配慮を性別により区別する取扱いについて考えれば，これまでも女性の職域固定化につながるような配置についての女性優遇策は禁止されていましたが，配置に関する差別的取扱いの禁止が女性を男性と比べて差別的に取り扱うことを禁止するルールから男女を問わず性別を理由とする差別的取扱いの禁止に変わった現在の均等法においては，男性を男性であるがゆえに女性に与えられる特別の配慮を行わないこうした措置は，

配置に関する性別を理由とする差別的取扱いに該当すると考えられます。なお,育児・介護休業法では,転居を伴う転勤については,男女を問わず育児や介護の状況について配慮することを義務付けており,留意が必要です。

　※具体的にどのようなことが差別に該当するかについては,「労働者に対する性別を理由とする差別の禁止等に関する規定に定める事項に関し,事業主が適切に対処するための指針」が定められており,募集・採用,配置・昇進・降格・教育訓練・福利厚生・職種変更・雇用形態変更・退職勧奨・定年・解雇・労働契約更新,の各段階ごとに具体的な例を挙げてその判断基準を示していますので,参考にしてください。

〔参照条文　均等法5条,6条,9条,育介法26条〕

Q255　均等取扱いとは

　　均等法では,募集・採用については「均等な機会の付与」といい,その他のところでは「差別的取扱いを禁止する」という仕組みのようですが,意味内容に違いはあるのですか。男女同じ人数を採用したり同じ場所に男女を配置しなければならないというような,結果としての平等が必要なのですか。

Ⓐ　　均等法で求めるのは,結果の平等ではありません。まず,均等な機会の付与とは,チャンスは男女を問わず等しく与えられなければならない,ということです。差別的取扱いとは,合理的理由なく社会通念上許容される範囲を超えて一方に対し他方と異なる取扱いをすること,をいうとされます。雇用関係の入り口,募集・採用という段階での取扱いについては,差別的取扱いの禁止とせず均等な機会の付与,という表現を用いていますが,両者に違いがあるわけではなく,均等取扱いも差別禁止も同じと考えて間違いはありません。いずれも,それが結果的に男女同じ人数の採用等につながることも当然あり得ますが,結果が等しくなければならないということまで要求されるものではありません。採用の基準を満たしたかどうかを問わず男女同じ人数を採用しなけ

ればならないというものではありませんし，1つの職場や同じ業務に従事する男女の比率を同じにしなければならないということもありません（なお，「募集」には職業安定所等への求人の申込みや，登録型労働者派遣の場合の登録行為も含まれると解釈されています）。

　結果が男女で同じでなければならないということでないのは間違いありませんが，物事は結果を見てまず外見での評価にさらされるというのも事実でしょう。たとえば，何年にもわたり男女を問わず多人数の募集を行っている企業で，応募者数に男女の偏りはないにもかかわらず実際に採用された人数に性別による極端な差異があることが続いているとした場合，男女等しく募集をかけているのかどうか採用の選考過程において男女に均等な機会が付与されたかどうか疑問をもたれることは避けられないかもしれません。これまで，採用の基準や選考過程の判断についてはほとんどの企業で公開されることがありませんでしたが，今後は求められれば照会をしてきた応募者については，その判断の概要を説明するなどの対応がトラブルを拡大させないための現実的措置として必要となることが考えられます。今後も男女で採用実績に著しい偏りが続くような企業では，こうした場合に備え，採用基準の明確化や選考過程の判断の記録の整備などの検討が必要となるでしょう（募集・採用に関する紛争が生じた場合，当事者の一方から解決の援助を求められれば都道府県労働局長は必要な助言・指導・勧告をすることができることになっています）。

　　※具体的にどのようなことが差別に該当するかについては，「労働者に対する性
　　　別を理由とする差別の禁止等に関する規定に定める事項に関し，事業主が適切
　　　に対処するための指針」が定められており，募集・採用，配置・昇進・降格・
　　　教育訓練・福利厚生・職種変更・雇用形態変更・退職勧奨・定年・解雇・労働
　　　契約更新，の各段階ごとに具体的な例を挙げてその判断基準を示していますの
　　　で参考にしてください。

〔参照条文　均等法5条，6条〕

Q256 コース別雇用管理制度と均等法

一部に見直しを行う企業もあるようですが，均等法の施行と前後して大企業を中心に導入されたいわゆるコース別雇用管理制度のなかには，実態として総合職はほとんどが男性，一般職とか業務職はほとんど女性というように男女の比率が極端に違う職種がある事例も見られます。こうした制度は現在の均等法においてはどう評価されるのでしょうか。

Ⓐ いわゆるポジティブアクションとして行われる場合を除き，募集・採用において総合職とか一般職という一定の職種について，男女別の人数を設定したり男女のいずれかを排除したり，男女で異なる採用の選考基準を設けて選考したりすることは，募集・採用に関し性別に関わりない均等な機会の付与を求める現在の均等法に違反します。しかし，そうした問題がなければ，複数のコースを設定しそれぞれに適した雇用管理を行うコース別雇用管理制度それ自体が均等法で否定されるものではありません。この点は従来と同様です。問題はその運用・結果がどう評価されるかということです。

ご指摘のような事例が見られることは事実ですが，そうした結果として生じている男女比率のアンバランスは，結果そのものが問題とされるということではないことは均等法の改正前も改正後も変わりありません。それが男女別の人数を設定したり男女のいずれかを排除したり，男女で異なる採用の選考基準を設けて選考した結果として生じたのであれば，そうした基準を設けて選考をしたことなどが均等な機会を付与するという均等法の求めるところに違反したものと評価されることになります。均等な機会を付与したが，結果としてその選考基準をクリアーした者の人数比率に性別で差異があった，ということであればそのことは問題とはされません。しかし，何年にもわたり同じように総合職には男性のみが採用され，一般職には女性のみが採用される結果が続いているような場合は，均等な機会の付与がなされたかについて疑いを生じる可能性があることを念頭に置いて合理的な選考の仕組みと運用を心がけることが必要と

いえるでしょう。

　社会実態の変化と法令の変化とが一致するというわけではないことは，たとえば育児・介護休業法ができ男女を問わずこれが利用できることになっているにもかかわらず，現実にこれを利用する（あるいは利用せざるを得ない）のは女性従業員であることが多い，という現実にも現れます。男女の働き方についても，現実の個々人の家庭の状況などが反映されるのはむしろ当然でしょう。その結果として，現実には家庭を持つ女性の多くがたとえばなるべく残業のない，家庭と職場の両立がより容易と考えられる職種を選択することになるとしても，それが本人の自主的な判断の結果であればそのこと自体を均等法が問題とするものではありません（こうした基本的な問題は，男女共同参画社会の実現というより大きな視点から適切と考えられる施策が講じられるべきものでしょう）。均等法が問題とするのは，本人の意思にかかわりなく雇用する側が性別によりそうした区別を設けることです。

　これまでも一般職は女性のみを募集するという行為は均等法に反する取扱いでした。そのことは改正後の現在の均等法でも同じですが，これまではこれを女性差別（均等取扱い違反）として問題とされたものが現行法では男性・女性双方に対する差別として問題となります。以前は仮に一般職を希望した男性が男性であるということで採用を拒否されたとしても，男性はこれをめぐる紛争について均等法による都道府県労働局長の解決の援助を求めるわけにはいかなかったのですが，現在の均等法においては採用において性別に関わりなく均等な機会の付与を求められますから，これに違反すれば男性からこれをめぐる紛争について均等法により都道府県労働局長に解決の援助を求めることができるようになります。

　　※過去においてコース別雇用管理制度で広く行われていた，募集採用におけるいわゆる隔地転勤要件については，Q257の「間接差別」に該当するものとして規制されることになりましたので，そちらを参照してください。

〔参照条文　均等法5条，6条〕

Q257 「間接差別」とは

均等法では，間接差別が禁止されたそうですが，どのようなことが間接差別として禁止されるのでしょうか。

Ⓐ　均等法で禁止される間接差別とは，①性別以外の事由を要件とする措置であって，②他の性の構成員と比較して，一方の性の構成員に相当程度の不利益を与えるものを，③合理的理由がないときに講ずること，と説明されています。要するに，その要件自体は一見すると性別とは関係ないように見えますが，実際にはこれを満たすのは男性か女性のいずれかに著しく偏っている要件を，合理的理由なく設定することが間接差別ということになります（これに対し，合理的理由なく性別をストレートに要件にするのが直接差別ということになります）。

ところで，こうした間接差別に該当するのではないかと思われる要件には，いろいろなものがあります。たとえば，家族手当や住宅手当の支給要件としてよく見られた「住民票上の世帯主」という要件，「生計を主として維持する者」という要件もその例でしょうし，住宅資金の貸付条件に見られる「長期勤続」要件もそうかもしれません（Q259参照）。しかし，間接差別に該当するのではないかと思われる要件にも，これを満たす男性と女性の比率の差が著しいといえるものもあれば，差はあるが著しいとまではいえないものもあります。また，条件としてそれなりの合理性があると考えられるものもあるでしょう。どの程度のものを間接差別として均等法が規制するかについては一定の明確な線引きがされる必要があります。このため，均等法が規制する間接差別とは何かについてはこれを具体的に均等法施行規則で特定しています。具体的には，①募集・採用における身長・体重・体力要件，②募集もしくは採用，昇進又は職種の変更に関する措置であって，労働者の住居の移転を伴う配置転換に応じることができることを要件とするもの，③昇進における別事業場への配置転換の経験の要件，の3種類です。

これ以外に，その要件を満たす男性と女性の比率に明らかな差がある区別の

要件があるとしても，現在の均等法では間接差別についての規制を及ぼさないことになります。もっとも，規制を受けないというのはあくまでも現在の均等法がその規制対象を施行規則で具体的に列挙する形式をとっているため，そこに列挙されない事由は現状では規制を受けない，行政指導の対象とはされない，というに過ぎません。均等法の規制の対象にならないということが，あらゆる意味で間接差別に該当しないという意味を持つものではありません。事案によっては，均等法の施行規則に掲げられていない事由であっても，その要件を満たす男性と女性の比率に明らかな差がある場合に，その差の程度や業務上の必要性等の合理的な理由の有無等，諸般の事情を考慮した場合に，裁判においてその要件としての効果を否定される可能性がないとはいえません。また，均等法自体，現時点では間接差別禁止は先の3つに限定しているものの，今後，社会的状況の変化や判例の動向等により規則の修正や規則への事由の追加等が柔軟に行われる仕組みになっています。

〔参照条文　均等法7条，均等法施行規則2条〕

Q258　家族手当・住宅貸付等の対象となる「世帯主」と間接差別

その要件を満たす男性と女性の比率に明らかな差がある区別の要件が間接差別だというなら，家族手当や住宅貸付等の対象者の要件としてよく見られる「住民票上の世帯主」とか，「生計を主として維持する者」という要件も間接差別に該当するのではないでしょうか。

A　Q255で，間接差別の定義について触れましたが，そこで示された3つの要素のうち，「他の性の構成員と比較して，一方の性の構成員に相当程度の不利益を与えるもの」という点では，確かにいわゆる「世帯主」要件はこれに該当する可能性があるように見えます。別段，住民票における世帯主

とは男性に限るというものではありませんから女性が世帯主である世帯ももちろんありますが，夫婦のどちらを世帯主としている世帯が多いかといえば夫を世帯主としている例が多いでしょう。生計を主として維持する者，いわゆる主たる生計維持者，という要件も，最近では共働き夫婦のうち妻の収入のほうが多い例も珍しくはありませんが，どちらかといえばやはり男性である夫の収入のほうが多い例が多いでしょう。このため，ともに家計を支えている共働き夫婦の両方が家族手当等の支給を申請すると，実際の収入が少なくてもたまたま夫が世帯主とされていれば妻のほうが収入が多く実質的にその世帯の家計を主として担っているとしても，「世帯主」であることだけを要件としていれば，妻は支給要件を満たさないとしてはじかれてしまう，ということになりますし，「世帯主」でかつ「主たる生計維持者」であることを要件にすれば夫婦ともに支給要件を満たさないことになり，どちらも支給を受けられないことになります。これを合理的な結果というには問題があるように思われます。

　ご質問の件については，現在の均等法において規制される間接差別に該当するかどうかということであれば，答えは明確です。現在均等法で規制する間接差別は次の3種類だけです。

① 募集・採用における身長・体重・体力要件
② 募集・採用，昇進，職種変更における転居転勤要件
③ 昇進における転勤経験要件

世帯主要件等はこれに含まれませんので，間接差別というものを均等法により禁止されるものに限ればそれには該当しない，ということになります。しかし，世帯主要件等が広く何らかの意味でその効力が否定される可能性はないのか，ということであれば，答えは明確ではありません。問題となった事案ごとに，実質的にそれが男女の労働者のいずれかに生じさせる不利益の程度はどれくらいか，一方の性に不利益にならない方法はないのか等，制度の趣旨目的とその要件としての世帯主要件等が持つ合理性，それに関連する法規制（賃金についての男女差別であれば均等法ではなく労基法の男女差別賃金の禁止の条文との関係が問題となります）など，諸般の事情を考慮して判断されることになるでしょう。たとえば，過去においては世帯主・非世帯主の別等が基本給の支給に関する要件とされていた事案が男女差別賃金として無効とされた例もあり

ますが，これも事案の事実関係において男性については非世帯主でも世帯主と同じ扱いをしていたこと等の事情が結論に影響したのではないかと思われます（三陽物産事件　東京地裁平6.6.16判決）。

　それでは，なぜ均等法の規制する間接差別は現在３種類なのでしょうか。現行の均等法による間接差別規制の対象については，法案作成の過程における労働政策審議会という公労使三者構成の審議会での議論があり，そこでは学者による研究会報告を参考に７種類の規制対象案ともいうべき基準の例（①募集・採用時の身長・体重・体力要件，②総合職募集・採用時の全国転勤要件，③募集・採用時の一定学歴・学部要件，④昇進時の転居転勤経験要件，⑤福利厚生・家族手当支給における世帯主要件等，⑥処遇決定時の正社員優遇，⑦福利厚生適用時のパートタイマー除外）が検討され，３種類に絞られたという経緯があります。この中には，労基法の問題やパート労働法に含まれる問題もあり，すべてを均等法で対応するのは適当でないということもできます。また，検討の時点では，均等法による規制の対象とすることについて審議会としての合意が得られなかったということで対象に含まれなかったものもあるといわれます。

〔参照条文　均等法７条，均等法施行規則２条〕

Q259　男女の勤続年数差と長期勤続者を対象とする住宅貸付制度

　均等法では住宅貸付についての男女の差別的取扱いを禁止しているということですが，勤続年数という企業への貢献を測る尺度により対象者を決めることは男女の性別に関わりのない合理的な基準といえ，問題ないと思うものの，他面，いわゆる間接差別に当たらないかという心配があります。

　　　　住宅資金の貸付は，貸付条件が明確で経済的価値の高いものが福利厚生措置として行われる場合には，均等法により男女の性別による差別的

取扱いが禁止されます。これに対し，貸付と称しても返済義務がないようなものであれば福利厚生措置ではなく賃金として支払われたものに該当する可能性もあり，その場合は均等法ではなく労基法の男女差別賃金の禁止の規制に抵触する可能性があります。また，会社が直接貸し付ける場合に限らず，共済会の制度として行われる貸付の場合は，その共済会の運営資金の会社負担の状況や運営についての会社の関与の状況などから見て，実質的に会社が行っているものと判断される場合には均等法の規制の対象となります。

　均等法が規制する福利厚生措置としての住宅貸付については，男女の性別で異なる勤続年数要件を定めたり，貸付限度額に差を設けたりすることは差別的取扱いに該当します。これに対し，男女共通の勤続年数要件を設けることは，性別による差別的取扱いには該当しませんが，男女の間に勤続年数に明らかな差がある場合などは，ご指摘にあるように間接差別に該当しないかという問題も検討しなければなりません。

　均等法が現時点で規制する間接差別としては，均等法施行規則で①募集・採用における身長・体重・体力要件，②募集・採用，昇進，職種変更における転居転勤要件，③昇進における転勤経験要件の3種類が定められています。住宅貸付における勤続年数要件はこれらに該当しませんので，現状では均等法上の間接差別には該当しません。ただし，「間接差別」についての設問の項（Q255）でも触れたように均等法の規制の対象にならないということが，どのような場面でも間接差別として問題にならないという意味を持つものではありません。均等法の規則に掲げられていない事由であってもその要件を満たす男性と女性の比率に明らかな差がある場合に，その差の程度や経済的価値の大きさ，その要件を設けることに合理性があるかなど諸般の事情を勘案されて個別事案に対する判断として裁判においてその要件としての効果を否定される可能性がないとはいえません。そうであれば，入社1年未満の方については遠慮してもらうぐらいであれば問題ないでしょうが，ある程度の期間を設定しようとするのであればまず現実の自社の男女の勤続年数を把握し，女性が一切排除されてしまうような条件は設定しないようにすることなどの注意が必要です。

〔参照条文　均等法6条，均等法施行規則2条〕

Q260 男女別の新入社員研修は均等法に反するのか

新入社員研修の一環として心身を鍛えるため10キロぐらいのマラソンを行うことにしたのですが，女性は体力的に厳しいから除外したほうがよいのではないかという意見もあります。新入社員研修の一環として行う運動なども男女同じカリキュラムとしなければならないのでしょうか。

A 新入社員研修の内容に，業務に関わる知識の習得だけでなく，スポーツを含めたり，社会奉仕活動を含める例などがあります。こうした活動は，本来の雇用契約上の労務提供義務の内容となるかどうかという問題もあり，参加を強制するようなことは慎重に考えるべきものと思われますが，ご質問は，体力的な負担を考えると，マラソンは男性は全員参加とし，女性は希望者のみとすることに問題はないか，ということです。

均等法が差別的取扱いを禁止する教育訓練とは，「事業主が，その雇用する労働者に対して，その労働者の業務の遂行の過程外においてまたは当該業務の遂行の過程内において，現在及び将来の業務の遂行に必要な能力を付与するために行うものをいう」とされています。この解釈によれば，マラソンが現在及び将来の業務遂行に必要な能力を付与するために必要な訓練といえるかということになりますが，たとえば，体育教師であるとかスポーツジムのインストラクターとして雇用された者の教育訓練の一環ということであればこれに該当する可能性はあると思われますが，それ以外の一般的な企業においてはマラソンが現在及び将来の業務遂行に必要な能力を付与するために必要な訓練に該当するとは通常いえないように思われます。この解釈に従えば，マラソンの参加者について男女別の基準を当てはめても均等法による差別的取扱い禁止の規制を受けないとも考えられます。

しかし，別の観点からの検討の必要性があるように思われます。たとえば，連日のハードな日程での研修に加え，個々人の体調を考慮することなく過酷な運動を行わせることが身体にどのような負担を与えるか，という問題がありま

す。こうした安全配慮義務の観点からは，男女の性別による一律の判断ではな
く，個々人の心身の状況に応じた対応を考えることが適当といえるでしょう。
事前の健康チェックや，男女を問わず希望者に限定するとか，途中棄権も可能
とする，医師・看護師を随行させる，などの適切な配慮が必要でしょう。また，
目的も心身の鍛錬ということではなく研修の過程での気分転換を重視し，マラ
ソンだけでなく他のスポーツ活動も選択できるようにすることも考えられます。

　これに対し，均等法が規制する教育訓練に該当する事項についての教育を，
一方の性については全員対象とし他方の性については希望者のみとすることは，
教育訓練を行うにあたっての条件を男女で異なるものとすることになり，ポジ
ティブアクションとして行う場合を除き，禁止されることになります。

　なお，このほかの男女別研修問題を考えれば，カリキュラムが同じであれば
施設の関係等を考慮して男女別日程で行うことも可能であり，たとえば，同じ
研修日程の中で前半は男性は○×業務の研修をし女性は×○業務の研修をし，
後半はこれを逆にするなどの工夫は当然のこととして差別的取扱いということ
にはなりません（教育訓練の期間＝長さを別にすることは教育訓練の内容にも
差が生じることになり，原則として男女差別となります）。ただし，研修の日
程を男女全く別にした結果，どちらかの研修が行われる時点ではすでに現場へ
の配置がされた後となり，業務に支障が生じる結果になったりすれば，差別的
取扱いに該当する可能性も否定できません（「労働者に対する性別を理由とする
差別の禁止等に関する規定に定める事項に関し，事業主が適切に対処するための指
針」参照）。
　　　　　　　　　　　　　　　　　　　　　　　　〔参照条文　均等法6条〕

Q261　外部委託研修における差別的研修内容と事業主の責任

当社では，研修の一部に外部講師を活用していますが，その研修を受けた女性社員達から，講義の内容が男女差別的であり問題だという指摘がありました。こうした会社が直接講義の内容を決めるものではなくテーマだけを決めて外部講師に依頼した場合でも会社は責任を負うのでしょうか。

Ⓐ　均等法が差別的取扱いを禁止する教育訓練には，事業主が自ら行うもののほか，外部の教育訓練機関等に委託して実施するものも含まれると解釈されています。したがって，外部講師に委託して実施した研修であるということだけで自動的に会社が責任を免れるというものではありません。しかしまた，外部から招聘した講師が行った発言等の内容が会社の意図したところを離れて，いわばその外部講師の独自の判断でなされたものであるというようなものであれば，そのような部分については会社は責任を負わないと考えられます。要するに，会社がその外部講師に委託した研修のテーマそれ自体が差別的なものであったのであれば原則として会社は外部講師の発言についても責任を負うべきでしょうし，依頼したテーマ自体ではなく，これを具体化した講師の話の内容において講師個人の見解として述べられた内容ということであれば，そこに差別的発言があったとしても会社が責任を問われることにはならないと考えられます。ただし，せっかく時間と費用を割いて研修を行うのに，トラブルが生じ受講者から抗議を受けるようなことになってしまっては意味がありません。抽象的なテーマだけ示して内容はすべてお任せ，ということでの依頼であった場合を考えれば，そうした依頼の結果不適切な内容の研修が行われたことについて，会社の研修のあり方の妥当性が問われる可能性もあるでしょう。研修は自社が責任を持って行うという意識のもと，受講者の特性，テーマの設定の意図や行ってほしい講義内容・注意してほしい事項などについての説明を事前に行い，レジュメや資料を事前にチェックし，問題がないことを確認する

などの適切な対応が必要でしょう。　　　　　〔参照条文　均等法6条〕

Q262　独身寮は男女共用にしなければならないのか

　新規採用者用の独身寮は，遠隔地からの採用者のためのもので
あり女性は安全確保の観点から自宅通勤者を採用しているため，
男性のみ入寮を認めることとしていますが，こうした，募集・採
用や福利厚生制度の運用は問題ではないかという声もあります。
独身寮も男女共用の施設にしなければならないでしょうか。

Ⓐ　　2つの問題を考えなければなりません。1つは採用条件として自宅通
　　勤者に限るという制限を女性のみに適用しているという点です。この結
果，現在は独身寮入寮の条件を満たす比較可能な男女はいないかもしれません
が，仮にそれがいたとした場合には，もう1つの問題として，男性用の独身寮
があるなら女性用の独身寮も必要か，今ある施設のみを使うのであれば現在の
寮に女性の入寮を認めなければならないか，という点です。

　募集・採用の条件に男女で差異を設けることは原則として禁止されています。
その具体例の1つとして，女性についてのみ自宅通勤という条件を課したり，
自宅通勤者を優先して採用することが，指針で具体的に示されています。この
ような措置は改善が必要です。会社は，独身女性の安全の確保ということを理
由としているようですが，危険にはいろいろな要因がありますから，自宅から
通勤すれば安全が確保されるというものでもありません。

　次に，現在の独身寮の入寮資格が新規採用者に限定されているのであれば，
今後，自宅通勤という条件をなくし独身寮入寮の条件を満たす比較可能な男女
従業員が生じた時点で，独身寮も男女共用の施設にしなければならないか，と
いう問題が生じます。

　行政解釈は「独身者に対する住宅の貸与が男性のみに限られるものとされて
いる場合には差別解消のための措置が必要であり，具体的には，男子寮や世帯

用住宅に女性独身者を入居させるようにすること，女子寮の建設又は住宅の借り上げにより，女性独身者にも住宅を貸与することができるようにすること等が考えられる」と述べています。

　これからわかることですが，同じ建物に男女を住まわせることが必要ということではなく，男性（女性）が入寮できる設備を用意するのであれば同じ条件にある女性（男性）も入寮（あるいは他の住宅設備を貸与）できるような措置を講じることが求められる，ということです。

　なお，これが困難な場合に考えられる措置として，女性従業員については独身寮等の貸与に代えて住宅手当を支給する，という対応でバランスをとることでどうか，という問題がありますが，行政解釈によると「住宅手当の支給は住宅の貸与の措置には当たらず，住宅貸与の代替措置として認められるものではない」，とされていますので，注意が必要です。　　〔参照条文　均等法6条〕

Q263　女性のみを対象にした「結婚退職祝金」・「仕事と子育て両立支援金」

　女性のみを対象にした結婚退職祝金制度は均等法に反するという説明を受けた記憶がありますが，このたび，わが社では女性だけを対象に「仕事と子育て両立支援金」を支給しようというアイデアを検討しています。現実に育児と仕事の両立で苦労するのは圧倒的に女性であることから，女性に対象を絞りたいのですが，育児負担の軽い男性にも支給しなければ均等法に違反することになりますか。

Ⓐ　この場合，まずお考えの支援金等が賃金に該当するかどうかを判断する必要があります。賃金と判断されれば，問題は労基法第4条の男女差別賃金の禁止の規定に違反するかどうかということになります。賃金ではなく福利厚生制度と見られる場合は均等法の問題となります。祝金・支援金が福利

厚生制度であるという前提で検討すると，いずれも返還義務があることを前提
にした生活資金の「貸付」でなく金銭の「給付」と考えられますが，その場合，
祝金・支援金が「労働者の福祉の増進のために定期的に行われる金銭の給付」
（均等法施行規則1条2号）に該当するときは均等法の問題となります。福利厚
生として定期的ではなく1回限りの支給とすればいずれの法にも抵触しない，
ということになると思われますが，ここでは，もう少し検討のため毎月この支
援金を支給するとした場合を考えましょう。なお，結婚退職祝金については退
職時の1回限りの支給であることが多いでしょうが，これについては退職金の
一部と見られれば賃金と評価され労基法第4条の男女差別賃金の問題になるこ
とは前述のとおりですし，仮にどの法令にも直接抵触はしないとしても，男女
に生じる結婚という事実を前提に，女性についてのみ退職を前提に金銭を支給
することは性別による優遇措置であるとともに退職を奨励する機能を持つ（む
しろ実質的にはこちらの問題の方が大きい）といえます。女性のみを対象とす
るこの種の制度はいずれにしても改めるべきものと思われます。

　仕事と子育て両立支援金が「労働者の福祉の増進のために定期的に行われる
金銭の給付」に該当するときは均等法の問題となることは前述のとおりですが，
現実に育児と仕事の両立で苦労するのは圧倒的に女性であることから，育児負
担の軽い男性には支給せず女性に対象を絞りたい，という理由がこれを正当化
できるか，ということになります。しかし，現実に育児と仕事の両立で苦労す
るのは圧倒的に女性であるから支援金は女性だけ，とすると実際に育児を男性
が担う場合にその男性は仕事をしつつ育児を担っているにもかかわらず，男性
なるが故に支援金を受けられないことになり，性別による差別的取扱いに該当
することになりますので許されません。単に女性とか男性ということで定める
のではなく，男女を問わず育児を担う者，とか育児休業する者，というような
ことであれば，それは男性でも女性でも対象となり得るものですから，性別に
よる差別的取扱いには該当しません。

　　　　　〔参照条文　均等法6条，均等法施行規則1条，労基法4条〕

Q264 妊娠・出産，育児休業等を理由とする不利益取扱い

マタニティーハラスメント（マタハラ）をめぐる最高裁の判断が出てこれに伴う法令の解釈通達が示されたということですが，どのような点に注意が必要ですか。

Ⓐ　男女雇用機会均等法では，結婚・妊娠・出産等を理由とする不利益取扱いを禁止し（9条），育児・介護休業法では，育児休業や介護休業をしたこと等を理由とする不利益取扱いを禁止しています（10条，16条）が，禁止されるのは，出産等を「理由とした」不利益取扱いであり，実際に不利益な取扱いが行われた場合にも，その真の理由が出産等を理由にしたものであるのか，そうではなくその他の何らか合理的な理由によるものであるといえるのかが問題になる場合があります。

　これまで，この点については，たとえば育児休業についての行政解釈でも「禁止される…不利益取扱いとは，労働者が育児休業の申し出…をしたこととの間に因果関係がある行為であることを示したものであり，育児休業の期間中に行われる解雇等がすべて禁止されるものではないこと」とされていました（平21.12.28雇児発1228第2号）。しかし，たとえば，妊娠により軽易な業務への転換を希望する管理職女性について，管理職から外して，他の部署での軽易な業務に従事させることはどうなのか，また，軽易業務への転換期間が終わった以降もそのまま管理職に復帰させない場合はどうか，逆に管理職に復帰させる場合は評価が異なるのか，この判断は現実にはなかなか難しいものがあります。

　この種の問題が争われたのが平成26年10月23日の最高裁判決であり，これを受けて厚生労働省は妊娠・出産等を理由とする不利益取扱いに関する解釈通達を出しています。

　通達のポイントは以下のとおりです。

（原則）

＊妊娠，出産，育児休業等を「契機として」不利益取扱いがなされた場合は，

「原則として」男女雇用機会均等法，育児・介護休業法に違反する（妊娠等を理由として不利益取り扱いがなされたものと解される）と判断されます。

　　ただし，次のような場合は例外とされます。

（例外）

①　業務上の必要から支障があるために当該不利益取扱いを行わざるを得ない場合であって，その業務上の必要性の内容・程度が，法の規定の趣旨に実質的に反しないものと認められるほどに，不利益取扱いにより受ける影響の内容・程度を上回ると認められるほどの特段の事情があるとき

②　出産等，契機とした事由又は取扱いにより当該労働者が受ける有利な影響が存在し，かつ，当該労働者がその取扱いに同意している場合において，有利な影響の内容・程度が不利益な影響の内容・程度を上回り，事業主から適切な説明がなされる等，一般的な労働者であれば同意するような合理的理由が客観的に存在するとき（平27.1.23雇児発0123第1号）

要するに，これまで出産等を理由とした不利益取扱いであるか否かの判断が難しかったところについて，出産等をきっかけとした不利益取扱いであれば原則として出産等を理由とした不利益取扱いと判断する，ということになった，ということです。

この，きっかけとした取扱いであるか否かは「基本的に当該事由が発生している期間と時間的に近接して不利益取扱いが行われたか否かで判断する」という考え方が示され，さらにその考え方の具体的な例として，「たとえば，育児時間を請求・取得した労働者に対する不利益取扱いの判断に際し，定期的に人事考課・昇級等が行われている場合においては，請求後から育児時間の取得満了後の直近の人事考課・昇級等の機会までの間に…（昇進・昇格の人事考課において）…不利益な評価が行われた場合」は「契機として」行われたものと判断する，という考え方を示しています。これで，原則的な判断はより容易になったといえるように思われます。

実際の扱いが前述の例外①，②に当たるかの判断も難しいものはありますが，判断の要素が具体的に示されていますから，これに実際の事情を当てはめて，会社側あるいは本人側の立場を一旦離れ，あるいは相手方の立場に立って考えてみて，できるだけ客観的に評価することで一定の判断をすることは可能では

ないかと思われます。　　　　　　　　　　〔参照条文　均等法9条〕

Q265　マタハラについて使用者は何をしなければならないのか

いわゆるマタハラについては，これを防止するための雇用管理上の措置を講じなければならないとする均等法の改正があったようですが，どのようなことになっているのでしょうか。

A　ご指摘のように，均等法が改正され，平成29年1月1日から施行されています。この改正では，妊娠や出産，産前産後休業の請求や産休の利用，その他妊娠出産に関する事由で厚生労働省令（均等法施行規則2条の3）で定めるもの（具体的には，①妊娠したこと，②出産したこと，③均等法12条・13条による妊娠中や出産後の健康管理に関する措置……母子保健法による保健指導や健康診査のための時間の確保や指導事項順守のための勤務の軽減等……を求めようとしもしくはこれを求め，又はこれらの措置を受けたこと，④労基法による坑内業務の就業制限や危険有害業務の就業制限により業務に従事しないこと等や女子則2条2項の就業制限業務についての申出やこれらによる業務不従事，⑤労基法に基づく産前産後休業の請求や休業等，⑥労基法に基づく妊娠中の軽易業務への転換の請求や転換，⑦労基法に基づく妊産婦の変形労働時間制等の適用除外や時間外労働等の制限の請求等，⑧労基法に基づく育児時間の請求等，⑨妊娠又は出産に起因する症状による労務提供不能や労働能率の低下）に関する言動により女性労働者の就業環境が害されることのないよう，女性労働者からの相談に応じ，適切に対応するために必要な体制の整備や雇用管理上必要な措置を講じなければならないこととされました。

　この事業主が講ずべき措置については，概要次のような指針が定められています。

＊事業主が職場における妊娠，出産等に関する言動に起因する問題に関して雇

用管理上講ずべき措置に関する指針（平成28年厚生労働省告示615号平成29年1月1日適用）（以下は大まかな骨子の紹介です。必要に応じ，実際の指針を参照してください。）

(1) 職場における妊娠・出産等に関するハラスメントの内容

＊ハラスメントの類型

上司や同僚により行われる以下のもの。ただし，業務上の必要性に基づく言動はこれに該当しない。

① 制度等の利用への嫌がらせ型（産休その他の妊娠・出産等に関する制度や措置の利用に関する言動による就業環境の悪化）

② 状態への嫌がらせ型（妊娠や出産をしたこと等に関する言動による就業環境の悪化）

＊職場の範囲

通常就業している場所以外の場所でも，業務を遂行する場所は職場に含まれる。

＊派遣労働者

派遣元のみならず，派遣先もこの措置を講じる必要がある。

＊嫌がらせの典型例（例示）

＜制度等の利用への嫌がらせ型＞

• 解雇その他の不利益取扱いの示唆

• 制度等の利用の請求や利用を阻害する行為（就業上看過できない程度の支障が生じるような程度で，上司が請求しないよう言ったり，請求を取り下げるように言うこと，同僚が同様のことを繰り返し言うこと……）

• 制度等を利用したことへの嫌がらせ等（就業上看過できない程度の支障が生じるような程度で，上司又は同僚が繰り返し又は継続的に嫌がらせ等をすること）

＜状態への嫌がらせ型＞

• 解雇その他の不利益取扱いの示唆

• 妊娠したこと等により，就業上看過できない程度の支障が生じるような程度で，上司又は同僚が繰り返し又は継続的に嫌がらせ等をすること

(2)　事業主が雇用管理上講ずべき措置の内容

①　事業主の方針等の明確化とその周知・啓発

　　i　職場における妊娠，出産等に関するハラスメントの内容，ハラスメントがあってはならない旨の事業主の方針，制度の利用等について，管理監督者を含め周知・啓発すること

　　ii　ハラスメント行為に対する厳正対処の方針やその内容について，管理監督者を含め周知・啓発すること

②　苦情・相談に適切に対応するために必要な体制の整備

　　i　相談窓口を予め定めること

　　ii　相談窓口の担当者が適切に対応できるようにすること（セクハラ相談窓口と一体的・一元的に対応できる体制が望ましい）

③　ハラスメント行為に対する事後の迅速適切な対応

　　i　事実関係の迅速・正確な確認

　　ii　速やかな被害者への配慮措置の実施

　　iii　行為者への適正な措置（懲戒，謝罪等）

　　iv　再発防止のための周知・啓発

④　ハラスメントの原因や背景要因の解消措置

　　i　業務の偏りの軽減等，業務体制の整備を図ること

　　ii　妊娠等した労働者への制度知識や周囲との円滑なコミュニケーション等についての周知・啓発が望ましい。

⑤　これらに併せ講ずべき措置

　　i　相談者・行為者のプライバシー保護措置とその周知

　　ii　ハラスメントに関する相談をし又は事実関係の確認に協力したこと等を理由に不利益取扱いをしてはならない旨を定め，周知・啓発すること

　　※なお，育児・介護休業法第25条においても，同様に，職場において行われるその雇用する労働者に対する育児休業，介護休業その他の子の養育又は家族の介護に関する制度又は措置の利用に関する言動により当該労働者の就業環境が害されることのないよう，当該労働者からの相談に応じ，適切に対応するために必要な体制の整備その他の雇用管理上必要な措置を講じなければならない，とされています（平成29年1月1日施行）。

〔参照条文　均等法11条の2，育介法25条〕

Q266　セクハラ問題について使用者は何をしなければならないのか

セクハラになるかならないかは相手の気分次第だから気をつけろ，という冗談のような話があります。そうだとすると何がいけない行為なのかはっきりしないように思うのですが，使用者としてはどのようなことが求められるのですか。

A　セクハラになるかならないかは被害を訴える側の受け取り方に左右される面があることは事実ですが，何がセクハラとして使用者＝事業主が雇用管理上の措置を講じる責任を負うかははっきりしていますし，具体的にどのような措置を講じることが求められるかもはっきりしています。

　セクハラとは，相手方（被害労働者）の意に反する性的言動を行うことにより就業環境を看過できないほど悪化させる行為（環境型セクハラ），又は相手方の意に反する性的言動を行いこれに対する相手方の対応（拒否や抵抗など）により相手方に不利益を与える行為（対価型セクハラ）です。①性的言動がされること，②それが相手方の意に反すること，③結果として就業環境を悪化させたり相手方がこれを拒んだことを理由に解雇したり仕事上の不利益を与えたりすること，これらを満たす行為がセクハラです。相手方の意に反するか反しないかという要素は確かに相手方の受け取り方次第という要素も有ります。同じことをしてもあるとき・ある相手方の場合には意に反することになり，またあるとき・ある相手の場合にはその意に反しないことになったりすることはあるといえます。だからといって何がセクハラかはっきりしないということにはなりません。意に反していればセクハラになる可能性があるし，意に反していなければならないのです。性的な問題については各人が自主的に決定する権利を保障されるべきであり，誰からもこれを強制されるべきでない，という考え方からすれば，相手方の意向に反するかどうかが問題となるのは当然といえます。

　では，使用者は何を求められるか，といえば，均等法では男女を問わず，次のような措置を講じることが求められています（「事業主が職場における性的な

言動に起因する問題に関して雇用管理上講ずべき措置についての指針」参照)。

(1)　事業主の方針の明確化及びその周知・啓発

　　①　職場におけるセクハラの内容及びセクハラがあってはならない旨の方針の明確化と管理職を含む労働者への周知・啓発

　　②　セクハラ行為者への厳正対処の方針・対処内容の就業規則等への規定，周知啓発

(2)　相談・苦情に適切に対応するための必要な体制の整備

　　①　相談対応窓口の設置

　　②　相談窓口の担当者が相談に対し，内容や状況に応じ適切に対応できるようにすること

　　③　妊娠，出産等に関するハラスメントの相談窓口と一体的に，セクシャルハラスメントの相談窓口を設け，一元的に相談に応じられる体制を整備することが望ましいこと（＊この項目は平成29年1月1日から適用）

(3)　セクハラへの事後の迅速かつ適切な対応

　　①　事実関係の迅速かつ正確な確認

　　②　被害者に対する配慮のための適正な措置

　　③　行為者に対する適正な措置

　　④　セクハラに関する方針の周知・啓発等の再発防止措置

(4)　以上に併せて講ずべき措置

　　①　相談者・行為者等のプライバシーの保護のための措置の実施とその周知

　　②　セクハラの相談をしたこと，事実関係の確認への協力等を理由にした解雇等の不利益な取扱いの禁止とその周知・啓発

〔参照条文　均等法11条〕

Q267　セクハラ行為と事業主・法人の責任

　好意や恋愛感情から出た行動も，相手に気持ちが通じなければ
セクハラになりかねないと聞きました。プライバシーの侵害にも
なりかねませんから，会社としていちいち社員の恋愛問題に口を
出すこともできません。それでも会社は問題が生じれば責任を問
われるのでしょうか。

Ⓐ　好意も恋愛も性的関心と密接な関係があるのが普通ですから，ひとつ
間違えるとセクハラ問題を生じるおそれがあります。均等法では，セク
ハラについて労働者からの相談に応じ適切に対応するための必要な体制の整備
その他の雇用管理上の必要な措置を講じることが事業主の義務とされています。
会社として社員の恋愛問題に口を出すことはいうまでもなく論外のことですが，
それがセクハラになっている限り，適切な対応を行うことが事業主としての義
務ですし，そのためには，平素から万一セクハラ問題が生じた場合に備えて，
労働者からの相談に応じ適切に対応するための体制の整備その他の雇用管理上
の必要な措置を講じることが必要になります。セクハラへの対応に消極的な論
者はセクハラと恋愛問題を結び付けたがりますが，いわゆる環境型のセクハラ
は同性間でも生じ得るものです。また，セクハラのほとんどは，男女間で生じ
たものでも，職場の上司と部下の関係を利用した一方的な好意の押し付けであ
ることが少なくなく，そうだとすると恋愛とは程遠い問題です。仮に恋愛問題
から生じたトラブルでも，それが相手方の意に反する状況になっていればセク
ハラトラブルとなり得ます。事業主にはセクハラについての雇用管理上の措置
義務がある以上，あまり恋愛問題との関係にとらわれることなく，現実に生じ
ている問題が労働者の意に反する行為となっているかどうか，というところか
ら出発して，適切にその責任を果たすことが求められます。

　会社の責任ですが，社員の恋愛問題に口出しすれば人権侵害と非難されるの
が当然ですし，セクハラトラブルを放置すれば均等法違反と非難されます。ま
た，セクハラを起こした本人は不法行為の民事責任（民法709条）を問われる可

能性がありますし，その行為が会社の事業の執行につき行われたものと見られれば会社はその使用者責任（民法715条）を問われる可能性があります。この場合の事業の執行につき行われたもの，というのは案外広い概念であり，日常の仕事の中やそれに関連して行われればこれに該当すると認められる可能性があるでしょう。また，民法の使用者責任に関する条文には，使用者がセクハラ行為を行った従業員の監督等に注意を払っていれば責任を免れる，という趣旨のただし書がありますが，実際にはこれで使用者責任を免れることができる例はほとんどないといわれます。さらに実際のセクハラトラブルの中には従業員である上司のセクハラだけでなく，会社の代表者や取締役などの経営陣のセクハラ行為が問題にされる例も珍しくありません。こうした地位に在る方は大きな権限を持っていることから，部下となればその意に逆らう行動をとることが難しいという要素があります。したがって，会社としてセクハラ防止措置を講じる際には，経営陣を含め会社業務に従事するすべての関係者にこの問題についての理解を得るような工夫が必要となります。

〔参照条文　均等法11条，民法709条，715条〕

Q268　雇用均等・セクハラトラブルの紛争処理システム

セクハラにしても男女差別にしても，こじれてからでは解決も容易でないでしょうし訴訟になるのも不本意です。こうした問題について会社のほうから相談できるシステムはないのでしょうか。

Ⓐ　セクハラ問題，男女差別問題，いずれも微妙な問題であり，またプライバシーへの配慮が必要な問題でもあります。従来，こうした問題についての相談等を受ける公的な仕組みは男女雇用機会均等法と個別労働紛争解決促進法の2つに分かれて用意されていましたが，均等法の改正により，問題の内容により相談を受ける組織に変更がありました。

〔従来の仕組み〕

　従来は，募集・採用，配置・昇進・教育訓練，定年・退職・解雇に関する措置，差別が禁止される福利厚生措置についての紛争は均等法による紛争解決援助や調停の仕組みにより，セクハラ問題などそれ以外の事項は個別労働紛争解決促進法の助言・指導，あっせんの仕組みにより解決の援助がされることになっていました。

〔平成19年4月以降〕

　平成19年4月以降は，均等法に関連するトラブルは，セクハラ問題や妊娠中・出産後の健康管理措置も含めて，募集・採用から解雇退職まですべて均等法による紛争解決援助や調停の仕組みによる解決の援助がされることになりました（ただし，募集・採用段階の問題は，ことの性格上，調停の対象からはずされています）。また，平成29年1月1日からは妊娠・出産に係るハラスメントもこの対象になりました。

　改めて，この仕組みの概要を確認すれば次のようなことになります（なお，このほかに，募集・採用段階の問題を除くトラブルについての労働者の苦情については，社内の労使構成による苦情処理機関を設けその処理を委ねるなどの自主的解決を図る努力義務があります）。

　＊都道府県労働局長による紛争解決援助

　　セクハラやマタハラ問題，妊娠中・出産後の健康管理措置も含めて，募集・採用から解雇退職まですべてのトラブルについて，紛争の当事者の双方又は一方から解決援助を求められた場合は，都道府県労働局長は必要な助言・指導，勧告をすることができる，とされています。労働者からだけでなく事業主の方からの援助要請も受け付けられます。次に述べる調停ほど大げさなものではない，より簡便な仕組みですので，会社としても，まずこれの活用が考えられます。助言・指導，勧告は，紛争の解決を図るため，具体的な解決策を示して自発的な受入れを促すもので，強制はされません。紛争解決援助の相談は，都道府県労働局の総合労働相談コーナーなどで行うことができます。

　　なお，この助言・指導，勧告を求めることができるのは，個別の紛争の当事者，つまり個々の事業主と従業員（募集・採用問題であれば従業員と

なろうとして応募した者）であり，労働組合がこれを求めることはできません。また，従業員がこの援助を求めた場合に，そのことを理由にして解雇その他の不利益取扱いをすることは禁じられます。

＊調停

　　募集・採用段階のトラブルを除き，均等法に関連するトラブルは，セクハラやマタハラ問題，妊娠中・出産後の健康管理措置も含めて，すべて紛争調整委員会の調停の対象になります。この仕組みはややわかりにくいのですが，調停にかけるかどうかは都道府県労働局長が判断します。ただし，恣意的に判断されるのではなく，特定の例外を除き，原則として当事者の双方又は一方から調停の申請があれば都道府県労働局長は調停にかけることになります。もちろん会社の側からも調停申請ができます。調停申請の相談も都道府県労働局の総合労働相談コーナーなどで行うことができます。

　　この調停申請も，できるのは個別の紛争の当事者，つまり個々の事業主と従業員であり，労働組合がこれを求めることはできません。また，従業員がこの援助を求めた場合に，そのことを理由にして解雇その他の不利益取扱いをすることは禁じられます。

　　調停を行う紛争調整委員会というのは，実際には個別労働紛争解決促進法により設けられるもので，この委員会は通常の個別紛争については個別労働紛争解決促進法に定められた手続によってあっせんを行い，均等法関連の紛争については男女雇用機会均等法に定められた手続によって調停を行う，ということになります。委員会は，調停のため必要があるときは関係当事者の出頭（必要と認め，かつ，労使双方の同意があれば問題の性的言動を行った者の出頭）を求め，その意見を聴くことができます。委員会は調停案を作成し受諾を勧告することができます。ただし，受諾するかしないかは当事者双方とも任意です。

〔参照条文　均等法17条，18条〜23条〕

Q269　男性差別にならないポジティブアクションとは

　　労働力不足の時代に備えるという一面もあるのですが，当社で
も女性活用を真剣に考えなければならないと考えています。かと
いって，均等法が女性差別だけでなく男性差別も禁止する法律に
なったということだと，女性を優遇すれば男性から差別だという
ことで問題にされるのではないか，心配です。どのような場合で
あれば女性優遇が許容されるのでしょうか。

Ⓐ　　女性優遇策は，男性差別も問題となる現在の均等法の下では一定の条
　　件を満たさなければ男性からのクレームも考えなければなりませんから，
リスクが顕在化する可能性が高まったということができるでしょう。このリス
クを解消するのがポジティブアクションとしての女性優遇策です。

　ポジティブアクションとは，過去の女性労働者に対する取扱い等が原因で雇
用の場において男性労働者との間に事実上の格差が生じている状況を改善する
目的で行う女性のみを対象とした措置や女性を有利に取り扱う措置のことです。
このような措置は均等法違反にはなりません。なお，男性についてはこのよう
な特例は認められていません。

　したがって，単に女性活用を真剣に考えるために必要だから女性を優遇する，
というのではポジティブアクションとして認められることにはなりません。前
述のような過去の①事実上の格差があること，②その改善を図るための女性に
対する特別優遇策であることが必要です。事実上の格差があるかどうかは具体
的には人数比率で女性労働者が男性労働者より相当程度少ない状況にあるか否
かで判断されます。この場合の「相当程度少ない」とは人数比率で４割を下
回っている場合にこれに該当するとされます。したがって，①，②に加え，③
女性比率が４割未満の状況を改善するための措置でなければなりません。これ
らの条件を満たさない女性優遇策は，性別による差別的取扱いとなるおそれが
あります。たとえば特定の職種における男女の比率において女性が４割未満の
場合に，その状況を改善するために行う女性に対する募集・採用や配置等にお

ける優遇措置，たとえば女性のみを対象にした募集・採用を行うことや女性の
みにその職種に就くための必要な能力の付与する教育訓練を行うことなどの女
性優遇策は問題とされませんが，4割未満の条件を満たさないにもかかわらず
単に女性積極活用を目的として特定の職種は女性のみで構成し男性には開放し
ない，という女性優遇措置は（たとえばスポーツ施設の女性更衣室の係員のよ
うな特別の例を除けば）均等法が許容するポジティブアクションとは認められ
ず，性別による差別的取扱いとなるおそれがあります。

〔参照条文　均等法8条〕

第5編
労働施策総合推進法

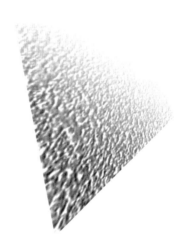

Q270 パワハラについての事業者の義務①；定義等

最近では，セクハラ以上にパワハラが問題となっているといわれますが，パワハラについての法的規制はどのような行為を対象としていますか。事業主が講ずべき措置についての指針のようなものはあるのですか。

Ⓐ　パワーハラスメント（以下「パワハラ」）は男女の区別なくだれでもその被害を受ける可能性のあるものであり，労働施策総合推進法（旧「雇用対策法」）の中に，事業主の雇用管理上の措置義務が定められました（同法30条の2）。また，これに基づく具体的な指針が令和2年1月15日厚生労働省告示第5号として示されています。なお，この改正条項の施行は，令和2年6月1日（中小企業については令和4年4月1日）となります。

　この法律・条文のどこにも「パワハラ」という用語やその定義はありませんが，第30条の2の規定がまさしく，パワハラについての事業主の措置義務を定めたもので，この条文から，パワハラの実質的な定義が次のように読み取れます。すなわち，パワハラとは，職場において行われる

　①　優越的な関係を背景とした言動であり，かつ
　②　業務上必要かつ相当な範囲を超えたものであり，かつ
　③　就業環境が害される行為

である（この3つの要素をすべて満たすものに限る）ということになります。

　i　「職場において行われる」行為といっても狭い意味の日常業務を遂行している事業場・所属職場での言動に限定されるわけではなく，出張先その他通常就業している職場以外の場所でも業務を遂行する場所であればここでいう「職場」に該当します。なお，業務要素が全くない飲み会の場でのパワハラは，この定義での「業務を遂行する場所」には該当しない可能性もありますが，職場の人間関係の延長線上での飲み会については，使用者責任が生じる場合もあるといわれますので，雇用管理上はこうした場での言動についても同様の注意が必要であることを周知徹底させる必要があると思われます。

ii 「優越的な関係を背景とした」とは，たとえば，職務上の地位が上位であるとか，その者の知識や経験等から，その協力を得なければ業務の円滑な遂行が困難であるような同僚や部下との関係，さらには同僚や部下からの集団による行為で抵抗や拒絶が困難なもの，が例示されています。

iii 「業務上必要かつ相当な範囲を超えたもの」とは，たとえば，業務上明らかに必要性のないもの，業務の目的を大きく逸脱したもの，業務を遂行する手段として不適当なもの，行為の回数，行為者の数等，その態様や手段が社会通念に照らし許容される範囲を超えるもの，が例示されています。なお，このiiiの判断については，当該言動の目的，言動を受けた労働者の問題行動の有無や内容・程度を含む当該言動が行われた経緯や状況，業種・業態，業務の内容・性質，言動の態様・頻度・継続性，労働者の属性や心身の状況，行為者との関係性等の様々な要素を総合的に考慮することが適当とされ，個別の事案における労働者の行動が問題となる場合は，その内容・程度とそれに対する指導の態様等の相対的な関係性が重要な要素となる，とされています。逆にいうと，客観的にみて業務上必要かつ相当な範囲で行われる適正な業務指示や指導は，これを受けた者が主観的に「パワハラ」と感じたとしても，ここでいうパワハラではないということです。

iv 「就業環境が害される」とは，平均的な（社会一般の）労働者の感じ方に照らし，当該言動により身体的又は精神的苦痛を受け，就業環境が不快なものとなり，能力の発揮に重大な悪影響を生じる等，就業上看過できない程度の支障が生じることをいう，とされています。

Q271 パワハラについての事業者の義務②；パワハラの6類型と具体例

指針ではパワハラにはどのような形態のものがあるかを類型化して説明されているようですが，それぞれにどのような具体例が考えられるのでしょうか。

Ⓐ　代表的な言動の類型とそれぞれに該当すると考えられる行為については次のように説明されています。

① 身体的攻撃（暴行・傷害）

　これに該当すると考えられる例として，ⅰ段打，足蹴りを行うこと，ⅱ相手に物を投げつけること，を挙げており，該当しないと考えられる例として，ⅰ誤ってぶつかること，が挙げられています。

② 精神的な攻撃（脅迫・名誉棄損・侮辱・ひどい暴言）

　これに該当すると考えられる例として，ⅰ人格を否定するような言動を行うこと（相手の性的指向・性自認に関する侮辱的言動を行うことを含む），ⅱ業務の遂行に関する必要以上に長時間にわたる厳しい叱責を繰り返し行うこと，ⅲ他の労働者の面前における大声での威圧的な叱責を繰り返し行うこと，ⅳ相手の能力を否定し，罵倒するような内容の電子メール等を当該相手を含む複数の労働者あてに送信すること，を挙げており，該当しないと考えられる例として，ⅰ遅刻など社会的ルールを欠いた言動が見られ，再三注意してもそれが改善されない労働者に対して一定程度強く注意をすること，ⅱその企業の業務の内容や性質等に照らして重大な問題行動を行った労働者に対して，一定程度強く注意をすること，が挙げられています。

③ 人間関係からの切り離し（隔離・仲間外し・無視）

　これに該当すると考えられる例として，ⅰ自身の意に沿わない労働者に対して，仕事を外し，長期間にわたり，別室に隔離したり，自宅研修させたりすること，ⅱ1人の労働者に対して同僚が集団で無視をし，職場で孤立させること，を挙げており，該当しないと考えられる例として，ⅰ新規に採用した労働者を育成するために短期間集中的に別室で研修等の教育を実施すること，ⅱ懲戒規定に基づき処分を受けた労働者に対し，通常の業務に復帰させるために，その前に，一時的に別室で必要な研修を受けさせること，が挙げられています。

④ 過大な要求（業務上明らかに不要なことや遂行不可能なことの強制・仕事の妨害）

　これに該当すると考えられる例として，ⅰ長期間にわたる，肉体的苦痛を伴う過酷な環境下での勤務に直接関係のない作業を命ずること，ⅱ新卒採用者に対し，必要な教育を行わないまま到底対応できないレベルの業績目標を課し，

達成できなかったことに対し厳しく叱責すること，を挙げており，該当しないと考えられる例として，ⅰ労働者を育成するために現状よりも少し高いレベルの業務を任せること，ⅱ業務の繁忙期に，業務上の必要性から，当該業務の担当者に通常時よりも一定程度多い業務の処理を任せること，が挙げられています。

⑤　過小な要求（業務上の合理性なく能力や経験とかけ離れた程度の低い仕事を命じることや仕事を与えないこと）

　これに該当すると考えられる例として，ⅰ管理職である労働者を退職させるため，だれでも遂行可能な業務を行わせること，ⅱ気に入らない労働者に対して嫌がらせのために仕事を与えないこと，を挙げており，該当しないと考えられる例として，ⅰ労働者の能力に応じて，一定程度業務内容や業務量を軽減すること，が挙げられています。

⑥　個の侵害（私的なことに過度に立ち入ること）

　これに該当すると考えられる例として，ⅰ労働者を職場外でも継続的に監視したり，私物の写真撮影をしたりすること，ⅱ労働者の性的指向・性自認や病歴，不妊治療等の機微な個人情報について，当該労働者の了解を得ずに他の労働者に暴露すること，を挙げており，該当しないと考えられる例として，ⅰ労働者への配慮を目的として，労働者の家族の状況等についてヒアリングを行うこと，ⅱ労働者の了解を得て，当該労働者の性的指向・性自認や病歴，不妊治療等の機微な個人情報について，必要な範囲で人事労務部門の担当者に伝達し，配慮を促すこと，が挙げられています。

＊プライバシー保護の観点から，機微な個人情報を暴露することの内容，労働者に周知・啓発する等の措置を講じることが必要である，とされます。

Q272 パワハラについての事業者の義務③；事業者が雇用管理上講ずべき措置の内容

企業としては，どのような措置を講じることが求められるのですか。

Ⓐ　事業者が雇用管理上講ずべき措置の内容として指針の示すものは，以下のようなことです。

(1) 事業主の方針等の明確化及びその周知・啓発

職場におけるパワハラに関する方針の明確化，その方針の周知・啓発のため，次の措置を講じることが求められます。

ｉ　職場におけるパワハラの内容及び職場におけるパワハラを行ってはならない旨の方針を明確化し，管理監督者を含む労働者に周知・啓発すること。

　これを明確化し，周知・啓発をしていると認められる例として次のようなことが例示されている。

　① 就業規則等の服務規律等を定めた文書に，職場におけるパワハラを行ってはならない旨の方針を規定し，併せて，パワハラの内容及び発生原因や背景を周知・啓発すること。

　② 社内報，パンフレット，社内ホームページ等の広報又は啓発のための資料にパワハラの内容及びその発生原因や背景，パワハラを行ってはならない旨の方針を記載し，配布等すること。

　③ パワハラの内容及びその発生原因や背景，パワハラを行ってはならない旨の方針を周知・啓発するための研修，講習等を実施すること。

ⅱ　パワハラを行った者については，厳正に対処する旨の方針及び対処の内容を就業規則等の服務規律等を定めた文書に規定し，管理監督者を含む労働者に周知・啓発すること。

　これを明確化し，周知・啓発をしていると認められる例として次のようなことが例示されている。

　① 就業規則等の服務規律等を定めた文書に職場におけるパワハラを行った

者に対する懲戒規定を定め，その内容を労働者に周知・啓発すること。

②　パワハラを行った者は現行の就業規則等の服務規律等を定めた文書に定められている懲戒規定の対象となる旨を明確化し，これを労働者に周知・啓発すること。

(2)　**苦情を含む相談に応じ，適切に対応するために必要な体制の整備**

　苦情を含む相談に対し，その内容や状況に応じ適切かつ柔軟に対応するために必要な体制の整備として，次の措置を講じることが求められます。

ⅰ　相談窓口をあらかじめ定め，労働者に周知すること。

　相談窓口をあらかじめ定めていると認められる例として次のようなことが例示されている。

①　相談に対応する担当者をあらかじめ定めること，②相談に対応するための制度を設けること，③外部の機関に相談への対応を委託すること。

ⅱ　相談担当者が，相談に対し，その内容や状況に応じ適切に対応できるようにすること。パワハラが現実に生じている場合だけでなく，その発生の恐れがある場合や，パワハラに該当するか否か微妙な場合も，広く相談に応じ，適切な対応を行うようにすること。

　適切に対応することができるようにしていると認められる例として次のようなことが例示されている。

①　相談を受けた場合，その内容や状況に応じて，相談窓口の担当者と人事部門が連携を図ることができる仕組みにすること。

②　相談を受けた場合，あらかじめ作成した留意点などを記載したマニュアルに基づき対応すること。

③　相談窓口担当者に，相談を受けた場合の対応について研修を行うこと。

(3)　**事後の迅速かつ適切な対応**

　相談の申出があった場合に，その事案に係る事実関係の迅速かつ正確な確認及び適正な対処として，次の措置を講じることが求められます。

ⅰ　事実関係を迅速かつ正確に確認すること。

　事実関係を迅速かつ正確に確認していると認められる例として，次のようなことが例示されている。

①　相談窓口の担当者，人事部門又は専門の委員会等が，相談者及び行為者

の双方から事実関係を確認すること（相談者の心身の状況や当該言動が行われた際の受け止め方など，その認識にも適切に配慮すること）。

相談者と行為者との間で事実関係に関する主張に不一致があり，事実の確認が十分にできない場合には，第三者からも事実関係を聴取する等の措置を講ずること。

②　事実関係の迅速かつ正確な確認が困難な場合などにおいて，法第30条の6に基づく調停の申請を行うことその他中立な第三者機関に紛争処理を委ねること。

ⅱ　パワハラが生じた事実が確認できた場合には，速やかに被害者に対する配慮のための措置を適正に行うこと。

配慮のための措置を適正に行っていると認められる例として次のようなことが例示されている。

①　事案の内容や状況に応じ，被害者と行為者の間の関係改善に向けての援助，被害者と行為者を引き離すための配置転換，行為者の謝罪，被害者の労働条件上の不利益の回復，管理監督者または産業保健スタッフ等による被害者のメンタルヘルス不調への相談対応等の措置を講ずること。

②　法第30条の6に基づく調停その他中立な第三者機関の紛争解決案に従った措置を被害者に対して講ずること。

ⅲ　パワハラの事実が確認できた場合には，行為者に対する措置を適正に行うこと。

行為者に対する措置を適正に行っていると認められる例として，次のようなことが例示されている。

①　就業規則等の服務規律等を定めた文書におけるパワハラに関する規定等に基づき，必要な懲戒その他の措置を講ずること（併せて，事案の内容や状況に応じ，被害者と行為者の関係改善に向けての援助，被害者と行為者を引き離すための配置転換，行為者の謝罪等の措置を講ずること）。

②　法第30条の6に基づく調停その他中立な第三者機関の紛争解決案に従った措置を被害者に対して講ずること。

ⅳ　改めて，パワハラに関する方針を周知・啓発する等の再発防止措置を講ずること（パワハラの事実が確認できなかった場合においても，同様の措置を

講ずること）。

　再発防止措置を講じていると認められる例として，次のようなことが例示されている。

① 改めて，パワハラを行ってはならない旨の方針及びパワハラを行った者について厳正に対処する旨の方針を，社内報，パンフレット，社内ホームページ等に掲載し，配布等すること。

② 改めて，パワハラに関する意識を啓発するための研修，講習等を実施すること。

⑷ **上記⑴から⑶の措置と併せて講ずる必要のある措置**

　上記⑴から⑶の措置を講ずるに際しては，併せて，次の措置を講じなければならない。

ⅰ 相談者・行為者等のプライバシーを保護するために必要な措置を講ずるとともに，労働者に周知すること（プライバシーには，性的指向・性自認や病歴，不妊治療等の機微な個人情報も含まれる）。

　プライバシー保護に必要な措置を講じていると認められる例として，次のようなことが例示されている。

① プライバシー保護に必要な事項をあらかじめマニュアルに定め，相談窓口の担当者が相談を受けた際には当該マニュアルに基づき対応するものとすること。

② プライバシー保護のために，相談窓口の担当者に必要な研修を行うこと。

③ プライバシー保護のために必要な措置を講じていることを，社内報，パンフレット，社内ホームページ等に掲載し，配布等すること。

ⅱ パワハラの相談等を理由として，解雇その他不利益な取扱いをされない旨を定め，周知・啓発すること。

　不利益な取扱いをされない旨を定め，周知・啓発の措置を講じていると認められる例として，次のようなことが例示されている。

① 就業規則等の服務規律等を定めた文書において，パワハラの相談等を理由として，解雇等の不利益な取扱いをされない旨を規定し，周知・啓発すること。

② 社内報，パンフレット，社内ホームページ等に，パワハラの相談等を理

由として，解雇等の不利益な取扱いをされない旨を記載し，配布等すること。

Q273 パワハラについて，事業者が行うことが望ましい取組みの内容

雇用管理上講ずべき措置のほかにも，企業として求められる取組みというものがあるのですか。

Ⓐ　パワハラについては，前問までにご照会した講ずべき措置に加えて，行うことが望ましい取組みというものが次のように示されています。

(1)　パワハラは，他のハラスメント（セクハラ，マタハラ，育児・介護ハラスメントその他）と複合的に生じることも想定されるため，たとえば，セクハラ等の相談窓口と一体的に，パワハラ相談窓口を設置し，一元的に相談に応じることのできる体制を整備することが望ましい，とされます。

　一元的に相談に応じることのできる体制の例として，次のようなことが示されています。

① 　相談窓口で受け付けることのできる相談として，パワハラのみならず，セクハラ等も明示すること。

② 　パワハラの相談窓口がセクハラ等の相談窓口を兼ねること。

(2)　パワハラの原因や背景となる要因を解消するため，次の取組みをすることが望ましい，とされます（コミュニケーション能力の向上を図ることが行為者・被害者とならないために重要であること，業務上必要かつ相当な範囲の適正な業務指示や指導はパワハラに該当しないこと，労働者が適正な業務指示や指導を踏まえて真摯に業務を遂行する意識を持つことも重要であることに留意が必要，とされる）。

① 　コミュニケーションの活性化や円滑化のために研修等の必要な取組みを行うこと

たとえば

 i　日常的なコミュニケーションをとるよう努めること，定期的な面談・ミーティングを行うことにより，風通しの良い職場環境や互いに助け合える労働者同士の信頼関係を築き，コミュニケーションの活性化を図ること。

 ii　感情をコントロールする手法についての研修，コミュニケーションスキルアップについての研修，マネジメントや指導についての研修等の実施や資料の配布等により，労働者が感情をコントロールする能力やコミュニケーションを円滑に進める能力等の向上を図ること。

② 適正な業務目標の設定等の職場環境の改善のための取組みを行うこと

たとえば

 i　適正な業務目標の設定や適正な業務体制の整備，業務の効率化による過剰な長時間労働の是正等を通じて，労働者に過度に肉体的・精神的負荷を強いる職場環境や組織風土を改善すること。

　このほか，前問までにご照会した講ずべき措置を講じる際には，必要に応じ（衛生委員会の活用など）労働者や労働組合等の参画を得つつ，アンケート調査や意見交換等を実施するなどにより，運用状況の的確な把握や必要な見直しの検討等に努めることが重要である，とされています。

Q274　パワハラについて，事業者が行うことが望ましい取組み；労働者以外の者に対する言動・顧客からの迷惑行為等

　パワハラ指針では，顧客によるいわゆるカスハラについても望ましい取組みの例が示されているということですが，どのようなことがありますか。

Ⓐ　指針では，①雇用する労働者が，他の企業が雇用する労働者や求職者，個人事業主，インターンシップを行っている者等の，労働者以外の者に対する言動についても，必要な注意を払うよう配慮すること，事業主や役員自身の言動についても注意を払うよう努めることが望ましい，としています。また，このため，パワハラを行ってはならない旨の方針の明確化等を行うに際しては，これら労働者以外の者に対する言動についても同様の方針を併せて示すことが望ましいことや，これら労働者以外の者からの相談についても必要に応じ適切な対応を行うよう努めることが望ましい，としています。

　また，②取引先等の他の事業主が雇用する労働者や他の事業主・その役員からのパワハラや，顧客等からの著しい迷惑行為（暴行，脅迫，ひどい暴言，著しく不当な要求等）により労働者の就業環境が害されることのないよう，雇用管理上の配慮として，たとえば，次のような取組みをすることが望ましい，とされます。

　i　相談に応じ，適切に対応するために必要な体制の整備
　　イ　相談先（上司，職場内の担当者等）をあらかじめ定め，労働者に周知すること。
　　ロ　相談を受けた者が，相談に対し，その内容や状況に応じて適切に対応できるようにすること。
（相談をしたことを理由として解雇その他不利益な取扱いを行ってはならないことを定め，周知することが望ましい。）
　ii　被害者への配慮のための取組み
　　相談者から事実関係を確認し，パワハラや著しい迷惑行為が認められた場合は，速やかに被害者に対する配慮のための取組みを行うことが望ましい，とされます。
　　また，次のような取組みも被害防止のために有効と考えられる，としています。
　iii　他の事業主の雇用する労働者等からのパワハラや顧客等からの著しい迷惑行為による被害防止の取組み……これらの行為への対応に関するマニュアルの作成や研修の実施等の取組み

第6編

労働者派遣法

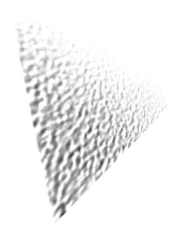

Q275　出向と労働者派遣の違い

　　労働者派遣と従来からあった出向とでは外見上も実際の指揮命令関係もほとんど区別はつかないように思います。派遣の場合は業務制限や期間制限があるが出向にはそうした制限がないということですが，出向か労働者派遣かはどこで見分けられるのでしょうか。

Ⓐ　外部労働力の利用については，職業安定法の規制する労働者供給事業の禁止や労働者派遣法の規制に留意する必要があります。労働関係の法令の適用においては，契約の形式よりも現実の労働の実態に基づく評価が重視されます。契約形式が出向契約であったとしても，その労働の実態が労働者派遣法の想定する労働者派遣と認められる場合は，労働者派遣法の規制を受けます。

　規制を免れるために偽装請負（Q277参照）の形をとる例があるといった問題が指摘されることがありますが，そうした問題を生じさせないためには，それぞれの特徴や相違点を把握して，自社にふさわしい形態を選択し，選択した形態にふさわしい契約形式や就業の実態を整える必要があります。そのためには，自社においてどのような実態において業務を処理するのが適当かを想定して，それにふさわしい契約形式を選ぶことが適当です。逆に，特定の契約形態をとろうとするのであれば，それにふさわしい労働実態を備えるための条件を整備しなければなりません。

　出向と派遣は，いずれも他社の雇用する労働者を自社の指揮命令の下に自社の業務に従事させるもので，外形的には区別はできません。違いは，これを受け入れた自社との間に雇用関係が生じるか生じないかにあります。

　労働者派遣の場合は，受入れ先（派遣先）との間に雇用関係を生じない（派遣法第2条第1号における定義参照）のに対し，出向の場合は受入れ先（出向先）との間にも雇用関係を生じるいわゆる二重の雇用関係が生じる就業形態であるとされます。労働者派遣については，労働者派遣法による規制が派遣元・派遣先の両方について具体的に定められており，そのルールに従った利用をし

なければなりません。

　一方の出向は現在特別の法的な規制がなく広く行われています。このため，派遣利用期間の制限を回避するために実質は労働者派遣であるものを出向の形式で行うなどの問題もありますが，一方で出向とするには出向先が雇用主としての責任の一部をきちんと負担する契約が必要となりますので，出向の形をとりながら雇用主としての責任を負わないということはできません。

　また，出向については，現時点での解釈として，これは職業安定法の規制する労働者供給の一形態であるとされ，これを「業として行う」場合は同法第44条が禁止する労働者供給事業の禁止に抵触するとされています。この違反は受け入れた側についても責任が生じます。

　通常，業として行うかどうかは，反復継続の意思があるかどうかなどで判断されますが，現実に広く行われている出向に関してはこのような形式的な解釈ではなく，①関係会社における雇用機会の確保，②経営指導・技術指導の実施，③能力開発の一環，④企業グループ内の人事交流の一環などの目的で行われるなど，わが国の社会通念上問題とされないような在籍出向であれば形式的に繰り返し行われていても，前記法律が規制する業として行う労働者供給事業には該当しないと考えられています。他方，たとえば営利を目的に反復継続して出向と称して労働者を供給し，これにより利益を得ているような事例については，問題となる余地があると思われます。

　したがって，出向を受け入れるのであればその目的を明確にし，会社間で出向受入れについてのきちんとした合意を行い，そこで出向元・出向先それぞれが雇用主として負担する責任関係を明確にし，これを実行することが必要です（Ｑ４「出向者と労基法の適用関係」参照）。たとえば，出向先としても出向者に適用する就業規則を整備し，三六協定の対象とし，労働時間等の管理や年休その他の法定休暇，安全衛生・災害補償についての責任を負担するなどがその一例でしょう。

　受け入れる側が，雇用主としての責任は負わないとするのであれば，労働者派遣事業の許可を受け又は届出をしている適法な派遣元事業者との間に適正な労働者派遣契約を結び，派遣法の制約の下に受け入れる必要があります。

〔参照条文　派遣法２条，職業安定法44条〕

Q276　業務請負・業務委託と労働者派遣の違い

　　受入れ先が雇用主としての責任を負わない形の外部労働力の利用として，業務請負・業務委託の形式があると言われる一方で，そうした契約であっても実質は労働者派遣であるということで行政当局の指導を受ける例もあるとも聞きます。どのようなところで違いを判断するのでしょうか。

Ⓐ　もともと労働者派遣が法的に明確に認められていなかった時期には，業務（処理）請負といった形で労働者派遣と同様のことが行われていたといわれています。今でも，業務請負とか業務委託といった形での労務供給契約（労働者供給ではなく民法上の概念）には特別の規制はなく，適正な実態を備えたものであれば適法に行うことができます。

　ただし，適正かどうかは契約の形式が完備しているかどうかよりも，現実の労働（労務提供）の実態がどうであるかに比重を置いて判断されます。特に，業務請負とか業務委託という場合，注文者・委託者の事業所内で業務を処理することが多く，その場合は，ほとんど外見的には委託者等に直接雇用されている労働者や派遣社員との区別がつかない状態にある場合があります。

　このため，こうした業務請負等については，法律で規制されている労働者派遣との異同が問題になる可能性があります。外形的には委託者等（派遣であれば派遣先）の職場で委託者等の業務を処理するわけですから，委託者等に直接雇用された労働者も派遣スタッフも受託会社の社員も同じように仕事をしていることになり，適切な管理がなされなければ労働実態での違いを説明できなくなる可能性があります。単に制服や名札を区別すればすむということではありません。委託した業務の処理と称してもその実態が労働者派遣法（以下「派遣法」といいます）の定義する労働者派遣に該当すれば，派遣法の規制を受けることになります。

　そこで手がかりになるのが，派遣法に関して定められている区別のための基準です（労働者派遣事業と請負により行われる事業との区分に関する基準）。

　ここでは，請負形式（業務委託形式もこれと同視されると考えられます）を
とっている場合も，次の条件（※ここでは内容を要約して紹介しています）を満
たさないときは，労働者派遣であると判断する，とされています。
　①　（請負人・業務受託者が）次のいずれにも該当して自己の雇用する労働
　　者の労働力を直接利用すること
　　ⅰ　業務遂行方法の指示その他の管理，業務遂行の評価等の指示その他の
　　　管理を自ら行うこと
　　ⅱ　始終業時刻・休憩・休日・休暇等の指示管理等，時間外・休日労働の
　　　指示管理その他の労働時間等の指示管理（単なる把握を除く）を自ら行
　　　うこと
　　ⅲ　服務規律の指示管理，配置等の決定変更などの秩序維持等のための指
　　　示管理を自ら行うこと
　②　業務を自己の業務として契約の相手方から独立して処理すること
　　ⅰ　業務処理の資金を自らの責任で調達・支弁すること
　　ⅱ　業務処理につき法律上の事業主としてのすべての責任を負うこと
　　ⅲ　単に肉体的な労働力の提供でないこと（自己の責任と負担で機材等
　　　（簡単な工具を除く）を準備調達し業務を処理するか，自らの企画や専
　　　門的技術・経験により業務を処理すること）
　なお，実際の業務処理を委託者の事業所内において行う必要がある場合など
においては，業務処理の委託契約においてその業務処理のための施設設備とし
て委託者側の施設設備の利用を無償で認めている例がありますが，ここで紹介
した基準では，たとえば上記②のⅲについては，機械等を契約の相手方から借
り入れる場合には請負契約等とは別個の双務契約による正当な借入であること
を必要とするなど，さらにその内容を明確にするための具体的判断基準や発注
者の労働者と請負労働者の混在などの具体的問題についての疑義応答集があわ
せて示されていますので参考にしてください。
　　※無償利用を認める趣旨は業務処理の効率性や情報管理など委託者側の必要によ
　　　る場合も多く，そうした合理的理由がある場合には必ずしもこの条件に抵触す
　　　るものとは思われませんが，そうした正当な理由によるものであることを証す
　　　る合意を取り交わしておくことが適当と思われます。

〔参照条文　「労働者派遣事業と請負により行われる事業との区分に関する基準」を定める告示，同疑義応答集，同第2集〕

Q277　派遣と請負の区分に関する疑義応答集

　　請負と派遣の区別については，その基準を定めた告示のほかにも，厚生労働省から具体的な疑義応答集が示されているようですが，その概要を説明してください。疑義応答集というものの性格も併せて説明してください。その回答と異なる扱いをすると何かの違反の責任を生じるのですか。

Ⓐ　「『労働者派遣事業と請負により行われる事業との区分に関する基準』（37号告示）に関する疑義応答集」（平21.3.31職発0331007）と同じく「『労働者派遣事業と請負により行われる事業との区分に関する基準』（37号告示）に関する疑義応答集（第3集）（令和3年9月）」が出ています。

　これらは，請負と派遣の区別基準告示（Q276参照）だけではなかなか具体的な事例の判断には難しいものがあるため，これまでに寄せられた疑問等を題材に具体的な事例等の疑義応答として厚生労働省の考えを説明しているものです。実際に請負事業や業務受託による事業を行う場合は，必ずその内容を確認しておくことが必要と思われます。

　その内容を逐一説明することはできませんので詳細については別途確認していただく必要がありますが，たとえばどのようなことが盛り込まれているか，いくつかご紹介します。

　そこでの質疑は非常に具体的で，実際に請負の形を選択して業務を処理する場合にはどこでも生じうる場面が取り上げられています。

　まず，表題だけ見ると，第1集は製造業務を念頭に置いたもので，1．発注者と請負労働者との日常的な会話，2．発注者からの注文（クレーム対応），3．発注者の労働者による請負事業主への応援，……5．発注者の労働者と請

負労働者の混在，6．中間ラインで作業をする場合の取扱い，7．作業工程の指示，8．発注量が変動する場合の取扱い，……10．請負業において発注者が行う技術指導，……13．作業場所等の使用料，14．双務契約が必要な範囲……といったテーマについて計15の問答を示しています。第2集は製造業務以外の業務（役務提供等）を念頭に置いたもので，発注者からの情報提供等，緊急時の指示，業務手順の指示，発注・精算の形態，打合せへの請負労働者の同席等，請負事業主の就業規則・服務規律，発注者による請負労働者の氏名等の事前確認，自らの企画又は専門的技術・経験に基づく業務処理，というテーマについてここでも計15の問答を示しています。第3集はいわゆるアジャイル型開発と呼ばれるシステム開発について，1．契約方式による37号告示の適用，2．アジャイル型開発の基本的な考え方，3．管理責任者の選任，4．発注者と受注者のコミュニケーション，5．開発チーム内のコミュニケーション，6．会議や打ち合わせへの参加，7．開発技術者の技術・技能確認といった，計7の問答を示しており，アジャイル型開発特有の偽装請負と判断される可能性を中心に個別具体的な判断基準を示しております。

　問答の一例を掲げれば第2集の2．発注者からの注文（クレーム対応）の回答では「発注者から請負事業主に対して，作業工程の見直しや欠陥商品を製作しなおすことなど発注にかかわる要求や注文を行うことは，業務請負契約の当事者間で行われるものであり，発注者から請負労働者への直接の指揮命令ではないので労働者派遣には該当せず偽装請負にはあたりません。ただし，発注者が直接，請負労働者に作業工程の変更を指示したり，欠陥商品の再製作を指示したりした場合は，直接の指揮命令に該当することから偽装請負と判断されることになります。」としています。

　また，打合せへの請負労働者の同席等の回答では，「発注者・請負事業主間の打合せ等に，請負事業主の管理責任者だけでなく，管理責任者自身の判断で請負労働者が同席しても，それのみを以てただちに労働者派遣事業と判断されることはありません。ただし，打合せの際，作業の順序や従業員への割り振り等の詳細な指示が行われたり，発注者から作業方針の変更が日常的に指示されたりして，請負事業主自らが業務の遂行方法に関する指示を行っていると認められない場合は，労働者派遣事業と判断されることになります。」としていま

す。アジャイル型開発の場合では，さらに踏み込んで場面別のコミュニケーションや会議等への参加について判断基準を示しています。

　この疑義応答集は，厚生労働省の見解を示したものであり，法律そのものではありませんから，この見解に反する対応をしたからといってただちに法律違反等の責任が生じるものではありません。しかし，この問答と同様の事業実態がある場合，回答で労働者派遣事業と判断されるような事例については，労働者派遣法をつかさどる行政機関として労働者派遣法の規定に従って必要な指導助言等を行うことになる可能性がありますから，実務的には放置することはできない問題となります。

Q278　労働者派遣の利用可能な期間の改正とその影響

これまで派遣の利用の期間についての制限のなかったいわゆる26業務についても利用できる期間が制限されることになったのですか。派遣先としてはどのような対応が必要ですか。

A　〔改正内容について〕
　まず何がどう変わったかといえば以下のとおりです。
　2つの面からの受入れ期間の規制がかかることになりました。
① 事業所単位の期間制限
　派遣先の同一の事業所に対して派遣できる期間（派遣可能期間）は，原則として3年が限度となります。この場合の事業所とは，工場，事務所等，場所的に独立していること，経営の単位として人事・経理・指導監督・働き方などがある程度独立していること，施設として一定期間継続することなど，の観点から判断されます。したがって，派遣される事業所が別になれば期間は通算されません。
② 個人単位の期間制限
　同一の派遣労働者を派遣先の事業所の同一の組織単位において受け入れる

ことのできる期間は，3年が限度です。この場合の組織単位とは，「課」や「グループ」など業務の類似性・関連性があり，組織の長が業務配分や労務管理上の指揮監督権限を有することなどの観点から判断されます。したがって，派遣就業する組織単位（たとえば課）が変われば期間は通算されません。また，同一の組織単位でも人が変わって別の人が派遣される場合は期間は通算されません（従事業務が変わっても同一の組織単位内での派遣就業である限り，期間は通算されます）。

〔派遣可能期間制限の例外〕
派遣可能期間の制限は，次の場合にはかかりません。
ⅰ）派遣元に期間の定めのない契約により雇用される派遣労働者
ⅱ）60歳以上の派遣労働者
ⅲ）日数限定業務（1カ月の勤務日数が通常の労働者の半分以下で，かつ10日以下であるもの）への派遣
ⅳ）産前産後休業，育児休業，介護休業取得労働者の業務代替派遣

〔クーリング期間〕
事業所単位，個人単位のいずれの期間制限も，労働者派遣の終了後次の派遣開始までの間の期間が3カ月を超えないときは，労働者派遣は継続しているものとみなされます。

〔派遣可能期間の延長〕
事業所単位の期間制限に限っては，次の方法により延長することが可能となります（ただし，個人単位の期間制限については，延長の方法はありませんので同一の有期雇用の派遣労働者を引き続き同一の組織単位の派遣で受け入れることはできないことに注意が必要です）。
原則3年の派遣可能期間を超える期間について受け入れるためには，派遣先の事業所の過半数代表（事業所の労働者の過半数を組織する労働組合がある場合はその労働組合，なければ過半数を代表する者。過半数代表者の要件（管理監督者でないこと，派遣可能期間の延長に関する意見を聴取するものを選出す

ることをあきらかにして選出されたものであること等）は，労基法の過半数代
表者の仕組みと同じです）から，延長しようとする派遣可能期間の終了日の1
カ月前までに，意見を聴かなければなりません。意見を聴く際には，次の事項
を書面で通知しなければなりません。

　ⅰ）派遣可能期間を延長しようとする事業所

　ⅱ）延長しようとする期間

　また，意見を聴く際には，その事業所の受け入れている派遣労働者数や期間
の定めのない契約により直接雇用している労働者数の推移などの参考資料を提
供しなければなりません（さらに，過半数代表者が求める場合は，部署ごとの
派遣労働者数，個々の派遣労働者の受入期間等の情報を提供することが望まし
いとされます）。

　意見を聴いた場合は，次の事項を書面にして，延長前の派遣可能期間が経過
した日から3年間保存し，これを事業所の労働者に周知しなければなりません。

　ⅰ）意見を聴取した過半数労働組合の名称又は過半数代表者の氏名

　ⅱ）過半数代表への書面通知日及び通知事項

　ⅲ）意見を聴いた日及びその意見の内容

　ⅳ）意見を聴いて延長期間を変更した場合は，その変更した期間（周知の方
　　　法は次のいずれかの方法によることが必要です。イ）事業所の見易い場所
　　　への掲示又は備え付け，ロ）労働者への書面交付，ハ）電子ファイル，磁
　　　気ディスク等に記録し労働者が常時確認できる機器を設置する方法）

　意見を聴けば，たとえその意見が期間延長に反対であったとしても派遣法上
の規制に関しては延長が可能となります。延長のできる期間は3年間までです。
ただし，意見を聴いた過半数代表が異議を述べた場合は，延長前の派遣可能期
間が経過する日の前日までに，次の事項を説明しなければなりません。説明を
した場合は，説明した日及び説明した内容を書面に記載して，当該事業所その
他派遣就業場所ごとの業務について延長前の派遣可能期間経過日から3年間保
存しなければなりません。また，前述の方法と同じ方法で労働者に周知しなけ
ればなりません。

　ⅰ）延長の理由及びその延長の期間

　ⅱ）異議への対応に関する方針（ただし，これが必要なのは，異議の内容が

労働者派遣により労働者の職業生活の全期間にわたる能力の有効発揮と雇用の安定に資する雇用慣行が損なわれるおそれがある旨の意見である場合に限られます）

〔派遣先の実務対応〕

派遣受入期間の管理は，違反があれば行政機関の是正勧告を受けてから改善すれば済むというようなものではありません。労働者派遣期間の制限に違反すると，労働契約申込みみなし制度（Q280参照）により，派遣先は派遣労働者に対しその派遣労働者の派遣元での労働条件と同一の労働条件を内容とする労働契約の申込みをしたものとみなされることになります。事業所単位の期間制限・個人単位の期間制限のどちらに違反した場合も労働契約申込みみなし制度の対象になります。

労働契約の申込みをしたものとみなされるということは，派遣労働者が派遣先に雇用されることを望めばそれで労働契約が成立する，ということです。派遣先にこれを拒否する余地はない，ということですから，派遣受入期間の管理をおろそかにすることは想定外の事態を招くおそれがあることを理解して，事業所単位の規制であれば３年を超えて利用するやむを得ない事情がある場合は，社員の雇用への影響も含め会社としての適正活用の考え方を作り上げ，社員の理解を求めて期間延長の手続を適正に実行すること，個人単位の規制であれば３年以内の利用を前提にした人材活用を徹底すること，優秀な派遣労働者を引き続き活用したいということであれば派遣就業する組織単位を変えての活用ができないかなど，十分な余裕期間をもって事前に検討することなど，ここに概説したルールを理解し必要な手続を適切に実施するなど，派遣の受入れ管理に適正を期すことが必要になるでしょう。

〔参照条文　派遣法40条の２，派遣法施行規則33条の３〕

Q279　派遣先を離職後1年以内の者の派遣受入禁止

　自社を離職して1年以内の者は派遣労働者として受け入れては
ならないというような規制が加えられたということですが，大企
業では離職者も多く，このようなことを適切に把握管理すること
は難しいように思うのですが。

Ⓐ　確かに，受け入れようとする派遣労働者が受入れ先である派遣先の元
従業員であった場合，派遣先を離職してから1年を経過するまでは派遣
労働者として受け入れてはならない，とされました（派遣法40条の9）。これは
派遣労働が常用雇用の代替防止を前提に制度化されたものであるという法の趣
旨から見て適当でない，とされたためです。

　このため，この場合の派遣先とは，個々の事業所単位でみるのではなく事業
者単位でみることになります。A社のa事業所を離職した者を1年以内にA社
のb事業所で派遣労働者として受け入れる場合も，この規制の対象になります。
事業所での雇用形態も関係ありません。正社員と同様の勤務条件での派遣の受
入れの契約で派遣されることとなった派遣労働者が，自社で6カ月までパート
タイマーとして勤務していた方である場合も，この規制を受けます。このため，
これまで企業全体での雇用する労働者情報の共有化が図られていないような場
合には，新たな負担が生じることになる可能性はあります。

　また，この規制は，「離職した者」が対象であり，解雇された者に限定され
ませんから，会社都合により解雇した者や労働者の責めに帰すべき事由により
解雇された者も，また，自己都合で退職した者，休職期間満了等の自動退職事
由に該当して離職した者もすべてこれに該当します（この規制の例外は，60歳
（以上）の定年制による定年退職者（定年後の継続雇用中の退職者も含めま
す）の場合に限ります）。

　自社内での確認に難しい問題があるのであれば，派遣元に対し，派遣する労
働者は自社を退職してから1年以内の者でないことを念のための確認をする
（このこと自体は派遣労働者の特定行為の規制に抵触するものとは考えられま

せん）ことでも，通常はその目的を果たすことは可能ではないかと思われます。ただ，法律の作りとしては，労働者派遣をするに当たり派遣元から派遣する派遣労働者の氏名等の通知があった場合に派遣先はその者が自社を1年以内に離職した者であるかどうかの確認を行い，これに抵触するのであればその旨を速やかに派遣元に通知しなければならないとされており，一方，派遣元は（派遣先からの通知の有無にかかわらず）その者を派遣した場合に派遣先が1年以内離職者の受入禁止の規制に抵触する場合はその労働者派遣を行ってはならない，とされています。これを見ると，派遣元・派遣先それぞれがそれぞれの責任においてこの規制に抵触しないかを確認し順守する責任を負っているもののように理解されます。自社では確認できないからということで簡単に相手方に確認を求めるということではなく，自らの責任において確認を行うということがあるべき姿と思われます。　　　　　　〔参照条文　派遣法35条の5，40条の9〕

Q280　労働契約申込みみなし制度

派遣法の改正で，不適切な派遣労働の受入れをしている派遣先は，受け入れている派遣労働者を直接雇用しなければならなくなったと聞いていますが，具体的にはどのような責任が生じたのですか。

A　労働契約申込みみなし制度は平成27年10月1日から施行されたものです。

法律自体には，概略，次のような定めがなされています（40条の6）。

＊派遣先が次のいずれかに該当する場合は，その時点で当該派遣労働者にかかる労働条件と同一の労働条件による労働契約の申込みをしたものとみなされます。つまり，相手方の派遣労働者が承諾をすれば派遣先との間に労働契約が当然に成立するということになり，派遣先はそれ以降雇用主としての責任を負うことになります。ただし，派遣先が，次のいずれかに該当することを

知らず，かつ，知らないことについて過失がなければ，申込みみなしの効果
は発生しません。

① 　派遣禁止業務についての派遣受入れ（禁止業務とは，たとえば，港湾運
送業務，建設業務，警備業務，医業その他の政令指定業務への派遣受入れ
がこれに当たります）
② 　派遣元事業主以外からの派遣受入れ（無許可・無届の派遣元からの派遣
受入れがこれに当たります）
③ 　労働者派遣の役務の提供を受ける期間の制限に違反した派遣受入れ（こ
れにはⅰ）事業所単位の期間制限違反とⅱ）個人単位の期間制限違反があ
る）
④ 　偽装請負等による派遣受入れ（請負その他の名目での契約で，労働者派
遣契約の場合の定めるべき契約内容を定めない派遣受入れ）

これに該当した場合，その行為が終了してから1年間は労働契約の申込み
（みなし）を撤回することができません。また，相手方の派遣労働者からこの
期間内に承諾・不承諾の意思表示を受けなかったときは，その申込み（みな
し）は効力を失います。

なお，派遣先から見れば，申込みみなしの対象となる派遣労働者の派遣元で
の労働条件は申込み時点での派遣先とその者との労働契約の内容となる労働条
件となりますから，それを知る必要があります。このため，派遣元は派遣先の
求めがあれば，速やかに，申込みをしたとみなされる時点でのその者の労働条
件の内容を通知しなければなりません。　　　　〔参照条文　派遣法40条の6〕

Q281　派遣受入れを予定したスタッフとの事前面接

派遣スタッフを受け入れる場合，事前に職場同僚との相性を考
えたりする必要がありますから，誰でもいいというわけではあり
ません。このため，正式に派遣を受け入れる前に候補者に職場訪
問をしてもらい，問題ないことを確認して，その人を派遣しても
らうことにするのは，何か問題なのでしょうか。

Ⓐ 派遣先は，紹介予定派遣の場合を除き，派遣受入れの前に，事前面接を行うことや履歴書の送付を受けること，若年者に限ることとすることなどの，派遣労働者を特定する目的の行為を行わないように努めることが求められています（派遣法26条6項，派遣先が講ずべき措置に関する指針第二の三）。

これは，労働者派遣は派遣元が派遣先の求める業務を処理するに足る能力を有する者を派遣するという仕組であり，誰を選んで派遣するかは派遣元の権限と責任であることによるものです。確かに，実際問題としては一緒に仕事をする受入れ先の職場の人間関係なども考えれば，事実上の上司になる指揮命令者とうまくやれるかどうかなど，事前に面接してその人柄などを確認することが，関係者すべてにとってよい結果に繋がるのではないか，という考えには一理あるところでしょう。

しかし，出向と違って，派遣先との間に雇用関係を生じないという派遣の性格や，派遣先に対し派遣就労が適切に行われることの責任は派遣元が負うことからすると，派遣先は，特定の派遣労働者に対し派遣就労の前の段階でその者の適否を判断する立場にはなく，派遣労働者を誰にするかという人物の特定に派遣先が具体的に関与することは適当でありません。

派遣先は，労働者派遣契約において，派遣により従事すべき業務内容の特定や必要なスキルレベルの明確化をするにとどめ，その業務を適切に処理する能力のある者を派遣するのは派遣元の責任とするのが適切であり，人物の特定は雇用主であり派遣契約における契約当事者としての責任を負う派遣元事業者に委ねることが適当である，ということではないかと思われます。

人物の特定に派遣先が具体的に関与することは，結果として雇用関係が不明確になる（実質的な雇用主は派遣先ではないか，という問題を生じかねない）おそれがあるとも言われます。このため，派遣先としても派遣労働者の特定に関与することは適当ではないと思われます。

前記の指針では，派遣労働者が自らの判断で派遣先を訪問することや履歴書を送付することまでも規制するものではないとしていますが，この部分は，本人が自主的にやることまで規制はしないということであり，派遣先がそうした行為を求めないように留意すべきである，ともしていますので注意が必要です。

なお，派遣元が派遣労働者を選定し，その氏名等を派遣先に通知した後にお

いては，派遣就業前であっても派遣業務の処理に必要な業務打合せ等のために派遣先を訪問する等のことは可能となります。　　　〔参照条文　派遣法26条〕

Q282　派遣先企業の責任にはどのようなことがあるのか

派遣労働者の活用を考えています。派遣労働者の場合，受け入れる側はその者の使用者責任を負わないということですが，何か特別の義務とか責任はないのでしょうか。

Ⓐ　派遣労働者は，派遣元事業主との間にのみ雇用契約を締結し，派遣先企業との間には雇用に関する契約関係を生じません。この点が同じような就業の形態であり，広く一般にこれまで行われてきた，いわゆる出向との違いであると説明されています（出向の場合は，出向元，出向先のいずれとの間にも雇用関係が成立するとされます）。このため，派遣労働者について派遣先企業は雇用主としての責任を負うことはありません。しかし，現実の就労は派遣先の指揮命令の下に行うのが派遣労働ですから，派遣先企業に法的責任を分担させないと各種労働条件等の法定基準の履行を確保することは困難です。このため，労働者派遣法は労基法や労働安全衛生法等の適用に関し，派遣元，派遣先のそれぞれが負担すべき責任に関する特別の規定を設けています。これによれば，派遣先企業が法律上の使用者としての責任を単独又は派遣元とともに負担する主な事項は，次のようなことになっています。

〔労基法関係〕

均等待遇，強制労働の禁止，公民権行使の保障，労働時間・休憩・休日，年少者の労働時間・休日・深夜業，危険有害業務の就業制限，坑内労働の禁止，産前産後の時間外・休日・深夜業，育児時間，生理日の就業が著しく困難な女性に対する措置，徒弟の弊害排除，申告を理由とする不利益取扱禁止，法令等の周知，記録の保存，報告義務

〔労働安全衛生法関係〕

　労働安全衛生法の適用に関しては，むしろ派遣先企業が現実に派遣労働者を使用することからほとんどの法的責任を負担するものと考えた方がよいでしょう。ただし，雇入れ時の安全衛生教育であるとか定期の一般健康診断といった義務は，派遣元のみがその責任を負担することになります。

〔男女雇用機会均等法関係〕

　妊娠・出産等を理由にした不利益取扱いの禁止，いわゆるセクハラやマタハラ防止のための雇用管理上の措置，妊娠・出産後の健康管理措置

〔育児介護休業法関係〕

　育児休業・介護休業・看護休暇・介護休暇の申出や取得，所定外労働の制限・時間外労働の制限・深夜業の制限・所定労働時間の短縮措置を理由とする不利益取扱いの禁止，育児休業等に関する言動に起因する問題に関する雇用管理上の措置

　このように，派遣労働者について派遣先は確かに賃金の支払いや雇入れ・解雇・退職に関わる法的責任を負うことはありませんが，現実の就労に伴う使用者としての責任のほとんどを負担することになります。また，労働者派遣法上の特別の義務として，Q281で述べたことのほか派遣先は，派遣元事業主以外からの労働者派遣の受入れが禁止されていること，労働者派遣契約の定めに反しないよう適切な措置を講じなければならないこと，派遣労働者の国籍，信条，性別，社会的身分，正当な労働組合活動等を理由として派遣契約を解除してはならないこと，労働者派遣契約の整備と適正な派遣就業の確保を図ること，派遣先責任者の選任，派遣先管理台帳の整備等，諸々の責任を負っていることに注意が必要です。

　労働者派遣制度は，これができた当初は派遣先が雇用責任を負わない労働者であることが強調されることが多かったのですが，現在では，一定の期間の派遣利用の実績がある場合，その事情に応じて，以下のような，受け入れている派遣労働者を雇い入れる努力義務が生じたり，労働者を募集する場合の募集内容を派遣労働者に周知させること，さらには一定の場合その派遣労働者に対し派遣先として労働契約の申込みをしたものとみなす（つまり，派遣労働者が希望すれば直接雇用となる効果が生じる），という規制が加えられていますので，

その活用に当たっては，最新の法規制の内容を十分に理解していないと，深刻
な雇用トラブルを生じるおそれがあります（詳細はQ278参照）。

　それぞれの概要は以下のとおりです。特に派遣法の規制をまぬがれるために
実態が労働者派遣であるにもかかわらず請負や出向等の形式を利用する，いわ
ゆる偽装請負とか偽装出向等については，これまで，なんとなく請負とか出向
という形さえ取っていれば派遣ではないといえるのではないか，といった安易
な理解があったようにも思われますが，そのような事例については直接雇用と
なる労働契約の申込みみなし制度が適用される可能性があることを前提にした
適切な対応が必要となります。

〔特定有期雇用派遣労働者の雇用努力；法40条の4〕

　派遣就業場所の同一の組織単位の業務に継続1年以上従事する見込みのあ
る有期雇用派遣労働者（特定有期雇用派遣労働者）の派遣（無期雇用派遣労
働者の派遣，60歳以上派遣等一定の場合を除く）を受けていた場合に，引き
続きその同一業務に従事させるために派遣実施期間経過後労働者を雇い入れ
ようとするときは，その業務に派遣実施期間継続従事していた特定有期雇用
派遣労働者を遅滞なく雇い入れるように努めなければなりません（ただし，
希望者に限ります）。

〔募集事項の周知；法40条の5〕

　1年以上継続して同一の事業所その他派遣就業の場所に同一の派遣労働者
の派遣を受けている場合に，その派遣就業場所において就労する通常の労働
者の募集を行うときは，募集事項（業務内容，賃金，労働時間等）を派遣労
働者に周知しなければなりません（この規制については，派遣就業場所の同
一の組織単位の業務に継続3年以上従事する見込みのある特定有期派遣労働
者の場合の特別なルールもあります）。

〔労働契約申込みみなし制度；法40条の6〕

　派遣先が次の行為を行った場合は，その時点で，派遣先はその派遣労働者
に対して労働契約の申込みをしたものとみなされることになります。派遣先
として労働契約締結の意思があるかどうかは関係なく，法の規定によりその
ようにみなされるということであり，その結果，派遣労働者から（この申込
みに対する）承諾があれば，その者の派遣元での労働条件と同じ条件で派遣

先との間での労働契約が成立することになる（つまり，その派遣労働者を派遣先が派遣としての受入れではなく直接雇用したことになる），ということです。

⑴　派遣禁止業務に従事させた場合

⑵　派遣元事業主以外のもの（無許可・無届事業者）からの労働者派遣の受入れ

⑶　派遣可能期間制限の規定に違反した場合（期間制限には，事業所単位と個人単位とがある。詳細はQ278参照）

⑷　脱法目的でのいわゆる偽装請負等の利用

〔参照条文　派遣法44条，45条，47条の2，40条の4～6〕

Q283　受入れ派遣労働者の苦情処理

受け入れている派遣労働者からの苦情処理については，派遣先も責任を負担することはわかるのですが，派遣先は派遣契約に従って勤務することを求めているだけです。具体的な勤務条件などについての苦情は雇用主である派遣元に申し出るべきではないですか。これに関与することは派遣先が雇用主と同じ責任を負うことになりませんか。

Ⓐ　派遣労働者の就業をめぐり，派遣労働者から生じる苦情には，いろいろなものが考えられます。もともとの派遣労働者として雇用された際の雇用主である派遣元事業者との間で合意された処遇・勤務条件自体についての苦情や改善要求もあるでしょう。これについてはお考えのように，労働契約の当事者である派遣元事業主との間で解決してもらうべき問題です。しかし，派遣就業をめぐっては，こうした苦情以外に派遣就業ならではの問題があります。派遣就業を開始する前に派遣元事業者から説明を受けた派遣先での業務や就業条件と，実際に派遣先に来て派遣先から命じられた業務や就業条件が違っている場合や，就業条件自体の問題ではないが派遣先での就業環境・人間関係に関

する悩みや苦情などです。こうした問題は，派遣先の関与なしに派遣元だけで解決することは難しい問題であったり，解決のためには派遣先の対応が欠かせない問題です。もともとの雇用の際の条件については本人が直接の当事者として決めているわけですから，日常的に問題となることはあまりないでしょう。実際の問題の多くは，派遣就業を続けている過程で生じる，派遣先が関係する不満・苦情等といえるでしょう。その中には，派遣先の問題というよりも派遣元が説明することが適当な問題があるかも知れませんし，派遣先と派遣元が協力して解決すべき問題もあるでしょう。もちろん，もっぱら派遣先の責任で解決すべき問題もあるでしょう。

　このため，派遣法では，派遣元事業主と派遣先が結ぶ労働者派遣契約においては，派遣労働者から申出のあった苦情についての「苦情の処理に関する事項」についての定めをしなければならない，とされています（派遣法26条1項7号）し，派遣先管理台帳には申出を受けた「苦情の処理に関する事項」を記載し派遣元事業主に通知しなければならない，とされています（派遣法42条）。これは苦情の処理を派遣元・派遣先どちらか一方のみの責任としているのではなく，可能であり適切であるならどちらか一方が，また可能であり適切であれば双方が協力してその解決に当たることを想定しているものと言えます。

　さらに，厚生労働省の示している労働者派遣契約の定めの例では，「派遣労働者の苦情の処理」について，派遣先・派遣元それぞれの苦情の申出を受ける者の定め，苦情処理についての派遣元派遣先の連携体制等の定めを置いています。また，厚生労働省の労働者派遣事業関係業務取扱要領では，派遣先としての苦情の適切な処理について，苦情内容の派遣元への通知（派遣先で解決が容易であり現実に即時処理をしてしまったようなものは除く），苦情の原因が派遣元事業主にもある場合は派遣先が中心となって派遣元と連絡調整を行い解決を図らなければならない，としています。

　また，ご質問に関連することとしては，派遣先は派遣労働者の苦情の処理を行うに当たっては，派遣先の労働組合法上の使用者性に関する代表的な裁判例や中央労働委員会の命令の内容に留意する必要がある，としています。ご質問は，派遣先が対処すべき苦情には当然適切に対処するが，たとえば賃金問題のように派遣元事業者の問題であり派遣先の問題ではないようなことについては，

派遣先に言われても対応のしようもないし，余計なことをすれば逆に派遣先が使用者であるかのような責任問題が生じることにならないか，ということでしょう。

　代表的学説は，使用者として団体交渉義務を負う者は原則として雇用主であるが，労働契約関係と近似又は隣接する関係にある者も団体交渉上の使用者とされる場合があるとしており（菅野和夫『労働法』第12版417頁，1004頁以下，弘文堂），厚生労働省がいう代表的裁判例（朝日放送事件　最高裁第三小法廷平7.2.28判決）は，労働契約上の雇用主以外の事業主であっても，その労働者の基本的な労働条件等について雇用主と部分的とはいえ同視できる程度に現実的かつ具体的に支配，決定することができる地位になる場合は，その限りにおいて（労働組合法上の）使用者に当たる，としています。また，中労委は，派遣添乗員について，労働時間管理を含む就業に関する諸条件という基本的労働条件につき，雇用主と同視できる程度に現実的かつ具体的な支配力を有していた事例について，労働時間管理に関する要求について団体交渉に応じなかったことは不当労働行為であると判断しています（阪急交通社平成24年11月29日命令）。

　こうした判断を参考にすると，簡単に派遣先の問題ではないということで苦情に取り合わなければ状況によってはいわゆる労使紛争として労働組合問題（団交拒否）ともなりかねませんし，逆に派遣先が過剰介入すればこれまた派遣先がその者の使用者としての団交責任を負うこともあり得ます。派遣先としては，実際の苦情の内容をよく確認し，その内容について派遣先としては現実にどのように関与しているのかを見極め，こうした判例等の判断も考慮したうえで，派遣元の問題であることを説明して理解を求めるか，自社の問題として，また派遣元と協力して対応すべき問題なのか，どう対応するかを決めるようにすべきであろうと思われます。もちろん，派遣元との連絡調整も欠かせません。

Q284 派遣労働者の残業は自社従業員と同様に命じられるか

　派遣労働者を活用しています。自社社員と混在して一体になって作業をしてもらっており，時間外労働が必要なときは当然派遣労働者にもお願いしていますが，中には残業はできないという人もいます。こうした人について自社社員と同じような残業命令はできないのでしょうか。

Ⓐ　派遣労働者について派遣先企業は違法な時間外労働等をさせてはならないという労基法上の使用者責任を負担しますが，いわゆる三六協定等時間外労働を可能とする枠組み及び具体的な時間外労働の命令の根拠となる就業規則といったものは，派遣先の協定や規則が適用されるのではなく，派遣元企業の三六協定，就業規則等が適用されるのです。したがって，設問の場合も派遣先である御社の三六協定や就業規則に基づいて派遣労働者に残業を命じることはできません。

　この点については，労働者派遣契約において残業等ができる範囲についても定めなければならないとされていますから（派遣法26条，派遣法施行規則22条），そこで明らかになった範囲においてのみ可能となります。なお，三六協定等は派遣元の責任になっていますので，派遣労働者の受入れに際しては，適法な三六協定等があるか，その内容についても確認しておくことが必要です。たとえば，月間45時間等の時間外労働の原則的な限度時間を超えて働かせる必要が生じた場合も，そのための条件は派遣元の三六協定によって規制されます。派遣元の三六協定にいわゆる特別条項がなければ，そもそも月間45時間等の原則限度時間を超える時間外労働を派遣労働者に命じることはできません（Q78参照）。また，特別条項があればそこで定めた手続を派遣元が実行することにより派遣先はその特別条項で定められた限度まで時間外労働を行わせることができます（派遣元の就業規則等，派遣元と派遣先との間の労働者派遣契約において時間外労働を命じる根拠が必要です）。この場合の特別条項に定められた手

続は派遣元が実施するのであって，派遣先が行うものではありません。派遣先
としては，原則限度時間を超える必要がある場合は，速やかに派遣元に連絡し
適切な対応を求める必要があることになります。

〔参照条文　派遣法44条，26条，派遣法施行規則22条〕

Q285　派遣労働者から年次有給休暇の申請があった場合

受け入れている派遣労働者から急な年次有給休暇の申請があり
ました。認めなければなりませんか。そうだとしたら，代替要員
の派遣を求めることができますか。

Ａ　派遣労働者の年次有給休暇の権利行使，それに対する使用者としての
責任や時季変更権の行使といった一連の問題については，もっぱら派遣
元企業と派遣労働者との間において処理されなければなりません。労働者派遣
法は，労基法第39条の年次有給休暇に関する規定の順守の責任は，原則どおり
派遣労働者の雇用主である派遣元事業主にあるとしているのです。したがって，
この原則からみると設問の事例の場合に派遣労働者が派遣先企業に対して年次
有給休暇利用のための時季指定を行ったり，これを派遣先企業が認めるとか認
めないといった時季変更権の行使を前提とした議論がでてくること自体が問題
なように思われます。上記原則に忠実であれば，派遣労働者は派遣元事業主に
対し時季指定権を行使することによって年次有給休暇の申請をし，派遣元事業
主が派遣先への代替要員の派遣の可能性その他を検討して時季変更権を行使す
るか否かを判断し，時季変更権を行使しないのであれば代わりの要員を派遣す
るという措置を講じなければならないのです。

また，この場合の時季変更権の行使が可能か否かの判断の要素である「事業
の正常な運営」とは，派遣先の業務への支障そのものではなく，あくまで派遣
元の事業の正常な運営であり，これがこの年次有給休暇の利用によって阻害さ
れるおそれがあるか否かによって時季変更権行使の可否が決まるものです。派

遣先が受け入れている派遣労働者の年次有給休暇の利用に関して，使用者として時季変更権を行使することはあり得ません。

　しかし，派遣先は労働者派遣契約による派遣労働の提供を派遣元に求めることができるのは当然ですから，今まで来ている派遣労働者が病気で就業できない場合に限らず，年次有給休暇により就業しない場合も，代替の派遣労働者を派遣して労働者派遣契約に基づく義務を果たすなどの適切な対応を派遣元に求めることができます。　　　　　　　　　　〔参照条文　派遣法44条，労基法39条〕

Q286　派遣先が講ずべき措置に関する指針とは

　派遣労働の利用は，派遣先が雇用主としての各種責任を負わないことに特徴があると思いますが，一方で，派遣先には派遣を利用する場合に，各種の措置を講じることが要求されているとも聞きます。何がどういう理由で求められるのでしょうか。

Ａ　　確かに派遣先は受け入れる派遣労働者について，雇用契約上の雇用主としての立場にはなく，雇用主としての責任は負いません。しかし，現実に派遣労働者を使用するのは派遣先であり，雇用主である派遣元に労働条件確保の責任を負わせるだけでは，各種労働条件が派遣先での就業において実際に確保されるためには不十分と考えられます。このため，労働者派遣法自体において労働基準法等の適用に関する特例が定められ，派遣労働者に関する労働時間規制や安全衛生の確保等，多くの労働条件について派遣先に労基法，労働安全衛生法，男女雇用機会均等法，育児・介護休業法その他の法令上の使用者としての責任が定められています。

　代表的な事項を掲げれば，公民権行使の保障，労働時間・休憩・休日，育児時間，生理休業等が派遣先のみの責任とされていますし，さらに労働安全衛生法の適用においては，一般健康診断など特定の事項を除き，むしろ派遣労働者の安全衛生の確保の主体は派遣先とされているといってもよいでしょう（派遣

法44条以下参照）。

　これに加え，労働者派遣法に基づき派遣先が講ずべき措置に関する指針が告示として制定されています。たとえば，派遣法第39条では派遣先は労働者派遣契約の定めに反することのないように適切な措置を講じなければならない，と定めています。その１つに派遣先責任者に関する事項がありますが，その具体的な内容は法律・規則に定められているほか，この指針でもさらに細部にわたる事項が定められています。

　指針は多岐にわたり，指針に反する事実があることが直ちに派遣法違反と評価されるかどうかは，具体的な法律条文と指針の関係により一概には言えませんが，派遣労働者の就業条件の整備のために必要な事項を定めたものであるという指針の性格からすると，いずれの項目についても何らかの改善を求められる可能性はあるでしょう。

　指針には，以下の項目につき具体的に派遣先が講ずべき措置内容が定められていますので，参照してください。①派遣契約締結に当たっての就業条件の確認，②派遣契約に定める就業条件の確保，③派遣労働者特定目的行為の禁止（紹介予定派遣を除く），④性別による差別及び障害者であることを理由とする不当な差別的取扱いの禁止，⑤契約違反事実の是正，⑥派遣労働者の雇用安定を図るために必要な措置，⑦適切な苦情処理，⑧労働・社会保険の適用促進，⑨適正な派遣就業の確保，⑩関係法令の周知，⑪派遣元との労働時間等に係る連絡体制の確立，⑫派遣労働者への説明会の実施，⑬派遣先責任者の適切な選任と業務遂行，⑭派遣期間制限の適切運用，⑮派遣可能期間の延長についての過半数代表者からの意見聴取と実施，⑯雇用調整により解雇した労働者が就いていたポストへの派遣先労働者の受入れ，⑰安全衛生に関する措置の実施，⑱紹介予定派遣受入れについての諸措置。

　　〔参照条文　派遣法44条，45条，46条，47条，47条の２，派遣先が講ずべき措置に関する指針〕

Q287 派遣先の事情や派遣労働者の勤務状況により派遣契約を解除する場合の留意事項

派遣契約の期間途中ではあるが，業務量が当初予想を下回る状況が続いているため，派遣を引き続き受け入れる必要はないと判断しています。派遣契約を途中解除したいと思うが，解除の予告などの必要はあるのでしょうか。

Ⓐ　派遣先は派遣労働者を雇用しているわけではありません。派遣契約の解除（解約）は派遣元事業者と派遣先との間の契約の解除であり，解雇ではありません。この意味で，派遣契約の解除に労基法の定める解雇予告制度の適用はありません。解雇予告制度の適用があるのは派遣労働者の雇用主である派遣元が派遣労働者との雇用（労働）契約を解約する場合です。

しかしながら，現実の問題として，労働者派遣契約が解除された場合に派遣元がその契約に基づき派遣就業させていた派遣労働者を解雇するということが少なからず起こります。このため，労働者派遣法では，「派遣先が講ずべき措置に関する指針」において，派遣労働者の雇用の安定を図るために必要な措置として，一定の場合に30日前の予告など適切な対応を派遣先に求めています。その内容（労働者派遣契約の解除に関わるもの）は，概略以下のようなことです。

①　労働者派遣契約締結時の措置

派遣契約期間満了前の契約解除の場合は，派遣労働者の就業機会の確保を図る，もしくは休業手当・解雇予告手当相当額以上の損害賠償をすることを定め，派遣期間を定めるに当たっては可能な限り長く定める等雇用安定への配慮に努めること

②　労働者派遣契約解除の事前申入れ

もっぱら派遣先に起因する事由により契約期間満了前に契約解除する場合は，派遣元の合意を得るとともに，相当の猶予期間をもって派遣元に解除の申入れをすること

③　派遣先での就業機会の確保

　　派遣労働者の責めに帰すべき事由以外の事由により契約期間満了前に契約解除した場合は，派遣先の関連会社での就業を斡旋するなどにより新たな就業機会の確保を図ること

④　損害賠償等

　　派遣先の責めに帰すべき事由により契約期間満了前に契約解除する場合は，新たな就業機会の確保を図ることとし，これができない場合は派遣元が派遣労働者を休業させること等による損害を賠償しなければならないこと。たとえば休業させる場合は休業手当相当額以上，契約解除の申入れが相当の猶予期間を置かなかったことにより解雇予告期間が30日に満たない場合はその不足日数分以上の損害賠償を行うこと

　　派遣元・派遣先双方の責めに帰すべき事由がある場合はそれぞれの責めに帰すべき部分の割合も考慮すること

⑤　解除理由の明示

　　派遣先は，契約期間満了前に契約解除する場合であって派遣元から請求があったときは，解除の理由を明らかにすること

　ご覧になるとおわかりのように，派遣労働者の雇用の安定のため，派遣先にも契約解除の原因に応じて自社の従業員を解雇する場合に準じた予告等のほか，各種の措置を講じることが求められていることになります。

　なお，Q286でも触れたように，指針に反する事実があることが直ちに派遣法違反と評価されるかどうかは，具体的な法律条文と指針の関係により一概には言えませんが，派遣労働者の就業条件の整備のために必要な事項を定めたものであるという指針の性格からすると，いずれの項目についても何らかの改善を求められる可能性はあるでしょう。

〔参照条文　派遣先が講ずべき措置に関する指針〕

Q288　派遣契約中途解除の場合の雇用確保措置義務

　従来は，いわゆる指針での規制にとどまっていた派遣契約中途解除の場合の雇用確保措置についての派遣元・派遣先それぞれの講ずべき措置が，法律上の義務に格上げされたそうですが，そもそも雇用確保は雇用主の責任ではないのですか。派遣先には何が要求されるのですか。

Ⓐ　これまでも，法律上の義務として労働者派遣契約の締結に際して定めるべき事項の1つに，契約解除に当たって講ずる雇用安定確保措置の定めに関する項目が定められていましたが，その具体的な内容は派遣先が講ずべき措置に関する指針の中で定められていました。この法律上の義務内容が拡充され，「派遣労働者の新たな就業機会の確保，派遣労働者に対する休業手当等の支払いに要する費用を確保するための当該費用の負担に関する措置その他の労働者派遣契約の解除に当たって講ずる派遣労働者の雇用の安定を図るために必要な措置に関する事項」が労働者派遣契約締結に際し定めるべき事項とされました（派遣法26条1項8号）。

　その具体的な措置として求められるものの内容は，従来と同じく指針に委ねられており，派遣先であれば「派遣先が講ずべき措置に関する指針」に従来から定められていた事項と基本的には変わるところはありません。ただし，これまでと多少構造が異なるのは，これまでは直接法律が定めるのは雇用安定のための措置を契約に盛り込むべし，とするにとどめ，その具体的な内容は指針に委ねていたのに対し，今回の改正では，契約に盛り込むべき事項として法律が義務付ける内容をより具体的に例示している（休業手当等の費用負担措置等）ということです。このため，休業手当等の費用負担について労働者派遣契約に明記していない場合，他に何らかの雇用安定措置についての定めがあれば，従来は単に指針違反ということになる可能性があったのに対し，派遣法上の労働者派遣契約の整備義務に違反することになる，という違いがあります（さらに後述の派遣法29条の2の規制についても参照）。

　従来から指針に基づきこうした措置を講じてきた企業であれば，別段の影響はないと考えられますが，従来，休業手当等や解雇予告手当額相当額以上の損害の賠償等についての定めを置いていなかったところでは，労働者派遣契約の内容の見直しが必要となります。

　最後の点についても，確かに雇用確保措置についての責任は本来雇用主たる派遣元が負うべきものかもしれません。しかし，派遣労働の場合は，ご存知のとおり雇用と使用の分離という問題があり，そうした労働においても適正な労働条件を確保するために，労働基準法その他の法令の適用（順守責任の所在）についての特例が定められ，雇用主でない使用者としての派遣先に法令順守の責任が負わされていることはご存知のとおりです。これらと同様の趣旨から，派遣先の責めに帰すべき事由により契約期間途中で契約解除を行う場合には，その原因を生じさせた派遣先が新たな就業機会の確保を図るか，これが困難な場合に派遣元において必要となる休業手当等について，派遣先がその損害の賠償を行うことを自主的に派遣契約において定め，実行することが求められるのはやむを得ないものと思われます。なお，この点に関しては，新たな規制として，派遣先の都合による労働者派遣契約の解除の場合，（労働者派遣契約に定めがあると否とを問わず）当該派遣労働者の新たな就業機会の確保，派遣元による休業手当等の支払いに要する費用を確保するための費用の負担その他の雇用安定のための必要な措置を講じなければならない，とする条文が設けられていることに留意してください（派遣法29条の2）。

〔参照条文　派遣法26条，29条の2〕

Q289　紹介予定派遣と通常の派遣の違い

　試用期間を設けて当初から直接雇用する代わりに，紹介予定派遣を活用したいと思いますが，通常の派遣と比べて何か紹介予定派遣に特有の注意点などはあるのでしょうか。

Ⓐ　　紹介予定派遣は，職業紹介を予定した労働者派遣ということです（予定といっても，派遣の開始前に紹介を行う場合も含みます）。このため，労働者派遣として受ける規制と職業紹介についての規制が複雑に関係することになります。

　たとえば，職業紹介としての性格から，①派遣就業開始前又は派遣就業期間中の求人条件の明示，②派遣期間中の求人・求職の意思確認や採用内定ができますし，通常の派遣の場合には規制されている，③派遣就業開始前の面接，履歴書の送付等の派遣労働者を特定する行為を行うことができます。このほか，派遣先が講ずべき措置に関する指針では概ね次のようなことが求められています。

①　紹介予定派遣を受け入れる期間は6カ月以内であること
②　採用後は改めて試用期間を設けないこと
③　職業紹介を希望しない場合又は派遣労働者を雇用しない場合は派遣元の求めに応じてその理由を書面（派遣労働者が希望する場合はファクシミリ，電子メール）により明示すること
④　派遣労働者の特定行為をするについては，特定の合理的理由がある場合を除き年齢を理由に派遣労働者を排除しないこと
　※合理的とされる理由の概要は以下のとおり。派遣先の定年を上限とする特定，法令の規定による年齢制限のための特定，期間の定めのない派遣労働者について長期勤続によるキャリア形成のため若年者に特定する場合や派遣先の特定年齢層が相当程度少ない場合の技能継承等のための特定，芸術・芸能の表現の真実性のための特定，60歳以上又は特定年齢層の雇用促進の国の施策対象者の特定）
⑤　同じく，雇用機会均等法の趣旨に照らし，対象から男女のいずれかを排除しないこと，男女で異なる条件としないこと，選考において能力及び資質の有無等を判断する場合に方法や基準について男女で異なる取扱いをしないこと，男女のいずれかを優先しないこと，派遣就業・求人内容の説明等の情報提供において男女で異なる取扱いをし又は派遣元にその旨を要請しないこととされています。ただし，ポジティブアクションとして女性に有利な扱いをすることは許されます。また，芸術・芸能分野の真実性等の要請，防犯上の要請，宗教・風紀・スポーツ競技その他業務の性質上の必

要性による場合や，一定の危険有害業務等労基法により女性を就業させる
ことができず又は保健師助産師看護師法により男性を就業させることがで
きない場合，風俗・風習等の違いにより女性が能力を発揮しがたい海外で
の勤務等の場合は，この要請は排除されます。さらに，合理的理由がなけ
れば性別以外の事由についても派遣労働者の身長，体重，又は体力に関す
ることを要件とすることや，コース別雇用管理における総合職としての採
用を予定している場合に，転居を伴う転勤に応じることができることを要
件とすることはしてはなりません。

⑥　また，障害者雇用促進法の趣旨に照らし，派遣労働者の特定をする場合，
障害者であることを理由に対象から排除することや障害者にのみ不利な条
件を付けること，障害者でないものを優先すること，求人情報の提供につ
いて障害者でない者と異なる扱いをしたりその旨を派遣元事業主に要請す
ること，また，業務遂行上特に必要のないにもかかわらず障害者を排除す
るために条件を付けることは行ってはならないこととされています。ただ
し，積極的差別是正措置として障害者を有利に扱うことは許されます。そ
の他，障害者と障害者でない者との均等な機会の確保等を図るための措置
（障害者雇用促進法36条の2，36条の3）を講じるための派遣元事業主から
の要請については，可能な限り協力するよう努めなければなりません。

〔参照条文　派遣法2条，派遣先が講ずべき措置に関する指針〕

Q290　紹介予定派遣に関する事項の定めの義務化

　これまでも，労働者派遣契約では紹介予定派遣の場合はこれに
関する事項を契約において定めることとされていたと思いますが，
これについてもより具体的な規制となったということを聞きまし
た。どのように変わったのでしょうか。

　　　　紹介予定派遣の場合，従前は単に「当該紹介予定派遣に関する事項」

Ⓐ　を労働者派遣契約において定めることとされていましたが，現在は「当
該職業紹介により従事すべき業務の内容及び労働条件その他の当該紹介予定派
遣に関する事項」を労働者派遣契約において定めることとされています（派遣
法26条1項9号）。

　紹介予定派遣はいずれ職業紹介を行うことを予定しての派遣ですから，派遣
先は問題なければ紹介を受けることを当然前提にしているはずですし，紹介を
受けた場合に採用するとすればどのような業務に就けるか，処遇条件はどうす
るかについても当然に想定しているところがあるはずです。またその情報は，
当該派遣労働者にとっても重要な情報ですから，これを派遣元・派遣先の間の
労働者派遣契約で確認することとされたわけです。

　具体的には，次のようなことを記載することが求められます。

① 　紹介予定派遣であること

② 　派遣先が雇用することになった場合に予定される従事業務の内容及び労
　働条件等

　　これの具体的な例としては次のようなことがあるとされています。

　　ⅰ. 従事業務の内容

　　ⅱ. 労働契約の期間

　　ⅲ. 就業場所

　　ⅳ. 始終業時刻，所定時間外労働の有無，休憩時間，休日

　　ⅴ. 賃金額

　　ⅵ. 健康保険，厚生年金，労災保険，雇用保険の適用

③ 　職業紹介を希望しない場合又は紹介を受けた者を雇用しない場合，派遣
　元の求めに応じ，その理由を書面等（ファクシミリ，メール）で明示する
　こと

④ 　派遣先が雇用する場合，年休・退職金の取扱いにおいて派遣期間を勤務
　期間に通算する場合はその旨

　これらの事項は，すべて派遣先において決められているべきものであり，派
遣先はこれを労働者派遣契約に適切に盛り込む必要があります。

　〔参照条文　派遣法26条，労働者派遣事業業務取扱要領第7-10-(3)-イ-⑨〕

Q291　派遣先の情報提供義務

　派遣法の改正で，派遣先は派遣元に対して自社の賃金等の情報を提供しなければならないことになったということです。何を提供する必要があるのですか。提供しないと何か問題が生じますか。

A　労働者派遣法の第26条は労働者派遣契約の内容等についての規制を定めていますが，その改正により派遣先は，労働者派遣契約を締結するに当たっては，あらかじめ，派遣元事業主に対し，派遣労働者が従事する業務ごとに自社の比較対象労働者の賃金その他の待遇に関する情報等を提供しなければならない，と定められました（法26条7項）。これを提供しない場合，派遣元事業主は労働者派遣契約を締結してはならないという規制が同条第9項に定められましたので，派遣先は派遣労働者の活用ができなくなることになります。

　また，派遣先は提供する情報に変更があったときは，遅滞なく，変更内容に関する情報を提供しなければならないことになりました。更に，派遣料金の額について，派遣労働者と通常の労働者との間の不合理な待遇を禁止する新たな規制を派遣元が遵守することができるものとなるように配慮しなければならないこととされました（ただし，不合理な待遇の禁止に関する比較対象を派遣先の通常の労働者とするのではなく，同種業務に従事する一般の労働者の賃金水準と同等とすることなど一定の条件を満たす労使協定方式※を採用することができ，その場合の情報提供義務については，後述のような特例があります）。

　　※派遣労働者の給与等の処遇は，原則として後述のとおり，派遣先から情報提供を受けて均等・均衡待遇を行わなければなりませんが，労使協定を締結し，厚労省職業安定局長が毎年発出する通達に基づいて同種の職種や経験年数を加味した給与水準等を定めることを労使協定方式といい，派遣先各社の賃金水準に左右されることなく，派遣元で統一の取扱いとすることができます。

　これらの規制は，働き方改革関連法による派遣労働者に対する不合理な待遇の禁止を実現するための改正です。そこでの法改正では，派遣元の責任として不合理な待遇の禁止等（その内容は実質的にはパート・有期雇用労働法におけ

るそれと同様です）が定められましたが，派遣労働者の場合に特殊なのは，その待遇の比較の対象が原則として派遣先の通常の労働者であるということです。これまでのイメージでは，同一労働同一賃金の原則とは，個々の事業主が自ら雇用する労働者の間における格差を問題とするものであり，他の企業の労働者との処遇条件の比較という問題ではなかったのですが，いわゆる非正規労働者の格差是正という観点から派遣労働者の場合は原則として現実に指揮命令を受け労働を提供している派遣先の比較対象労働者との間の処遇の格差が問題とされることになりました。しかし，その義務を負う派遣元事業者にとっては，派遣先企業の労働者の基本給，賞与その他の待遇のそれぞれを知ること自体，当然にはできるものではありません。そこで，派遣先に対しては派遣元事業主に対する賃金その他の待遇に関する情報を提供しなければならない，とされたのです（法26条7項）。

　情報提供義務の内容としては，比較対象労働者の職務の内容，職務の内容及び配置の変更の範囲，雇用形態，比較対象労働者の選定理由，比較対象労働者の待遇のそれぞれの内容（昇給，賞与その他の主な待遇がない場合はその旨を含む），待遇のそれぞれの性質，その待遇を行う目的，待遇決定に当たり考慮した事項，などとされています。

　ただし，労働者派遣の対象となる派遣労働者を労使協定方式の対象となる者に限定する場合は，情報提供は，法第40条第2項の教育訓練と法第40条第3項の福利厚生施設に関するものだけでよいこととされます。労働者派遣契約では，派遣労働者を協定対象派遣労働者に限るか否かの別を定めなければなりませんし，派遣元は派遣先に派遣する労働者がこの協定対象派遣労働者であるか否かの別を通知する義務があります。派遣先としてはこれらでどこまでの情報提供義務があるかを確認することができることになりますので，この点をしっかりと確認することが重要になります。

　この情報提供の責任を果たさない場合は，前述のように派遣元事業主は労働者派遣契約を締結してはならないという規制が第26条第9項に定められましたので，派遣先は派遣労働者の活用ができなくなることになるほか，行政機関からの助言・指導を受けても改めない場合は是正のための必要な措置をとるべきことの勧告等がなされ，これにも従わない場合はその旨を公表する仕組みに

なっています（法49条の2）。

　〔参照条文　派遣法26条，40条，49条の2，派遣法施行規則24条の4〕

第7編
労働組合法

　労働組合法は，労働組合・労働組合の組合員と使用者の関係を取り扱う法律です。その目的は労働組合の結成・団結を擁護し労働協約締結のための団体交渉を助成することなどにより労使が対等な立場で交渉し，その労働条件を決定していくことを促進することなどにあります。

　たとえば，一般の商取引等であれば，見ず知らずの会社から取引の申入れを受けたところで相手をする義務などない，ということになるところですが，自社の社員が加入している労働組合からの処遇に関する団体交渉要求があった場合は，正当な理由がないかぎり交渉を拒否することはできない，などの特殊なルールがありますので，そうした労働組合に関係する特別なルールを知っておくことが重要になります。

Q292 | 外部組合からの団交要求

　処遇に不満を述べていた社員が社外の労働組合に加入したということで，その組合から一方的に開催日時を指定した処遇についての交渉要求の文書が届きました。しかし，会社の実情も社員の勤務状況も理解していないであろう外部の組織が会社の説明を理解できるとも思いません。このような外部の組合からの交渉の要求に応じる必要はあるのですか。

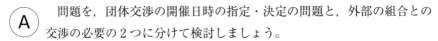

A　　問題を，団体交渉の開催日時の指定・決定の問題と，外部の組合との交渉の必要の 2 つに分けて検討しましょう。

①　団体交渉の開催日時の指定・決定の問題

　団体交渉を開催する日程は，交渉の当事者である労働組合と，交渉を申し入れられた会社（使用者）との合意で決めるものです。日時を指定した交渉の申入れがあった場合の合理的な対応は，まず，その日程での交渉ができる状況が会社側として整うかどうか，もし無理なら，可及的速やかに交渉に応じるとしてどの時点なら可能かを検討するべきです。

　その検討の結果，指定された日程では難しいが，たとえばその 2 週間後であ

れば応じられる，といったことであれば，その判断のポイントや会社として希望する日程を伝えて日程の調整を求めることが可能です。相手方の指定した日時での交渉に応じないことが自動的にいわゆる団交拒否の不当労働行為になるというようなことはありません。

ただし，特別不都合等がないにもかかわらず，言を左右にして交渉日程の決定を引き延ばすようなことは，事実上の団交拒否であり不当労働行為であるとみられる可能性があります。仮に，団体交渉の申入れで相手方が何を交渉事項としているのかが抽象的で，事前にそれに対する会社としての考えをまとめておくことができないような場合でも，交渉の趣旨目的を明らかにし具体的な交渉議題を特定限定することを延々と要求して，そのやり取りで日時を費やすようなことは適切な対応とはいえません。

交渉のテーマが不明確であり，その場で適切な受け答えができないおそれがあるのであればその旨を伝え，内容の補足説明を求めたり，内容に応じて必要であれば後日回答するなり，改めて交渉の場を設けるなどの対応をすることとして第1回の交渉はなるべく遅れない日程で行うのが基本だと思います。ただし，準備不足で交渉に臨んだ結果，意図しなかったような不本意な回答・合意をしなければならないような状況に陥らない注意が必要です。団体交渉を行うについては，いわゆる誠実交渉義務があり，具体的な要求が示された場合に，単に聞き置きすべて持ち帰って後日回答する，というような交渉とはいえないような対応をすることはできません。その場で受け答えができないのであればその理由等を説明することが必要です（事前に受けていた交渉申入れの内容が抽象的で，交渉の場で出されたテーマについて十分な検討ができていないことや，重要な問題で慎重な検討が必要であるといったことも理由になるでしょう。そうした合理的な理由があれば，その場で回答しないとしても不誠実団交といったことにはなりません）。

② 外部の組合との交渉

わが国の場合は，いわゆる企業内組合という形態が多いので，様子の分からない外部の労働組合からの交渉の要求については不安を感じたりすることがあります。しかし，労働組合は企業ごとに作らなければならないものではなく，個人で加盟できる企業横断的な労働組合は別段珍しいものではありませんし，

労働組合としての機能や権限などは，企業内組合と何の違いもありません。相手方が会社の事情を知っているかどうかは，団体交渉の要求をすることや会社としてこれに応じなければならないかどうかの判断には何の影響もありません。これを理由に交渉を拒否すれば団体交渉拒否の不当労働行為になります。

　確かに，その組合の代表者など団体交渉の主要なメンバーとなるであろう人物が自社の社員でない場合，いくら団体交渉の場で会社として誠実に議論し交渉に応じているつもりでも，会社や職場の実情を知らない者は聞く耳を持たないのではないか，といった不安があるかも知れませんが，いろいろな企業の実情を知っている人物が代表者となっていて合理的な交渉を求めてくるかもしれません。団体交渉は，文字通り交渉事ですから，そこには利害の対立もありますし，譲れない一線もあれば妥協の余地もあるというものです。

　団体交渉のポイントは，誠実に交渉するということです。何も相手の主張に譲歩しなければならないというようなことではありませんが，自分の立場を堅持するのであれば，なぜ要求に応じがたいのかについての説明責任を果たさなければなりません。会社の実情も社員の勤務状況も理解していないであろう外部の組織が会社の説明を理解できるとも思わない，といったような先入観・思い込みで交渉に臨めば，そうした態度が自ずと交渉態度に反映され，相手方には敏感に伝わるものです。相手方が要求事項に関連した会社の事情などをよく知らない，と判断したのであれば，会社として事情を説明し理解を求めればよいのです。団体交渉は実現しようとする要求を掲げての交渉事ですから，会社が誠意に欠けると判断すれば，組合としてはより厳しい対応に転じる可能性もあります。先入観をなるべく排除し，硬直的にならず，守るべきは守って誠実に交渉に臨む，という難しい対応が必要となります。

〔参照条文　労組法6条，7条〕

Q293 少数社員が結成した組合からの三六協定締結の要求

これまでは，社内に労働組合がなかったので，三六協定も当然従業員の過半数を代表する者を選出してもらって，その者との間で結んでいました。このたび，社員の一部が労働組合を結成したという通知とともに，三六協定を自分の組合との間で結ぶようにという要求が出されました。組合には，まだ過半数の従業員は加入していないようですが，ほかには労働組合がありません。このような要求に応じないと問題が生じますか。

Ⓐ　この組合との間で労基法の三六協定を結ばなければならないのかという主として労基法に関わる問題と，時間外労働等についての協定を結べという交渉に応じなければならないか，という労働組合法上の問題に分けて考えてみましょう。

①　少数組合との間で労基法の三六協定を結ばなければならないか

労基法の定める時間外労働等を実施するためには，事業場の労働者を組織する労働組合があれば必ずその組合との間で労基法第36条の時間外労働等に関する労使協定を結ばなければならないか，といえば，そういうことにはなりませんし，そうすることはできません。

労基法の定める時間外労働等を実施するためには，事業場の労働者の過半数を組織する労働組合があればその労働組合と，そのような労働組合がなければ労働者の過半数を代表する者との間で三六協定を結び，届け出ることが必要です。設問の場合，組合にはまだ過半数の従業員は加入していない，ということですから，この場合は，労基法上の三六協定を結ぶ労働者代表は，少数労組ではなく，事業場の労働者の過半数を代表する者でなければなりません。したがって，従来と変わりなく，従業員の過半数を代表する者を選出してもらって，その者との間で三六協定を結ぶことが必要とされます。ただし，少数組合の代表者等が，この「従業員の過半数を代表する者」として選出されれば，結果的

には少数組合の代表者との間で三六協定を結ぶことになります。ただし，この
場合，少数組合との間で三六協定を結んだのではなく，従来の協定の労働者側
代表者と同じく，少数組合の代表者が事業場の労働者の過半数代表者として選
出され，その者との間で三六協定を結んだのです。

　②　時間外労働等についての協定を結べという交渉

　労基法上の三六協定ではないとしても，とにかく，自分の組合の組合員の時
間外労働等については，自分たちの労働組合との間で時間外労働等に関する協
定を結ぶように，という要求をすることはできます。そうした要求を掲げた団
体交渉の要求があれば，これに応じて誠実に交渉しなければなりません。ただ
し，交渉に応じる，ということと要求を受け入れるということは別の問題です
から，結論としては要求には応じない，ということも可能といえます。

　労基法の三六協定は，法定の時間外労働等を行わせる場合の必要条件ですが，
よく言われるように，その効果は，時間外労働等について労基法違反の責任を
問われない，免罰効果と呼ばれるものです。三六協定に従って労働する義務を
個々の従業員が負うことになるかどうかは，これに加えて労働協約・就業規則
等の定めにおいて時間外労働等の義務が定められているかどうかによることに
なります。ここから，設問の時間外労働等についての協定を結べという要求・
団交要求が生じることになります。

　多くの企業の場合，従業員全体をカバーする就業規則に時間外労働等の命令
の根拠が定められていると思います。そうであれば，これを否定できるものが
なければ，新たに結成した労働組合の組合員も，同じ就業規則の適用を受ける
従業員として，残業義務条項に縛られることになります。そこで，新たに結成
した労働組合としては，いろいろな面で組合としての立場を強め，会社との交
渉を有利に展開するためにも，時間外労働等の主導権を握ろうとするのはあり
得る判断です。就業規則に残業の義務が定められていても，労働組合としてこ
れを否定できる労働協約（たとえば，労働組合員に時間外労働を命じる場合は
労働組合の同意を得なければならない，とか，三六協定とは別内容の時間外労
働に関する協定を結んでそれにより実施すること，といった内容の協約）を結
ぶことができれば，たとえ三六協定自体は結べなくても少なくとも自分の組合
の組合員の時間外労働等についてはコントロールできることになります。こう

した要求を掲げた団体交渉の要求はもとより正当であり，合理的理由もなく交渉要求に応じなければ団交拒否として不当労働行為に該当します。

　トラブルになる可能性のある事例を考えると，組合は三六協定の締結を要求として掲げ，会社は少数組合とは三六協定は結べない，と応じる事例です。この場合，会社の対応は理屈として正しいことをいっているのですが，組合の要求の真意が，自分の組合員の時間外労働を行わせる場合の条件についての交渉を求めているのであって労基法の三六協定そのものを自分の組合と結ぶことを求めているのではないことをわかっていながら，いわば言葉尻をとらえて交渉を拒否しているような事例が考えられます。労働組合との関係を悪化させることを避けるのであれば，文字通りの労基法の求める三六協定は締結当事者の要件が決まっており，少数組合を相手方として締結することはできないが，組合員の時間外労働等についての交渉要求であれば交渉には応じることとしたうえで，交渉において組合の要求を受け入れるかどうかは，会社として合理的に判断する，というのが適切な対応であろうと思われます。なお，要求に応じない場合は，不誠実な交渉とみられることのないよう，なぜ応じられないのかについての会社としての考えを説明するなどの対応が必要となります（たとえば，時間外労働等は，組合員と非組合員の区別なく，同じ職場・業務で働く者の条件は同じにすることが合理的であり必要と考える，といった考え方もあり得るように思います）。　　　　　　〔参照条文　労組法6条，7条，労基法36条〕

Q294　交渉議事録への署名の要求

　労働組合の執行部が交替し，何かにつけてこれまでと違う要求を受けています。これまでは，団体交渉にしても，その前の事前協議にしても，特に双方が議事録に署名するようなことはしてきませんでしたが，新執行部は，双方の言い分を正確に記録する必要があるとして交渉議事録を作り双方が署名することを要求しています。こうした要求に応じる必要はありますか。

(A)　交渉議事録は，団体交渉等の交渉の過程での労使双方の議論の内容を議事録の形で記録するものですが，これを作成するかどうかは，交渉の当事者である労使の合意に委ねられています。いわば，作るも作らないも労使双方の自由に委ねられているものです。交渉をした以上は必ず作成し署名しなければならない，というものではありません。この意味で，組合が自分で作るのは自由ですが，組合が作った交渉議事録に会社（使用者）が署名しなければならないということにはなりません。

　一般論としては，団体交渉等においてどのような議論があったのか，何らかの合意等が成立したのか，後日そのことをめぐって双方の認識が異なり紛争を生じることになるのを避けるためには，何らかの形での記録を残し，双方が確認しあうことが望ましいといえるように思います。しかし，議論の内容が労使双方にとって微妙な問題を含み，そこでの発言の一言一句が記録され，あとでその発言の言質をとられるとなると，自由な議論がしにくくなる，という可能性も考えられます。もちろん無責任な発言が許されるわけではありませんが，詳細な議事録をとるにはふさわしくない，という判断もあり得るでしょう。

　その場合の現実的な対応としては，双方がそれぞれに記録を残す，相手方に確認は求めない，ということもあり得ます。また，個々の発言の詳細を記録するのではなく，議事概要として双方が議論したことや結論に至ったこと至らなかったことなど，双方に争いの生じにくい要点のみを双方で確認し，その他の細部については，それぞれが自分で記録する，という方法もあり得ると思いま

す。また，個々の交渉が終わる段階で，その日の交渉内容を口頭で要約し合う，ということで議事録に代えるということも考えられます（ただし，この場合，一方的なとりまとめの発言をして相手方に修正の余地を与えずに交渉を打ち切る，という態度をとる場合もあり得ます。そのような一方的な要約はもちろん相手方を拘束するようなものとはいえませんが，できれば，その場で，その余裕がなければその後遅滞なく，その要約には異論がある旨を伝えておくことがよいと考えます）。

　今は，事前に相手方に伝えるべきかどうかの問題はありますが，ICレコーダー等，その気になれば，相手方に気づかれない方法で交渉の状況を記録しようとすればできないわけではありません。したがって，議事録は，言った言わないの問題を避けるためのものというよりも，現実にどのような議論がなされ，双方がどのような見解を示したのか，何らかの結論等に至ったのか，次の交渉の土台となる事実を双方で確認し，効率的・合理的な交渉を行うための手段と考えるべきではないでしょうか。そうであれば，議事録の作成をめぐって労使の関係が険悪になるようなことは避けるべきでしょう。相手方が求めるのであれば，妥協できる何らかの形での記録を残すことを提案するなり，議事録の作成は双方の合意を前提にすることを事前に確認し，仮に合意できないものである場合はどのようなことが問題で合意・署名できないのかをきちんと説明し，双方が了解できる形での記録を作るように努力する，また，そうした事前の了解が形成できない場合は，それぞれが自分の側の備忘録のようなものとして作成し相手方の同意や署名は求めない，というのが現実的な対応ではないかと思われます。

〔参照条文　労組法7条〕

Q295　労働条件の決定・変更についての組合への事前説明の必要性

> 全社員に関係する労働条件の変更を行うため，従業員の過半数代表者に意見を求めていたところ，一部の社員が加入している労働組合から，組合員の労働条件の変更については，事前に組合に説明し，同意を求めるのが当然であり，これをしないことは組合無視＝組合敵視であり，不当労働行為になる，という抗議を受けましたが，そのように考えなければならないのでしょうか。

A　相手方がある問題については，最低限やらなければならないことは何か，ということと，それ以上にやっておいた方が得策なことは何か，を考えることが適当だといえます。最低限（必ず）やらなければならない問題を怠れば，いたずらに労使関係を緊張させることになったり，労使間のルール違反になるような問題であればその責任を問われるおそれがあります。しかし，それ以上の，ルール違反とは言えないが一般論としてはやっておいた方が得策なことについては，状況に応じた判断も可能といえます。

　まず，最低限のルールということで見た場合，団交義務違反になるかどうかが問題ですが，労働組合法上は，団交は求められた場合に応じる義務が生じるもの，というのが基本で，会社から団交を申し入れなければならないということにはなっていません。特段の合意がない限り，組合に事前説明をしなかったことや事前の同意を求めなかったことがそれだけで団交拒否等の不当労働行為に当たるということにはなりません。

　しかし，労働組合との間でいわゆる事前協議等についての合意をしている場合には，その合意により，これを行う責任を負うことになります。これを怠れば，当然に不当労働行為になるかどうかは更にその事情を検討しなければなりませんが，組合からそのような非難を受けることは仕方ないことと言えます（合意に反したことを非難されるのは仕方ない，ということであって，それが自動的に組合敵視であるとか不当労働行為に当たるということではありませ

ん）。

　設問の事例（労働条件の変更の事前説明・同意）が，必ず必要でこれをしないとルール違反になるかどうかは，抗議をしてきた労働組合との間で組合員の労働条件の変更については，事前に組合に説明し，同意を求めることについての明確な合意があるか，そうした対応の労使間の慣行があるかどうか，で判断されます。明確な合意には，もちろん書面の合意がありますが，口頭の合意であっても，これに当たる場合はありますが，合意の有無が問題となる可能性もありますので，口頭の合意をする場合は，どのような状況の中でどのような合意をしたのかについてキチンと記録をしておくべきでしょう。なお，前述のルールという表現は多少あいまいかもしれませんが，言いたいのは，労使間の決まり・約束に反することになり，その責任が問題とされるのは仕方ない，ということです。書面でこれが合意され両者の署名がある場合，労働協約としての規範的効力があるかどうかについては争いがあるとされていますが，いずれにしたところで合意に反していることについての非難と責任の追及を受けることには変わりないので，こうした合意をしているのであればそれを実行すべきことは当然と言えます。

　以上で，組合無視＝組合敵視であり，不当労働行為になる，という抗議についての基本的な判断は可能と思われます。次に，より実務的な問題として，義務はないがやっておいた方がよいかどうかの判断があります。少数組合とはいえ，手間暇をかけてでもそことの関係を良好に保つことが得策だと考えるのか，友好的関係は望めないかもしれないが必要最低限の対応をすることでよいと考えるのかの問題です。これは善悪の問題ではなくそれぞれの利害得失を考えての判断に属する問題で，会社と労働組合の関係をどう評価するのかが関わる問題ですから，一般論でどちらがよいという答えを出せるものではありません。自社の現実に即して判断することが必要です。

　　　　　　　　　　〔参照条文　労組法6条，7条2号，14条〕

Q296　団体交渉と労使協議の違い

　労働組合との間では，一般には，団交よりも労使協議により問題を解決するのが望ましい，といった感覚が会社の実務担当者にはあるように思いますが，労働組合法を見ると，団体交渉という言葉は出てきても，労使協議という言葉はありません。両者の関係はどのように考えられているのでしょうか。協議と交渉の違い，と言っても似たようなものではないかと思うのですが，労使協議と称すればそうしたルールを組合との間で決めていてもその拒否は団体交渉拒否ではないから不当労働行為にはならない，ということですか。

Ⓐ　団体交渉と労使協議，いずれも，労使間の諸問題について使用者と労働者代表（ここでは労働組合）が話し合う場であることに変わりはありませんが，語感の問題として，団体交渉というと対決色が強く意識されるのに対し，労使協議というと協調的色彩が感じられるように思います。労働組合法は，労働者の団結と団体行動を保障した憲法28条を基礎に，団体交渉の拒否を不当労働行為として規定し，使用者はこれをしてはならないとして，団交拒否があれば労働委員会による救済措置を求めることができることとしていますが，労使協議についてはそうした規定を置いていません。しかし，現実の労使間の関係を合理的に調整し解決を図るためには，団体交渉よりも労使協議制の活用によることの方がより適切であるとする認識等が定着した結果といえるかもしれませんが多くの企業で労使協議制が取り入れられています（労働組合のある事業所の80％以上で労使協議機関が設けられている。平成26年労使コミュニケーション調査）。一方で，団体交渉を過去3年間に行ったことのある労働組合の割合は66％となっています（平成24年団体交渉と労働争議の実態調査）。

　労使協議機関が設けられていても実際には機能していない事例がないとは言えませんが，労使間の問題の少なくない部分が，労使協議機関で議論され，団体交渉を経るまでもなく解決している，という事例が多いといえるのではない

でしょうか。

　このように，労使協議制は，いわば労使の間で自主的に紛争予防・解決の機能を担う制度として定着してきたものであり，労組法による不当労働行為制度の保護の対象となるかどうかで，この制度の軽重を図ることはできません。また，労使協議制度に乗って行われている協議の内容が団体交渉の対象事項についての労使交渉の実質を備えていれば，名目にかかわらずその拒否等については，労組法の不当労働行為制度の保護を受けるものと考えられています。

　このため，両者の関係が混乱し，無用な対立を生じることを避けるために，労使協議の目的やその対象事項，協議の在り方，これとの対比で団体交渉の目的やその対象事項，交渉の在り方を，労使間で合意し協約化する例も見られます。労使協議制においては団体交渉に馴染む問題についても協議の対象とする一方で，そうした問題については協議で問題が解決しない場合は団体交渉に移行することを予定していますから，労使協議を軽んじることは団体交渉をより困難なものにする可能性もあります。労使協議の拒否は団体交渉拒否ではないか不当労働行為にはならないかどうかは，拒否する協議事項によります。組合員の待遇に関する事項など団交の対象事項であれば，労使協議の拒否が即団交拒否ではないといっても，重ねての団交要求を拒否することはできず団交を拒否すれば不当労働行為になります。

　自社において労使協議制を設けている，あるいは設けようとする場合，その趣旨目的は何かに立ち返って考えて，どのような対応が適当かを考えることが必要と思われます。また，仮に労使協議制の対象事項が，いわゆる経営協議会で取り上げるような義務的な団交事項ではないものである場合には，労使協議会での協議に組合代表等の協議会メンバーが納得しないとしても，当然に団交の対象にしなければならないわけではありませんから，そのような場合労使協議が不調に終わったとしても不当労働行為の問題にはつながらないといえます。ただし，どのような場合も相手方に対し丁寧・誠実な説明を行わなければ，以後の労使協議制や団体交渉の運営の困難度を高める可能性があることも考えておかなければならないでしょう。そのためには，まずは，何のために労使協議制を設けるのかを考え，労使協議と団体交渉それぞれの制度の対象事項の区分や協議制において問題の解決が図られない場合に団交に移行するべき事項，団

交に馴染まない事項の区別についての理解の共有化を図ることで紛争の未然防止を図り，現実の運用において問題が生じた場合には必要な説明責任を果たす，という対応が重要と考えられます。　　　　　　〔参照条文　労組法7条2号〕

Q297　互いの主張を譲らない団体交渉はいつまで続けなければならないのか

　　労働組合との間で労働条件の変更をめぐり団体交渉を重ねていますが，会社と組合の立場の隔たりは大きく，これ以上交渉を重ねても無意味なように思います。組合は交渉の継続を要求しており，拒否すれば団交拒否に当たる，と主張しています。会社としてはこれ以上は無意味と考えていますが，相手方のある交渉でこちらの考えが正しいといえるのか相手方が要求している限り交渉は継続しなければならないのか，判断に迷います。どのような場合に交渉の打ち切りが問題となり，また問題とならないのかについての何か明確な基準はないのでしょうか。

Ⓐ　団体交渉における使用者＝会社の義務は，交渉を決着させることではなく，相手方の要求を呑むことでもなく，誠実に交渉に応じることです。誠実に交渉に応じた結果妥協でき合意できれば交渉は決着しますし，相手方の要求を呑めばこれまた問題解決です。しかし，いかに誠実に交渉するにしても譲れないことがあるという場合，これを譲らなければ誠実に交渉したことにはならないというわけではありません。譲歩できるかどうかも誠実に検討し，可能であれば譲歩も選択肢として排除しないという姿勢の下に，ある問題については結論において譲歩できないとするのであれば，その事情について誠実に説明し理解を求めることに徹するならば，団交における使用者としての責任は果たしたものと評価される，これが基本的な考え方です。

　複数の議題がある団交であれば，たとえばAについては譲歩できないが，B

については引き続き検討する，Ｃについては要求に応じる，というような対応
をした場合を考えれば，一般論としてはこうした対応が不誠実団交に当たると
は言われません（ＢやＣの問題は全くの付け足しでＡについては実質交渉を拒
否することこそが真の意図である，というような特殊な場合はこの限りではな
いかもしれません）。

　では，議題が１つでその問題についてはどうしても譲歩できないという場合
はどうでしょうか。この場合でも，譲歩することなく誠実交渉義務を果たすこ
とは可能です。誠実交渉義務は交渉の結果としての譲歩が求められるのではな
く，交渉自体において誠実な対応をすることが求められる，ということです。
譲歩できないのであれば，その理由を誠実に説明することが求められるのであ
り，相手方が要求事項についての譲歩案等を示した場合はそれについても検討
し，これにも応じられないのであれば，その理由を説明し，その理由の裏付け
となる資料等があればそれを示すなどして，自らが譲歩できないとする対応に
一定の合理性があることを示すなどの努力・姿勢が求められるのであり，それ
が果たされる限り，結論としての譲歩をしないことだけで不誠実な団交である
と判定されるものではありません。問題があるとすれば，交渉により物事を解
決しようという仕組みの下で，譲歩しないという結論が先にありきでその理由
等について適切な説明をせず相手方の理解を求める努力もしないという交渉態
度自体の不誠実性，ということです。

　もっとも，誠実な交渉のためには相手方の理解を求めるべく必要な説明等を
するべきですが，相手方が要求する説明やそのための資料の要求のどこまでに
答える必要があるかは，相手方が一方的に決めることのできるものではありま
せん。しかしまた，逆に会社の側が一方的に決めることができるものでもあり
ません。その対応の適否は団体交渉の合理的な実施の観点から，求められる情
報の必要性，これを開示できないとする理由との比較衡量などにより判断され
ると考えられます。したがって，使用者としては，求められる説明や資料につ
いて，これを提示することが不適当であると判断するのであればその合理的な
理由を明らかにして要求に応じないこともできるでしょう（この場合，他の代
替可能と会社が考える説明材料を提供するのが望ましいといえます）。

　団交が回数を重ね，互いの主張やその理由等の議論が平行線に近づくと，使

用者側としては，これ以上の交渉は結論の譲歩を強いられることにもなりかね
ず，団交制度の趣旨に反するのではないかと考えることになります。一方の労
働組合の側からすれば，簡単に平行線になったから団交は終わりにするという
ことを認めたのでは交渉自体が成り立たない，団体交渉の義務は平行線になっ
たところが出発点だ，という主張にもなります。

　一般的な理解としては，この中間的なところに落ち着くように思われます。
代表的学説によれば，使用者は，要求に対しその具体性や追求の程度に応じた
回答や主張をし，必要に応じてその論拠を示し必要な資料を提示するなどの義
務があり，合意を求める組合の努力に対しては合意達成の可能性を模索する義
務がある，誠実交渉義務は相手方の要求内容や態度の変化によって影響を受け
る相対的・流動的義務である，とされています（菅野和夫『労働法』第12版906
頁，弘文堂）。

　単純な事例で考えれば，特定の組合員の解雇について，その撤回を要求する
団交が行われたとして，会社が解雇の理由，その合理性，その判断の根拠等に
ついて説明を行い，事実関係等について異なる情報があるのであれば事実確認
等必要な対応もあり得ることを示したのに対し，労働組合側が特段の根拠を示
すことなく，解雇は不当であり，撤回を要求すると主張するにとどまり，議論
がかみ合わないような状況が複数回継続しその状況が変わる可能性が乏しいと
判断できるのであれば，以後の交渉を拒否することも可能といえる場合がある
ということになります。ただ，交渉は双方の言動が互いに影響しあうという要
素がありますから，使用者側の交渉態度も考慮しなければならず，これを交渉
の回数だけとらえて3回同じ状況が続けばそれで交渉義務から解放される，と
いった単純な判断をすることはことの性質上できないということにも注意しな
ければなりません。
〔参照条文　労組法7条2号〕

Q298 労働組合の側には誠実団交義務はないのか

　会社は合理的な団体交渉の要求があればこれに誠実に応じなければならず，これに反した場合は不当労働行為とされる，ということは理解しています。そこで疑問なのですが，交渉事は何であれ，当事者双方が誠実にこれに臨むことで初めて適切に行われるものだというのが常識だろうと思うのですが，労働組合と会社との間の団体交渉にはこの一般常識は通用しないのでしょうか。会社は相手方の交渉態度が不誠実でそれが原因で団体交渉が進展しないような場合でも常に誠実に交渉に応じなければならないのか，疑問に思います。

Ａ　確かに労働組合法は，使用者の団交拒否（誠実団交義務違反）を不当労働行為として規定しているにとどまり，交渉の当事者の一方である労働組合についてはこれを明記していません。このため，使用者と同じ意味での誠実団交義務は労働組合にはかかりません。しかし，これは労働者が使用者との交渉において対等な立場に立つことを促進することにより労働者の地位を向上させることなどを目的とした労働組合法（第１条参照）の性格から来るものであり，そこに定めた不当労働行為の制度も，この観点から，使用者による団交拒否等をとらえてその規制対象としている，ということであって，労働組合法という現実の法律に定められたところには労働組合の不誠実団交というものは含まれない，ということにとどまります。

　実定法を離れて考えれば，労働組合にも交渉の当事者としての誠実交渉義務は当然にあるといってよいのです。ただ，それが法律上の義務なのかどうか，といった議論になると，その議論自体が何を問題にしているのかということがキチンと整理されなければならないと思います。

　労組法のどこに労働組合の誠実団交義務が書いてあるのだ，とった議論であれば，労組法上の不当労働行為制度においては労働組合の団交拒否や不誠実な団交態度をもって不当労働行為と判断し，救済命令を行うというような定めは

ない，ということになります。しかし，実際にあるかどうかは別にして，議論のための検討をすれば，団体交渉において組合側がいかにも不誠実な交渉態度をとり続けたとした場合，状況によっては以後の団交を使用者から拒否されてもその拒否には合理的な理由があると認められる可能があるかも知れません。

　そうであれば，組合は，本来であれば求めることのできる団体交渉を拒否されても，自らの不誠実な交渉態度のゆえにこれを不当として救済を求める利益を失うリスクを負うことになる可能性はあるといえます。

〔参照条文　労組法 7 条 2 号〕

Q299　組合役員の異動については，組合の同意が必要か

　労働組合に加入している社員も社員である以上，就業規則に定められた社員としての義務を負うことは当然だと考えます。しかし，組合からは，組合役員の人事異動については組合の組織運営に重大な影響を生じるため事前の組合の同意が必要だという主張がされています。組合役員にだれを選ぶかは会社の関知するところではなく，一般の組合員と組合役員で社員としての会社に対する雇用契約上の責任に差があるわけでない以上，組合の言い分を認めることは公平処遇の観点からも疑問がありますが，どう考えるべきなのでしょうか。

Ａ　組合や本人との間で就業規則上の異動の義務について，組合の同意を条件とするという合意をしている場合は，組合との間の書面合意であれば労働協約としての効力が認められる可能性があるでしょうし，本人との間の合意ということであれば（それが本人に有利な合意であれば），これも有効といえる可能性があります。こうした合意があればそれに反することはできません。強行すれば不当労働行為になったり，行った異動の効果が否定される可能性がありますから，まずは，こうした合意やこれに準ずる労使間の慣行の有無

を確認しなければなりません。

　次に，こうした合意等がないとしても考えなければならない問題として，その異動を行う必要性や合理性と異動の結果が組合の組織運営に及ぼす影響の程度内容の比較衡量の問題があります。会社が行おうとする異動の真の意図が組合の組織運営等に支障を生じさせ，組合を弱体化させることにあり，会社の事業・業務運営上の必要によるものとは言えないということになれば，たとえそれが会社の人事権限，異動命令権限の行使の形をとっていても労働組合法上の不当労働行為（組合の運営に対する支配介入や本人に対する不利益取扱い）に該当することになります。問題となるのは，会社の業務運営上の必要性も認められるが，異動が行われると組合の組織運営等に支障が生じるという場合です。

　このような場合，会社の業務運営上の必要性と組合の組織運営上の障害の比較衡量やその問題をめぐる労使間の交渉経緯や，過去における労使関係の状況等を総合的に勘案することで，たとえばその異動が定例の異動とは異なり労使間に特定の問題についての対立紛争状態が生じているときであって，異動を命じられた者がその問題についての組合側の中心的な役割を担っていたりするような場合は，一般的には支配介入とみられる可能性が強いでしょう。

　また逆に会社と組合との間に特段の対立紛争もなく，組合の組織運営体制も一部役員が欠けた場合のサポートシステムが構築されているような中で，その役員の業務知識・経験等が必要とされる部門に欠員を生じ，その速やかな補充が必要とされているような場合には支配介入とは見られない可能性が強いといえ，問題となった事案についての諸般の事情を比較衡量することで，業務上の必要と支配介入の要素のいずれが強いとみるかによって判断されることになると考えられます。

　確かに，会社との間の雇用契約上の社員の義務ということだけで見れば組合役員と一般の組合員の間に差異があるわけではありませんが，不当労働行為についての判断はそのような雇用契約上の社員の義務とか公平処遇という観点からするわけではありません。組合と会社との関係においてその異動が労働組合の組織運営に対する干渉に当たるかどうかが問題とされるのですから，組合の役員か一般組合員かによってその影響には自ずと差異があると考えられ，その間に評価の違いがあるとしても当然といわなければなりません。

　組合員の異動については，会社としての業務上の必要性と，労働組合として
の組織運営上の必要性が対立する可能性のあるところであり，これをめぐる紛
争の発生を防止するため，組合役員の異動については事前協議の対象としたり
事前の通知の対象とする（組合が必要と判断すれば，団体交渉等に結び付けら
れる）ことにより双方の合理的な利害調整を図ることとする例は少なくありま
せん。もっとも，こうした合意がないところでは，別段組合役員の異動につい
て組合の同意を得ないで行ったとしても，それが就業規則労働契約上の根拠に
基づき行われるかぎり，自動的に違法無効な異動であるということにはなりま
せん。ただ，組合との間でのトラブルや，一旦行った異動を後日変更すること
の影響を考えれば，事前の説明や組合との間の事前調整を行うことの方が現実
妥当な対応といえる場合が多いと思われます。

〔参照条文　労組法7条1号，3号〕

Q300　組合活動家の組合活動に対する懲戒処分についての留意事項

　いろいろな経緯の中で，外部労働組合に加盟した社員がおり，
その者が組合活動の一環として当社の管理する施設内で，ビラ配
りや組合加入の勧誘を行うことがあります。他の社員はあまり関
心を示していないようですが，中には勧誘を受けること自体を嫌
がる社員もいます。このような場合，就業規則の服務規律条項
（職場の秩序維持の義務）に照らして懲戒等を行うべきではない
かという声がありますが，組合活動に対して服務規律条項を根拠
に規制することに問題はありませんか。

Ⓐ　会社の施設内でビラ配り等の組合活動を行うことが自由にできるのか，
　　会社の許諾が必要なのかという問いについては別問（Q303）を参照して
ください。ここでは，懲戒の問題について検討します。

　会社の許諾を得ないで企業の物的施設を利用して組合活動をすることは原則できないとしても，その原則に反した行為を当然に懲戒の対象とすることができることになるのかは，別問題です。

　懲戒は，これについての雇用契約上の合意＝一般には就業規則における合理的な懲戒に関する定めが契約内容となり，これに基づき行われることになります。そこで，まず，組合活動家の行為が，懲戒の対象となるかどうかは，懲戒条項に定められた懲戒事由のいずれかに該当しなければなりません（いわゆる一般条項を含め何らかの該当事由が定められている場合がほとんどでしょうが，何も該当する事由が定められていなければ，そもそも懲戒はできない，ということになりますので，この確認がまずは必要です）。該当する懲戒事由があれば，原則として懲戒が可能と考えられることになりますが，次に，これに基づき懲戒処分とすることが懲戒権の濫用に該当するかどうかを考えなければなりません（労契法15条）。ここでも，他の社員が同様の行為をしても懲戒の対象とされていないにもかかわらず組合活動家の行為だけをとらえて懲戒の対象とするようなことがあれば懲戒権の濫用に該当する可能性があることになります。同種の事例がない場合は，懲戒処分一般の有効・無効の判断に準じて考え，問題となる行為の性質・態様その他の事情に照らして社会通念上相当なものと認められない場合は無効となるでしょう。その場合の考慮事情としては，公平性，手続的相当性（懲戒委員会への諮問のルールがある場合の手続遵守や弁明の機会の付与等）があるとされています（菅野和夫『労働法』第12版717頁，弘文堂）。

　このように，労働組合の活動家の行動が問題であるとみられる場合，まずはその問題とされる行動を一般の社員が行ったとすればどのような対応を会社としてするであろうか，を考えることで労働組合の組合員であることを理由にした，あるいは労働組合の活動を理由にした不利益取扱い＝不当労働行為に該当しないかどうかをチェックする，ということが必要となります。次に組合活動家であるかどうかにかかわらず，一般の社員であれ問題とされる行為であれば，次に服務規律・懲戒条項に該当するかどうか，該当するとしてこれを実際に懲戒することが懲戒権限の濫用に当たらないかどうか，という観点からのチェックをする必要がある，ということになります。

　なお，組合活動に対して服務規律条項を根拠に規制することに問題はないの

か，ということについては，組合活動として行えば服務規律に違反し懲戒条項に該当してもその責任を問うことはできない，というものではありません。むしろ，原則は一般の社員の場合と同様に懲戒できる，というのが基本です。ただ，注意すべき要素として，そこに組合活動家なるが故の懲戒（の重さ等）といった問題＝不当労働行為的要素がないかどうかのチェックも必要，ということがありますし，労働組合との間に組合員の懲戒その他の不利益処分についての協議や説明等の合意があればこれを順守しなければなりません。また，労働組合から処分をめぐっての団体交渉の要求があれば，団交拒否の不当労働行為の問題が生じないように注意しなければならない，ということがあります。

　このほか，現実的な対応としては，ビラ配りや勧誘については，基本的に他の社員との間でのトラブルが生じない限り最初から大きな問題とすることは避け，勧誘を受けること自体を嫌がる社員等に対しては職場秩序維持の観点からビラの受け取りをしつこく求めないことや執拗な勧誘をしないことを求めるにとどめてその後の様子を見る，という対応も考えられます。そうした要請を無視して続けるようであれば，職場秩序維持のための注意喚起や警告も選択肢となると思います。　　　　　　〔参照条文　労組法7条1号，3号，労契法15条〕

Q301　非組合員の処遇条件についても団交に応じなければならないのか

　労働組合との間で団体交渉に応じなければならないのは，その組合の組合員の待遇に関する事項と定められているはずですが，新しく選出された当社の労働組合の執行部・役員は組合員以外の社員の処遇条件についても，何らかの意味で組合員の処遇に影響することは間違いないのであるから自分たちとの間の交渉事項であり，交渉を拒否すれば団交拒否の不当労働行為だと主張しています。このような主張は正しいのでしょうか。

Ⓐ　労働組合と会社との関係は協調的要素もあれば対立的要素もあるで
しょうから，組合役員の主張が常に正確で間違いのないことのみをいっ
ているとは限りません。誤解もあるかも知れませんし，自分達にとって有利に
なるようにしようという意図的な発言もあるかもしれません。

　労働組合法上，不当労働行為とされる団体交渉の拒否とは，労働組合の組合
員の労働条件その他の待遇に関する事項についての交渉要求を拒否することで
あって，非組合員の労働条件等についての団体交渉を行う権限が当然に認めら
れるわけではありません。この意味で，組合員以外の社員の処遇条件について
も交渉する義務があるというのは正しくありません。そのような要求に応じな
くても団交拒否の不当労働行為になることはありません。

　この会社には労働組合は1つしかないのだから，組合員か非組合員かに関係
なく，労働条件については労働組合と交渉しろ，という要求であれば，その要
求に応じなければならないという理由はないということになります。しかし，
非組合員の処遇には一切の口出しまかりならん，ということではなく，組合員
の処遇について交渉する場合には非組合員の処遇についても併せて議論せざる
を得ないということであれば，その限りにおいて交渉の義務はある，と考えら
れます。

　仮に，組合の主張するところの趣旨が非組合員の処遇条件は自分の組合の組
合員の処遇条件に影響を及ぼす関係にあるから，自分の組合の組合員の処遇に
関係する限りにおいて非組合員の処遇条件についても団交で取り上げて交渉の
対象とすることを要求する，ということであれば，これは正当な要求であり，
交渉する義務があるということになります。単純な例でいうと，賃金原資が10
あるとして，これを組合員と非組合員に振り分けるということを考えれば，非
組合員の処遇条件の改善に振り当てる比率を大きくすれば組合員の処遇条件の
改善に振り当てる比率は小さくなります。この意味で，非組合員の処遇条件は
自分の組合の組合員の処遇条件に影響を及ぼすことになりますから，この問題
は交渉事項になるといえます。

　もちろん，この場合でも組合員の賃金原資の全体の中での比率を交渉対象に
すればよく，非組合員の賃金原資について交渉する必要はない，という論理も
考えられますが，非組合員についての賃金決定の考え方はどうで組合員につい

てのそれはどうなのか，その間に違いはないのかといったことも，賃金交渉において重要な判断材料になり得ます。また，たとえば，同じ職場の非組合員についてのみ時差勤務制を導入するということになれば，そこで働く組合員の勤務負荷等にも影響を及ぼすことは当然考えられますから，組合員の労働条件への影響の問題については交渉すべき義務があります。

したがって，この問題は，あまり観念的に組合員の労働条件なのか非組合員の労働条件なのかといった入口論争に終始するのではなく，非組合員の処遇問題のどの部分がどのような意味で組合員の処遇問題となるのかを労使双方で確認し，その影響のある部分については交渉の対象とする，というのが原理原則と現実問題の両方を意識した合理的な対応と考えられます。

〔参照条文　労組法6条，7条2号〕

Q302　団交や労使協議での資料要求にはどこまで応じなければならないか

団体交渉や労使協議の場では，議題に関して説明資料の要求が出てきて，その作成のための負担が大きく困っています。こうした資料の要求については，どこまで応じる必要があるのでしょうか。組合は，議論のためには正確な事実を把握しなければならず，そのための資料を出さないのは誠実交渉義務・誠実協議義務に違反する，といっていますが，組合が必要として求めるものは出さないと誠実な交渉にならないのでしょうか。会社としては，すでに公表している資料等でも議論は可能と考えるのですが，組合は，更に細かな資料を求めてきます。

Ⓐ　言うまでもなく，組合が要求する限りすべて提供しなければならない，ということにはならない，ということです。また，逆に会社が必要ないと判断する限り提供する必要はないともいえない，ということです。この問題

の回答はこの中間のどこかにあるといえます。苦し紛れの怪しい答えのように思えるかもしれませんが，そうでもありません。労使協議制については，団体交渉のような誠実交渉の義務は労組法に規定されていませんが，労使協議制について労使双方が合意し実施している以上，その制度の趣旨に沿った誠実な協議がなされるべきことは当然ですが，ここでは，不当労働行為制度の対象となる団体交渉の場合を考えてみます。労使協議の場合も基本的に同じと考えればよいと思います。

　団体交渉の拒否が労働組合法で不当労働行為として定められています（労組法7条）が，いわゆる不誠実な交渉態度で交渉に応じることもこの団交拒否に該当する不当労働行為であるとされます。

　その一例として，自らの主張の根拠の説明を回避する態度をとることがあげられます。使用者は，組合の要求・主張の程度に応じて，回答し，あるいは回答の論拠・資料を示す等して誠実に対応し，合意達成の可能性を模索する義務がある（荒木尚志『労働法』第3版608頁，有斐閣），と説明されますが，組合が要求する限りなんでも際限なく資料として提供しなければならない，ということではありません。その資料が団体交渉の議題やそこでの実際の議論に照らし，どのような必要があるのか，会社が行う別の説明や他の資料による説明・回答で代替できるのであれば，それ以上の資料の提供義務はないと考えられます。組合にはなぜその資料が必要であるのかについての説明責任があり，会社にはなぜその資料の提供をしないかについての説明責任がある，ということです。要求された資料が団体交渉の進行のために合理的に必要と考えられるものであり，他の代替可能な資料の提供もできないということであれば，資料の作成に時間と労力がかかるのが負担であるというだけでは資料の提供を拒む合理的な理由とはなりません。しかし，単に興味があるから，組合として知っておきたいからというだけで団体交渉の維持・進行に必要とされない情報の提示を求められたとしても，会社はこれに応じる義務はない，ということになります。

　しかし，実際の場面では，判断が難しい場合が多くあります。賃金差別の問題がテーマになる事例では，多数の社員の賃金実態を明らかにする資料の要求がされることもあるでしょう。具体的に個人名を特定しての資料の要求があるかもしれません。また，賃上げをめぐっては，総人件費の説明に加え，取締役

の報酬実態の開示を求められるかもしれません。評価の問題がテーマであれば，人事考課基準の開示に加え，過去の実際の考課票の記載内容の開示を求められるかもしれません。いずれにおいても，会社として公開していない・開示することが今後の制度運営にとって適当ではないと考えられるような情報が含まれる可能性があります。

　組合であれば，あまり広く要求すればその一部分の支障を理由に全体の開示を拒否される可能性を考えるべきでしょうし，会社の側であれば1かゼロかで拒否することよりも，要求の趣旨目的を十分確認して別の観点から提供できる資料や説明をすることで交渉の維持継続・進展を図ることを考えるべきでしょう。誠実交渉の責任とは，単に自分の主張を一方的に繰り広げるのではなく，主張すべきところは主張し相手方の主張に耳を傾け，答えるべき質問に答え，自分の主張・回答について相手方の納得を得るよう努力する，ということです。会社側の対応として考えれば，受け身で組合の要求する資料について提供するかどうかに腐心するよりも，団交のテーマについての会社の考えを整理し，その考え方の裏付けとなる判断材料を示して組合の質問・要求に対する会社としての回答には相応の理由があることを説明し理解を求める姿勢をとることが適当といえるでしょう。また，要求された資料を提供できないと判断するのであればその理由についても（組合は納得しないとしても），第三者から見れば相応の説明を行っていると評価され得るような説明をするべきであると思われます。

〔参照条文　労組法7条2号〕

Q303 | 時間外・休憩時間中ならビラ配り等の情宣活動は会社の中でも自由にできるのか

これまで大した対立もなかった労働組合との関係が，会社業績悪化の中での合理化策をめぐり悪化しています。そうした中，組合は，自分たちの主張をビラにして社員に配る行動に出ました。ビラは団交でのやり取りを誇張した内容のものであり，会社としては違和感を覚えます。ビラの内容については今後の団交の場で会社の考えなどを伝えたいと思いますが，そもそもビラ配りのような業務外の行為を規制することはできないのでしょうか。就業規則には，就業時間中の職務専念義務の定めはありますが，時間外や休憩時間中の業務外の行動についての禁止等の定めはありません。

A 判例は，要旨，労働組合等が使用者の許諾を得ないで企業の物的施設を利用して組合活動を行うことは，その利用を許さないことが権利の濫用にあたる特段の事情がなければ，正当な組合活動として許容されるものではない，と判断しています（国鉄札幌駅事件　最高裁第三小法廷昭58.10.30判決）。これによれば，会社の敷地内での組合活動は，原則として会社の許諾が必要とされることになり，会社敷地内や，会社の建屋内での許諾なしのビラ配り，組合勧誘は，就業時間の内外，休憩時間かどうかを問わず，原則として許されないことになります。ただし，たとえば社員が業務以外の行為，同好会やサークル活動や個人的な活動を会社施設設備内で行うことは許容されたり黙認されているにもかかわらず，組合活動だけを取り上げて利用を認めないような場合，後者の場合は社員間に対立を生じる具体的な可能性があるなどの特段の事情がなければ前者との間の取扱いの差異に合理的な理由が認められないとして，組合活動のみを禁止することが権利の濫用に当たると判断される可能性もあるでしょう。

就業規則には，就業時間中の職務専念義務の定めはあるものの，時間外や休

憩時間中の業務外の行動についての禁止等の定めはない，ということですが，こうした考え方からすれば，そのことから逆に時間外や休憩時間中であれば会社の許諾を得ることなくビラ配りをすることができるということにはならないと考えます。ただし，他の業務外の行動については規制せずビラ配りだけをとらえて問題とすることはできないと考えておく必要があります。

　これまで業務外の行動を規制してこなかったが，今回の問題を機に組合活動を含めすべての業務外行為を原則禁止にする，という対応をすることにしてはどうか，という疑問もあるかもしれません。将来に向けてそうしたルールを設けることの可能性は否定されないと考えます。ただし，そうした措置の必要性がどれだけあるのか，真の意図は組合活動の規制にあるのではないかといった疑念を払しょくできるのか，といったことを検討し，組合活動に対する支配介入行為・不当労働行為ではないかという問題を生じさせないためには，組合との間では事前の協議・交渉等を行い，組合の要求があれば組合活動については一定の例外や簡易な手続による活動の承認などの便宜を図るなどの柔軟な対応も検討すべきであると思われます。

　また，より現実的な対応として，組合活動を会社の直接の管理規制の下に置くといったイメージの規制ではなく，たとえば組合掲示板の設置を認め，そこで組合情報の掲示を行うようにすること，ビラなども同様に一定の場所での提供とすること，受け取りを強制するような配布の方法はしないことの確認などの自主的なルール作りについて組合との間で合意するなど，労使双方が受け入れ可能な合理的なルール枠組みを合意し，その中での会社施設の組合活動のための利用を容認するなどの対応も考えられるのではないでしょうか。

〔参照条文　労組法 7 条 1 号，3 号〕

Q304 団交のテーマや参加メンバーについては，組合の要求に応じなければならないのか

社員が個人加盟した外部組合から，団体交渉の要求書が来ました。そこには外部組合であることからかもしれませんが，当社には関係のないような事項が羅列されており，当社社員についての問題は要求事項の一部に過ぎません。当社に関係ない事項は団交のテーマにならないと考えて問題ないと理解してよいでしょうか。また，これも外部組合に特有の問題ですが，組合が通告してきた交渉委員の中に，同業他社の社員が含まれています。如何に組合の立場での参加とはいえ，そのような者に会社の情報を提供し説明することには抵抗があります。参加メンバーの交替を要求してもよいでしょうか。

A 使用者として応じなければならない団体交渉の対象事項とは，「組合員である労働者の労働条件その他の待遇や当該団体的労使関係の運営に関する事項であって，使用者に処分可能なもの」であるとされます（菅野和夫『労働法』第12版901頁，弘文堂）。したがって，組合の交渉要求書に書かれた盛りだくさんの要求事項のすべてが当然に交渉の議題として取り上げる義務のある事項ということではなく，その組合に属する自社の社員である労働組合員の自社における労働条件その他の待遇に関する事項のみがいわゆる義務的な団交事項ということになります。自社として解決不能な他社の社員の労働条件等の問題についての交渉に応じる義務はありません。企業横断的な外部組合の場合，複数の企業における交渉要求事項をまとめて１つの要求書に掲げる場合があり，設問のように，個々の会社からすれば自社と無関係な交渉事項が掲げられていることがあります。このような場合は，お考えのように自社に関係ない事項は団交のテーマにならないと考えて問題ないと言えます。もちろん，念のために団交に応じる旨の連絡をするに際し，要求事項のうち当社に関係する事項について交渉に応じる旨を書き添えておくことが考えられます。

　次に，団交の参加メンバーについてですが，団体交渉の時間をどれくらいに限定するか，団交の参加メンバーの人数をどれくらいに制限するかなど，いわゆる団交ルールをめぐる入口段階での折衝で問題をこじらせ，そのことで団交拒否の不当労働行為として訴えられるケースも珍しくありません。もとより，交渉の時間や参加人数等は合理的な団交の維持のためには重要な条件と言えますし，当事者双方の合意により決定されるべきものであり，どちらか一方が決めて相手方がそれに従わなければならない，というようなものではありません。合理的と考える条件を提案し，それによって交渉を行うよう働きかけることは自由です。たとえば，団交の時間を2時間以内にとどめる，といった提案も一般的には不合理なものとは言えないと考えられますが，そこは交渉の実際との関係で硬直的な運用には適さないということも考慮しなければなりません。極端なことをいえば，2時間を1分すぎたところで，時間オーバーということで議論の途中で一方的に席を立つようなことは誠実な団交の姿勢とはいえない場合があり得ます。多少の含みを残した，原則2時間を目途とする，といった取り決めが常識的なところであろうと思われます。

　団交の参加メンバーについては，人数の問題と具体的個人の選別の問題がありますが，通常問題にできるのは，人数制限に限られます。本来交渉担当者をだれにするかは会社・組合ともにそれぞれが自ら決めることのできる問題であり，相手方により干渉を受けるものではない，というのが原則です。これに対し，人数の問題は，主として交渉を行う場所の制約や交渉自体を円滑に行うために自ずと合理的と思われる人数に絞ることを求めることは可能と考えられます。一般的には双方とも数人から10人以内（規模が大きい企業やテーマの多い交渉等の場合は，これを超えることもあるでしょう）といったところではないでしょうか。たとえば2人以内といったように，いたずらに人数を絞ることを要求することは合理的理由を疑われ，誠実な交渉の態度ではないとの非難を受けるおそれもあります。

　それ以上に，交渉の参加メンバーを個別に評価して会社として好ましくないと判断した者の排除を求めることには前述のように問題があります。場合によっては組合の組織運営に対する支配介入とみなされたり，交渉が一層厳しいものになる可能性も考えられます。

　産業別労働組合のような場合，同業他社の社員が組合の役員として団交のメンバーとなることは当然想定されます。単に同業他社の社員だから心配だというようなことでは合理的な忌避の理由とは言えません。どのようなことを会社として危惧しているのかを事前に組合に説明し，検討を要請することも考えられますが，組合員の労働条件・待遇に関する団交において提供を求められる情報に，このような対応が必要かつ合理的といえるような情報があるかどうかはかなり疑問と言えます。まず，どのような危惧があるのかをきちんと確認することから始めるべきでしょう。　　　　〔参照条文　労組法7条2号，3号〕

労働基準法の実務相談〔令和6年度〕

2024年7月20日　第1版第1刷発行

編　者	全国社会保険労務士会連合会	
	https://www.shakaihokenroumushi.jp/	
発行者	山　本　　　継	
発行所	㈱中　央　経　済　社	
発売元	㈱中央経済グループ	
	パブリッシング	

〒101-0051　東京都千代田区神田神保町1-35
電話　03(3293)3371（編集代表）
　　　03(3293)3381（営業代表）
https://www.chuokeizai.co.jp

© 2024　　　　　　　　　　　　　　印　刷／東光整版印刷㈱
Printed in Japan　　　　　　　　　製　本／誠　製　本　㈱

関係全法令を収録し表欄式で解説した、実務・受験に定番の書！

社会保険労務ハンドブック

全国社会保険労務士会連合会［編］

高度福祉社会への急速な歩み、また社会保険諸制度充実のための大幅な法改正。それに伴う労働・社会保険関係業務の顕著な拡大、複雑化……。本書は、このような状況において開業社会保険労務士、企業内の社会保険労務士ならびに業務担当者、あるいは社会保険労務士試験受験者等の方々にご活用いただけるよう、関係諸法令を従来にない懇切な解説とユニークな編集でまとめました。

毎年 好評 発売

■主な内容■

労働法規の部
第1編　個別的労働関係……第1　総説／第2　労働関係の成立・終了／第3　労働基準／第4　その他関連法規
第2編　集団的労働関係……第1　労働組合／第2　労使関係

社会保険の部
第1編　社会保険関係……第1　健康保険法／第2　健康保険法（日雇特例被保険者特例）／第3　国民健康保険法／第4　高齢者の医療の確保に関する法律／第5　厚生年金保険法／第6　国民年金法／第7　船員保険法／第8　介護保険法／第9　社会保険審査官及び社会保険審査会法
第2編　労働保険関係……第1　労働者災害補償保険法／第2　雇用保険法／第3　労働保険の保険料の徴収等に関する法律／第4　労働保険審査官及び労働保険審査会法

関連法規の部　第1　行政不服審査法／第2　社会保険労務士法

付　録　届出申請等手続一覧

中央経済社